한반도형 남북연합과
단계적 연방국가 건설

한반도와 동북아 평화의 씨앗

한반도형 남북연합과
단계적 연방국가 건설

한반도와 동북아 평화의 씨앗

초판 1쇄 발행   2017년 2월 5일

지은이 ㅣ 최양근
펴낸이 ㅣ 윤관백
펴낸곳 ㅣ 도서출판 선인

등록 ㅣ 제5-77호(1998.11.4)
주소 ㅣ 서울시 마포구 마포대로 4다길 4 곳마루 B/D 1층
전화 ㅣ 02)718-6252 / 6257   팩스 ㅣ 02)718-6253
E-mail ㅣ sunin72@chol.com
Homepage ㅣ www.suninbook.com

정가   35,000원
ISBN   979-11-6068-037-9 93300

한반도형 남북연합과
단계적 연방국가 건설

한반도와 동북아 평화의 씨앗

최양근

 도서출판 선인

머리말

2017년 현재 해방 72년, 분단 72년을 맞이하고 있다. 2016년 10월 29일에 제1차 촛불 집회를 시작으로 전국적으로 촛불은 타 올라 비폭력 시민혁명이 진행 중이다. 87년 체제인 형식적인 민주주의를 극복하고 2016년 형식적 민주주의를 뛰어 넘어 새로운 체제인 실질적인 민주주의를 정치, 경제, 문화, 사회 등 한국사회 전반에 노정된 폐단을 청산하고 새로운 한국을 만들고자 하는 욕구가 촛불 혁명에 담겨 있다고 본다.

지금 한반도는 북한 핵, 미사일, 미군 핵, 평화협정, 사드 등으로 인하여 남북갈등, 미중갈등, 미러갈등, 북미갈등 등 이해당사자 간의 대립으로 한반도와 동북아 긴장이 고조되고 있다. 즉, 한반도와 동북아 리스크가 점증하고 있다.

이와 같은 상황을 극복하기 위해서는 선 남북한 대화축을 회복하여 남북한 신뢰회복을 토대로 한반도 평화공존통일의 기반 구축과 합리적 통일로드맵을 만들어 한반도와 동북아 리스크를 완화시켜야 할 시대적 소명이 우리 앞에 놓여 있다.

본서의 연구방향은 이에 대한 응답을 하고자 하는 연구물이다. 본서의 목적은 첫째, 남북한 통일방안이 남한의 민족공동체 통일방안과 북한의 고려민주연방공화국 창립방안으로 평행선을 달리다 2000년 6·15공동선언 제 2항(통일조항)으로 수렴되었다. 그러나 남북한 공동의 통일방안이라 할 수 없다.

그래서 6·15공동선언 제2항 통일조항의 내용과 방향의 구체화를 통해 남북의 공통통일방안을 모색하고자 하는 목적이 있다. 둘째, 남북공통통일 방안으로 본서에서는 단계적 연방제 통일방안을 제시하고자 한다. 그리고 셋째, 선 남북한 신뢰회복을 기반으로 평화공존통일의 장애물을 극복하는 데 기여하고자 한다. 넷째, 완전한 통일연방국가를 달성하는 과정에서 필요 한 한반도형 남북연합규약과 단계적 연방국가 건설의 구체화에 이바지하고자 한다.

본서의 접근방법으로 첫째, 철학의 한파인 현상학의 간주간성을 이용하여 상대방 입장에서 상대방을 이해함으로써 가급적 문제의 본질을 객관적으로 접근하고자 한다.

둘째, 대안 제시는 보편성과 특수성은 동시에 존재한다는 전제하에 같은 것은 같게, 틀린 것은 틀리게 인정하는 가운데 해결책을 모색하고자 한다. 셋째, 융합학문적 접근을 하고자 한다. 넷째, 통일의 방법으로 평화공존통 일과 통일국가 형태로 단계적 연방국가를 상정하여 연구하고자 한다.

본서의 구성과 내용은 제1장 남북한 평화공존통일에 있어 당면 장애물은 무엇이며, 어떻게 극복할 것인가에 대한 연구물이다. 제2장 한국의 젊은 층 에서 통일반대자들이 증가하는 경향이 있다. 이유는 자기들 살기도 힘든데 통일비용을 감당할 수는 없다는 것이다. 그러나 통일방법으로 평화공존통 일을 선택하면 통일비용은 거의 없고 통일비전은 크게 존재한다는 것을 연 구물을 통해 증명하였다.

제3장 2008년에 집권한 이명박 정부는 대북정책으로 비핵개방 3,000을 채 택하였고 2013년 집권한 박근혜 정부 역시 제재압박을 통한 대북정책을 채 택하여 북한의 급변사태를 가정한 상태에서 통일정책이 추진되었다. 그러

나 결과는 일어나지 않았다. 이제는 남북한 대화를 통한 문제 해결이 남북 통일과 북한개혁개방에 효과적이라는 점을 지적하였다. 즉, 대북정책의 전환이 필요한 시점이라 주장하고자 한다.

제4장 남북한 평화통일을 이루는 과정에서 남북연합이 필요하다면, 일반적 국가연합이 아닌 한반도 특수성을 반영한 한반도형 남북연합이 필요하다고 주장했다.

제5장 5·18정신은 민주, 인권, 평화, 통일인데 5·18정신의 핵심은 인간이 주체 대 주체의 만남이다. 이를 남북관계에 응용하면 남북한 통일은 통일의 주체 대 통일의 주체의 만남이어야 한다고 주장했다.

제6장 통일의 주체 대 통일의 주체의 만남을 반영한 통일방안으로 단계적 연방제 통일방안을 제시했다.

제7장 단계적 연방제 통일방안에 입각하여, 연방국가와 구성국가의 권한배분은 구성국가에서 연방국가로 권한을 점진적 단계적으로 이전방식으로 연방국가의 권한을 확대해야 한다고 주장했다.

제8장 연방국가에 필수적인 연방수도의 입지선정은 어떻게 할 것이며, 건설비용은 어떻게 조달할 것인가에 대해 분석하였다.

본서의 활용방법으로 첫째, 주제의 테마를 완만하게 연결되도록 구성했다. 그래서 필요한 장만 읽어도 불편이 없도록 배려하였다. 둘째, 시간이 충분한 독자들에게는 책 전체를 읽음으로써 본서에서 주장하고 있는 평화공존통일의 필요성과 평화통일의 장애물 극복방안 등에 대해 더 심도 있게 이해를 할 수 있도록 내용을 편성하였다.

그리고 남한의 대북정책 전환의 필요성, 통일의 주체 대 통일의 주체의 만남을 반영한 남북한 공통통일방안이 될 수 있는 단계적 연방제 통일방안과 권한배분 및 연방수도 건설 등에 대해 심도깊이 이해할 수 있도록 책 편성을 배려하였다.

셋째, 본서를 읽고도 평화공존통일에 부족한 부분은 단계적 연방통일헌법 연구(선인, 2011)과 힌빈도 통일연방국가 연구(선인, 2014)를 참고하길 바란다.

본서가 나오도록 힘이 되어주신 선후배 연구자와 동료 연구자님들에게 감사드리며, 어려운 통일환경에도 불구하고 굴하지 아니하고 저서 또는 행동으로 남북평화공존통일을 해 오신 관계자 및 통일운동단체와 평화공존통일을 염원하여 기도로 밀어주고 있는 국민 모두에게 감사를 드린다.

그리고 민주, 인권, 평화, 통일을 위해 1980년 산화한 5 · 18민주영령들에게 이 책을 헌정하고 싶다. 더불어 본서가 이 세상에 출간되기를 학수고대하셨지만 보지 못하고 돌아가신 어머님(고 이금남)과 한국전쟁에서 국군으로 참여하여 전쟁의 참혹함을 몸으로 느낀 경험을 바탕으로 "제2의 한국전쟁이 발생하면 우리민족은 재건이 불가능할 것이다"라고 항시 말씀하셨던 6 · 25참전유공자이었던 아버님(고 최봉수)과 장인과 장모님에게도 감사드린다. 그리고 어려운 여건을 감수하면서 묵묵히 옆에서 내조해 준 아내(김미경)와 두 아들(화평, 소망)에게 감사를 표한다. 마지막으로 본서를 기꺼이 단행본으로 출판을 떠맡아 준 도서출판 선인 윤관백 사장과 편집부에 깊은 감사를 드린다.

2017년 2월

최 양 근

차례

제1장

한반도 평화공존통일의 당면 장애물 극복을 위한 합리적 접근

한국전쟁 후유증,
남북한 불신,
북한핵,
미군핵,
평화협정

[이 글의 취지]

현재 한반도와 동북아는 남북 간, 북미 간, 미중 간, 한중 간 갈등으로 평화공존통일은 외관상 요원하게 보인다. 그러나 우리가 깨어 평화공존통일의 당면 장애물들을 극복할 수 있는 합리적 이성을 발휘하면 평화통일은 불가능한 문제가 아니라고 연구자는 본다. 지금 평화공존통일의 당면 장애물로 북한 핵, 미군 핵, 평화협정, 한반도 평화체제 구축, 사드 등을 들 수 있다. 우리가 깨어 기도하는 가운데 한반도의 주인의식으로 당면 장애물들에 대한 극복방안을 찾아야 할 시점이다. 이 글은 평화공존통일의 첫 걸음에 해당하는 장애물을 극복하여 평화통일의 기반 구축을 어떻게 모색하는 것이 현실적이며 합리적 방법인가를 탐구하는 연구물이다.

제1절 **서론**

2017년 한반도 분단 72년을 맞이하고 있다. 그리고 남북 간에 금강산 관광 금지(2008년), 천안함 사건(2010년), 천안함 사건으로 초래된 5 · 24조치(2010년), 연평도 포격(2010년), 개성공단 전면 폐쇄(2016년) 등으로 남북 간에 조그만 대화 창구마저 닫혀 있는 상태이다.

더불어 남북한 간, 북미 간에 북한핵과 평화협정 문제로 대치하고 있는 형국이다. 그 와중에 사드배치 문제로 한중 간, 미중 간 남북한 갈등이 중첩된 상태에 놓여 있다.

연구자는 1945년 8월 15일 일제로부터 해방 당시 우리민족은 해방된 조국이 통일된 상태에서 자유 · 평등 · 민주 · 인권 · 평화가 강물처럼 넘치는 나라를 앙망했다고 본다.

그러나 해방의 기쁨은 잠시 38도선을 기준으로 자유왕래가 제한되는 지역분단인 제1중 분단을 초래했다. 그리고 1948년 서울을 구심점으로 대한민국 정부가 수립되고, 평양을 중심으로 조선민주주의 인민공화국 정부가 수립되는 정치적 분단을 초래하였다. 즉, 제2중 분단을 초래하였다.

더군다나 1950년~1953년 7월 27일 정전협정을 맺기까지 약 3년이라는 한국전쟁기간 동안 남한에서 약 130만, 북한에서 300~400만 사상자를 초래하여 정치지도자들 뿐만 아니라, 남북한 주민들까지도 상호간 미움, 증오,

공포심을 갖는 심리적 분단에 해당하는 제3중 분단인 민족분단을 겪게 되었다.[1]

그러나 우리는 현재까지도 해방당시 모두가 앙망했던 통일된 조국이 자유·평등·민주·평화가 넘치는 고도 복지국가를 달성하고 싶다는 열망을 포기할 수 없다.

이를 달성하기 위해서는 통일방법으로 무력통일, 흡수통일, 평화공존통일이 있는데, 무력통일은 민족재건을 할 수 없는 후유증을 동반할 것이며 흡수통일은 통일비용을 감당할 수 없다고 판단하여 본서에서는 평화공존통일에 입각하여 연구물을 작성하고자 한다.

본서는 평화공존통일을 이룩하는 데 당면 장애물들인 한국전쟁 후유증, 남북한 불신, 북한핵을 포함한 한반도 비핵화, 정전협정을 평화협정으로 대체하는 등 '한반도 평화통일의 기반 구축을 어떻게 할 것인가'하는 방향을 제시하고자 하는 목적에 입각한 연구물이다.

연구방법은 첫째, 현상학의 간주간성을 활용하여 상대방 입장에서 상대방을 이해하여 가급적 객관적으로 보려고 했다.

둘째, 대안 제시는 모든 사물은 보편성과 특수성을 동시에 가지고 있다는 전제하에 '같은 것은 같게 다른 것은 다르게 인정하는 것'이 위에서 제시한 평화공존통일의 장애물을 극복방법이라고 판단하여 대안을 제시하고자 한다.

셋째, 본서는 북한학, 정치학, 국제정치학, 군사학, 평화학, 경제학 등 융합학문적 접근을 하고자 한다.

본서의 기술 순서는 제1절에서 문제 제기를 하고 제2절에서 한국전쟁 후유증은 무엇이며 그리고 종전 후부터 현재까지 한국전쟁 후유증이 어떻게

---

[1] 학자에 따라 1991년 남북한이 UN동시가입을 하였는데, 국제법적으로 남북한은 별개 국가이기 때문에 이를 제4중 분단인 국제적 분단으로 보아 한반도 분단을 제4중 분단으로 주장하는 연구자들이 있다.

나타나고 있는지를 심층 분석하고자 한다.

제3절에서는 한반도에서 미군핵과 북한핵에 대한 뿌리 깊은 역사를 기술하고자 한다.

제4절에서는 정전협정의 내용과 정전협정의 현재 상태를 진단하고 정전협정의 대체협정으로 평화협정의 필요성과 구축방안을 제시하고자 한다.

제5절에서는 한반도 평화공존통일의 당면장애물인 남북한 불신, 북한핵을 포함한 한반도핵, 평화협정 체결 등 현황 문제를 어떻게 극복할 것인가라는 대안 제시를 하고자 한다.

제6절에서는 결론으로 장애물들을 현명하게 극복하여 민주, 인권, 자유, 평등, 평화가 넘치는 통일한반도를 우리 스스로 만들 수 있고 만들어야 한다고 주장하고자 한다.

제2절 한국전쟁 후유증

서론에서 언급했듯이 현재 남북한은 제3중 분단 상태에 놓여 있다. 국제적 분단까지 포함하면 제4중 분단 상태라 할 수 있을 것이다. 이 중에서 연구자는 분단의 강도가 가장 큰 것은 제3중 분단인 민족분단이라 본다. 한국전쟁은 크게 두 가지 한국전쟁 후유증을 낳았다.

하나, 정치 엘리트들 간에 분단에서 남북한 주민들 사이에 상호 미움과 증오, 공포심을 가지는 심리적 분단이 가장 평화공존통일을 달성하는 데 장애물이라고 판단한다. 본서에서는 이를 가장 큰 한국전쟁 후유증으로 표현하고자 한다.

둘, 한국전쟁 이후 남북한은 의식적, 무의식적 상시 국가 비상사태에 놓여 있다고 본다. 그래서 이성이 마비된 비이성적 사회, 또는 이성이 위축된 사회현상이 곳곳에서 나타나고 있다. 그래서 한국전쟁 후유증을 남북한 정치 엘리트들은 통치수단에 이용하여 남한에서는 정권 반대파에 대해 빨갱이 또는 용공분자로 매도해 건전한 민주복지국가와 평화공존통일을 건설하는 데 장애물로 과거 작용하였고, 현재도 일부 영향을 미치고 있다고 판단한다.

그리고 북한에서도 정권 반대파에 대해 반동분자 또는 종파주의라는 낙인으로 숙청하는 정권 유지를 위한 '정가의 보도'로 한국전쟁 후유증을 이용하였고 현재도 이용하고 있다고 판단한다.

   아래에서는 남북한 간에 표출된 한국전쟁 후유증이 정치, 경제, 사회, 문화, 외교안보 분야에 어떻게 발현되었고 표출되고 있는가를 분석하고자 한다.

1. 남한에서 표출된 후유증 현상

1) 정치적 민주화와 평화통일의 장애로 작용한 사례

(1) 진보당 조봉암 사건

   조봉암은 일제 식민지 치하에서 열정적 독립운동을 전개하였다. 1925년 박헌영 등과 함께 참여하며 검사위원, 민주총국 책임비서 등으로 활약했다. 1945년 8월 15일 민족해방일에 조봉암은 인천에 내려와 치안유지회를 결성하고 조선건국준비위원회 인천지부를 조직했다. 이후 공산주의 노선을 배격한 조봉암은 제헌의회에 인천 을구에 출마해 당선되기도 했다. 국회에 입성한 조봉암은 초대 농림부 장관, 2대 국회부의장을 지냈으며 1952년, 1956년 연이어 대통령 선거 출마, 대통령선거에서 30% 지지를 얻어 이승만 정권을 위협했다.[2] 그리고 진보당 창당대회에서 민주적이고 평화적인 남북통일, 인민민주주의 실현, 생산 및 분배의 합리적 통제를 통한 민족자본의 육성, 사회보장제도 도입, 교육의 국가보장 실시를 주장했고 이를 진보당 강령에 반영되었다. 이 주장은 결국 이승만 정권 하에 발생한 조봉암을 진보당 사건으로 연루하여 간첩죄로 누명을 씌어 사형을 선고를 언도받고, 1959년 7월, 서대문형무소에서 사형이 집행되었다. 그의 억울한 죽음은 2011년

_____

2)『경기일보』, 2016년 12월 15일자 참조.

재심에서 국가변란죄와 긴첩죄가 무죄 판결을 받아 일정 부분 명예를 회복하였다.[3]

(2) 민족일보 조용수 사건

조용수는 경상남도 진주에서 태어났다. 어릴 적에 진주 봉래초등학교와 진주중학교를 졸업하고 연희전문학교를 거쳐 일본 메이지대학교 정경학부를 졸업하였다. 조용수는 재일거류민단에서 조봉암의 구명운동과 조총련의 재일동포 북송반대 운동에 참여하였다.

조용수는 재일거류민단으로부터 자금을 받아 민족일보를 창간했지만, 제2공화국 민주당 정권은 조총련의 자금으로 의심했으며, 인쇄를 대행했던 서울신문의 인쇄 중단 선언으로 3일간 휴간하는 등 창간 초기부터 어려움을 겪었다.

평화통일을 내세웠던 민족일보는 국민들의 폭발적인 호응에 4만부를 발행했다. 하지만 5·16군사쿠데타 이후 '반국가적·반혁명적 신문'이라는 이유로 17일부터 신문 발행이 정지됐고, 쿠데타 사흘 만에 폐간처분을 받아 92호를 마지막으로 1961년 5월 19일 창간 3개월 만에 폐간됐다. '북한을 찬양 고무한 자'로 낙인찍혔던 조용수는 아이러니하게도 북한정권을 '북괴'로, 김일성을 '흐루시초프의 꼭두각시'라고 묘사하기도 했다.

북한의 활동에 동조했다는 특수범죄 처벌에 관한 특별법 혐의로 사형이 선고됐던 사형수는 47년 만인 2008년 1월 16일 무죄와 국가 배상 판결을 받아 명예를 회복했다.[4]

---

3) 『KNS 뉴스통신』, 2016년 11월 25일 참조.
4) 『이투데이』, 2016년 12월 21일 참조.

(3) 5·18민주화운동에 탄압 및 진상 왜곡

1979년 10월 26일 18년 독재정권을 유지했던 전 박정희대통령이 궁정동에서 김재규 전 중앙정보부장에 의해 살해되었다. 많은 국민들은 민주화가 달성될 줄 믿었다. 그러나 전두환 등 신군부에 의해 12·12사태가 발생하여 신군부가 권력을 장악하고 명목상 대통령권한대행인 최규하를 허수아비로 만들었다.

신군부는 이도 부족하여 1980년 5월 17일 민주인사들을 포함한 민주화를 요구하는 학생들을 구속하고 전국적인 비상사태인 계엄령을 확대하여 선포하였다. 이제까지 국민들과 약속한 민주일정을 전면 무시하고 쿠데타를 일으킨 것이다.

이에 대항하여 광주·전남지역에서 약 100여만 명이 신군부에 항의하는 시위가 발생하였다. 신군부는 비무장 시민들에게 총기를 난사하여 1980년 5월 21일 도청 앞 현장에서 약 7백여 명의 사상자가 발생하였다. 시위대는 국민저항권을 행사하여 무기를 정당방위 차원에서 들고 항쟁할 수밖에 없었다.

신군부는 항쟁의 원인과 과정을 전국으로 확산하는 것을 막기 위해 광주·전남지역에서 발생한 민주화운동을 북한이 파견한 간첩의 선동에 부화뇌동하는 세력으로 흑색선전을 하였다.

이는 5·18민주화운동이 전국화하는 데 방해하기 위한 그들의 흑색선전을 한반도 후유증의 하나인 북한에 대한 증오와 미움, 그리고 공포심을 자극하여 5·18민주항쟁을 왜곡하는 도구로 이용하였다. 광주·전남지역 이외에 타 지역은 언론을 통제한 상태이기 때문에 간첩의 준동에 부화뇌동한 세력으로 5·18민중항쟁은 한동안 진실이 은폐되었다.

즉, 한반도 후유증으로 빚어진 비이성적 사회현상을 신군부는 철저히 이용하였다. 5·18민주항쟁 진상규명이 어느 정도 이루어진 이후에도 북한 특수부대 파견설을 유포하는 행위가 일정부분 위력을 발휘하는 데 하나의

원인으로 작용하였다고 본다.[5)]

2) 경제민주화를 이룩하는 데 장애물로 작용

(1) 정경유착을 정당화시키는 데 기여

한국전쟁 후유증의 하나로 남북한은 상시 비상사태가 고착화가 되고 남북체제 경쟁은 계속되고 있다고 본다. 그래서 정치와 경제가 유착하여 효율적으로 산업화를 달성하려면 정경유착이 필요하다는 주장을 하는데 한국전쟁 후유증을 이용하고 있다고 본다. 그래서 국민들도 당연히 정경유착을 하는 것이 경제발전에 도움이 되는 것으로 착시현상에 빠져 있는 상태이다.

다른 선진자본주의 국가일수록 정경유착은 경제발전에 도움이 되질 않는 것으로 판단하고 있다. 그리고 지금 현재 나타나고 있는 중소기업과 대기업의 갑을관계 및 부의 불평등 심화 등은 한국이 선진건전자본주의로 나아가는 데 방해가 되고 있다고 판단한다.

(2) 노동탄압을 정당화시키는 요인으로 작용

한국전쟁 후유증은 노동운동을 사회주의, 공산주의를 추구하는 것으로 선전하면서 건전한 노동운동을 탄압하는 요인으로 작용하고 있다. 노동운동을 하는 세력을 빨갱이 또는 종북으로 매도하는 데에 이용되고 있다. 학문적으로 분명한 오류임에도 비이성적 사회현상을 이용함에도 이런 논리가 국민들에게 먹히고 있다는 현실은 국민들의 무의식 속에 한국전쟁 후유증이 남아 있다는 증거로 본다.[6)]

---

5) 지금은 어느 정도 5·18민주화운동의 진상이 밝혀져 있지만, 아직도 5·18을 폭동으로 매도하는 일부 세력들이 남아 있다. 그들은 아직도 한국전쟁 후유증을 이용하고 있는 상황으로 판단한다.

(3) 불공정을 방조하는 요인으로 작용

성숙한 자본주의는 자유경쟁뿐만 아니라 공정경쟁을 모두 보장되어야 한다. 그러나 한국전쟁 후유증 현상의 하나로 나타나는 남북한 체제경쟁 때문에 공정경쟁을 주장하면 이상한 놈, 비실현적 주장 등으로 공정경쟁을 등한시하는 경향으로 나타났다.

그리하여 평등사상이 너무 경시되고 무시되어 이제는 한국사회는 이기주의가 당연시되는 현상까지 초래되었다고 판단한다.

그 결과로 선진자본주의에서 요구되는 공동체의식이 약화되어 갑을관계가 고착화되고 빈익빈 부익부 현상이 보편화되는 현상을 초래하여 이제는 한국사회를 계층사회가 아닌 계급사회로 변질시키는 요인으로 한국전쟁 후유증은 나타나고 있다고 본다.

3) 사회 분야 및 문화 분야에서 나타나는 후유증 현상

선진민주국가는 사상의 자유와 학문의 자유 및 예술의 자유를 지극히 높은 가치로 헌법상 규정하고 있다. 한국헌법도 이를 보장하고는 있지만 반정부적인 발언을 하는 학자 및 문화 인사들을 블랙리스트로 작성 탄압하는 사례들이 과거부터 지금까지 다반사로 나타나고 있다. 그 결과 역동적인 사회가 아닌 수동적인 사회, 창의적인 사회문화가 아닌 획일성을 강요받는 사회문화의 토대를 구축하였다. 즉, 헌법이 보장하는 다양성이 존중되는 고도 민주국가가 아닌 수동적 정체된 사회문화 즉, 독재국가에서 나타나는 사회문화적 요인을 탄생하여 성장이 정체되고 경직된 사회문화로 한국사

---

6) 지금은 노조 운동을 빨갱이로 몰아 부치는 경향이 완화되었다고 판단한다. 그러나 아직도 일부는 남아서 여전히 힘을 발휘하고 있다고 본다. 이를 극복하지 못하면 남한이 건전한 자본주의, 공평한 자본주의, 성숙한 자본주의로 발전하는 데 커다란 장애요인으로 작용할 것이라고 판단한다.

회를 이끌고 가는 망령으로 작용하고 있다고 본다. 왜 이와 같은 논리가 국민들에게 의식적, 무의식적으로 작용하고 있는가의 근본이유는 한국전쟁 후유증에서 일정부분 찾을 수 있다.

4) 남한의 통일정책 및 대북정책에서 나타나는 후유증 현상

남한은 남북관계에서 통일을 이승만 정권 이후 지금까지 포기하지 않고 계속 노력하고 있다. 이승만 정권 시 내부적으로는 무력통일을 외쳤고 대외적으로는 UN감시 하에 남북한 총선거 정책을 목표로 하였다. 그리고 박정희 정권에서 전반부에 선건설 후통일론을 고수하였고 전두환 정권에서는 민족화합민주통일론, 노태우 정권 시 한민족공동체 통일방안으로 통일정책을 체계화하였다.

그리고 김영삼 정부 시 민족공동체 통일방안으로 명칭을 변경하여 남북통일정책과 대북정책의 기조를 삼았다. 위에서 언급한 각 정부의 통일정책은 엄밀한 의미에서 북한을 있는 그대로 보는 가운데 남북한 통일을 하려는 의도가 빈약하고 북한의 체제개혁을 통해 흡수통일을 내포하고 있는 정책으로 판단한다. 즉, 북한을 통일의 주체로 보지 않고 통일의 객체로 보려는 면에서 동일성을 유지하고 있다고 판단한다.

김대중 정권에서 대북포용정책인 햇볕정책을 시도하였고 노무현 정권 시 평화번영정책이라는 이름으로 북한을 있는 그대로 인정하고 교류협력을 토대로 실질적 변화를 시도하는 대북정책을 시행하였다. 그러나 민족공동체 통일방안을 고수하였다고 본다. 이 점에서 국민의 정부, 참여정부 역시 한국전쟁 후유증인 체제경쟁에서 자유로울 수 없는 점에서 한계라 판단한다.[7]

---

7) 이제는 남북한 관계가 성숙한 관계, 지속가능한 관계, 남북한 각종 합의가 실질적으로 실천되는 관계로 발전하려면 남북한이 합의한 공통된 통일방안이 필요한

2. 북한에서 표출되는 한국전쟁 후유증 현상

북한 역시 한국전쟁 후유증으로 국가 비상사태가 의식적 · 무의식적으로 항상 유지되는 분단구조의 악순환에 놓인 상태로 본다. 그래서 정치 · 경제 · 사회 · 문화면에서 그리고 외교 · 안보 · 정책 분야 및 남북관계에서 영향을 계속 미치고 있다고 본다.

1) 정치적 민주화 달성에 장애 현상

북한은 사회주의국가이다. 그러나 다른 사회주의국가와 비교해서 다르게 사회주의국가로 발전하였다. 즉, 다른 사회주의국가가 당-국가 체제인 집단지도체제로 운영되었다면 북한은 유일사상을 기반으로 유일적 영도체제가 구축되어 운영되는 수령에 의해서 인도된 당-국가체제인 특수한 사회주의국가로 판단한다. 즉, 민주적 중앙집중제 원리가 후퇴되고 유일적 영도체계를 강조하는 사회주의국가이다.

이와 같은 원인을 살펴보면 북한 역시 한국전쟁 후유증인 상시 국가 비상사태가 작동되는 사회라 판단하고 있다. 그래서 김일성 시대에 56년 8월 종파사건 때 연안파인 김두봉과 최창익 등이 숙청되고, 남아 있던 소련파 역시 숙청되어 만주파 중심의 지도부로 거의 단일체제를 구축하였다. 이역시 표면상은 선 중공업 건설, 후 농업과 경공업 중시정책인가 또는 선 농업과 경공업 건설, 후 중공업 정책인가라는 노선 싸움에서 선 중공업 건설, 후 농업과 경공업 중시정책을 주장한 김일성을 포함한 만주파가 북한 주민들의 지지를 받아 승리하였다.

단계라 판단하고 있다. 즉, 통일의 주체 대 통일의 주체로 남북한관계는 성숙한 단계로 승화되어야 할 시점에 와 있다고 판단하고 있다.

이는 한국전쟁 후유증인 체제경쟁을 통해 남한을 승복시키기 위해서는 중공업을 펴야 군수 복합사업을 육성하여 남한과 미국에 대항할 수 있다는 입장이 반영되었다고 본다. 이 입장을 북한주민들이 수용하였다고 본다. 이는 한국전쟁 후유증의 현상이라 판단하고자 한다.

김정일 시대에 표출된 심화조사건, 김정은 시대에 장성택사건 및 리영호, 우동측 숙청 및 현영철 사형 등은 북한이 분단된 상태가 아닌 평시상태로 통일된 상태였다면 과연 일어나기 쉽지 않은 일이 북한 지도부 및 북한 주민들에게 수용되었다는 점에서 북한 정치발전에 바람직스럽지 않은 현상으로 보고 있다. 즉, 정치 분야에서 북한 역시 한국전쟁 후유증에서 자유로울 수 없다고 판단한다.

2) 경제적 분야에서 장애현상

한국전쟁 이후 미국 적성국가교역금지법의 대상국가로 북한은 지정되어 지금까지 미국의 경제봉쇄를 당하고 있다. 대미교역이 직접 금지되어 중지되고 경우에 따라 미국 우방국가와 교역하는 것도 간접적으로 금지된 상태이다. 그리하여 북한경제가 궁핍에 빠지는 주요인으로 작용하고 있다.

1989년 폴란드, 헝가리, 체코 등 동구권 몰락과 1990년 동독 붕괴 및 1991년 소련 붕괴로 국제교역은 중단되거나 현저히 축소되었다. 그래서 1995년부터 1997년 3년 동안 고난의 행군 시 세계식량기구에 식량 원조를 요청할 당시 "20만 명 아사자가 발생하였다"고 지원을 요청을 하는 사태까지 북한경제는 붕괴직전까지 갔었다.

현재도 국제교역은 중국과 관계가 90%를 차지하고 있다. 북한경제가 활성화되려면 대미교역이 증대되어야 하고, 미국 우방국가와도 자유로운 교역이 가능해야 할 것이다. 그러나 한국전쟁 후유증으로 북미는 아직도 전쟁상태이기에 경제 활성화를 위해서는 북미정상화가 필요한 상태로 판단한다. 그러나 한국전쟁 후유증을 북한과 미국이 영향을 받고 있기에 북미정상화는 쉽지 않는 상태에 놓여 있다. 북한경제 활성화를 위해서도 북미간 한국전쟁 후유증을 하루빨리 승화시켜야 할 것으로 본다.

3) 사회문화적 분야에서 나타나는 후유증

북한은 다른 사회주의국가와 비교해서 상대적으로 자유권적 기본권이 억압되었다고 본다. 그래서 다른 사회주의권과 비교해 상대적으로 다양성이 결핍된 상태에 놓여 있다고 진단한다. 사회문화적 다양성을 확보하기 위해서는 한국전쟁 후유증인 전시상태가 끝나야 할 것으로 판단하며 북미정상화가 필히 수반되어야 할 것으로 본다.

그러면 자연스럽게 지금보다는 북한 사회문화면에서 다양성을 수용할 수 있는 상태가 될 것으로 예측한다.

4) 북한의 통일정책 및 외교안보정책분야에서 나타난 후유증

북한은 1950년대 민주기지론에 입각한 무력통일을 대남노선으로 채택하였다. 1960년대에는 남북연방제, 1970년대 고려연방제, 1980년대 고려민주연방공화국창립방안, 2000년대 이후 낮은 단계 연방제 등으로 남한을 통일의 객체에서 통일의 주체로 상대적으로 남한을 별도의 국가로 인정하려는 변화가 있지만 아직까지 북한입장에서 남한을 통일하려는 의도를 완전히 포기했다고 단언할 수 없다. 즉, 통일의 주체 대 통일의 주체의 만남을 완전히 수용했다고 볼 수 없다는 것이다.

다시 말하면 의식적 무의식적으로 남한과 체제경쟁을 하고 있다는 점이다. 이는 한국전쟁 후유증으로 나타나는 현상의 하나로 보고 있다. 외교 분야에서 미국에 대한 대미 적대시 정책을 유지하고 있다. 그러다보니 과도한 군비지출로 경제적 타격을 받고 있다고 본다.

그리고 북한은 미국에 대한 이중적 시각을 가지고 있다. 하나는 미국에 대한 공포심이고 또 다른 하나는 미국에 대한 부러움에 대한 시각이다. 두 시각이 상존한다는 것은 한국전쟁은 끝났지만 한국전쟁 후유증은 지속되고 있다는 증거로 본서에서는 주장하고 싶다.

남한과 미국을 목표로 미사일과 핵개발을 어려운 경제여건에서 지속적으로 하고 있는 것 역시 남한과는 체제경쟁, 미국과는 대미 적대시 정책을 계속 추진하겠다는 국가적 목표라 본다. 이 역시 한국전쟁 후유증의 하나로 본다.

3. 미국의 대한반도 정책에서 나타나는 한국전쟁 후유증 현상

1) 미국의 북한핵에 대한 이중 잣대를 적용하고 있는 점

미국은 한국전쟁 이후 북한에 대해 지속적인 적대시 정책을 유지하고 있다. 특히 북한핵에 대해서는 과혹하리만치 적대시 정책을 유지하고 있다. 즉, 북한과는 아직도 전쟁상태에 있다는 증표이다. 왜냐하면 미국 우방국 핵[8]에 대해서는 상대적으로 완화적 제제를 하고 있다는 점에서 한국전쟁 후유증은 대북정책에서 나타나고 있다.

---

8) 미국은 적대국의 핵개발은 반대하지만, 우호국에는 오히려 핵기술의 확산을 돕는 이중 잣대를 적용하고 있다는 점이다. 예로써 NPT조약이 발표된 1970년 이후 인도 핵개발, 파키스탄 핵개발, 남아프리카 핵개발 등에 대해서는 북한처럼 강력한 제제를 하지 않고 오히려 군사원조까지 해 준 사례가 있다. 파키스탄과 인도 사례라 할 수 있을 것이다. 조재길, 『평화가 먼저다』, 서울: 한울, 2013년, pp.46~47 참조.

2) 북한에 대한 경제봉쇄정책 유지

한국전쟁 이후 미국은 북한을 적성국가교역금지 대상국으로 지정하여 미국과 직접적인 교역금지를 유지하고 경우에 따라 미국 우방국과 북한과 교역금지를 간접적으로 금지하는 경제봉쇄정책을 유지하고 있다. 이는 미국과 북한 간에 전쟁이 끝나지 않고 전쟁상태를 유지하고 있다는 증표이다.

미국 입장에서는 북한을 싸움에서 이겨야 할 대상이며, 멸망시켜야 할 적대국가인 것이다. 이 현상 역시 한국전쟁 후유증의 하나라고 본다.

3) 남한 독재정권에 대한 용인

미국은 대표적인 자유민주국가들 중의 하나이다. 그래서 국내에서는 독재정치가 발휘될 수 있는 것을 용납하지 않고 있다. 미국헌법에서는 원래 대통령에 대한 연임규정이 없었다. 그러나 1929년 발생한 세계공황을 타개하고 제2차 세계대전을 승리로 이끌기 위해 루즈벨트 대통령이 4선을 하였다. 루즈벨트 이전은 관행상 8년으로 대통령 재직기간이 유지되었다. 그러나 국가비상사태에서 루즈벨트는 네 번 당선되는 관행을 파기하는 대통령이었다.

제2차 세계대전 이후 이를 방지하고자 수정헌법을 통해 미국대통령의 임기를 4년 연임으로 한정하여 독재정권이 탄생할 수 있는 것을 원천봉쇄하였다. 그러나 해외국가에 대한 대통령들의 독재에 대해서는 타협하는 사례가 많았다.

남한에서 나타난 이승만 정권, 박정희 정권, 전두환 정권 등은 정권 탄생과 정권 연장 면에서 정당성이 결여되었지만 북한과 체제경쟁을 해야 할 상황에 있는 미국은 남한에서 나타난 권위주의 정부와 타협하는 경우가 많았나. 이 역시 미국이 북한과 진쟁은 끝났지만 한국전쟁 이후 미국이 갖고 있는 북한에 대한 적개심의 발로인 한국전쟁 후유증 현상의 하나로 분석할 수 있을 것이다.

제3절 한반도와 핵과 인연
(소련핵, 미국핵, 북한핵)

우리들은 한반도에서 핵문제가 1993년 제1차 북핵 위기 및 2002년 제2차 북핵 위기에서 한반도에 핵문제가 논의된 것처럼 여기는 경향이 많은데 한반도에서 핵문제는 우리가 일반적으로 알고 있는 것보다 훨씬 오래된 것이다.

아래 기술은 이와 같은 문제 인식을 객관적으로 증명하고 있는 연구물[9]을 바탕으로 한반도와 핵문제는 1945년 해방과 동시에 존재한 뿌리 깊은 평화공존통일에 있어 장애물이라는 것을 입증하고자 한다.

1. 해방과정과 소련핵

1) 일본 핵개발

제2차 세계대전 말 미국, 독일, 일본, 소련은 경쟁적으로 핵무기 개발에 총력을 기울였다. 핵무기 개발을 누가 선점하느냐에 따라 전쟁의 승패는

---

9) 조재길, 『평화가 먼저다』, 서울: 한울, 2013, pp.26~50 참조하여 기술함.

좌우되게 되었다. 그 중 미국이 핵개발계획인 맨하튼계획에 입각하여 세계 최초로 1945년 3개의 핵무기를 만드는데 성공해 1945년 7월 16일 뉴멕시코주 앨라모고도 인근 사막에서 최초의 플루토늄 핵폭탄 트리니티의 핵폭발 실험에 성공했다. 일본 역시 핵개발계획인 겐자이 바쿠단을 주도한 요시오 니시나 하에 핵개발을 연구하였다.

미국이 핵개발에 착수하자 1941년 일본 육군은 다케오 야스다 장군의 지휘하에 요시오를 중심으로 본격적으로 핵무기 개발에 착수했다. 일본 해군은 이와 별도로 1942년 분사쿠 아라카추 교수와 일본 최초의 노벨 물리학상 수상자인 유카와 히데키를 중심으로 핵에너지에 관한 연구를 시작해 전세가 불리해지자 본격적으로 핵무기 개발에 착수했다. 일본은 1944년 미국의 일본에 대한 공습이 강화되자 1945년 초 모든 핵 연구시설을 천연우라늄이 풍부한 조선의 코난(현, 함경남도 흥남)으로 이전해 핵개발을 계속 추진했다.

2) 흥남 비료사건

제2차 세계대전 당시 소련과 일본은 불가침조약을 체결하였다. 그리하여 1945년 8월 8일 소련이 만주와 한반도 지역 북한에 전쟁을 선포하고 개입하는 행위를 하기까지 우여곡절이 있었다.

미군이 오키나와를 탈환하기 위해 사활을 걸고 전투를 계속 했지만 미군은 일본 본토를 장악하여 일본을 항복시키기에는 힘겨운 싸움을 될 것으로 생각했다. 그래서 1945년 5월 독일이 항복하자 계속 소련으로 하여금 일본과의 전쟁 개입을 요청하였다. 그러나 소련은 계속 미적거리며 거절하는 형국이었다.

1945년 8월 6일 우라늄 원자탄을 히로시마에 투하하자 소련은 이틀 후 8월 8일에 일본에 선전포고와 더불어 만주와 북한 지역에 소련군을 전투에 참여시켰다. 소련이 한반도에 착륙하는 데는 흥남에 있는 비료공장이 하나의 동인으로 작용하였다.

우리는 흔히 소련군이 물자가 부족하여 흥남 비료공장을 소련으로 뜯어가는 것으로 이제까지 알고 있었지만, 사실은 비료공장이 아닌 비료공장 내에 일본 본토에서 이전해 온 핵연구소 시설물 및 자료와 연구원들을 소련으로 데리고 가 소련이 1949년 8월 29일 카자흐스탄 사막에서 핵실험을 성공적으로 이끄는데 흥남에서 전부 뜯어가 일본의 핵시설과 기술자들이 소련 핵실험의 성공적인 토대가 되었다.

3) 소련이 한국전쟁 승인의 원인이 됨

1949년 봄, 김일성의 전쟁 계획을 반대했던 스탈린은 핵실험 성공 후 1950년 생각을 바꾸어 한국전쟁을 승인했다. 이제 소련은 군사적으로 미국과 어깨를 나란히 하는 핵보유국이 되었으며, 미국은 한반도에서 소련을 중심으로 공산주의 확장을 막아야 했다. 소련의 핵개발 성공은 소련이 한국전쟁을 승인하고 미국이 한반도에 개입하는 양대 진영의 대동북아전략의 변화에 결정적 요인이 되었다.

만약 소련이 한반도에서 일본의 핵시설과 핵물리학자들을 확보하지 못해 핵실험에 몇 년이 더 소요되었다면 한국전쟁이 발발하지 않았거나 다른 양상으로 전개되어 해방 후 한국의 역사도 달라졌을 것이다.

2. 한국전쟁과정과 미군핵

한국전쟁 기간 중 미국은 줄곧 직접 또는 암시적으로 한반도에서 핵무기를 사용하겠다고 위협했다. 그리고 실제로 핵무기 사용을 위한 구체적인 계획과 훈련을 했다.

1) UN군이 최후 방어선으로 설정했던 낙동강 전선 사수를 위한 투하계획

당시 전략공군 부사령관 토마스 파워 장군은 회고록 『생존을 위한 계획 (Design for Survival)(1965)』에서 유엔군이 낙동강 전선에서 북한 인민군과 대치하던 1950년 8월 "핵폭탄 투하를 위해 전략공군부대(SAC)를 대기시키 라는 명령을 받았다"고 회고했다. 그러나 미군 증원부대의 도착과 인천상 륙작전의 성공으로 한반도의 38선 이남지역에 대한 핵폭탄 투하는 보류되 었다.[10]

2) 중국 인민군이 압록강을 넘어 북한에 투입하는 것을 저지하기 위한 투하계획

1950년 11월 트루먼 미국 대통령은 기자회견에서 "핵무기의 사용은 항상 고려되어 왔다"고 언급하고 전략공군사령부에 동북아시아에 핵폭격기를 보 낼 준비를 지시했다. 1951년 3월 오키나와에 핵 작전기지가 수립되고 6월에 9개의 핵폭탄이 미국령 괌 기지에 이전 배치되었다. 맥아더 원수는 "중국과 의 국경선을 따라 34개의 핵폭탄을 투하해 코발트 방사능 오염지대를 만들 자"고 했으나 동맹국 영국, 캐나다와 합동참모본부의 반대로 실행에 옮겨지 지 않았다.[11]

---

10) Middleron, Harry J. The Compact History of the Korea War, New York: Hawthorn Books, 1965, pp.157~158(조재길, 2013, p.30 재인용).
11) Norris, Robert S., William M. Arkin and William Burr, "Where They Were?" Bulletin of the Atomic Scientist Nov/Dec, 1999, pp.26~35(조재길, 2013, p.30 재인용).

3) 정전협정 직전 투하계획

아이젠하워 대통령은 1953년 봄 핵탄두를 장착한 미사일을 오키나와 미군기지로 이전 배치하고 한달간 '긴막대작전(Operation Big Sick)'이란 핵전쟁훈련을 실시했다. 1953년 7월 27일 휴전협정의 조인으로 한반도와 한민족이 핵폭탄의 악몽에서 겨우 벗어날 수 있었다.[12]

3. 한국전쟁 이후 미군핵

1) 냉전 시대와 남한에서 미군핵

미국이 1958년 1월 28일 어네스트존 미사일부대, 핵포병대 '펜토믹사단'(280mm원자포 보유)을 한반도에 주둔시킨 사실이 1993년 미 국무부가 발간한 외교관계 23호에 확인되었다. 그리고 1959년에는 주한 미 공군에 핵탄두를 장착한 마타도르(Matador) 미사일 1개 비행중대를 배치해 대대적인 핵전쟁훈련이 시작되었다.

1964년 원자파괴탄(Atomic Demolition Munitions: ADM, 소위 핵지뢰, 핵배낭)이 도입된 데 이어 1960년대에 미국은 지대지미사일 라크로세 잔토, 지대공미사일 나이키-허큘리스(Nike-Hercules) 등을 한반도에 반입했다. 1970년대에 중성자 탄두를 탑재한 MGM-52 랜스(Lance) 미사일을 한국에 배치, 1978년 팀스피릿훈련 당시 모의 발사 훈련을 실시했다.[13]

---

12) Hayes, Peter, Pacific Powderkeg: American Nuclear Dilemmas in Korea, Massachusetts: Lexington Books, 1991, p.5(조재길, 2013, p.30 각주 20번, 재인용).
13) Heyes, 1991, pp.55~60(조재길, 2013, p.31 각주 23번, 재인용).

한반도 핵전문가 피터 헤이스(Peter Hayes)에 따르면 미국은 억지라는 깃발 아래 북한과 중국과의 또 다른 전쟁을 승리로 끝내기 위해 핵전쟁을 준비했다. 한반도에 주한미군의 핵무기 배치는 1960년대 일본의 전국적인 항의집회로 지상핵무기를 철수한 일본에 대한 확대억지 내지는 재보자의 의미도 있었다. 일본인들의 반감 때문에 생긴 미국의 고민을 아무런 저항도 없이 한국에 떠넘긴 것이다.[14]

일본에서 거센 항의를 받은 것과는 대조적으로 미국의 핵공격 잠수함 플런저(Plunger)호는 아무런 방해도 받지 않고 1969년 부산항에 입항할 수 있었다. 1966년 월남전에 투입된 미군 포병들이 군복을 위장하지도 않은 채 미제 155mm와 8인치 훈련용 무기를 갖고 한국에서 '핵 재교육 훈련'을 받고 다시 베트남으로 공수되었다.[15]

"미국의 핵무기가 배치된 곳은 괌, 하와이, 알래스카, 한국 그리고 디에고 가르시아(Diego Garcia)와 핵무기 탑재 함정과 잠수함이며, 필리핀과 일본 요코스카(Yokosuka)에 핵무기 탑재 함정들이 정기적으로 기항한다. 그리고 한국은 요코스카 항을 일본에 반환해야 할 경우 제주도를 핵무기 주 저장소로 사용할 것을 제안했다"고 공식적으로 미국이 해외에 핵무기를 배치한 유일한 국가가 한국이라고 주장했다.[16]

그리고 2005년 10월 한국 국회 통일외교통상위원회 국정감사에서 최성 의원은 미국이 군산 미 공군기지에 1977년까지 중력탄 192개, 지대지미사일 어네스트존 80개 등 최소 92개, 지대공미사일 최소 236개, 핵지뢰 25-50개 등 최소 453개 이상의 핵무기를 배치했었으며, 1985년에는 최소 151개를 배치했다는 자료를 공개했다.

14) Heyes, 1991(조재길, 2013, p.31 각주 24번, 재인용).
15) Hayes, 1991, p.50(조재길, 2013, p.31 각주 24번, 재인용).
16) Hayes et al., 1991, p.225(조재길, 2013, p.31 각주 24번, 재인용).

2) 탈냉전 시대와 남한에서 미군핵

냉전체제가 무너지고 러시아와의 합의에 따라 1991년 9월 27일 아버지 부시 전 대통령은 해외 미군기지에 배치되었던 전술핵무기의 철수를 선언했다. 비록 부시 전 대통령의 전술핵무기 철수선언이 북한을 직접 겨냥한 것은 아니었지만 미국 대통령의 별도 명령에 따라 한국에 배치되었던 주한 미군의 전술핵무기가 1991년 12월까지 철수되었다.

그러나 정기적인 한미연합훈련인 팀스프릿 훈련과 팀스프릿 훈련을 대체한 키리졸브 훈련 및 독수리 훈련 시 미국은 B-52전략 폭격기, B2 스텔스 폭격기, B-1B 스텔스 폭격기, 항공모함, 구축함, 전투함, 순양함, 원자력 잠수함 등을 한반도 전역에 배치하여 정기적인 훈련을 하고 있다.

북한 입장에서는 국가안보와 정권안보 차원에서 엄청난 위기의식을 느낄 것이라 본다. 이에 대응하고 싶은 욕구에서 대응전략으로 북한핵개발을 추진하는 면이 있다고 판단한다.

4. 한국전쟁 이후 북한핵

1) 핵개발 시기 및 동기

북한이 언제부터 핵개발에 착수했는지 정확히는 알 수 없으나, 미국이 한반도에 전술핵무기를 배치한 데 자극받고, 1961년 쿠바 미사일사태 때 소련이 미국에 굴복한 것을 보고 김일성 주석이 미국의 핵공격에 대비한 지하요새 구축과 핵무기 보유를 결심했다는 견해가 지배적이다. 1964년 중국 마오쩌둥 주석에게 전달한 친서에서 김일성 주석은 "북한과 중국이 전쟁을 함께 치른 만큼 핵비밀도 공유해야 한다"고 지원을 요청했다.

이에 대해 중국은 약소국에게 핵무기는 필요치 않다고 거절했다. 북한은 한국이 핵개발을 추진하던 1974년 다시 한 번 중국에 핵개발지원을 요청했으나 거절당하자 국방에서의 자위노선을 채택하고 공격적 방어(offensive defence)전략으로 바뀌게 되었다.[17]

구소련이 한국과 수교를 추진하자 1990년 3월 북한이 소련에 보낸 비망록에서 "조·소 군사동맹은 유명무실하게 될 것이므로 우리는 지금까지 동맹관계에 의거해 온 일부 무기를 자력으로 만들 대책을 강구할 수밖에 없다"고 핵개발 의지를 피력했다.

또 1992년 중국이 한국과 수교했을 때 김정일 위원장은 "믿을 것은 핵폭탄 밖에 없다"고 핵개발 의지를 다짐했다. 그리고 1990년대 북한의 경제 사정이 악화되면서 북한은 군의 강력한 위력을 앞세워 경제, 외교, 정치를 발전시키겠다는 '선군정치'를 새로운 통치이념으로 제시했는데 군의 위력에는 강력한 핵개발 의지도 함축한다. [18]

북한의 핵개발 의지는 한국전쟁 과정에서부터 미군의 핵위협을 실감하고 한국전쟁 후유증이 지속되는 가운데 미군핵의 위협과 우호사회주의국가들의 붕괴로 국가체제 및 정권 안보차원에서 절실함을 느꼈지 않았을까 하는 생각을 하게 된다.

2) 제5차 핵실험까지 핵개발과정

위에서 지적한 핵개발의 첫 단계는 플루토늄의 확보이다. 북한이 확보한 플루토늄 추출량의 산출은 보고서마다 평가가 다르다. 그러나 북한의 핵물

---

17) Oberdorfer, Don, The Two Korea: A Contemporary History, Basic Books, 2001, p.252 (조재길, 2013, p.47 각주 11번, 재인용).

18) 장준익, 『북한 핵·미사일 전쟁: 최악의 핵전쟁 시나리오, 서울: 서문당, 1999, pp.9~10(조재길, 2013, p.47 각주 12번, 재인용).

질에 관해 정기적인 보고서를 발표하고 있는 과학 및 국제안보연구소의 데이비드 올부라이트에 따르면 2005년 10월 ISIS는 1994년 제네바 핵합의 이전에 5MW 원자로에서 8~9kg, IRT-2000 연구용 원자로에서 1~2kg, 그리고 핵동결 이후 보관 중이든 8,000개의 사용 후 핵연료를 재처리해 15~28kg을 추출해 총 15~38kg의 플루토늄을 보유하고 있을 것으로 추산했다. 그리고 2003년 2월 재가동해 2005년 5월에 꺼낸 연료봉을 모두 재처리했다면 북한은 2005년 총 70~90kg의 플루토늄을 확보했을 수 있다.

2007년 발표한 보고서에서는 북한이 총 46~64kg의 플루토늄을 보유하고 이 중 28~50kg의 플루토늄이 핵무기급으로 별도로 보관 중인 것으로 평가했다. 가장 최근에는 2011년 말 0~12개의 핵무기(1개당 20kg)를 만들 수 있는 우라늄과 6~18개의 핵무기를 만들 수 있는 34~36kg의 플루토늄을 보유하고 있어 12~23개의 핵무기를 보유한 것으로 평가했다. [19)]

2020년까지 핵전문가들은 북한이 약 100 개 이상의 핵탄두를 보유할 것으로 추정하고 있다.

3) 북한핵의 기술적 수준에 대한 진단

북한은 2003년 1월에 NPT를 탈퇴하였다. 그리하여 2005년 2월에 핵보유국을 선언하였다. 한미는 북한의 핵보유국 선언에 대해 진위를 의심하였다. 그러나 핵확산을 방지하기 위하여 2005년 9월 19일 북한핵을 포함한 한반도 비핵화를 위해 9 · 19공동선언을 채택하였다.

그러나 2001년 집권한 아들 부시대통령은 방코델타아시아 은행에 예치한 북한 김정일 국방위원장 통치자금 2천 5백 만 달러에 대해 출금 금지 조치

---

19) Albright, "Challenges pesed by North Korea's Weapon Grade Uranium and Weapon Grade Plutonium: Current and Projected Stocks:?" ISIS Report, 2012(조재길, 2013, pp.63~64. 각주 35번, 재인용).

를 취하였다. 이에 반발하여 북한은 2006년 10월 9일 제1차 핵실험을 단행하였다. 그리고 2009년 5월 25일 2차 핵실험을 이명박 정권하에서 단행하였으며, 제1·2차 핵실험은 플루토늄 원자탄 핵실험이었다.

2013년 2월 12일 제3차 핵실험을 단행하였는데 이때 우라늄 원자탄 핵실험이었다. 북한은 중앙조선통신을 이용해 핵실험 후 핵의 다종화, 소량화, 경량화 성취했다고 발표하였다. 이어 2016년 1월 6일 제4차 핵실험을 단행하였는데 이때 북한은 수소탄 실험을 성공리에 마쳤다고 발표하였다.

그리고 2016년 9월 9일 북한 정권 수립일을 맞이하여 제5차 핵실험을 단행하였는데 이때 북한은 핵탄두의 규격화, 표준화를 완성하였다고 발표하였다. 위의 사실을 토대로 추정하건대 북한은 소형 핵탄두를 보유했을 것으로 판단한다.

북한은 2012년 개정헌법 상 경제·핵병진 노선을 채택하였다. 북한은 한국전쟁 후유증으로부터 벗어나지 않는 한 핵을 계속 개발 발전시킬 것으로 추정된다.

제4절 한국전쟁과 정전협정 그리고 평화협정

1950년 6월 25일에 일어난 한국전쟁은 남한에서 약 130만 명 사상자를 발생하고 북한에서 300만~400만 명의 사상자를 발생시켰다. 양 측 모두 합하면 약 500만 명 이상이 피해를 보았다. 그러나 무력통일은 한민족에게 피해만 남기고 분단 해소는커녕 분단 고착화만 심화시키는 결과를 초래하였다.

그리고 한국전쟁은 1953년 7월 27일 오전 10시에 판문점에서 국제연합 총사령관 미국 육군대장 마크 W 클라크와 북한인민군최고사령관, 북한 원수 김일성과 중국인민지원군사령원 팽덕회에 의해서 정전협정에 서명하고 1953년 7월 27일 22:00부터 효력을 발생하는 정전협정이 체결되었다. 아래에서는 정전협정의 주 내용과 현재 정전협정의 상호 준수여부 및 정전협정의 대체로 평화협정의 필요성에 대해 기술하고자 한다.

1. 정전협정 내용

정전협정은 제5조 제63호로 구성되어 있다. 정전협정의 주요 내용을 크게 보면 다섯 개로 분류해 볼 수 있다.

1) 비무장지대 설치

한 개의 군사분계선을 확정하고 쌍방이 이 선으로부터 각기 2킬로미터씩 후퇴함으로써 적대군대간에 한 개의 비무장지대를 인정한다. 한 개의 비무장지대를 설정하여 이를 완충지대로 함으로써 적대행위의 재발을 초래할 수 있는 사건의 발생을 방지한다.[20]

2) 전투행위의 종료

쌍방은 모두 비무장지대 내에서 또는 비무장지대에 향하여 어떠한 적대행위도 강행하지 못한다.[21]

3) 3개월 이내 외국군대의 철수 및 평화협정을 위한 정치회담 개최

한국문제의 평화적 해결을 보장하기 위하여 쌍방 군사령관은 쌍방의 관계각국정부에 정전협정이 조인되고 효력을 발생한 후 3개월 내에 각기 대표를 파견하여 쌍방의 한 급 높은 정치회담을 소집하고 한국으로부터의 모든 외국군대의 철수 및 한국문제의 평화적해결 등의 문제들을 협의할 것을 이에 건의한다.[22]

4) 외부로부터의 병력과 무기의 반입금지

한국 국경 외로부터 증원하는 군사인원을 들여오는 것을 정지한다. 단

---

20) 정전협정 제1조 제1항.
21) 정전협정 제1조 제6항.
22) 정전협정 제4조 제60호.

아래에 규정한 범위 내에서 부대와 병력의 교체, 임시임무를 담당한 인원의 한국에의 도착 및 한국 국경 외에서 단기휴가를 하였거나 혹은 임시임무를 담당하였던 병력의 한국에의 귀한은 이를 허가한다. 상기 교체의 정의는 부대 혹은 인원이 한국에서 복무를 개시하는 다른 부대 혹은 병력과 교체하는 것을 말하는 것이다. 교체인원은 오직 본 정전협정 제43항에 열거한 출입항을 경유하여서만 한국에 들여오며, 또 한국으로부터 내어갈 수 있다.

교체는 1인 대 1인의 교환 기초 위에서 진행한다. 단, 어느 일방이든지 어느 역월내에 교체정책 하에서 한국국경 외로부터 3만 5천명 이상의 군사병력을 들여오지는 못한다. 만일 일방의 군사병력을 들여오는 것의 해당 측의 본 정전협정 효력 발생일로부터 한국으로 들어온 군사병력의 총수로 하여금 같은 날짜로부터 한국을 떠난 해당 측의 어떠한 군사병력도 들어올 수 없다.

군사인원의 한국에의 도착 및 한국으로부터의 이거에 관하여 매일 군사정전위원회 및 중립국감시위원단에 보고한다. 이 보고는 입국과 출국의 지점 및 매개지점에서 입국하는 인원과 출국하는 인원의 수자를 포함한다. 중립국감시위원단은 그의 중립국 시찰소조를 통하여 본 정전협정 제43항에 열거한 출입항에서 상기의 허가된 부대 및 인원의 교체를 감시하며 시찰한다.

한국 국경외로부터 증원하는 작전비행기, 장갑차량, 무기 및 탄약의 반입을 정지한다. 단, 정전기간에 파괴, 파손, 손모 또는 소모된 작전 비행기, 장갑차량, 무기 및 탄약은 같은 성능과 같은 유형의 물건을 1대 1로 교환하는 기초 위에서 교체할 수 있다. 이러한 작전 비행기, 장갑차량, 무기 및 탄약은 오직 본 정전협정 제43항에 열거한 출입항을 경유하여서만 한국으로 반입될 수 있다.

교체의 목적으로 작전비행기, 장갑차량, 무기 및 탄약을 한국으로 반입할 필요를 확증하기 위하여 이러한 물건의 매차 반입에 군사정전위원회와 중립국감시위원단에 보고한다. 이 보고는 교체되는 물건의 처리에 관한 설명을 포함하여야 한다. 교체되어 한국으로부터 빈출되는 물건은 오직 본 징전협정 제43항에 열거한 출입항을 경유하여서만 반출될 수 있다.

중립국감시위원단은 그의 중립국시찰소조를 통하여 본 정전협정 제43항에 열거한 출입항에서 상기의 허가된 작전비행기, 장갑차량, 무기 및 탄약의 교체를 감시하며 시찰한다.[23]

5) 중립국 감시위원단 설치

제2조 제36항에서 제40항까지는 중립국감시위원단 구성에 관한 규정이고, 제2조 제41항에서 제43항까지는 중립국감시위원단의 직책과 권한에 관한 규정으로 정전협정 상 명문화되어 있다. UN군 측 중립국감시위원단은 스웨덴과 스위스, 북한과 중국 인민군 측 감시위원단은 폴란드와 체코슬로바키아로 구성되어 있다.

2. 현재 정전협정의 상호 준수여부

1) 전투행위 종료여부에 대한 평가

소규모 충돌 및 정전협정 위반사항은 간헐적으로 있었다. 그 결과 1953년 7월 27일 정전협정 체결 이후 1994년 5월 정전협정 위반 사례의 상호 통보를 중단하기 전까지 유엔사 측이 집계한 북측의 위반 건수는 41만 4,000건, 북측이 집계한 유엔사측 위반 건수는 81만 3,000건에 이른다.[24]

그런데 1999년 제1차 연평해전, 2002년 제2차 연평해전, 2009년 대청해전,

---

23) 정전협정 제 2조 제13항 3~4호.
24) 경재희, ≪주간중앙≫ 2013.6.22.

2010년 천안함 사건, 2010년 연평도 포격 등 국지전은 5회가 발생되었고 지금 현재 남북관계 및 동북아 상황 속에서 판단해 볼 때 언제든지 국지전은 발생할 수 있는 가능성이 농후한 상태이다. 즉, 정전협정 전투행위 종료여부가 그나마 정전협정 내용 중 준수되고 있는 상태였지만 지금은 이마저도 불안전하게 보장되고 있는 상태이다.

2) 비무장지대 설치에 대한 평가

정전협정 제1조 제1항에 의하면 휴전선을 중심으로 상호 각각 2km씩 후퇴하여 총 4km 비무장지대를 설치하는 것으로 약속하였다. 그러나 양측 모두 북방한계선, 남방한계선을 남하 또는 북상시켜 병력과 화력을 이동, 배치해 비무장지대는 사실상 무장지대가 되었다. 그래서 비무장지대는 거의 기능을 형식적으로 유지하고 있는 상태로 판단한다.

3) 3개월 이내 외국군대의 철수 및 평화협정을 위한 정치회담 개최여부에 대한 평가

정전협정 제4조 제60항에 의해 3개월 이내에 정치회담을 개최하여 한국으로부터의 모든 외국군대의 철수 및 평화협정에 대한 협의할 것을 건의하기로 하였다. 그리하여 1954년 4월에서 5월까지 제네바 정치회담이 개최되었다.

북한측 수석대표 남일과 한국측 수석대표 변영태, 외무부장관은 각 입장에서 대안을 제시했지만 합의에 실패하고 정치회담은 중단되었다. 그 결과 1958년까지 중국인민공화국 인민군대가 북한에 주둔하였다. 그리고 남한에서는 UN군을 대표하여 미군이 지금까지 주둔하고 있다. 또한 평화협정은 지체되고 있다.

4) 외부로부터의 병력과 무기의 반입금지여부에 대한 평가

위에서 기술하였듯이 정전협정은 체결되었으나 미이행 상태로 남아 있다 보니 미군은 남한에 병력과 무기 반입이 계속 되고 있다고 판단한다. 이 규정 역시 불안전한 이행상태로 본다.

5) 중립국 감시위원단 설치여부에 대한 평가

위에서 지적하다시피 북한과 중국 인민군을 대표하여 폴란드와 체코슬로바키아가 중립국감시위원단에 들어갔고, 남한과 UN군을 대표하여 스위스와 스웨덴이 중립국감시위원단을 구성하였다. 현재 폴란드는 1995년 2월에 철수하였고 체코슬로바키아와 체코와 슬로바키아로 분할되어 체코슬로바키아라는 국가마저 붕괴되어 중립국감시단에서 빠져 있는 상태이다.

결국 UN군을 대표로 스위스와 스웨덴만 중립국감시위원단에 남아 있는 상태이며 이 두 국가도 판문점에서 대표부를 철수하여 서울에 대표부를 유지하고 있다. 그래서 종합적으로 판단하면 이미 중립국감시위원단은 그 기능을 상실한 상태이다.

3. 정전협정 대체로 평화협정(필요성)

위에서 분석하였듯이 정전협정 내용은 전투행위 종료, 비무장지대 설치, 3개월 이내 외국군대 철수 및 평화협정을 위한 정치회담 개최, 외부로부터 병력과 무기 반입 금지, 중립국감시위원단 설치 및 운영 등으로 구성되어 있다.

한국전쟁은 3년 동안 남북한 합해 약 500만 명 사상자를 발생하고 결국 분단 고착화를 초래하였다. 그렇지만 차선책으로 정전협정을 통해 전투행위가 중지되고 항구적인 평화를 구축하였다.

그렇지만 정전협정 주요내용 중 전투행위 종료만 제1차 연평대전, 제2차 연평대전, 대청해전 및 천안함 사건, 연평도 포격 등 일부 작은 무력 충돌이 있었지만, 아직까지 국지전으로 발전하지 않고 있는 상태이다. 그나마 정전협정 주내용 중 전투행위의 종료를 약속한 제1조 제6항을 어느 정도 준수하고 있다고 판단하고 있다.

나머지 비무장지대 설치는 상호 남방한계선과 북방한계선을 북상과 남하를 통해 무력화 된 상태이며 3개월 이내 외국군대의 철수 및 평화협정을 위한 정치회담 개최는 정치회담의 실패로 전혀 이행되지 못하고 있는 상태이다. 외부로부터의 병력과 무기의 반입금지를 규정하고 있는 조항(정전협정 제2조 제13항 제3호~제4호)은 전혀 지켜지지 않고 있는 상태이다.

또한, 중립국감시위원단 설치 및 운영에 관한 규정 역시 현재 빈사상태에 놓여 있다고 본다. 이를 통해 종합해 보면 정전협정 중 그나마 지켜지고 있는 것은 전투행위의 종료라고 다시 한 번 강조하고 싶다. 전투행위의 종료도 남북한 무력과 미군무력 및 중국군 무력에 의한 힘에 의한 억지효과로 평화가 유지되고 있다고 본다.

그래서 정전협정 제4조 제60항에서 논의하고 있는 정치회담을 통해 항구적이고 안정적인 평화협정을 논의해야 할 필요성이 있다고 본다.

이 상태에서 조그만 무력충돌은 국지전으로 발전되고 국지전은 전면전으로 발전될 수 있는 상태가 한반도 상황이다. 만약 한반도에서 제2의 한국전쟁이 발생한다면 핵전쟁이 될 확률이 높으며 한반도 핵전쟁은 제3차 세계대전으로 발전할 확률이 크다고 판단한다.

제5절 한반도 평화공존통일의 당면 장애물 극복방안

한반도 평화공존통일을 달성하는 데 당면 장애물은 한국전쟁 후유증, 남북한 불신, 북한핵을 포함한 한반도 핵, 정전체제 전환을 통한 평화협정 등이라고 본서에서는 주장하였다. 아래에서는 이에 대한 당면 장애물을 어떻게 극복할 것인가에 관한 내용을 기술하고자 한다.

1. 3개 대화의 축 구축 필요성

1) (선)남북대화의 축 복원

위에서 지적한 평화통일의 당면 장애물을 극복하는데 외관상 이해당사자는 남북한, 미국, 중국, 러시아, 일본 등 6개국이라고 본다. 그러나 한반도의 주인은 한민족이라고 판단한다. 한반도 비핵화를 위해서도 평화협정을 달성하기 위해서도 먼저 남북한은 한반도의 주인으로서 서로 신뢰회복을 하지 아니하면 한반도의 비핵화와 평화협정도 성과를 달성할 수 없다고 단언한다.

그래서 먼저 한국전쟁의 후유증과 기존 7 · 4남북공동성명, 91년 남북기본합의서, 2000년 6 · 15공동선언, 2007년 10 · 4정상선언 등 기존 합의에 대해서 어떻게 이행할 것인가에 대한 실천에 대한 대화가 선행되어 남북한 신뢰를 회복할 필요가 있다. 그리고 남북한 현안문제인 금강산 관광 금지, 5 · 24조치, 개성공단 폐쇄 등도 남북한 신뢰회복에 매우 큰 요인으로 작용한다고 본다.

위 모든 것을 해결함으로써 남북한 신뢰를 바탕으로 한반도 비핵화와 평화협정 문제를 남북한이 공동으로 대처해야 효과를 낼 수 있다고 판단한다. 그래서 3개의 대화축 중 제일 먼저 남북한 대화의 축을 먼저 구축할 필요가 있다고 주장하고 싶다.

2) 북한핵을 포함한 한반도 비핵화 대화의 축

북한핵을 포함한 한반도 비핵화 문제는 앞에서 지적하듯 그 연원과 역사가 뿌리 깊다. 쉽지 않는 과제인 것은 사실이다. 그러나 남북한 신뢰를 바탕으로 북한핵을 포함한 한반도 비핵화를 추진한다면 이해당사자들을 설득해 낼 수 있는 힘이 우리에게 있다고 판단하고 싶다.

북한은 북미대화를 통해 이를 해결하려고 한다. 그러나 남한 역시 북한핵을 포함한 한반도 비핵화 문제는 이해당사자이다. 그래서 선 남북한 대화의 축을 가동하여 남북한 신뢰를 회복한 후 남북한과 미국 및 중국, 일본, 러시아, 유럽연합 등과 대화를 해야 경제적 보상 등 후속조치가 원활히 이루어져 실질적인 효과를 낼 수 있다고 생각한다.

 3) 평화협정과 한반도 평화체제 구축을 위한 대화의 축

 북한은 북미평화협정을 주장하고 있다. 그러나 한국전쟁은 북한과 미국 2개국의 전쟁이 아니었다. 남한과 중국 및 미국을 제외한 15개국도 전쟁의 당사자이다. 그렇지만 실질적인 전쟁당사자는 남북한과 미국, 중국으로 볼 수도 있다. 그래서 평화협정 당사자는 남북한과 미국, 중국, 4개국으로 구성되는 것이 현실적이라고 본다.

 평화협정은 4개국의 기본 평화협정과 북한이 요구하고 있는 북미평화협정이 동시에 이루어질 필요가 있다. 더불어 북일수교 면에서는 일본도 한반도 평화체제 구축에 당사자로 볼 수 있다.

2. 3개의 대화축 운영시기 (동시적 병렬적 접근)

 위에서 3개의 대화축이 필요하다고 주장했다. 위 3개의 대화축은 동시적 병렬적으로 접근해야 한다고 본다. 북한은 선 평화협정, 후 비핵화 입장이고 한미는 선 비핵화, 후 평화협정을 주장하고 있다. 중국은 평화협정과 북한 비핵화 문제를 동시적 병렬적으로 접근하자고 주장하고 있다.

 본서에서 연구자는 중국의 접근방법이 현실적이라고 본다. 그래서 병렬적으로 3개의 대화축을 가동할 필요가 있다고 주장했다. 그러나 시기적으로는 먼저 남북한 대화축을 복원하여 남북한 신뢰를 바탕으로 북한핵을 포함한 한반도 비핵화 대화축과 평화협정과 한반도 평화체제 구축을 위한 대화축을 구축해야 한다고 판단한다.

3. 대화의 축 운영방법

6자회담을 개최하여 필요한 사항에 따라 2자회담, 3자회담, 4자회담, 5자회담, 6자회담 등으로 위에서 제기한 문제를 해결하는 데 탄력적이고 신축적인 대화방법으로 운영할 필요가 있다고 주장하고 싶다.

제6절 결론

한반도 통일에 있어서 통일방법으로 무력통일, 흡수통일, 평화공존통일이 있다. 본서는 이 중 평화공존통일을 입각한 연구물이다. 현재 평화공존통일의 장애물로 첫째, 한국전쟁 후유증과 남북한 간 합의한 각종 합의서들의 미이행으로 인한 남북한 간 불신을 지적했다. 더불어 금강산 관광 중단, 천안함사건, 연평도 포격, 5·24조치, 개성공단 폐쇄 등이 남북한 평화공존통일을 하는 증폭시키는 장애물이라 본다. 둘째, 북한핵을 포함한 한반도 비핵화의 지연이 장애물이라 지적했다. 셋째, 정전협정이 거의 사문화되었다고 본서는 판단했다. 그래서 정전협정을 대체할 수 있는 평화협정을 포함한 한반도 평화체제 구축의 지연이 평화공존통일을 저해하는 요인이라 지적했다. 위의 장애물들을 극복하는 데 북한은 선 평화협정 후 비핵화를 주장하고 있고 한미는 선 비핵화 후 평화협정을 주장하고 있다. 중국은 평화협정과 비핵화를 동시적, 병행적으로 대화의 축을 구축해 해결하자고 주장하고 있다.

본서에서 연구자는 남북한 불신과 한국전쟁 후유증을 극복하기 위해 먼저 남북한 대화의 축을 가동 남북한 여러 문제와 함께 평화공존통일을 준비하자고 주장했다. 그 다음 남북한 신뢰를 바탕으로 북미평화협정과 한반도 평화체제 구축에 나서는 것이 합리적이고 실효성 있다고 판단했다. 그리고 북한핵을 포함한 한반도 비핵화 문제도 별도의 대화축을 마련할 필요가 있다. 비핵화 대화축 역시 실효성이 있으려면, 선 남북한 신뢰를 바탕으로 남북한의 공동으로 참여하는 방법을 제안했다.

즉, 선 남북대화의 축을 가동하여 남북한 신뢰를 바탕으로 거의 동시적 병렬적으로 비핵화 대화의 축 평화협정을 포함한 한반도 비핵화 대화의 축 등 3개의 대화의 축이 가동되어야 우리가 바라는 민주, 인권, 자유, 평등, 평화를 바탕으로 고도복지국가를 달성할 수 있다고 판단한다. 한반도에서 핵에 의존한 무력통일을 필연적으로 제3차 세계대전을 유발한다고 본 연구자는 주장하고 싶다.

그리고 흡수통일은 통일비용을 감당할 수 없을 뿐 아니라 국제적으로 4 중분단 상태인 남북한이기 때문에 남한으로 북한이 온다는 보장이 없다. 시간이 걸리더라도 한반도 통일은 단계적, 점진적인 평화공존통일이 한민족 통일이 되는데 최선이란 판단한다. 평화공존통일의 장애물로 우리 민족이 서로 인정하는 가운데 지혜를 모으면 능히 극복하리라 본다.

제2장

통일비용 없는 한반도 재통일과 통일된 한민족의 비전

[이 글의 취지]

한반도 통일방법으로 무력통일, 흡수통일, 평화공존통일로 분류해 볼 수 있다. 연구자는 무력통일은 한민족이 재건 불가능할 수 있는 후유증을 동반한다고 단언한다. 그리고 동서독의 통일방법인 흡수통일은 지역분단, 정치적 분단 등 2중 분단 상태에서 가능한 통일방법이었다고 본다. 그리고 통일 전후 서독의 막강한 경제력이 뒷받침되어 지속적인 지원이 가능해 실현할 수 있었다. 그러나 통일된 독일에서 아직도 심리적, 경제적 통일은 서독의 80% 수준에 불가한 실정이어서 동독 출신 국민들은 제2등 국민이라는 의식이 존재하고 있다. 즉, 흡수통일의 후유증을 앓고 있는 상태이다. 한반도는 본서에서 주장하는 지역분단, 정치적 분단, 민족분단 상태인 3중 분단 상태이기에 동서독 통일과 달리 흡수통일은 동북아 국제질서를 고려해 볼 때 실현할 수도 없고, 실현한다 하더라도 통일비용을 남한이 감당할 수 없다고 판단한다. 그래서 시간이 걸리더라도 통일비용이 거의 없는 평화공존통일을 심도 있게 연구할 시점이라 생각하고 연구한 연구물이다.

제1절 서론

현재 남북관계는 2008년 박왕자 피살로 금강산 관광이 중단되어 있고, 2010년 천안함 폭침과 5·24조치 그리고 연평도 포격으로 개성공단만 일부 가동되다 2016년 개성공단마저도 완전 폐쇄된 상태이다.

그래서 남북한은 공식적 대화가 중단되고 군사적 대결구도만 심화되고 있는 상태이다. 이런 상황에서 한반도 통일을 논한다는 것은 부적절할 수 있다. 그러나 남북관계 상황은 동북아질서의 하부구조적 성격을 띠고 있는 것도 사실이다. 그래서 미중관계, 북미관계가 개선되면 남북한 관계도 개선되리라 확신한다. 남북관계 개선은 남북한 모두 절실한 과제이다.

남한은 청년실업과 비정규직이 높아지고 있고, 희망이 보이지 않는 상황이기에 청년과 노인층 자살률이 세계 1위이며 부의 불평등 구조가 점점 심화되어 상위 1%가 대한민국 부의 46%를 차지하고 있으며, 하위 50%가 대한민국 부의 5%를 점유하고 있는 극히 불평등이 심화된 사회이다. 그러기에 진정한 정규직 일자리 창출을 어느 때보다 필요한 상태이며 북한 역시 소련을 비롯한 동구권 붕괴 이후 경제상황이 악화되어 주민들의 삶을 개선시켜야 할 상황이다. 그러기 위해서는 남한의 자본과 기술, 북한의 지하자원이 만날 수 있는 남북 개선이 남북한 모두 절실한 상황이다.

본서의 목적은 첫째, 단기적으로 한반도의 평화와 안정에 기여하고 중장기적으로 평화공존통일에 이바지하고자 한다. 둘째, 실현가능한 통일의 방법과 통일비용을 산출하는 데 기여하고자 한다. 연구방법으로 첫째, 북한학, 역사학, 경제학, 국제정치학 등을 활용하여 융합학문적 접근을 하고자 한다. 둘째, 철학의 한 분류인 현상학의 간주간성을 활용하여 상대방 입장에서 상대방을 바라보는 시각으로 상대방을 객관적으로 인식하여 있는 그대로 분석하고자 한다. 마지막으로 논문의 서술은 제1절 서론, 제2절 남북한 상황을 제대로 분석하고자 남북한 분단상황에 대한 진단하고자 하며, 제3절을 분단국에서 통일국가를 건설했던 베트남, 독일, 예멘 등 분단국 사례분석과 통일비용을 산출하고자 한다. 제4절은 한반도 상황에 맞는 즉 한반도형 통일방법은 무엇이며 최소화된 통일비용은 얼마인가를 추정하고자 한다. 제5절은 평화공존 통일에 입각한 통일한국의 미래와 비전을 제시하고자 한다. 제6절 결론으로 되어 있다.

제2절 남북한 분단 상황에 대한 진단
(제4중 분단 상태)

한반도 통일비용을 제대로 진단하기 위해서는 한반도 분단상태를 직시할 필요가 있다. 한반도 분단상태는 분단국에서 통일국가를 이룩한 독일, 베트남, 예멘 등과 다르다는 것을 인식할 필요가 있다. 바로 인식된 상태에서 한반도 통일을 어떻게 할 것인가에 대한 답이 나올 것이다. 이에 대한 분석을 아래에서 하고자 한다.

1. 지역분단 (제1중 분단)

1943년 11월 1일에 서명된 카이로선언(일본국에 대한 영·미·중 3국 선언)에서 "조선인민의 노예상태를 유의하여 적당한 시기에 조선을 자유롭게 적당한 시기에 독립시킬 것을 결정한다"고 한국의 독립을 약속하였다.

그리고 1945년 2월 11일에 서명된 얄타협정에서 구두로 한반도에 주둔한 일본군을 퇴치시키기 위해 38도선 이북은 소련군이, 이남은 미군이 진주한다는 국제협정을 통하여 이미 한반도는 지역분단이 예고되었다. 그래서 남과 북은 상호이동의 자유가 일제 식민지하에서도 없었던 38도선을 기준으로 남쪽에서 북쪽으로 이동하거나 북쪽에서 남쪽으로 이동할 때 서로 신고를 거쳐야 하는 자유왕래가 제한되었다. 이를 지역분단인 제1중 분단이라 칭하고 싶다.

그러나 예고된 지역분단을 우리민족의 자주적 역량과 미래예측 능력이 뛰어났더라면 우리 스스로 힘으로 예고된 지역분단을 극복하고 통일된 자주국가를 건설할 수 있었을 것인데 이를 극복하지 못한 것은 매우 안타까운 일이다.[1]

2. 정치적 분단 (제2중 분단)

1945년 8월 15일 해방과 동시에 찾아온 지역분단은 결국 서울을 중심으로 자유민주주의를 표방한 대한민국 정부가 1948년 8월 15일 수립되었다. 그리고 인민민주주의와 사회주의를 추구한 세력들은 평양을 중심으로 조선민주주의인민공화국을 1948년 9월 9일 별도로 수립하였다.

결국 한반도는 서울과 평양을 중심으로 정치세력이 지역분단과 더불어 분단되었다는 것이다. 즉, 남한을 중심으로 하나의 정치세력과 북한을 중심으로 또 다른 정치세력이 출범하였다는 것을 의미한다.

이는 각 지역을 중심으로 한 구심력이 작용한 것이고 한반도 차원에서는 평양과 서울은 원심력으로 작용하는 보이지 않는 균열이 가고 있다는 증표였다. 이것은 양 세력이 대화가 중단된다면 언제든 무력충돌을 초래할 수 있는 예상된 징조로 볼 수 있었다. 이를 정치적 분단인 제2중 분단으로 규정할 수 있다. 그래서 결국 1950년 6월 25일 양 세력은 무력충돌을 초래하였다.[2]

---

1) 최양근, 『단계적 연방제 통일헌법 연구-한민족 미래와 비전』, 서울: 선인, 2011. p.19 참조.

3. 민족분단 (제3중 분단)

1950년 6월 25일부터 1953년 7월 27일 정전협정을 맺기까지 약 3년 한국 전쟁을 통해 남한에서 약 130만 사상자를 발생하였고, 북한은 약 3-4백만 사상자를 발생하였다. 그 결과 민족의 가슴에 지울 수 없는 상호 미움과 증오 및 각각에 대한 상호 공포심이라는 마음의 상처를 남겼다. 즉, 민족 간에 소통 대신 미움과 증오, 공포심, 불신으로 민중들까지 분단된 상태를 초래하였던 것이다. 이를 마음의 분단인 민족의 분단이라 칭할 수 있는 제3중 분단이라 명하고자 한다.

그래서 각각 남쪽과 북쪽을 지배하는 세력들은 정치적 이해관계에 배치된 세력을 제거하는 데 민족분단을 이용하였다. 남쪽은 자기 생각과 다른 정치세력을 빨갱이 또는 용공분자로 몰아 제거하였고, 북쪽은 반동분자 또는 종파주의로 제거하는 데 제3중 분단인 민족분단을 이용하였다. 지금도 그 영향은 지속되고 있다고 본다. 그 결과로 남북한에서는 사상과 학문의 자유가 억제되고 있는 실정이다.[3]

4. 국제적 분단 (제4중 분단)

1991년 소련 붕괴로 1945년 형성된 냉전은 해체되었다. 그리하여 1991년 남북한은 하나로 UN에 가입하지 않고 각각 남한은 대한민국으로 북한은

---

2) 최양근, 『한반도 통일연방국가 연구-동북아를 넘어 유라시아로』, 서울: 선인, 2014. p.22 참조.
3) 한국전쟁을 어찌 보면 통일전쟁의 한 유형으로 분석할 수 있겠다. 그러나 한국전쟁으로 인한 인적, 물적 피해가 너무나 크기에 경제적 금전으로 그 피해를 환산한다는 것은 무의미하다고 판단되며 어찌 보면 말장난에 불과할 수 있다.

조선민주주의인민공화국이라는 개별국가로 UN에 가입하였다. 이는 국제적으로 큰 의미가 있다. 대한민국 영토는 헌법 제3조에 입각해서 보면 "대한민국은 한반도와 그 부속도서로 구성되어 있다"로 표기되어 있다. 그래서 대한민국 헌법 입장에서 볼 때 북한은 별개의 국가가 아니고 대한민국의 일부 영토에 불법단체를 형성한 집단으로 볼 수 있다.

그러나 국제사회에서는 개별국가 헌법보다 국제법이 우선인 것이 다수설이다. 그래서 국제법 시각에서 볼 때 남한이 북한을 침공하거나 북한이 남한을 침공하는 것은 타국을 침략하는 국제법적 형태를 가지고 있다. 이를 국제적 분단인 제4중 분단이라 명하고 싶다.

그러기에 남북한 통일은 남북한 모두 평화적인 방법으로 추구할 때 국제법적으로나 대한민국 헌법적으로 용인된 통일이 될 것이다. 평화적 방법이 아닌 무력통일이나 흡수통일 시 남북한 이해당사국들이 얼마든지 개입하여 국제전이 일어날 수 있는 개연성이 있는 상황이다. 즉, 그만큼 남북한 통일은 어려운 상황에 처해 있다.

제3절 분단국 사례와 통일비용 및 한반도 통일에 주는 시사점

한반도 통일비용과 통일비전을 합리적으로 추정하기 위해서는 분단국에서 통일국가로 이행했던 베트남[4], 독일[5], 예멘[6] 등에 대한 통일방법과 과정 및 통일비용을 추정할 필요가 있다. 그래서 한반도 통일에서 적절한 통일방법과 통일비용을 얻는 데 시사점을 얻고자 한다.

1. 베트남 통일과 통일비용

베트남은 중국의 식민지로 있다가 위진남북조 말기에 독립하였다. 그래서 독립국가로 독립왕조를 유지하였다. 그 첫 왕조가 레왕조였다. 그 후 이조를 거쳐 쩐왕조로 넘어갔으며, 타이선 왕조를 거쳐 후레조 왕조로 정권이 거듭 변경되었다. 그 후 마지막 왕조인 응우옌 왕조시대에 프랑스 제국

---

4) 송정남, 『베트남의 역사』, 서울: 부산대학교 출판부, 2001; 최병욱, 『베트남근현대사』, 경기: 창비, 2008, 두산백과 참조.
5) 국토통일원, 『분단국 통합사례 연구』, 서울: 국토통일원, 1946.
6) 알리 압둘-까위 알-가파리, 『예멘 통일- 현실과 미래』, 서울: 법제처, 1999.

주의 식민시로 전락되어 중부만 자치권을 행시히였고, 남부와 북부는 프랑스의 직접 지배를 받았다. 그리하여 독일 히틀러에 의해 프랑스가 점령된 후 일시적인 해방을 맞이하였으나 프랑스를 대신하여 일본 제국주의의 지배를 받는 상태로 있다가 1945년 8월 15일 독립되었다. 그러나 일본 제국주의를 물리치기 위하여 포츠담 회담에서 연합군에 의해 17도선을 중심으로 북쪽은 중국군이 진주하고 남쪽은 영국군이 진주하기로 합의하였다. 그래서 일본 잔당들을 물리치고 중국군은 중국으로 후퇴하였다. 그리고 영국도 영국으로 돌아갔으나 영국군 일부로 참여한 프랑스군들이 다시 베트남을 식민지화하였다. 그래서 베트남인들은 프랑스로부터 독립하기 위해 제1차 독립투쟁을 전개하였다. 이를 프랑스베트남전쟁이라 할 수 있다. 그러나 끈질긴 독립투쟁으로 프랑스를 디엔비엔푸 전투에서 프랑스군을 물리치고 1954년 제네바 평화조약으로 약 9년의 투쟁을 통해 독립을 쟁취하였다. 그러나 냉전 심화로 프랑스가 물러난 자리에 미군이 들어갔다. 이를 제2차 인도차이나 전쟁이라 한다. 미군은 처음에 응오딘지엠을 통해 간접적 지배를 하였지만 무능과 부패로 응오딘지엠 정권이 민주화 요구와 북베트남 지원으로 위태롭게 되자 1964년 통킨만 사건을 통해 존슨행정부는 베트남 전쟁에 직접 개입하는 정책으로 전환하였다. 미국은 미국 단독으로 전쟁을 이끌기에 힘이 들자 한국, 오스트레일리아, 뉴질랜드 등에게 우방국가들에게 베트남 전쟁에 직접 군대를 파견해 줄 것을 요청하였다.

그래서 한국은 1964년 9월 의료진을 중심으로 한 비전투요원을 파견한 것을 시작으로, 맹호부대와 청룡부대, 백마부대 등 30만 명이 넘는 전투 병력을 베트남에 파병했다.

그러나 남베트남인들은 1960년 12월 20일에 구축한 남베트남 민족해방전선을 결성하여 남베트남 정부군 및 미국을 포함한 연합군에게 악착같이 대결하여 결국 1973년 파리평화협정을 체결하였다. 파리평화협정의 내용은 첫째, 남북휴전, 둘째, 선거를 통한 통일정부 구성, 셋째, 60일안에 모든 미군 등 연합군 철수 등의 내용을 담고 있었지만 갈등은 다시 무력충돌로 확대되었고 북베트남은 1975년 대규모 공세를 전개하여 그 해 4월에 사이공을 점령하여 무력에 의한 통일을 달성하였다.

그러나 2차 인도차이나전쟁을 통해 남베트남 등 연합군 세력은 사망자 31만 4천명, 부상자 149만 명, 북베트남 등 반연합군 세력은 사망자 1,101,000명, 부상자 604,000명이라는 인명피해가 발생하였다. 베트남 통일전쟁은 경제적 사회적 문화적 파괴에 대한 손실은 천문학적이어 추정할 수 없다.

그리고 인명 피해 역시 "인명은 재천"이라는 관점에서 보면 돈으로 환산할 수 없는 통일비용을 지불하였다고 볼 수 있다,

그 과정에서 한국만 1만6천여 명의 사상자가 발생하였으며 많은 참전 군인들이 고엽제 피해 등의 후유증에 시달리고 있다. 즉, 베트남 전쟁 피해는 한국에서 지금도 계속되고 있다.[7] 한반도 통일에 주는 시사점으로 무력통일은 1950년에 발생한 한국전쟁시 이미 직간접적으로 경험한 바 있다.

만약 제2 한국전쟁이 발생한다면 이미 핵무기를 확보한 북한은 1950년대 무력과는 비교할 수 없는 상태이며 동북아 질서를 살펴보면 또다시 제2 한국전쟁은 국지전으로 비화하여 한반도에서 제3차 대전 출발이 될 수 있다고 본다.

그리고 통일이 되더라도 일개의 핵미사일 하나로 약 120만 사상자를 초래하여 누가 승리하더라도 한반도 주인은 남북한 모두 다 어느 한 쪽도 주인이 될 수 없는 통일비용을 초래할 것이며 제3차 대전으로 간다면 인류에 평화도 완전하게 파괴될 확률이 많다고 연구자는 판단한다.

---

7) 베트남 통일에서 들었던 통일비용의 산정은 인적, 물적 피해가 너무 커 경제적 금전으로 환산할 수 없다.

2. 독일 통일과 통일비용

독일은 1945년 5월 연합국인 미국, 영국, 프랑스, 소련 등에 항복하였다. 연합군은 독일의 재건설을 막기 위해 4분하여 통치하였다. 그 후 연합군이 점령한 지역을 1949년 독일 연방공화국(서독)을 수립하였고 소련 역시 1949 년 소련이 점령한 지역에 대하여 독일 인민공화국(동독)을 수립하였다. 그리하여 제3제국인 히틀러의 독일은 2개국으로 분단되었다.

그러나 독일은 동서독 지도자들이 반히틀러, 반전체주의에 대항하여 항쟁을 하였다는 점에서 상당한 공통성을 가지고 있었다. 그리고 한반도가 제3중 분단인 민족분단을 초래하였지만 독일은 제2중 분단인 정치적 분단 상태에서 분단을 더 이상 증폭시키지 아니하였다.

즉, 한국전쟁과 같은 민족 간에 죽이고 죽는 통일전쟁이 없었다는 점에 한반도와 다른 점이라 볼 수 있다. 그래서 동서독 간에는 기존에 있던 철도, 도로 등 기간산업이 존속될 수 있었다. 존속된 기간산업을 통해 동서독은 인적 교류 및 경제 교류를 제한적이나마 꾸준히 지속되었던 것이다.

그리고 1972년 추진된 동방정책에 의해 인적, 물적 교류는 확대를 거듭하였다. 더불어 방송교류와 신문 교류를 통해 서독 안방에서 동독 신문과 방송을 자유롭게 시청할 수 있었고, 동독 안방에서도 서독 신문과 방송을 자유롭게 시청할 수 있었다. 또한, 동서독 각 신문방송사는 각 상대방 지역에 지점을 운영하여 시시각각 정보를 상호 국민들에게 전달할 수 있었다. 아래에서는 이와 같은 사례를 증명하는 것을 표로 나타내고자 한다.[8]

---

8) 국토통일원, 『분단국 통합사례 연구』, 서울: 국토통일원, 1946, pp.40~54 참조.

〈표 1〉 동서독 경제교류 현황 (단위: 백만 마르크)

연도별 \ 구분	서독수입	서독수출	총 액
1950	414.6	330.0	744.6
1955	587.6	562.6	1,150.5
1960	1,122.4	959.5	2,082.0
1965	1,260.4	1,206.1	2,466.5
1970	1,996.0	2,415.5	4,441.5
1971	2,319.0	2,499.0	4,818.0
1972	2,381.0	2,927.0	5,308.0
1973	2,660.0	2,998.0	5,658.0
1974	3,252.0	3,671.0	6,923.0
1975	3,342.3	3,921.5	7,263.8
1976	3,876.7	4,268.7	8,145.4
1977	3,960.4	4,343.3	8,303.8
1978	3,899.9	4,523.9	8,423.8
1979(1~10월)	3,612.2	3,707.4	7,319.6

〈표 1〉에서 살펴보듯이 1949년 정식으로 수립된 서독과 동독은 경제적 교류가 남북한처럼 끊이지 않고 규모는 작지만 계속해서 철도와 도로를 통해 경제적 교류가 1950년부터 지속되었음을 알 수 있다. 경제 규모도 1972년 기본조약 이후 계속 더 확대되고 있음을 증명하고 있다.

〈표 2〉 연도별 서독인의 대동독 방문자수 (단위: 명)

년도	방문자수	년도	방문자수
1967	1,423,738	1973	2,278,989
1968	1,261,441	1974	1,919,141
1969	1,107,077	1975	3,123,941
1970	1,254,084	1976	3,120,962
1971	1,267,355	1977	2,987,574
1972	1,540,381	1978	3,177,273

〈표 3〉 양독 집경지역 왕래자수 (단위: 명)

년도 (7~12월)	왕래자 수
1973	192,900
1974	331,350
1975	463,190
1976	445,306
1977	443,021
1978	479,978
계	2,355,565

〈표 2, 표 3〉에서 살펴보듯이 인적 교류도 동서독은 끊이지 않고 지속적으로 계속 진행되었음을 표를 통해 알 수 있다. 이는 한반도는 한국전쟁이라는 무력충돌이 있었지만 동서독은 무력충돌이 없기에 마음 속 깊은 증오와 미움, 공포심이 거의 없어 상호 제한적이지만 지속적인 인적 교류가 가능했다고 판단할 수 있다.

이런 상황은 동서독 통일에 유리한 요인으로 작용하였다고 볼 수 있다. 그러나 유리한 환경에도 불구하고 동서독 역시 지역 분단과 정치적 분단이라는 제2중 분단을 초래한 상태로 1990년 통일되기 전까지 약 40년 세월을 독립 세력으로 존재하였다.

그렇지만 1972년 브란트 수상에 의해 수행된 동방정책으로 1972년부터 1990년까지 서독이 동독에게 지원한 경제적 지원액은 600억 달러였다. 그러나 국민들은 불평을 거의 하지 않았다.[9] 그 결과 형태상으론 평화통일이지만, 실질적인 흡수통일을 이룩할 수 있었다.

그러다 보니 1989년 가을혁명 이후 2008년까지 약 20년간 들어간 통일비용으로 최소한 1조2000억 유로(2160조원)에 이르는 것으로 분석되고 있고, 2008년 이후 연간 매년 1,000억 유로가 투입되고 있으며, 2016년 현재 약

---

9) 임동원, 『피스메이커-남북관계와 북핵문제 20년』, (주)중앙북스, 2008.

8,000억 유로가 더 투입되었다. 그리하여 1989년 독일통일 이후 2,000억 유로(한화 3천조 이상)이 통일비용으로 지출되고 있다.

독일통일비용은 1990년 당시 예상비용보다 5배 가까이 더 들어 가고 있지만, 산업적 측면에서 동독은 서독의 80% 수준이며 동서독 간에는 아직도 이질감이 해소되지 않고 있다. 즉, 동독국민은 아직도 제2등 국민으로 여기는 동독 출신 독일인이 약 50% 이상으로 통계가 나와 있다.

그래서 경제적 심리적 문화적 사회적 통합을 분단이전으로 회복하기 위해서는 얼마나 더 통일비용을 지불해야 할 지 독일학자나 지식인, 정치가들도 정확한 예상을 못하고 있는 실정이다.

한반도 통일에 주는 시사점으로 서독과 동독은 인구비율이 서독 4명이 동독 1명을 살리는 구조이었으며 국토면적 역시 4 : 1이었다. 서독 경제 역시 통일 당시 미국, 일본 다음으로 세계 3위 경제대국이었다. 그리고 동독 역시 공산권내에서는 선진 공산국이었다. 그럼에도 서독은 동독을.경제, 사회, 문화면에서 진정한 통일을 달성하기 위해 천문학적 통일비용을 지불하였고, 앞으로도 완전한 통일을 이룩하기 위해 얼마나 더 많은 통일비용이 들어갈 지 알 수 없는 상태이다. 한반도는 만약 동서독 같은 통일이 발생시 인구구조가 남한 2명이 북한 1명을 살리는 구조이다. 또한, 남한 경제력 역시 붕괴된 북한을 먹여 살릴 수 있는 경제력을 확보하지 못하고 있다. 그래서 연구자는 한반도 통일은 통일비용이 들어가지 않는 통일방법을 구상하여야 할 시점이라고 판단하고 있다.

3. 예멘 통일과 통일비용

예멘은 독립국가로 지속되다가 오스만터어키의 지배를 받는 식민지 국가로 전락되었다. 예멘 국민들의 지속적인 투쟁의 노력으로 1918년 북예멘은 독립하였고, 남예멘은 1838년 오스만터어키가 지배하고 있던 아덴을 점령을 시작으로 영국 식민지가 되었다.

그리하여 남예멘 주민들의 투쟁의 대가로 1967년 11월에 영국으로부터 독립하였다.

그러나 남예멘과 북예멘은 1972년, 1973, 1979년 남북예멘의 국경선 주변으로부터 소규모 무력분쟁이 발생하였다.

그러나 아랍연맹의 중재 하에 소규모 무력분쟁은 수습되고 남북예멘의 통일을 논의하기 시작하였다. 그리하여 1989년 11월에 통일헌법을 마련하여 1990년 통일협약에 따라 남북총선거를 실시하였다. 그리하여 남북예멘은 통일국가를 구성하였다.

그러나 통일이전부터 남예멘은 통일국가 형태로 연방공화국을 주장하였고 북예멘은 단일국가를 주장하였다. 그렇지만 인구와 경제력에 앞선 북예멘측이 주장한 단일국가로 통일국가를 형성하였지만, 남북예멘의 군대 통합의 실패와 1993년 통일 후 첫 전국선거에서 패한 사회당이 통일된 지 4년 만에 권력분배방식에 문제로 남예멘 출신 부통령이 1973년 7월 아덴으로 교환하여 1994년 5월 22일 통일예멘으로부터 분리를 수용하고 남북간에 전면 내전이 발생하였다. 그렇지만 내전은 북예멘 출신 살레대통령이 이끈 중앙정부에 의해 곧 진압될 것이다. 그리하여 통일을 지속되는 가 싶었지만 1998년 6월에 남북지역 부족세력과 정부군간에 충돌하면서 분리주의 무장봉기가 발생하였다. 이를 바탕으로 남예멘을 중심으로 알카이다 수니파가 발생하는 계기가 되었다. 그리고 북예멘에서도 그동안 잠잠하던 시아파 반정부 세력들이 알후티라는 반군세력을 조직하여 북부 산악지역을 중심으로 반정부 투쟁을 위한 반군을 조직하였다.

통일예멘은 겉으로는 하나의 국가이지만, 실질적으로 세계국가로 분리되는 상태에 처하게 되었다. 2009년 7월에는 남예멘 분리주의자와 살레정부 군간에 제2차 분리주의 운동이 전개되었고, 중앙정부가 무능과 부패 및 내전으로 혼란에 빠지게 되었다. 이에 반발하여 2011년 튀니지 사태를 지지하는 대규모 반정부 세력이 즉, 자스민 혁명을 시도하였다. 그리하여 야당연합세력들은 무능하고 부패한 살레대통령 중앙정부를 하디 대통령 중심으로 교체하였다. 그 후 남북예멘 중심으로 알카이다 세력들은 중부와 북부까지 세력을 확장하여 반미, 반서방 노선을 걷고 있다. 알카이다 세력은 더 확장하면서 무장세력으로 조직화되었고 중앙정부와 지방정부, 미군세력 등에 대항하는 가운데 예멘국민들은 사상자와 부상자가 해를 거듭할 수록 커지고 있다. 2016년 현재는 예멘에서는 하디 대통령을 중심으로 한 중앙정부를 무너뜨리기 위해 북부 산악지역에 근거를 둔 시아파 인 알 후티 반군들이 북예멘과 남예멘을 거의 점령하고 있으며, 하디 중앙정부는 아덴을 중심으로 일부 후티 반군에 대항하고 있는 상태이다. 수니파 알카이다 세력 역시 아직 존재하나 수니파 IS세력에 의해 남북예멘에 존재했던 수니파 알카이다 세력을 점진적으로 장악하고 있다.

현재 예멘은 하디 대통령을 중심으로 한 중앙정부와 시아파 알 후티 반군과 IS세력 및 일부 알카이다 무장단체 등으로 세부적으로는 4개로 크게 보면 3개로 정치세력과 무장세력으로 분류할 수 있겠다.

그리고 예멘 내전은 국내전과 동시에 국제전 성격을 띠고 있다. 시아파 인 알 후티 반군은 이란이 지원하고 있으며, 하디 대통령을 중심으로 중앙정부를 미국과 사우디, 카타르 등 아랍 연맹이 지원하고 있다.

그래서 초기 무력으로 통일의 형태로 단일국가, 통일의 시기로 단기적, 통일의 방법으로 초기 평화적 후기 무력통일로 통일예멘을 달성하였지만 중장기적으로 통일을 하지 아니한 것만 못하는 결과를 초래하였다. 남북예멘의 통일 후유증은 내전을 발생하였고, 그 내전은 국제전으로 발전하여 예멘 국민만 피해를 받아 도탄에 빠져 있다.

국민들의 피해의 내용은 구체화하면 다음과 같다. 예멘에서 구호사업을 하는 옥스팜이 내전 1년을 맞아 22일 낸 자료에서 "무분별한 공습과 전투로

6천100명이 숨졌고 240만어 명이 집을 떠났다"며 "예멘 인구의 82%인 2천12
만 명(어린이 990만 명 포함)이 긴급한 인도적 구호가 필요하다"고 밝혔다.

옥스팜은 또 예멘 내전으로 지난 1년간 하루 평균 113명의 사상자가 나
고, 기근 직전의 인구가 760만 명에 이른다고 집계했다. 아동 구호단체 세
이브더칠드런도 24일 "예멘 어린이 130만 명이 영양실조 상태고 이중 32만
명은 아주 심각한 위기에 처했다"면서 내전 중단을 촉구했다. 10)

예멘통일은 통일비용을 경제적 금전으로 환산할 수 없는 상태이며, 환산
한 들 무의미한 분석에 불과하다고 본다.

한반도 통일에 주는 시사점은 통일국가 형태로 단계적 연방국가, 통일시
기로 단기적 통일이 아닌 중장기적 점진적 통일을 추구하였더라면 정치세
력간의 분열이 초래되지 않았을 것이다. 정치세력간의 통일은 또한 종교세
력의 분열과 극단주의를 초래하지 않았을 것이다. 그래서 고통받는 국민들
을 양산하지 않았을 것이라고 연구자는 생각하고 있다.

---

10) 연합뉴스, 2016.3.25.

제4절 한반도 통일방법과 통일비용

한반도 통일에 있어 들어가는 통일비용은 연구사와 연구시기에 따라 고무줄처럼 편차가 크다. 추산 기준도 제각각이며, 근거도 명확치 않아 각 기관이 추정하는 천문학적 예상통일비용은 다수 국민으로 하여금 통일 공포증의 원인이 되고 있다고 판단한다. 아래 〈표 4〉는 이와 같은 상황을 입증할 수 있는 통일비용 자료이다. 우리는 서생적 문제의식으로 최소의 통일비용을 지불하면서 최대의 통일비전을 확보할 수 있도록 통일방법과 통일시기, 통일국가 형태 및 동북아 국제질서, 상인적 현실감각으로 계산하여야할 것이며 학자적 양심으로 대안적 통일방안을 제시하여야 할 것이다.

아래 〈표 4〉에서 알 수 있듯이 통일비용 산정에 대한 연구는 크게 3기로 나누어 볼 수 있다. 제1기는 1991년~1997년, 제2기 2003년~2005년, 제3기 2009년~현재로 구분할 수 있을 것이다. 제1기는 노태우 정부 시 추진된 북방정책이 어느 정도 성과를 거두고 있는 시기이다. 제2기는 1998년 집권한 김대중 정부부터 2003년에 출범한 노무현 정부 초기부터 2007년까지이다. 제3기는 2008년에 출범한 이명박 정부부터 2016년 박근혜 정부까지이다.

〈표 4〉 연구별 통일비용 산정 규모

연구자	출판연도	통일시점	통일비용
한국개발연구원	1991년	2000년	점진적 통일시 최대 2102억 달러
황의각	1993년	2000년	1조 2040억 달러
이상만	1993년	2000년	10년간 2000억 달러
이영선	1994년	2010년	40-50년간 8410억 달러
마커스 놀런드	1996년	2000년	3조 1720억 달러
한화경제연구원	1997년	2010년	856조 원
박석삼	2003년	-	점진적 통일시 연간 8700억 원 급진적 통일시 연간 35조 원
이영선	2003년	-	점진적 통일시 732억 달러(10년), 급진적 통일시 1872억 달러(5년)-5614억 달러(10년)
삼성경제연구소	2005년	2015년	546조 원
미 랜드연구소	2005년	-	통일 후 5년간 60조-795조 원
조세연구원	2009년	2011년	GDP의 7-12%(통합 후 10년 정도)
피터 벡	2010년	-	30년간 2374조-5935조 원
찰스 울프	2010년	-	74조 원-2018조 원

(자료: 김광수경제연구소)

위 표를 분석해 보면 첫째는 제1기인 노태우정부에서 상대적으로 통일비용을 산정하고 있다는 것을 알 수 있을 것이다. 그리고 제2기인 햇볕정책이 본격화된 약 10년 동안의 연구는 가장 많은 추정된 통일비용은 1872억 달러이지만 이는 급진적 통일 시를 가정하고 있으며, 급진적 통일을 배제한 점진적 통일을 산정한 통일비용은 795조원이다. 그리고 제3기인 5935조원까지 추정하고 있다.

첫째, 위 연구들은 무력통일을 배제하고 가정한 통일비용이다.

둘째, 남북한 교류협력이 활성화될 때 통일비용도 상대적으로 적게 추산하고 있다.

셋째, 통일비용은 통일국가로 단일국가를 전제한 통일비용이다. 즉, 단계적 연방국가 통일을 가정한 통일비용에 대한 연구가 없다.

위에서 분단국에서 통일국가로 이룩한 베트남, 독일, 예멘의 사례의 경우를 볼 때, 우리는 무력통일은 핵미사일이 있는 북한과 지정학적으로 한반도 무력통일은 세계 3차 대전으로 발생할 수 있다. 만약 무력통일 시 통일비용을 아예 산정할 수 없는 점에서 통일방법으로 적정치 아니함을 위 연구내용에서 이미 입증했다.

또한, 흡수통일 역시 가능한 통일방법이지만 독일 사례로 남한이 북한을 지원할 수 있는 경제력을 가지지 못했다는 것을 이미 입증하였다. 흡수통일 역시 한반도 통일의 방법으로 통일비용 면에서 감당할 수 없는 통일방법임을 주장하고자 한다.

남은 통일방법은 평화공존 통일이다. 평화공존 통일은 북한을 남한이 인정하고[11] 남한이 북한을 인정[12]하는 상호 인정을 바탕으로 한 점진적 단계적 평화적 통일뿐임을 알 것이다. 평화공존 통일만이 통일비용을 최소화하거나 아예 통일비용이 들어가지 않는 통일이 될 것이다. 더불어 통일비전은 극대화할 수 있으며. 민족의 미래와 비전을 확대할 수 있다고 연구자는 주장하고 싶다. 즉, 남북한이 공존하는 통일만이 남한의 기술과 자본과 싼 노동력과 풍부한 지하자원이 만날 수 있는 것이며, 이를 통해 통일의 시너지를 극대화할 수 있다고 본다. 또한, 국제적 차원에서 이제까지 대륙세력으로서 남단에 위치하고 있어 해양세력이 대륙진출의 교두보로써 한반도가 어려운 상황에 여러 번 역사적으로 고통을 겪었다.

---

11) 북한은 남한을 통일전선 전략으로 삼는 것을 배제 되어야 할 것이다. 연구자는 북한이 혹시 통일전선 전략을 추구하더라고 이를 충분히 극복할 수 있다고 본다. 100만 촛불 집회에서 나타나는 민심은 민주·평화·질서였고 이것은 우리가 이를 북한의 통일전선 전략을 극복할 수 있는 역량을 이미 갖추었다고 본다.
12) 남한 역시 북한을 흡수하겠다는 것을 실질적으로 포기해야 할 것이다. 북한 내부 사정과 동북아 국제질서 상 남한에 의한 북한 흡수통일은 불가능하다는 것을 이미 여러 사례가 증명하고 있다.

그러나 남북이 상호 신뢰를 회복하고 평화적으로 남북관계를 개선한다면 동북아 국제질서에서 미국과 중국이 충돌하고 있는데, 중미 갈등을 해소하는 평화세력으로 한반도가 역할을 할 수 있으리라 확신한다.

제5절 **통일한국의 미래와 비전**

    통일한국의 미래와 비전에 대한 예측은 남한의 기술과 자본이 북한의 노동력과 지하자원이 결합한 경제적 측면과 한반도의 지리적 위치를 통한 국제적 위상 측면에서 바라보고자 한다. [13]

1. 경제적 측면

가. 북한의 주요 광물 매장량(2012)[14]

	광물의 종류	기준품위	단위	매장량	
				남한	북한
금속	금	금속기준	톤	43.6	2,000.0
	은	금속기준	톤	1,581.9	5,000.0
	동	금속기준	천톤	50.9	2,900.0
	연	금속기준	천톤	360.9	10,600.0
	아연	금속기준	천톤	515.5	21,100.0
	철	Fe 50%	억톤	0.4	50.0
	중석	WO3 65%	천톤	127.9	246.0
	몰리브덴	MoS2 90%	천톤	29.8	54.0

---

13) "한반도 통일과 교사 역할에 대한 고찰", 『2014 중등 영어과 1급 정교사 자격연수』, 서울특별시교육연수원, pp.9~12 참조.
14) 통계청, 『2013년 북한의 주요 통계지표』(서울: 통계청), 2014, p.67 참조.

	망간	Mn 40%	천톤	176.4	300.0
	니켈	금속기준	천톤	-	36.0
비금속	인상흑연	F.C 100%	천톤	121.6	2,000.0
	석회석	각급	억톤	127.3	1,000.0
	고령토	각급	천톤	111,242.4	2,000.0
	활석	각급	천톤	11,125.0	700.0
	형석	각급	천톤	477.0	500.0
	중정석	각급	천톤	842.1	2,100.0
	인회석	각급	억톤	-	1.5
	마그네사이트	MgO 45%	억톤	-	60.0
석탄	무연탄	각급	억톤	13.5	45.0
	갈탄	각급	억톤		160.0

주: 1) 매장량은 확정치와 추정지의 합계이며, 남북의 매장량 각각은 동일 기준품위로
환산하여 비교함.
출처: (남북)한국광물자원공사 남북자원협력실.

위에서 제시한 통계청 자료에 따라 분석해 볼 때[15]

첫째, 남한은 자본과 기술, 북한은 지하자원을 강점으로 북한이 방대한 지하자원 매장국가라는 사실이다.

둘째, 2012년 민간연구단체 북한자원연구소 발표를 보면 "현재 북한의 주요 지하자원이 18개 광물의 잠재 가치는 올 상반기 국제시장가격을 기준으로 9조7천574억6천만 달러(한국돈 약 1경1천26조 원)"라고 추정했다.

셋째, 한국광물자원공사가 계산한 금액으로는 북한매장된 지하자원의 잠재적 가치는 한국돈으로 1경이 넘는다는 분석을 하고 있다.

넷째, 현대경제연구원은 북한의 마그네사이트 매장량이 세계 3위[16], 흑연 매장량은 세계 4위로 한국에서 사용하는 지하자원의 1/2만 북한에서 직접 조달해도 연간 154억 달러(약 16조원) 수입대체효과가 있을 것으로 추정하고 있다.

다섯째, 통계청 자료에 포함되지 않는 석유 매장량에 대해서 여러 설이 있다. 남포항 앞바다에 있는 서한만에 약 300억 배럴이 매장되어 있다[17]고

---

15) 평화문제연구소(IPA1983) 사이트 참조.
16) 마그네사이트 매장량이 자료에 따라 세계 1위라는 분석자료도 있다.

주장하는 설과 서한만에 발견된 300억 배럴과 기타 지역에 발견된 매장량을 포함 약 430억 배럴이 있다는 주장이 있다.

결론적으로 남북한이 화해와 협력을 통한 경제교류 등을 해 나간다면 모두가 윈윈할 수 있는 분석자료라 판단한다. 그리고 남북한 평화통일 시 통일한국은 세계공장으로 변모할 수 있는 자료라 생각한다.

2. 국제적 위상

한반도는 지리적으로 해양세력과 대륙세력이 만나는 중간지점이었다. 그래서 삼국시대는 대륙의 끝이었다.

그래서 대륙세력과 연대한 신라에 의해 삼국통일이 이루어졌다. 고려시대에도 중국을 침략하기 이전 후방의 안전을 확보하기 위해 거란족의 침입과 몽고 침입으로 결국 대륙세력의 원나라에 의해 반식민지 상태가 되었다.

조선시대 역시 해양세력의 일본의 침입으로 임진왜란과 정유재란이라는 환란을 겪었으며 결국 만주에서 일어난 청나라의 침입으로 정묘호란과 병자호란을 겪고 청나라에 속국으로 전락하였다.

그리고 제국주의시대 해양세력인 일본은 청일전쟁과 러일전쟁에서 승리 후 결국 한반도를 일본의 식민지로 전락시켰다. 한반도를 교두보로 만주사변과 중일전쟁을 일으키고 태평양전쟁을 일으켜 동북아의 패권국가로 등장하였고 세계 패권국가를 건설하기 위해서 태평양전쟁으로 인한 강제 징

---

17) 1998년 정주영 회장이 김정일 국방위원장을 면담 시 서한만의 석유채굴권을 달라고 요구하자 서해바다의 깊이가 깊지 않아 중국과 겹쳐 있기에 아직 협상중이어서 줄 수 없다고 했다는 주장이 있다. 그러나 2013년경 중국과 공동채굴에 합의하였다는 보도를 보았다. 분배는 북한이 60%, 중국이 40%로 합의하였다라는 보도였다.

집된 학도병, 강제징용과 위안부, 식량, 지하자원 약탈 등 인적·물적 희생
을 초래하였다.

현재 남북한은 1945년 해방과 동시에 분단을 초래하여 한국전쟁이라는
동족상잔을 겪었지만 세계는 탈냉전시대에 접어들었다. 그러나 동북아 및
남북한은 완전히 냉전이 해체된 상태가 아니고 아직도 진행형이다.

그렇지만 이와 같은 국제적인 문제와 민족적인 현실을 직시하여 현명하
게 대처하여 평화적이고 점진적인 방법으로 남북한 재통일을 이룩할 시에
는 한반도는 세계 생산공장이 될 수 있고 물류중심지로 거듭날 수 있을 것
이다.

로마제국이 지중해시대에 한반도와 같은 해양세력과 대륙세력이 만나는
지점이었지만 이를 극복하여 로마제국을 형성하였듯이 21세기 태평양시대
에는 지리적 여건 상 동북아가 태평양시대의 중앙이 될 수 있다. 그 중 한
반도가 중앙이 될 확률이 높다고 본다.

그리하면 현재 한반도는 대륙세력과 해양세력이 만나는 중간이지만 우
리가 지혜를 발휘하여 한반도 재통일 시에는 대륙세력과 해양세력을 아우
르는 중앙이 될 수 있다고 본다.

제6절 결론

우리의 통일환경은 베트남, 농서녹, 예멘 통일환경과 다르다. 동서독은 지역분단, 정치적 분단이라는 2중분단 상태에서 통일을 달성하였다. 통일의 기여자는 서독과 동독에서 남아 있는 중간세력이 큰 역할을 하였다. 또한 동서독 간 전쟁이 없었기에 미움, 증오, 복수심이 없었다. 이 또한 통일의 큰 힘이 되었다. 그러나 한반도는 3중 분단 상태에 있다. 한국전쟁을 통해 양 극단을 중재할 수 있는 중간세력의 전멸과 상호 미움과 불신, 증오, 복수심이 지금도 남아 있다.

이와 같은 어려움들을 어떻게 극복할 것인가가 민족 내부문제에서 큰 과제가 될 것이다. 그리고 동북아 주변 정세를 살펴볼 때 주변 4강은 자국의 국익을 추구하고자 하는 시각에서 대한반도 정책을 펼치고 있다. 주변 4강은 현상유지가 4강의 이해관계에 맞아떨어지고 있다고 본다. 그래서 한반도 통일에 주변 4강은 소극적일 수밖에 없다. 결국 한반도 통일에 있어 당사자는 한민족일 수밖에 없다.

즉, 국제정치적 각도에서 볼 때 한반도 통일에 주변 4강은 소극적이라는 것이다. 남북한은 위에서 언급한 어려움 속에 72년 7·4남북공동성명, 91년 남북기본합의서, 2000년 6·15공동선언, 2007년 10·4남북정상선언 등 4대 합의서를 채택하여 화해 협력시대를 열었다.

그러나 2008년에 발생한 박왕자 사건, 2010년 천안함 사건, 연평도 포격 사건으로 인해 화해 협력시대의 발전을 저해하고 있다. 남북한 당국자와 한민족인 우리들이 어느 때보다 현명한 판단을 요구받고 있다. 어렵더라도 과거 합의하였던 4대 합의서의 이행을 통해 남북한 상호 신뢰회복을 필요로 하고 있다. 남북한 신뢰회복을 바탕으로 한반도 평화협정과 동북아평화 협력체제를 구축해야 할 것이다. 또한 미래의 한반도 주인공인 학생들에게 통일에 대한 긍정적인 마인드를 인식시키고 남북한 평화통일 시 한반도가 중국을 대체하여 세계 공장이 될 수 있음을 이해시킬 필요가 있다. 그리하여 남한의 문제인 청년실업, 비정규직 문제, 빈익빈-부익부 문제 등 사회문제를 해결하는 데는 진정한 일자리 창출이 시급한 문제를 해결할 수 있다.

남북한이 평화적으로 교류협력을 통해 단계적이고 점진적인 평화통일을 이룩한다면 본서에서 주장했던 약 500만~600만 개의 정규직 일자리가 만들어질 수 있다. 이는 개인소득세 및 법인세의 세수증대를 가져올 것이다. 증대된 세수로 우리가 요망하는 자유와 평등이 넘쳐나는 보편적 복지국가를 이룰 것이다. 남북이 공존공영하는 평화통일은 저와 여기에 계신 국민들의 지혜와 노력이 요구된다.

끝으로 젊은 층이 우려하고 있는 통일비용은 어떤 통일이냐에 따라 달라진다.[18] 본서에서는 무력통일, 흡수통일을 배제하고 연구하는 이유가 무력통일 시 남북한은 회복할 수 없는 피해가 예상되고 흡수통일은 통일비용을

---

18) 남한의 젊은 세대(10대~30대)는 통일을 반대하거나, 무관심한 경향이 심화되고 있다. 그 이유는 흡수통일 시 지불해야 할 통일비용을 감당할 수 없다는 것이다. 남한의 경제상황이 악화되어 실업자가 증가되고, 비정규직이 늘어나 자기들 먹기 힘든 상황에서 어떻게 천문학적 비용이 들어가는 통일비용을 부담하고 싶지 않고 할 수도 없다는 것이다. 차라리 현재 분단상태로 2개국으로 가는 게 자기들에게 이익이라는 심리가 작용해 통일을 반대하고 있다. 그러나 위에서 살펴보았듯이 통일국가 형태, 통일의 시기를 점진적, 단계적으로 달성하면 통일비용은 들어가지 않는다고 본다. 그리고 통일한국의 미래와 전망은 극대화될 것이다. 이것을 젊은층에게 교육한다면 적극찬성으로 10대~30대 젊은층의 여론은 돌아설 것이다.

감당할 수 없다고 판단하기 때문에 배제했다. 그리하여 평화통일에 기반을 둔 남북한 공존공영을 바탕으로 점진적 단계적으로 통일을 접근해야 한다고 주장하였다. 그리고 통일국가 형태도 단일국가만 고수할 것이 아니라 단계적 연방국가도 적극적으로 고려해 볼 필요가 있다. 단계적 연방국가는 점진적, 평화적, 중·장기적 접근을 통해 통일의 후유증을 최소화할 수 있고, 남북한 통일이 상호 시너지를 극대화할 수 있는 방법이라고 생각한다.

이 방법으로 통일을 이룩한다면, 통일비용은 들지 않는다고 주장하고 싶다.

통일이 우리가 감당할 수 없는 많은 인명피해를 초래하거나, 통일비용이 소요된다면, 통일을 할 필요가 없다고 주장하고 싶다.

끝으로 연구자는 우리 국민이 지혜를 모아서 "통일비용을 지불하지 않으면서 통일의 비전을 극대화할 방법"을 찾을 때라 생각한다. "지성이면 감천"이라고 하는 옛말도 있지 않은가.

제3장

반민주평화론과 북한 개혁·개방
촉진에 대한 효과성 연구

[이 글의 취지]

본서는 2011년 발표한 연구물이다. 당시 북한에 대한 대북정책은 한미는 비핵개방 3,000에 입각하여 선 비핵화 후 남북교류라는 제재압박 정책을 펴고 있었다. 6년이 흐른 2017년 시각에서 볼 때 북한은 우리가 요구했던 개혁·개방을 우리가 바란 만큼은 아니더라도 2014년 5·30조치를 통해 협동농장은 작업반 단위에서 분조단위로, 분조단위에서 포전담당관 관리책임제로 내부적 개혁조치를 취하였다. 그리고 개방은 중앙정부가 관할한 5개 특구와 지방정부가 관할하여 추진하고 있는 25개 개방구를 발표하여 개방에 의지를 표명하였다. 그러나 개혁개방의 열매는 남한으로 넘어오지 않고 중국으로 넘어가고 있다. 중국은 아주 싼 가격으로 북한의 철광석, 석탄 등 지하자원과 나선경제자유무역지대 투자 등 과실을 취하고 있다. 이 시점에서 2011년 발표한 연구물과 비교하여 우리의 대북정책을 되돌아보자는 취지의 연구물이다.

[이 글의 요지]

2011년 6월 8일 황금평과 다음날 나진선봉 경제특구 개발 착공식이 있었다. 그동안 우리가 북한에게 요구한 개혁·개방의 열매의 일부가 고스란히 중국에 넘어가고 있음을 의미한다. 남북한은 현재 냉기류가 흐르고 있다. 2008년 박왕자 사건과 2010년 천안함 연평도 포격 이후 냉기류는 더욱더 강해져 있어 그동안 북한이 남한에게 개방한 금강산관광지구가 위협받고 있으며, 개성공업지구는 정체되어 있다. 북한을 지금처럼 계속 몰아붙이면 북한이 갈 수 있는 곳은 중국밖에 없다. 이는 한민족의 경제공동체 건설과 평화통일을 위해 바람직하지 않다. 또한 북한이 개혁개방의 속도를 내는데 장애요소로 작용할 것이다. 그리고 한반도는 전쟁의 위협에서 벗어나기 쉽지 않다. 또한 대륙진출 없이 미국 리먼브라더스 사태로 야기된 경제침체 회복을 위해서도 바람직하지 않다. 북한은 농촌에서 1978년 중국이 보여주었던 개혁의 바람이 일고 있다. 그리고 도시의 공장, 기업소, 연합기업소 등에서 나타나고 있는 계획의 일원성과 세부화가 완화되고 독립채산제가 정착되어 기업 운영의 자율성과 분권화가 확대되고 있으며, 자본주의에서 나타나고 있는 성과금제도가 확대되고 있다. 또한 우리가 바란 만큼 북한의 개혁개방은 되어 있지 않지만 북한의 개혁개방은 시대적 조류이다. 이러한 상황을 이용하여 한민족의 미래와 비전을 위해 분단 66년 본의 아니게 해양시대를 살고 있지만 잃어버린 대륙시대를 열어야만 이 우리의 미래가 있다. 이제는 남북 간에 냉기류를 해소하고 대북정책을 고려해야 할 시기에 와 있다. 그러나 현재 민주평화론에 입각하여 북한의 민주화와 인권 개선을 요구하는 압박정책이 남북교류와 한반도의 평화와 안정을 증진시키는데 오히려 부작용을 낳고 있다. 그래서 반민주평화론에 입각하여 우리는 북한의 정권안정과 체제불안을 해소시키는 역할을 하여야 북한의 개혁·개방을 확대시키고 오히려 인권 개선과 한민족의 경제공동체 건설과 평화통일의 기반을 조성할 수 있다. 북한은 이미 본격적인 개방에 들어섰다. 북한이 개방에 들어섰다고 자연스럽게 우리에게 이득이 되는 상황이 아니다. 지금과 같은 냉기류가 지속되는 한 북한의 개혁개방의 속도 및 범위가 더딜 것이고 그 열매마저 중국에게 넘어갈 것이다. 다시 한 번 남북관계의 현 상황과 동북아 국제관계에서 남한의 역할을 냉정히 고찰해야 할 시점이라고 판단한다.

[참고] 이 글은 『평화학연구』(제13권 1호, 2012)에 발표한 연구물을 토대로 개서한 글임.

제1절 서론

2011년 6월 8일 황남평 개발 착공식과 2011년 6월 9일 나신. 선봉 경제 특구 개발 착공식이 열렸다. 우리측이 그동안 줄기차게 요구한 북한의 개혁·개방 중에서 개방이 확대되고 있다. 그동안 남한의 북한에 대한 개혁·개방에 대한 노력의 과실을 중국이 가져갔다는 생각을 지울 수 없다. 중국은 1978년 11기 3중전회에서 생산력의 선진화라는 1 중심점, 개혁·개방이라는 2 기준점, 그리고 제4항의 원칙, 즉 첫째 맑스-레닌-모택동 사상 고수, 둘째 인민민주독재(프롤레타리아 독재) 고수, 셋째 사회주의 고수, 넷째 공산당 지도라는 이념하에 등소평에 의하여 개혁·개방이 착수되었다.

그리하여 1979년 농촌부터 개혁을 착수하여 1982년까지 일정한 성공을 거둔 후, 도시지역은 1984년부터 남순강화정책의 일환으로 광동, 심천, 주하이, 산또우, 셔먼 등 중국 남쪽 해안을 외부에 개방하였다.[1] 그 후 개방에 대한 일정한 성공을 거둔 후 상하이 후동지구, 산둥반도 청도, 위해, 천진, 대련 등 중국 동남해와 동쪽 해안을 따라 개방을 확대하였다. 그래서 중국은 원래 계획했던 점-선-면 입각한 개혁·개방 중에서 점과 선을 완성하고 이제는 중서부 개발과 동북지역 개발에 심혈을 기울이고 있다. 중서

---

1) 서석홍, "중국의 경제개혁 : 내용과 성과, 문제점 및 전망", 『인문사회과학 연구』, 제6권, 2004, pp.157~158 참조.

부 개발의 중심은 중경과 싱도이다. 동북지역의 개빌의 중심은 단둥 경제특구와 장춘, 훈춘, 투먼 등이다. 그러나 동북지역 개발에서 저해요소는 압록강을 통한 서해로 진출할 수 없었고 북한과 러시아에 막혀 동해와 태평양 진출을 할 수 없었다.

그렇지만 이번 황금평 개발을 통해 압록강을 통해 서해로 진출할 수 있는 교두보를 확보하였고, 나진 선봉을 통해 길림성과 흑룡강성 등 중국 동북 내륙지역이 동해와 태평양으로 진출할 수 있는 길을 마련하였다.[2] 우리가 그렇게 북한의 개혁 · 개방을 요구하였지만 개혁 · 개방의 과실(果實)이 중국에 넘어가고 있다고 본다. 남북관계가 좋을 때 우리에게도 기회가 있었다. 2007년 노무현 정부 때 압록강 유역의 황금평과 위화도, 어적도 등을 장기 임대하여 북한과 합작으로 공동개발 하기로 했다가 남북 관계가 경색되어 백지화되었다.[3] 만약 남북관계가 경색되지 않고 잘 풀렸더라면 첫째, 황금평과 나진. 선봉지구는 중국에 넘어 가지 않고 연해주와 시베리아 및 만주와 중앙아시아 개발을 주도할 수 있는 거점으로 활용할 수 있었을 것이다.[4] 둘째, 현재 2009년 미국에서 발생한 리먼브라더스 사태 이후 세계경제가 어려운 상태에 있다.

그러나 우리가 황금평과 나진 선봉 등 북한을 통한 대륙 진출의 기회를 가졌더라면 우리 경제 회복에 훨씬 수월할 수 있는 여건을 확보할 수 있었다. 셋째, 평화통일을 위한 기반 조성도 훨씬 더 가까워져 있을 것이다. 그렇지만 우리는 이제부터라도 북한의 개혁 · 개방을 도와야 하고 그 열매를 남한이 가져와야 한다고 생각한다. 그래서 북한을 중국에 내어 주어서는 안 된다. 남북이 서로 불신하면서 적대시하면 북한이 갈 수 있는 곳은 중국뿐이다. 그 결과는 한민족 경제공동체 형성도 멀어지고 통일도 멀어질 것이다.

---

2) 『연합뉴스』, 2011.9.28.
3) 참여정부말기에 위화도 등 압록강 몇 개의 섬을 공동개발 이야기가 나온 적이 있다.
4) 『세계일보』, 2011.10.15.

그리고 한반도 긴장은 높아가고 전쟁의 화고는 휘몰아 칠 것이다. 본서의 목적은 북한은 필연적으로 개혁과 개방을 할 수밖에 없는 내외적인 상황에 있다고 주장하고 싶다. 그렇기 때문에 남한은 자신을 가지고 북한과 화해와 협력으로 기존 해 온 경제교류를 확대 심화시켜 북한의 개혁 개방의 과실을 취하여야 할 것이다. 그리하여 한민족 경제공동체 형성과 평화통일을 달성하는 것만이 한민족의 미래와 비전을 바라볼 수 있다는 의도로 본서를 쓰고자 한다.

본서의 전개 순서는 제1절, 북한정권 수립 이후 사회주의계획경제를 시도하면서 그 나름대로 목표의 달성과 실패가 있었다는 점을 밝히고자 한다. 제2절, 1989년 사회주의권 붕괴 이전, 이후 국내외 변화하는 상황에 대응하기 위하여 우리가 바란 만큼은 아니지만 북한식[5] 개혁 개방의 노력을 하였다는 점을 밝히고자 한다. 제3절, 장래 북한 개혁·개방의 확대를 하는 데 미칠 수 있는 변수를 살펴보고자 한다. 그리하여 제4절, **민주평화론**과 반대개념인 **반민주평화론**이란 용어를 사용하고자 한다. 반민주평화론이란 **'먼저 북한의 체제보장과 국가안전 환경개선 및 정권불안이 해소가 되면 북한은 훨씬 더 과감히 개혁·개방(체제전환)과 비핵화를 할 수 있고 북한의 인권개선과 민주화 및 평화통일을 달성할 수 있다'**는 개념으로 쓰고자 한다. 이러한 반민주평화론[6]에 입각하여 북한 개혁·개방의 확대를 위한 효

---

5) 우리가 일반적으로 생각한 만큼의 개혁·개방은 아니지만, 나름대로 내외적인 변수에 적응하고자 시도하는 내적인 변화와 외적인 개방을 본서에서는 북한식 개혁·개방이라고 하고자 한다. 양의 질화법칙처럼 북한식 개혁·개방이 심화되면 중국, 베트남 등에서 사용하고 있는 일반론적인 북한의 개혁·개방이라고 할 수 있을 것이다.

6) 민주평화론이란 서구 자유주의 국제관계이론의 하나로 "민주주의 국가들간에는 전쟁하지 않는다." 즉 민주국가들간에는 평화관계가 유지된다는 이론이다. 이 논리를 한반도에 적용하여 북한이 인권과 민주국가가 된다면 한반도에 전쟁의 위험이 사라지고 평화통일을 이룩할 수 있다라는 논거로 사용되고 있다. 그래서 북한을 민주국가로 만들기 위하여 북한에게 민주화와 인권개선을 강력히 먼저 요구하는 대북정책이 나온다. 북한이 먼저 민주화와 인권개선이 되면 전쟁을 위한

과싱과 님한의 역할을 살펴보고자 한다. 제5절 결론에서 북한의 개혁 개방을 확대 또는 촉진시키기 위하여 반민주평화론 시각에서 신대북포용정책을 적극적으로 고려할 시점이라고 주장하고자 한다. 본서의 연구방법론으로 북한학, 경제학, 법학, 정치학, 국제관계학 등을 융합하여 연구하는 방법인 학제간연구방법(學際間 硏究方法, Interdisciplinary approach)을 이용하고자 한다.

핵과 북한의 개혁. 개방(체제전환)과 한반도 평화와 통일이 온다는 논거가 된 이론이다. 그러나 이명박정부의 대북정책은 이와는 반대로 갈등의 심화와 한반도에서 전쟁 일보직전까지 가는 상황을 초래하였다. 그래서 본서에서는 민주평화론이 주장하는 논거와 반대로 반민주평화론을 주장하고 싶다. 그리고 이 근 교수는 대북 접근방법으로 역민주평화론이라는 용어를 사용한 바 있으나, 반민주평화론이라는 용어가 민주평화론의 주장을 반대로 해석하는데 명확성을 나타낸다고 생각하여 반민주평화론이라는 용어로 사용하고자 한다.

제2절 북한 사회주의계획경제 역사와 목표 및 실패

1. 북한의 사회주의계획경제 역사와 목표 및 실패

1945년 2차 세계대전의 종전과 더불어 찾아온 해방은 남과 북으로 분단되어 남한은 1948년 8월 15일 대한민국이라는 개인주의를 원칙으로 하고 집단주의를 예외적으로 인정하는 자본주의 국가를 만들었고 북한은 집단주의를 원칙으로 하고 예외적으로 개인주의를 인정하는 조선민주주의인민공화국이라는 인민민주주의 국가를 1948년 9월 9일 만들었다.[7]

1950년 6월 25일에 일어난 한국전쟁 기간 중 조선민주주의인민공화국 건설에 실질적으로 영향을 담당했던 민주당과 청우당은 조선노동당의 위성정당으로 전락하고 조선노동당내에서도 한국전쟁 기간 중 또는 그 이후 박헌영을 선두로 한 국내파와 무정을 선두로 한 연안파 및 허가이 등 소련파가 제거되고 김일성을 중심으로 한 만주파의 지배하에 놓이게 되었다.[8]

---

[7] 최양근,『단계적 연방통일헌법 연구 : 한민족 미래와 비전』, (서울: 선인, 2011), pp.19-20 참조.
[8] 서동만,『북조선사회주의 체제성립사 : 1945-1961』(서울: 선인, 2005), pp.497-520 참조.

1953년 7월 27일 휴전 협정 후 6개월을 전후복구기간으로 설정한 연후에 북한은 〈1954년 4월 테제〉9) 발표한 후 개인소유를 협동소유로 전환하는 시책이 본격화되어 북한은 예외적으로 인정한 개인주의를 없애고 완전한 집단주의 사회로 변화되었다. 1954년부터 1956년 3개년 계획을 수립하여 중공업 우선 경공업. 농업 동시 발전이라는 전략하에 경제발전을 추진하였고, 이러한 전략은 1956년 8월 종파사건 이후 더욱 굳어져 1957년부터 1961년까지 수립된 5개년 계획하에서 북한은 사회주의 농업화 및 사회주의 상공업화의 기반을 1958년도에 완성하고 사회주의 인적, 물적 토대를 갖추게 되었다. 그 후 1962년부터 1968년까지 제1차 경제개발계획을 수립하여 경제 국방 병진 정책을 추진하였고, 자립적 민족경제의 토대를 강화 · 발전시켰다.10) 그러나 제1차 7개년 계획의 목표달성이 미진하자 1969년부터 1970년까지 2년 이완기를 두었다.11)

그리고 1971년부터 1976년까지 6개년 계획을 수립하고 1971년에는 사회주의 공업화의 실현을 선포하였으며 사상 혁명, 문화혁명, 기술혁명 3대혁명 붉은 기 쟁취운동을 통한 경쟁체제를 수립하고자 노력하였으며, 어느 정도 성과를 거두었다 사료된다.12) 그러나 1970년대부터 북한 경제성장은 지체가 확연히 나타나기 시작하였다. 그래서 이 기간 중 서방으로부터의 차관 도입과 선진기술을 도입하기 시작했다. 그러나 추진된 개방정책은 1973년에 불어 닥친 오일쇼크에 의하여 결국 실패하였으며, 1976년에는 채무불이행 선언을 하기에 이르렀다.

---

9) 한국전쟁 이전 처분권은 제한되어 있었다. 그러나 국가로부터 분배받은 토지가 개인소유로 존재하였으나, 한국전쟁 이후 사회주의 소유관계를 구축하기 위한 선언을 하였다. 이후 개인소유는 없어지고 합동소유와 국가소유만이 존재하는 구조로 북한은 바뀌었다. 생산수단의 사회주의적 완성은 1958년에 마무리되었다.
10) 김일성,『김일성저작집』(평양: 조선로동당출판사, 1994), pp.418-420 참조.
11) 박득준, 김적봉 편집『조선통사(하)』(평양: 사회과학출판사, 1987), pp.645-656 참조.
12) 김한길,『현대조선력사』(평양: 사회과학출판사, 1983), pp.516-546 참조.

1978년부터 1984년까지 제2차 7개년 계획을 세워 "인민경제의 주체화, 현대화, 과학화를 다그쳐 사회주의 경제 토대를 더욱 강화하며 인민경제를 한 단계 더 높이는 것"으로 기본 과업으로 추진하였으나, 새로운 벼와 강냉이 종자를 얻어 녹색혁명을 다그치는 데 이바지한 훌륭한 과학 연구성과만이 구체적 사례로 적시되고 있는 것으로 보아 별다른 진전은 없는 것으로 판단한다.

그리고 1985년과 1986년 조정기로 설정한 북한은 1987년부터 제3차 7개년 계획을 착수하여 1993년에 끝마치는 계획이었고, 북한이 제3차 7개년 계획을 통해 특별히 강조한 것은 과학기술 발전으로 기술 혁신 운동을 강화하여 인민경제 기술개조를 힘있게 다그치는 것이라고 했다.

제3차 7개년 계획에 설정된 주요 과제 가운데 이와 관련된 목표를 살펴보면 다음과 같다. 첫째 자체 자원에 의거하여 원료, 연료, 동력문제를 성과적으로 풀어나간다. 둘째 기존 공장을 기술적으로 개조하는 사업을 힘있게 밀고 나간다. 특히 에너지 소비가 많은 제철공업, 금속공업, 화학공업, 건재공업 등 기술 개조를 적극적으로 진행한다. 셋째 경제 각 부문에서 생산의 종합적 기계화와 자동화, 로봇화, 전자계산기화를 실현한다. 넷째 최신 과학기술 분야에 대한 연구사업을 강화하고 세계적인 기술 개발 성과를 국내 실정에 맞게 도입하고 특히 국소형 전자계산기, 광섬유 통신, 생물공학, 새로운 에너지와 신소재의 개발·이용 등 분야에서 선진 기술을 받아들이기 위한 연구사업에 주력한다.

이와 같은 정책적 목표를 달성하기 위하여 1988년 과학 기술 발전을 위한 3개년 계획을 추진했으며, 1991년에는 제2차 과학 기술 발전 3개년 계획에 착수하였다.[13] 이러한 계획에도 불구하고 이미 구조적인 경제 침체 상황에 놓여 있던 북한 경제는 1989년 폴란드 공산주의 정권 붕괴와 1990년

---

13) 최신림, "북한의 경제개방과 산업정책", 김연철, 박순성 편, 『북한경제개혁연구』 (서울: 후마니타스, 2002), pp.235-240 참조.

동독 사회주의 정권이 붕괴하고 1991년에 소련이 해체되면서 북한 경제도 더불어 급격히 몰락하기 시작하였고, 1993년에 종료된 제3차 7개년 계획은 북한이 계획 목표를 달성하지 못했음을 시인하는 첫 번째 계획이었다. 뿐만 아니라 1995년부터 1997년까지 자연 재해로 인한 심각한 식량난과 에너지난, 외화난 등 3난의 악재까지 겹쳐 계획경제의 정상적인 운영조차 불가능하게 되었다.

그리하여 북한은 사회주의계획을 수립할 수 없을 정도로 어려운 상황이 되었다. 지금은 상황이 호전되어 사상강국, 정치강국, 군사강국을 달성하였다고 주장하면서 경제강국을 이룩하기 위하여 제4차 7개년 계획을 수립하고 2012년 경제강성대국 진입을 외치고 있다.

2. 사회주의계획경제 목표달성의 지체와 실패

1950년 한국전쟁으로 파괴된 산업시설을 복구하기 위하여 1953년 7월 27일 휴전이후 전쟁복구를 위한 준비를 위하여 6개월 계획을 수립하여 성공을 거두었다. 그리고 1954년부터 1956년까지 3개년 계획과 1957년부터 1961년까지 5개년 계획을 통해 천리마운동으로 면 20% 이상 성장을 거두어 계획 목표달성을 하였다. 즉 계획이 성공적으로 마무리되었다. 그리하여 1962년부터 1968년까지 제1차 7개년 경제개발을 수립하였으나 경제성장은 더디고 지체되어 목표달성이 어렵자 1969년과 1970년 2년 이완기를 두었다. 이완기를 둔 이유는 첫째 1962년 군사, 경제 병진정책으로 경제성장을 위하여 사용될 자원이 군사 분야에 과도하게 투입되었다. 둘째 혁명열기가 감소하기 시작하였다. 셋째 민족자립경제의 폐쇄성의 단점이 나타나기 시작하여 목표달성이 더디자 2년 이완기를 두었다고 판단한다. 1971년부터 1976년까지 제1차 6개년 계획을 수립하고 사상혁명, 기술혁명, 문화혁명이라는 3대 혁명을 추진하는 가운데 경제성장을 도모하였지만 목표달성에 미달하여 다시 1977년 1년 이완기를 두었다. 그리고 1978년부터 1984년까지 제2차 7개년 경제개발계획을 수립하였지만 역시 목표달성이 미진하여 1985년부터 1986년까지 2년 이완기를 두었다. 그리고 1987년부터 1993년까지 제3차 7개년 계획을 수립하여 경제성장을 추진하던 중 사회주의국가의 붕괴로 목표달성에 완전히 실패하였다. 북한은 공식적으로 첫 실패한 계획이라고 인정하였다.

제3절 북한식 개혁·개방의 시도

위에서 살펴보았듯이, 북한은 1960년대 이후 경제성장의 둔화를 해소하기 위하여 1970년대 초 서방 차관과 플랜트 도입 및 1980년대 채무상환의 부담이 없는 합영회사를 설립하여 생산력의 현대화를 통한 경제성장의 둔화를 해소하고자 하였다. 그리고 1989년 사회주의권 붕괴 이후 대외적인 개방조치로 나진, 선봉 경제특구 건설과 대내적 개선조치로 2002년 7·1경제관리개선조치를 취하였다. 그리고 2000년 6·15공동선언 이후 개성공업지구 지정과 금강산 관광특구를 건설하였으며 2007년 10·4정상선언을 통해 황해도 해주 경제특구와 남포에 중소형 조선소 건립 및 강원도 안변에 대형 조선소 건립을 남한과 합의하였다. 위에서 말한 것을 종합하여 볼 때 우리가 일반적으로 생각한 중국과 베트남만큼의 개혁 개방은 아니지만, 북한이 나름대로 내외적인 변수에 적응하고자 시도하는 내적인 변화와 외적인 개방을 본서에서는 "북한식 개혁·개방이라고 하고자 한다."라고 이미 정의하였다. 북한의 경제난은 우호사회주의권 붕괴로 국제교역의 활로가 가로막힌 원인도 큰 역할을 하고 있다고 판단한다. 그래서 1989년 동구사회주의 국가의 붕괴가 초래된 시점을 기준으로 북한 나름대로 경제적 어려움을 극복하는 노력을 어떻게 해 왔는가를 분석해 보는 것도 의미가 있다고 생각되어 1989년 동구사회주의권 붕괴 이전과 이후로 나누어 고찰하고자 한다.

구체적으로 살펴보면 아래와 같다.

1. 1989년 사회주의권 붕괴 이전 북한식의 개혁·개방 시도

1) 1970년대 대서방 차관 및 플랜트 도입과 좌절

북한은 1962년부터 1968년까지 제1차 7개년 경제계획을 수립하였다. 그리고 1962년에는 군사·경제·병진정책을 추진하였다. 그 때문에 경제건설에 들어갈 자원의 상당부분이 국방산업에 투자할 수밖에 없었다. 그 결과 제1차 7개년 계획의 목표는 지체되게 되어 1969년에서 1970년까지 2년 이완기를 둘 수밖에 없었다. 그래서 경제성장의 둔화를 완화하기 위하여 생산력의 현대화를 추진하였다. 그리고 1971년 사회주의 공업화의 달성으로 새로운 발전단계를 맞이한 북한은 대외경제 정책측면에서도 경제개방으로 간주될 만한 새로운 시도에 착수하였다. 1970년대 초반 들어 선진자본주의 국가들[14]과 무역 및 경제 협력 관계를 급속히 확대하기 시작한 것이다. 북한의 대외무역에서 자본주의 국가가 차지하는 비중은 1960년대 3.7%에 불과하였으나 1970년대 접어들면서 계속 증대하여 53.6%에 이르렀다.[15]

---

14) 북한이 1971년부터 1973년까지 일본 및 프랑스, 독일, 영국 등 서방국가들로부터 설비 및 기술을 도입하기 위하여 노력하였다.
15) IMF의 Direction of Trade 및 소련의 『국제무역통계연감』 등을 이용하여 계산된 수치로서 국토통일원(1986, 735-740)를 김현철·박순성 편, 위의 책. p.227 재인용.

또한 1970년에 OECD제국으로부터 최초로 300만불의 차관을 도입한 것을 시작으로 하여 1971년에는 1,700만불의 차관을 받아들였고, 다시 1972년에는 2억 400만불의 차관을 도입함으로써 동년에 공산권으로부터 도입한 1억 5,000만불의 차관을 훨씬 능가하게 되었으며, 이것으로 경제협력도입선의 절대적인 비중이 역전되기에 이르렀다. 그 후 다시 1973년에 OECD제국으로부터 3억 7,500만불의 차관을 도입하여 제공산권차관도입액 1억 900만불을 압도적으로 능가하였으며, 1974년에도 역시 대서방차관도입액이 4억불로서 대공산권도입액 1억 2,000만불을 3배 이상 압도적으로 능가하게 되었는데, 이로써 북한은 1972년부터 대서방경제협력 의존도가 대공산권의 그것을 훨씬 상회하게 되었다.[16]

1970년대 초반 북한이 선진자본주의 국가들과 무역 및 경제협력 관계를 확대해 나간 것은 무엇보다 현대적인 자본재 및 기술을 도입하려는데 목적이 있었다고 본다. 위 목적을 달성하기 위하여 세부적인 내역을 살펴보면 첫째, 금속(24건), 전력(2건), 기계(32건), 화학(44건) 등 낙후된 설비를 대체하는 작업을 산업 전 부분에 추진하였다. 둘째, 섬유(28건), 식품(34건), 일용품(42건) 등 경공업 부분의 확장과 신설에 상대적으로 많은 노력을 기울였다. 셋째, 도입건수(230건) 중 53건을 일본과 경제협력 대상으로 설정한 것으로 보아 설비 및 기술의 주요 도입선을 일본으로 삼고 있었다. 이를 표로 나타내면 아래와 같다.

---

16) 경남대학교 극동문제연구소, 『북한무역론』(서울: 경남대학교출판국, 1979), p.438 참조.

〈표 1〉 대서방부문별 경제협력 도입내역(1971년-1973년)[17]

국별 부문별	일본	프랑스	서독	영국	오스트리아	덴마크	기타	총계
전력	(2)	-	1	-	1	-	-	2 (2)
금속	(17)	(1)	(4)	(1)	(1)	-	-	(24)
기계	(30)	-	(2)	-	1	-	-	1 (32)
화학	5 (34)	3 (4)	2 (2)	(2)	1 (1)	-	(1)	11 (44)
운수·통신	6 (15)	-	-	1	-	-	-	7 (15)
전기	1	-	-	2	-	-	-	3
건재	8	-	1	-	-	1	-	10
섬유	21 (28)	-	-	-	-	-	1	22 (28)
펄프·제지	-	=				1	1	2
식품	3 (34)	-	1	-	-	-	-	4 (34)
일용품	3 (37)	(1)	(4)	-	-	-	-	3 (42)
기타	6 (6)	1	1	(3)	-	-	-	8 (9)
총계	53 (203)	4 (6)	6 (12)	3 (6)	3 (2)	2 (-)	2 (1)	73 (230)

주 : ( )안은 1971-73년간 도입하기로 교섭한 설비건수임.

그러나 북한이 대서방접근은 230건 중 실제 이루어진 프로젝트는 73건으로 보아 대서방 차관 및 플랜트 도입을 통한 생산력의 현대화 노력은 실패하였다고 본다. 그리고 1970년대 중반 이후 좌절되었다. 이유로는 첫째, 원유가격이 1973년에 대폭 상승한 반면 북한의 주된 수출상품인 비철금속의 가격은 1974년 이후 대폭락하는 등 교역조건이 크게 악화되었다. 둘째, 자본재 수입이 과도하게 증가하여 국제수지 적자가 현저히 확대되었다. 그래서 1974년 10월부터 북한의 대외지불이 지연되기 시작하였고 1976년에는 채무불이행 선언을 하기에 이르렀다. 결국 1970년대 초에서 중반까지 일본, 프랑스, 영국, 독일 등 대서방 차관 및 플랜트 도입을 통한 노력은 실패하였다.

---

17) 경남대학교 극동문제연구소, 『북한무역론』(서울: 경남대학교출판국, 1979), p.447 참조.

2) 1980년대 합영법에 의한 투사유치와 실패

1980년대 중반 무렵 북한은 다시금 대외경제 정책의 전환을 모색하기 시작하였다. 그리하여 1984년 9월에 합영법을 제정하고 이를 통해 외국인 투자를 유치하려 한 것이다. 북한은 1984년 합영법, 1985년에 합영법 시행세칙, 외국인 소득세법, 외국인 소득세법 시행세칙을 제정하여 **채무 상환의 부담이 없는 외자**를 도입하고자 했다. 합영법을 통해 외국인 투자를 유치하기 위한 것은 합영법 시행세칙 제4조에 적시된 바와 같이 합영회사를 통해 최신 과학기술을 받아들이며 제품의 질을 높이고 수출을 늘릴 수 있다고 보았기 때문이다. 합영의 대상도 전자 및 자동차 금속 공업, 채취공업, 기계제작공업, 화학공업, 식료품 가공공업, 피복 가공공업, 일용용품 공업, 건설, 운수, 관광 등 수출품을 생산하거나 외화 습득이 상대적으로 용이한 산업 분야로 설정되었다.

북한의 합영 실적을 보면 1984년부터 1991년까지 7년 동안 북한에 설립된 합영회사는 100여개 정도이며, 이 중 80%가 조총련계 기업으로 알려져 있다.[18] 이와 같은 결과는 합영법을 통한 외자유치와 기업유치가 목표달성에 미달되었다고 판단한다.

2. 1989년 사회주의권 붕괴 이후 현재까지 북한의 개혁·개방 노력

위에서 살펴보았듯이 북한은 나름대로 경제적 고립을 해소하기 위하여

---

18) 최신림, 위의 논문, pp. 228-229 참조. 이와 같이 북한은 경제 개방을 위하여 노력하였으나 노력에 비하여 큰 실적을 보이지 못하고 있는데 합영법 시행세칙 제3조에 의하면 외국인 단독 투자가 허용되지 않고 노동 행정기관을 통해서만 고용 해고가 가능하며, 분쟁절차가 불투명하다는데 상당한 이유가 있는 듯하다.

1989년 동구사회주의권 붕괴 이전에도 많은 노력을 하였지만 노력에 비하여 큰 성과를 보이지 못하는 실적이었다. 그리고 1989년 세계체제론자인 월러스틴(Wallastein)이 말한 1989년 친자본주의 혁명 이후는 대외적인 상황이 더욱 악화되어 경제적 어려움에 봉착하였다. 북한은 위와 같은 어려움을 극복하기 위하여 북한 나름대로의 여러 가지 개혁 개방의 노력을 하였다고 본다. 북한의 이와 같은 노력을 헌법과 민법 등 법제도적 측면, 대외개방특구건설과 대남개방조치 및 북한 내 경제적 개선조치 등 경제적 측면에서 살펴보고자 한다.

1) 헌법적 측면

북한은 1948년 인민민주주의헌법인 제헌헌법을 제정하였다. 경제조항에서 특징은 사회주의계획경제가 아닌 매매가 제한된 개인소유의 토지를 인정하고 있었다. 그러나 사회주의국가로 북한이 회귀하면서 개인소유의 토지를 전혀 인정하지 않고 국가소유와 협동소유만이 인정된 1972년 사회주의헌법으로 개정하였다. 그러나 1989년 친자본주의 혁명으로 동구권 등이 몰락하고 1991년에는 소련마저 해체되어 국내외적으로 어려운 환경에 처하게 되었다. 이를 타개하기 위하여 1992년 헌법과 1998년 헌법, 2009년 헌법이 나오게 되었다. 이를 구체적으로 살펴보면 아래와 같다.

(1) 1992년 헌법

북한은 1992년 우리식사회주의헌법을 채택하였는데 1992년 헌법은 경제조항에서 북한의 경제난 타파라는 현실적 필요성을 반영하는 부분적으로 대외경제 개방을 뒷받침하는 조항을 비롯한 약간의 변화를 시도하는 조항을 신설하였다. 그 내용을 살펴보면 첫째, 경제건설촉진의 강화를 위해 인민경제의 주체화·현대화·과학화의 실현(제26조), 기술발전문제의 최우선

과세선정 및 과학기술발전과 인민경제의 기술개조의 강조(제27조), 농촌기
술혁명을 통한 농촌공업화(제28조) 등을 규정하였다.

그리고 둘째, '식·의·주' 문제의 해결을 위한 인민복지조항(제25조)을
신설하였다.

셋째, 사회주의경제체제를 견지하면서도 대외경제개방정책의 법적 토대
를 마련하였다. 즉, 북한 내의 외국인의 합법적 권리와 이익을 보장하고(제
16조), 외국 법인 또는 개인기업가의 기업합영과 합작을 장려한다[19](제37조)
고 하여 북한이 대외경제부문에서 법적·제도적 여건의 개선을 통한 선진
자본과 기술을 도입할 수 있는 정책추진의 근거를 마련하였다.

(2) 1998년 헌법

북한은 1998년 김일성헌법에서 경제부문에 있어서 많은 부분에 큰 변화
를 보이고 있다. 즉 소유구조의 조정과 개인소유 범위 확대, 경제자율성의
확대, 대외경제 개방의 확대 등과 관련한 진일보한 내용을 담고 있다. 그
변화 내용을 간략히 살펴보면 다음과 같다.

첫째, 생산수단의 소유 주체를 '국가와 협동단체'에서 '국가와 사회.협동
단체'로 규정하여(제20조), '사회단체'를 추가함으로써 북한에서 경제활동의
주체로서 사회단체의 영역이 확대되었다. 동시에 국가소유의 대상을 축소
하였고(제21조 예: 종전의 '교통운수' 부문을 '철도·항공운수'로 한정), 반면
에 사회·협동단체 소유의 대상을 확대하였다(제22조, 예: 종전의 '농기구',
'고기배'에서 '농기계', '배'로 규정). 아울러 종래 협동단체 소유로 되어 있던
'부림짐승'(가축)과 '건물'을 삭제(제22조)함에 따라 가축, 주택에 대한 개인
소유도 가능하게 되었으며, 주택 외의 일반건물에 대한 개인소유의 허용도
시사하고 있다. 이와 관련하여, 1990년에 제정된 북한의 민법은 이미 '살림

---

19) 1992년 우리식사회주의헌법 참조; 이장희 외, 『북한법 50년 그 동향과 전망』(서울:
　　도서출판 아사연, 1999), p.57 참조.

집'(주택)이라든가 '승용차'같은 기재도 개인소유의 대상에 포함시키고 있다(제59조).

둘째, 개인소유의 주체를 '근로자'에서 '공민'으로 바꾸고(제24조), 동시에 개인소유의 대상 중에 '협동농장원들의 터밭경리를 비롯한 주민의 개인부업경리에서 나오는 생산물'을 '터밭경리를 비롯한 개인부업경리에서 나오는 생산물'로 수정하였다(제24조). 경제난에 처하고 있는 북한에서 터밭경리는 북한주민사이에서 활성화되고 있고, 이를 통한 초보적인 자본주의적 경제활동이 이루어지고 있는 것으로 알려져 있는데, 이에 따라 개인의 텃밭경리의 가능성을 엿볼 수 있다. '그 밖의 합법적인 경리활동을 통하여 얻은 수입'도 개인소유에 속한다(제24조)고 하여 개인소유의 대상을 확대하였는데, 이는 그동안 묵인해왔던 주민의 상거래 등의 사적 경제활동을 허용하는 것으로 볼 수 있다.

셋째, 국가는 경제관리에서 '대안의 사업체계'의 요구에 맞게 '독립채산제'를 실시하며 '원가', '가격', '수익성'같은 경제적 공간을 옳게 이용하도록 한다는 규정을 신설하였다(제33조). 북한에서 독립채산체는 국영공장. 기업소를 중심으로 실시되었으며, 점차 농업부문과 비생산적 부문인 유통부문에 이르기까지 확대되어 왔는데, 앞으로 독립채산제의 확대 실시로 경제관리 운용에서 자율성도 확대될 것으로 보인다. 이와 함께 원가, 가격, 수익성 같은 시장경제개념의 도입은 북한경제에 활력소가 되도록 하려는 정책의지를 보여주는 것이다. 이와 관련하여 북한은 1997년에 「가격법」을 제정한 바 있다.

넷째, 대외무역은 "국가가 하거나 국가의 감독 밑에서 한다"는 조항을 "국가 또는 사회. 협동단체가 한다"로 수정하여 대외무역의 주체로 국가 외에 '사회·협동단체'를 추가함으로써 교역확대 및 활성화를 꾀하고 있다. 즉, 대외무역에서의 국가독점에서 벗어나 대외무역의 당사자를 확대함으로써 다방면에서의 무역활성화를 통해 북한경제의 활로를 모색하려는 것으로 보인다. 이와 관련하여, 북한은 1997년에「무역법」도 채택하여 대외무역사업의 강화를 적극적으로 도모하고 있다.

다섯째, 북한은 외국법인이나 외국인들과의 기업합영과 합작을 장려한다는 조항에 추가하여 '특수경제지대'에서의 다양한 기업창설. 운영의 장려를 규정하였다(제37조). 특수경제지대는 나진. 선봉 이외의 자유경제무역지대의 확대 및 금강산 등의 관광특구의 지정을 예상할 수 있다. 북한은 그러한 제한된 지역 내에서의 자유로운 경제활동을 보장함으로써 외국 및 남한의 투자를 적극 유치하여 북한경제의 활로를 찾으려 하고 있다.

여섯째, 농업부문에서 농업의 공업화에 '현대화'가 추가되었는데(제28조), 이는 북한이 농업부문에서 생산성 향상을 제고함으로써 인민의 생활수준을 높이기 위해 시대변화에 부응하는 농업제도의 개편의도를 내비친 것이라 할 수 있다. 우선 당면한 식량난의 위기를 극복하기 위해서도 북한이 농업정책을 '현대화' 추진 방향으로 전환하려는 것으로 볼 수 있다.

일곱째, 과학 분야에서 종전의 저작권과 발명권의 보호에 추가하여 '특허권'의 보호를 규정하였는데(제74조), 이는 북한사회에서도 지적재산권에 대한 보호의 필요성이 제기되고 있다는 사회변화의 반영이기도 한 것이다. 이것은 북한사회에서 사적 경제활동의 활성화 가능성과 관련되어 있는 것으로 보인다. 앞으로 특허권도 법적 보호의 대상이 됨에 따라 개인, 사회단체 등의 지적재산권에 대한 독점적 상품화의 가능성도 있다고 볼 수 있다.[20]

(3) 2009년 북한 헌법

제9차 개헌헌법에 해당된다. 2009년 북한헌법은 2009년 4월 최고인민회의 제12기 제1차회의에서 개정되었는데 주요 특징은 첫째, 국방위원장 및

---

20) 1998년 김일성헌법 참조; 이장희 외, 위의 책, pp.57-60 참조.

국방위원회의 권한이 1998년 김일성 헌법에 비하여 월등히 강화되었다. 둘째, 그동안 헌법에 명문화되지 않고 선군정치를 해 왔는데 북한의 지도 지침사상으로 주체사항과 함께 선군사상이 명문화되었다. 셋째, 1998년 김일성 헌법에 명문화 되어 있던 사회주의 공산주의는 근로대중의 근로적창조 로동에 의하여 건설된다(제29조)는 규정에서 공산주의가 삭제됐다는 점이다. 넷째, 인권존중을 헌법에 명문화 하였다는 점이다. 위에서 살펴보듯 2009년 북한헌법은 공산주의 이념이 축소되고 김정일 지도를 명문화 하였다는 특징을 가지고 있으나 경제조항에 대한 의미 있는 개정은 없었다. 즉 1998년 김일성헌법과 유사하다.

〈표 2〉 북한이 대내외 상황에 대응하기 국내적 개혁조치와 국외적 개방조치를 위한 헌법변천과정

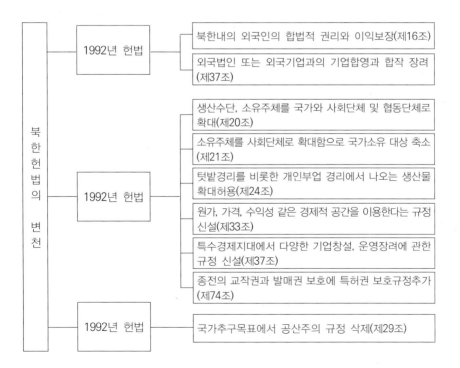

2) 헌법이외 민법 등 법제도적 측면의 노력

북한은 1998년 김일성헌법에 맞게 하위 법령들을 개정 내지 제정하였다. 민법은 1999년에 수정 보충하였는데 개정 전 민법의 물권분야에서 민사법률의 당사자, 민사법률의 행위, 소유권제도의 다양성 예를 들어 국가소유권, 사회협동단체소유권, 개인소유권을 확대하였고 민법의 채권분야에서 일반규정, 계획에 기초한 계약, 계획에 기초하지 않는 계약, 부당이득 등에서 개정을 하였으며, 민법분야의 총칙 면에서 소멸시효 및 제척기간을 새롭게 첨부하였다. 그리하여 예전에 비하여 민법은 법률조항이 많이 늘어나 총 271조로 되었으며, 이에 상응한 민사소송도 182조로 구성되어 구민사소송법에 비하여 상당한 소송요건 및 쟁송관계를 엄격하게 규정하였으며, 가족법의 기본, 결혼, 가정, 후견, 상속, 제재 등으로 구성된 총 54조로 규정하여 상속제도와 후견제도를 활성화시켰다. 그리고 상속법은 2002년도에 정식으로 제정하였는데 상속법은 상속법의 기본, 법정상속, 유언상속과 증여, 상속집행 등으로 구성되며 총 57조로 이루어져 있다.

그리고 손해보상법을 2001년에 제정하고 2005년에 개정하였는데 손해보상법은 손해보상법의 기본, 손해보상관계의 당사자, 재산침해에 대한 보상책임, 인신침해에 대한 보상책임, 손해보상액의 확정과 보상방법 등으로 구성되어 있는데, 총 56조로 이루어져 있으며 이는 남한의 채권법의 불법행위책임에 상응하는 법률이라 판단한다. 1992년도에 사회주의상업법이 채택되고 2004년도에 제4차 개정을 거쳤는데 그 내용을 살펴보면 사회주의상업법의 기본, 상품공급, 수매, 사회급양, 편의 봉사, 상품보관관리, 상업의 문화성. 봉사성, 상업시설의 현대화, 상업경영의 과학화. 경영화, 상업부문 사업에 대한 지도 통제 등으로 구성된 총 89조로 이루어져 있으며 남한의 상업법과 행정법을 함께 내포하고 있는 법률이라 판단한다.

북한형법은 1950년 제정되어 1999년까지 5차 개정을 하였다. 헌법이 개정될수록 헌법의 기능을 개인적 법익, 국가적 법익, 사회적 법익으로 나눌 수 있는데 개인적 법익이 증가하는 추세에 있다. 민사소송법도 개정되어 이해관계의 다툼을 공정하게 관리할 수 있도록 엄격한 소송여건과 쟁송과정을 규정하고 있다.

그 외에도 많은 법률들이 제정 및 개정, 수정 보충되었는데 그 전에는 없던 저작권법이 2001년도에 채택되었으며 발명법 1999년도에 수정 보충되고 공업도안법은 2005년도에 수정 보충되었으며, 상표법은 2005년도에 개정되었다. 이와 같은 법률들을 살펴보면 1998년 김일성헌법이 지향하고 있는 대외무역관계의 개방과 미미하지만 내부 경제개혁을 위해 상당히 많은 법률들을 제정 및 개정하는 내부적 노력을 하고 있다고 판단한다.[21]

〈표 3〉 헌법이외 국내개선조치를 위한 법적 노력의 변천과정

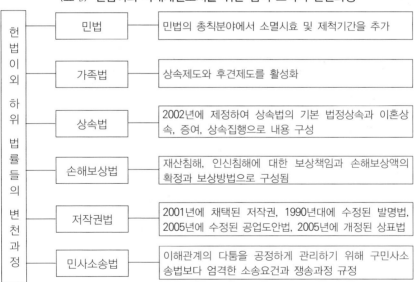

헌법이외 하위 법률들의 변천과정	민법	민법의 총칙분야에서 소멸시효 및 제척기간을 추가
	가족법	상속제도와 후견제도를 활성화
	상속법	2002년에 제정하여 상속법의 기본 법정상속과 이혼상속, 증여, 상속집행으로 내용 구성
	손해보상법	재산침해, 인신침해에 대한 보상책임과 손해보상액의 확정과 보상방법으로 구성됨
	저작권법	2001년에 채택된 저작권, 1990년대에 수정된 발명법, 2005년에 수정된 공업도안법, 2005년에 개정된 상표법
	민사소송법	이해관계의 다툼을 공정하게 관리하기 위해 구민사소송법보다 엄격한 소송요건과 쟁송과정 규정

---

21) 장명봉 편, 『최신 북한법령집』(서울: 북한법연구회 2006), pp.5-1087 참조.

3) 외국인 투자 관련 법세도 정비와 노력

북한은 어려워진 경제여건을 해결하고자 투자 유치를 위하여 무역법이
2004년도에 개정되었으며 가공무역법은 2000년에 제정되었고 기존의 세관
법은 2005년도에 개정되었고 합영법, 합작법은 2004년도에 개정되었고 대
외민사관계법은 1998년도에 개정되었으며 대외경제계약법은 1999년에 개
정되었으며 대외경제중재법은 1999년도에 제정되었고 외국인투자법은
2004년도에 개정되고 외국인기업법은 2005년도에 개정되었고 외국인투자
및 외국인세금법은 2002년도에 개정되었고 외국투자은행법은 2002년도에
개정되었고 외국인투자기업파산법은 2000년도에 제정되었고 기술수출입
법, 수출입검사법, 토지임대법은 1999년도에 개정되면서 구법률에 비해 상
당히 보충 확대되었다.[22] 그리고 해운법에서 분쟁절차로 규정되어 있던 바
다와 항구에서 사고시 개방에 대비하기 위하여 민사소송법의 특별법으로
써 해사소송관계법을 2011년도에 제정하여 개방에 대비하고 있다고 본
다.[23]

위에서 살펴본 바와 같이 북한은 어려운 경제상황을 돌파하기 위하여 외
국인 및 외국기업을 유치하기 위한 노력을 끊임없이 북한 나름대로 보이고
있다고 본다. 그리고 남한에 대한 개방조치로 금강산관광지구법을 2002년
도에 제정하여 2003년 제1차 개정하였으나, 2008년 박왕자사건 이후 남북한
경색으로 인하여 금강산국제관광특구법을 제정하였다. 그러나 2002년 제정
된 개성공업지구법은 2003년 제1차 개정을 하였지만 아직 존속하고 있으며
2005년 북남경제협력법을 제정하여[24], 남북교류협력의 활성화를 위해 북한

---

22) 장명봉 편, 위의 책, 2006, pp.365-431 참조.
23) 이훈제, "북한의 해사소송관계법 제정의 의미와 평가", (제169회 북한연구학회 월
    례발표회, 2011.9.29)
24) 장명봉 편, 위의 책, 2006. pp, 795-804 참조.

나름대로 대비하고 있다고 본다. 그리고 위에서 언급하지 않은 법률이나
하위규정도 많다. 이해의 편의를 위해 도표로 표시하면 〈표 4〉와 같다.

〈표 4〉 투자유치를 위한 외국인투자 관련법과 남북경제협력 관련법 정비를 위한 노력[25]

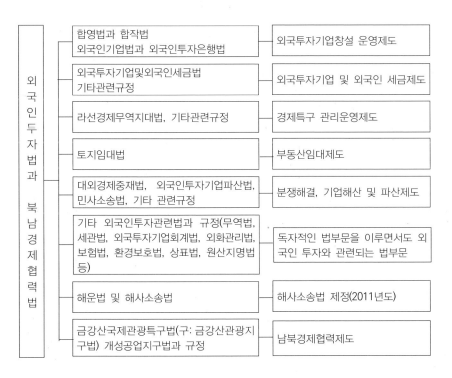

외국인투자법과 북남경제협력법	합영법과 합작법 외국인기업법과 외국인투자은행법	외국투자기업창설 운영제도
	외국투자기업및외국인세금법 기타관련규정	외국투자기업 및 외국인 세금제도
	라선경제무역지대법, 기타관련규정	경제특구 관리운영제도
	토지임대법	부동산임대제도
	대외경제중재법, 외국인투자기업파산법, 민사소송법, 기타 관련규정	분쟁해결, 기업해산 및 파산제도
	기타 외국인투자관련법과 규정(무역법, 세관법, 외국투자기업회계법, 외화관리법, 보험법, 환경보호법, 상표법, 원산지명법 등)	독자적인 법부문을 이루면서도 외 국인 투자와 관련되는 법부문
	해운법 및 해사소송법	해사소송법 제정(2011년도)
	금강산국제관광특구법(구: 금강산관광지 구법) 개성공업지구법과 규정	남북경제협력제도

---

25) 정철원, 『조선투자법 안내-310가지 물음과 대답』(평양: 법률출판사, 2007), p.55
    참조하여 재구성함.

4) 북한의 대외경제특구건설과 대내개선조치

(1) 1991년 나진 선봉 자유경제무역지대(대외개방조치)

1990년에 접어들면서 사회주의 붕괴에 따른 대외경제관계 재편요구에 직면하였다. 이에 대한 북한의 대응은 1991년 12월에 나진, 선봉을 경제자유무역지대로 설정하고 이어서 외국인 투자 유치와 관련된 법제 정비에 착수함으로써 구체화되었다.

이를테면 당시 북한은 경제 특구 방식의 외자유치 방법을 추진했다고 볼 수 있다. 북한은 나진 선봉지대를 화물 중개 기지, 수출가공 기지, 금융. 관광. 서비스 기지를 조성하고자 했으며 제조업 분야에서는 수출산업의 외국인 투자 유치를 희망하였다. 북한이 1996년에 발표한 "나진 선봉 투자 대상 안내"에 기존 공장의 현대화 투자 대상으로 19건, 또 새로운 투자 대상으로 일용품 부문에서 13건, 방직부문에서 9건, 식료품 부문 7건, 전자. 자동차 부문 22건, 건재. 화학 부문 10건, 기계부문 6건 등이 제시되고 있다는 사실을 통해서 확인된다.

북한의 나진 선봉지대에 대한 외국인 유치 실적은 1999년 3월까지 모두 111건, 7억 5천 77만 달러의 계약이 체결되고 1억 4천만 달러의 투자가 실행된 것으로 발표하였다.[26]

그러나 나진 선봉 지역에 대한 외국인 투자는 인접한 중국 연변지역 및 러시아 연해지방의 실적과 상당한 차이를 보이고 있을 뿐 아니라 업종별 구성에 있어서도 제조업의 비중이 3.4%에 불과해 기대만큼의 성과를 거의 올리지 못했다.[27]

---

26) 북한의 대외경제협력추진위원회에서 발표한 바에 따라 1997년 12월 말 현재 중국, 홍콩, 태국, 일본 등의 기업과 111건, 7.5억 달러의 계약이 이루어졌고, 이 가운데 77건, 5.792만 달러가 실행되었다고 파악되었다.

〈표 5〉 두만강 지역의 외국인 직접투자 추이

(단위 : 백만 달러)

	1985~1993	1994	1995	1996	1997	1998	합계
중국 연변지역	42	61	78	134	95	47	457
나진 선봉 지대	1	1	4	31	26	25	88
러시아 연해지방	141	2	53	93	95	56	440
합계	184	64	135	258	216	128	985

출처: UNDP Tumen Secretariat, Tuman Update, Issue 2, Jan. 2000을 김연철. 박순성 편, 위의 책. p.231재인용.

위 표에서 보여주듯 1990년대 외국인 투자유치를 통한 경제활성화를 위하여 조성된 나진·선봉 경제특구는 목표에 크게 미달하여 실패하였다고 본다. 그러나 2011년 나진·선봉 경제특구 개발을 위한 북한과 중국, 러시아와의 경제특구 건설은 성공을 거두고 있다고 판단한다. 러시아는 나진항 해물터미널 비용까지 포함하여 약 2억 5천만 달러 사업비용의 대부분을 부담했고 또한 나진, 핫산 철도개보수 공사 역시 순조롭게 진행되고 있다. 그리고 중국은 훈춘과 나진을 잇는 53km 도로보수 공사를 마무리 단계에 있다. 또한 나진. 선봉지역에서 필요로 한 전력을 공급하기로 북한과 합의한 것으로 전해졌다.[28]

그리고 중국은 나진항을 통하여 동해와 태평양 진출의 교두보로 활용할 것이다. 동북지방에서 생산된 농산물 및 공산물을 나진항을 통하여 해외 수출할 수 있는 길이 열렸다.

(2) 2002년 7·1경제관리개선조치(대내개선조치)

북한은 우리가 그동안 폐쇄적 또는 고립적 경제라고 일부 학자들에 의하여 주장되었으나 북한의 경제 정책들을 살펴보면 북한 나름대로 우리가 보

---

27) 최신림, 위의 논문, 230-231 참조.
28) 『세계일보』, 2011.10.15.

기에 흡족한 상태가 아니더라도 대외경제환경에 순응하기 위하여 북한 나름대로 변화 노력을 보였는데 그 변화 노력을 세 국면으로 나누어 살펴본다면 첫째 국면은 1972년부터 1980년 후반까지 무역확대와 제한적 외자유치 단계였다. 둘째 국면은 1991년부터 시작된 제한적 경제 특구단계이다. 대표적인 것으로 나진 선봉 무역지대 설정을 들 수 있겠다. 셋째 국면은 2002년 경제관리개선조치를 대표적으로 들 수 있겠다. 2002년 7·1경제관리개선조치는 제3기 국면에서 대표적인 사건이며 과거의 변화의 시도가 질적으로 다른 환경에서 추진되었다고 볼 수 있다.[29]

2002년 북한경제관리개선조치의 특징은 분권화, 가격 현실화, 그리고 화폐임금제의 실시로 볼 수 있겠다. 이를 구체적으로 서술하면 아래와 같다. 그 동안의 북한의 경제관리방식은 전인민적소유 및 집단적 소유에 바탕을 둔 '대안의 사업체계(공업·기업관리), '청산리방법'(농업관리) 등으로 표명되어 왔다. 즉 당정책을 우선시하는 가운데 경제활동을 하도록 함으로써 기업의 모든 경영활동은 당의 통제 속에서 진행될 수밖에 없었으며, 중앙계획기구가 '계획지표'에 의해 각 경제단위들의 경제사업을 관리·통제하고 심지어 경영권까지 행사하는 방식이었다. 그러나 '7·1조치'에 의해 '경제적 실리주의'를 강조하면서 이러한 중앙집권적 방식의 경제관리방식을 개혁하고 있다. 즉 당 간부가 실질적으로 행사하던 기업의 경영권을 지배인에게 이양하여 지배인에 의한 전문경영방식을 제고하고 있는가 하면, 일부 지방 관리위원장 및 지배인의 경우 노동자나 농민이 직접 선출하는 방식도 도입하고 있다.

그리고 각 생산단위들의 독립성·자율성 확대를 통한 효율성. 생산성 제고를 목적으로 독립채산제를 강화·내실화함으로써 세부적인 경제계획 및 생산지표, 상품의 가격 및 품질·규격제정 등 일부 경영지표들까지 기업

29) 최신림, 위의 논문, pp.11-17 참조.

소·공장 등에 이양하는 분권화 조치도 내리고 있다. 그 뿐만 아니라 당국.
기업간의 가격에 의한 원자재 거래를 허용하는 '물자교류시장'을 도입하여
기업이 자율적으로 원자재를 구입, 생산 활동을 할 수 있도록 해주고, 계획
외생산량이나 부산물을 시장가격으로 시장판매할 수 있는 권한을 30% 범
위 내에서 허용해주고 있다. 지배인에게 20% 범위 내에서 종업원을 활용할
수 있는 권한도 주는가 하면, 각 공장·기업소가 국가에 납부하던 감가상각
금·초과이윤도 기업 자체로 생산확대기금 및 종업원 복지기금으로 유보하
거나 활용할 수 있도록 해주고 있다.

또한 개별 공장·기업소들이 자체 판단에 의해 새로운 사업을 할 수 있
는 다각경영도 허용해 주고, 외국자본을 유치해 합영·합작기업을 만들거
나 대외무역을 할 수 있는 권한도 부여해주고 있다. 외화벌이 기업소의 경
우 외화의 자체 활용비율을 20%에서 40%까지 확대해 주고 있고, 일부 주요
생산부문의 경우 수출을 통해 벌어들인 이윤을 국가에 납부하지 않고 기술
개건을 위해 전부 재투자할 수 있도록 해주고 있다.[30]

북한의 2002년 경제관리개선을 어떻게 평가할 것인가에 따라 중국식 개
혁 초기라는 주장이 있는가 하면 단지 계획개선 정책의 연장이라는 견해가
있는데 본서는 중국식 개혁초기라고 보는 것이 합당하다고 생각한다.

---

30) 오수열 외, 『최신 북한사회의 이해』(광주: 도서출판 신성, 2005), pp.149-150 참조.

제4절 반민주평화론과 북한의 개혁·개방 촉진을 위한 효율성

제3장에서 살펴보았듯이 북한은 우리가 바란 만큼의 개혁은 아니지만 북한이 수용할 수 있는 개혁은 헌법변천과정과 민법 등 사법(私法)의 확장을 통해 살펴보았다. 그리고 제한적이지만 개혁개방에 대비하여 외국인투자관련법과 남북경제협력관련법의 정비를 확인하였다. 그리고 북한은 생산력 증대를 위하여 대내적 개혁조치로 2002년 7·1경제관리개선조치를 취하였다. 그러나 문제는 북한지도부가 체제불안, 국가안보불안, 정권불안을 가지고 있다는 것이다. 중국, 베트남이 본격적인 개혁, 개방에 앞서 1971년 닉슨 대통령이 중국을 방문하여 미중간에 신뢰를 쌓았다. 그리고 이 신뢰를 바탕으로 1978년 중일평화조약, 1979년 미중평화조약을 맺어 국가안보불안이 해소된 상태였고 베트남 역시 1973년 파리강화조약을 맺어 국가안보불안이 해소된 상태였다. 그 상태에서 중국과 베트남은 개혁 개방으로 과감히 나아갔다고 본다. 이것은 남한이 반민주평화론 입장에서 볼 때 남북관계와 국제관계에서 북한문제를 어떻게 접근하는 것이 현명한지에 대한 시사점을 주고 있다.

북한내부적 측면, 남한내부적 측면, 국제관계적 측면에서 반민주평화론에 입각하여 북한의 미래 개혁 개방의 촉진을 위한 효율성에 대해 국제관계와 남북관계에서 남한의 역할에 대해 살펴보고자 한다.

1. 북한 내부의 현주소

앞으로 북한의 개혁 개방에 상충될 수 있는 문제로 주체사상과 북한의 개혁 개방의 공존이 가능한가라는 점에서 살펴볼 때 주체사상은 사상적으로 주체철학을 띠고 있으며 정치적으로 유일적 영도체제(수령론), 경제적으로 계획경제와 자립적 민족경제, 군사적으로 국방의 자위를 강조한다고 생각한다. 그러나 북한에서 발행된 자립적 민족경제의 본질적 측면에서 보면 북한은 스스로 자립적 민족경제를 폐쇄경제나 고립경제가 아니다라고 주장하고 있다.

그 예로 김일성이 "우리는 모두 공업부문에서 원료의 70%이상을 자체로 해결할 때에 대한 방침을 견지하였습니다"[31] 이 말은 나머지 30%는 다른 나라들과의 경제교류를 통해 해결해야 한다라고 주장하고 있으며, 나머지 부족한 부분에 대해서는 자립적 민족경제론에 입각하여 대외개방의 가능성을 내포하고 있다고 생각한다.

그리고 이미 위에서 살펴본 바와 같이 2002년 7·1경제관리개선조치로 중국 개혁개방의 초기 상태를 띠고 있다고 생각하며 단순한 계획 개선이 아닌 재정 계획경제체제[32]에서 신용 계획경제체제[33]로 넘어갔다는 것이

---

31) 한창모 편집, 『자립경제리론』(평양: 사회과학출판사, 1984), p.150 참조.
32) 재정계획체제는 원칙으로 국가의 재정에 의하여 공장, 기업소들을 지원하고 부족한 부분은 은행에서 충당하는 식으로 운영된 스탈린식 사회주의 현물 동학에 움직이는 경제이다.
33) 재정계획경제체제에 비교되는 신용 계획경제체제는 원칙상 자금공급을 자체공장이나 기업소 자금으로 충당하고 부족한 모든 자금은 은행에서 대여하여 충당하는 기업운영방식을 채택하기 때문에 화폐의 중요성이 재정계획체제와는 비교할 수 없게 화폐가 노임을 결정하고 화폐가 시장의 수요와 공급량을 결정할 수

북한의 헌법이나 헌법에 근거한 하위법률 제정 및 개정을 통하여 추측할 수 있다. 이상 살펴보듯 주체사상 내에는 이미 경제적으로 대외개방 노선을 채택할 수 있는 논리적 근거가 있으며, 2002년 7·1경제개선관리조치에 이미 북한 경제체제가 초기 중국 개혁 개방시의 초기단계에 진입했다고 본다.

그리고 북한 농촌의 현주소를 살펴 보면 크게 국영농장과 협동농장으로 구분해 볼 수 있다. 국영농장은 임금으로 운영되고 협동농장은 현금 분배와 현물 분배로 운영되고 있다. 운영은 국영농장은 지배인 중심으로 운영되고 협동농장은 관리위원장 중심으로 운영된다. 관리위원장 밑에 여러 작업반[34]이 있고 작업반 밑에 여러 분조가 있다. 북한은 국가에서 과거에 국영농장이나 협동농장에서 필요로 한 농기구 등 비료를 일체 제공하였으나 형편이 어려워지자 각 농장단위로 독립채산제를 운영하게 하였다. 그 결과 텃밭은 과거 약 30평에서 40평이었으나 지금은 약 400평까지 개인들에게 할당하여 생산력을 높이고 있다. 텃밭에서 생산된 생산물은 농민시장이나 종합시장을 통하여 팔 수 있다. 그리고 국가나 협동농장에게 사용료만 지불하면 된다. 전국적으로 소토지[35] 또는 텃밭은 약 20만ha로 집계되고 있다. 전 농지의 약 10%에 해당된다. 또한 음성적으로 분조장이 분조원에게 도급 형태로 농지를 경작하도록 하는 경향이 확대되고 있다.[36] 즉 1979년 초기 중국 농촌의 개혁 형태가 북한에서 지금 나타나고 있다. 그래서 북한

있는 일종의 시장경제체제성을 띠고 있는 가격동학경제이다.

34) 작업반은 자연부락 중심으로 조직되어 있다. 그리고 분조는 작업반 밑에 필요에 따라 수개의 하위조직으로 구성되어 있다.

35) 소토지는 구릉이나 언덕 또는 하천 부지를 불법 개간하여 형성된 농지이다. 국가는 이를 불법으로 규정하면서도 묵시적으로 사용료를 지불하도록 하면서 인정하고 있다. 소토지를 많이 가지고 있는 사람은 약 3천평까지 경작하고 있는 상태이다. (권태진의 북한농촌 방문소감에서 밝힘)

36) 권태진, "북한 농업법제의 최근 동향과 평가- 식량난과 관련하여"(제166회 북한법 연구학회 발표회, 2011년 6월 30일), pp.17-19 참조.

의 개혁 개방이 활성화되는데 있어서 최소한의 논리적 근거와 노력이 있기 때문에 남북관계와 대외 국제관계가 안정되어 북한체제 안정과 국가안보에 부담이 없다면 북한은 북한 나름대로 북한식 개혁 개방으로 충분히 나올 수 있다고 생각한다.[37]

2. 남북관계 현주소와 남한 역할

1987년 6월항쟁 이후 민주화세력에 의하여 정권이 교체되 김대중 정부와 노무현 정부 10년에 걸쳐 2000년 남북정상회담을 통하여 남북한의 긴장완화와 교류 협력의 활성화 및 한반도 평화와 안정, 나아가 평화통일을 지향하는 남북정상회담을 두 차례나 개최했다. 그리하여 남북관계는 1989년 이후에 시작된 남북경제교류협력은 매년 꾸준히 증가하여 이제는 금강산 관광특구[38], 개성공업지구가 어느 정도 안착하는 단계에 이르렀고, 2007년 남북정상회담을 통하여 평안남도 해주 강동군에 해주특구를 건설하기로 합의하였으며, 서해 5도 지역을 평화특별지대 및 공동어로구역으로 지정하고 임진강과 한강하류를 공동 개발하기로 합의하였다.

그러나 아직도 일부 보수세력들은 북한에 대해 퍼주기식 논란을 계속 제기하면서 남남갈등을 부추기고 있는 상황인데 이와 같은 요인들은 장래 북한이 개혁 개방으로 나오는데 상당한 장애요인이 되고 있다고 판단한다.

그러나 반민주평화론에 입각하여 남한 주도로 남북관계를 평화와 번영과 평화통일을 이루는 데 적극적으로 나아간다면, 나아가는 만큼 그 만큼에 비례하여 북한의 개혁 개방정책은 확대될 것이라 생각한다. 즉 남북관

---

37) 신지호. 『북한의 개혁 개방』(서울: 하늘아카데미. 2003), pp.202-212 참조.
38) 2008년 박왕자사건 이후 금강산관광이 중단되고 있으나 남한의 역할에 따라 다시 재개되어 활성화되리라 생각한다.

계에서 신 북한인권개선과 민주화를 요구히여 북한이 민주화와 인권개선 국가가 되어 서구에서 말하는 민주국가가 되면 그 결과로 북한의 비핵화와 북한의 개혁 개방(체제전환), 그리고 한반도의 평화와 안정, 평화통일을 가져올 수 있다는 논거가 민주평화론이다. 그래서 이명박정부는 이러한 민주평화론에 입각하여 꾸준히 북한의 인권개선을 요구하고 민주정부 10년동안 노력했던 남북교류협력을 소극적으로 나오고 있는데 결과는 남북한의 긴장과 갈등이 전쟁일보 직전까지 직면했다. 그래서 이제는 역으로 북한의 체제보장과 국가안전보장을 남북관계와 국제관계에서 남북교류협력의 확대와 6자회담의 능동적 적극 참여 등으로 남한이 먼저 북한의 체제보장과 국가안전보장을 해결하도록 하면, 북한은 개혁 개방과 비핵화와 인권개선과 민주화가 될 수 있다는 반민주평화론에 입각한 정책 전환을 심각하게 고려하여 볼 때가 되었다고 본다.

3. 국제관계에서 남한의 역할

1987년 북미대화가 시작된 이후 계속해서 북핵문제로 인해 북한의 체제보장 및 국가안보에 불안전한 국제정세에 직면하여 1994년 전쟁 일보 직전까지 가는 북미간의 긴장이 조성되었다. 그러나 2004년 8월에 개최되기 시작한 6자회담을 통하여 2005년 9·19공동성명 합의를 이끌어 내는 등 북미관계는 개선될 조짐을 보이다가 BDA문제로 난항을 겪고 2006년 10월 9일에 제1차 핵실험을 초래하였다. 그래서 남북한 문제뿐만 아니라 북미간에 여러 난관이 조성되었으나 2007년 2월 13일에 2·13합의를 이끌어 내어 동북아 평화체제 및 북한의 비핵화에 합의하였다. 그 첫 번째 조치가 지금 완료단계에 왔고 2008년도 초에는 제2단계 조치가 이루어져 지금은 6자회담이 중단된 상태이나 큰 방향에서 볼 때 한반도 및 동북아에 평화와 안정 기조가 조성되고 있다고 판단한다.

2005년도 6자회담에서 합의한 9·19공동선언이 잘 실천되어 북한의 비핵화와 한반도 평화체제 나아가 동북아 평화체제가 달성되는 방향으로 국제환경이 변화되고 북미간 수교와 북미간 불가침조약, 북일수교가 이루어진다면 북한은 지금보다 훨씬 개혁 개방에 자신감 있게 나오리라 판단한다. 그러나 이와 반대로 국제환경이 바뀌면 북한의 개혁 개방정책은 그만큼 지연되거나 오히려 축소될 수 있는 확률이 있다고 생각한다.[39]

그래서 국제관계에서 민주평화론에 근거한 북한압박정책보다 반민주평화론에 근거하여 북한체제보장과 안보불안을 해소시켜주는 방향으로 남한이 나아간다면 북한은 더 쉽게 개혁·개방으로 나올 수 있고 한반도 평화와 안정 나아가 평화통일 달성 기반조성에 오히려 도움이 될 수 있다고 확신한다. 지금 남한의 역할이 어느 때보다 중요하다.

그러기에 이를 빨리 확대 촉진시키기 위해서는 북한을 둘러싼 대외 문제가 안정되어 체제불안을 해소해야 할 것이다. 정권불안이 해소되면 우리가 바란 만큼 북한의 개혁·개방은 이루어질 수 있다고 판단한다.

그래서 지금은 북한식개혁 개방 수준이지만 북한의 개혁·개방은 시대적 조류이다. 결국 북한도 중국이나 베트남 같은 사회주의시장경제체제로 갈 것이라 확신한다. 이와 같은 상황에서 남한의 반민주평화론에 입각한 대북정책은 중요한 의미가 있다고 생각한다.

---

39) 북한은 남북관계 악화와 국제관계가 악화되자 그동안 묵인된 시장을 없애고 다시 완전한 사회주의계획경제를 시도하기 위하여 2010년 박남기를 중심으로 화폐개혁을 시도하였다. 그리하여 활성화되어 있던 장터마당과 농민시장, 종합시장에서 형성된 시장가격을 부인하고 국정가격을 회복하려고 시도하였다. 결국 절대적인 공급부족으로 화폐개혁은 실패하였지만 내외적 체제 정권 불안이 발생한다면 재발할 확률이 높다고 본다.

제5절 **결론**
(한민족 경제공동체와 평화통일을 위한 제언)

중국은 본격적인 개혁 개방에 들어가기 전에 1971년 닉슨대통령의 중국 방문으로 미중간에 신뢰가 구축되었다. 그 신뢰를 바탕으로 1979년 미중평화조약을 체결하여 국가안보가 해소된 상태였다. 그 상태에서 중국은 1978년 중국 공산당 11기 3중 전원 회의에서 경제 개발이라는 1중심점, 개혁 개방이라는 2기준점, 맑스·레닌·마오쩌뚱 사상 고수, 인민민주독재 고수, 공산당 지도, 사회주의 체제 고수 등 4항의 원칙하에 1979년 농촌 개혁으로부터 시작하여 1982년 심천, 주하이, 산토우, 셔먼, 하이난섬, 상하이 등 동남해 연안 도시중심으로 개혁, 개방을 시작으로 상하이 이북지역인 산동성의 칭따오, 천진, 대련 등 경제특구 중심으로 개방하여 이제는 중서부와 동북아 개발로 개혁 개방이 확대되고 있다. 즉 점-선-면에 의한 개혁 개방이 성공을 거두고 있다는 증거라 할 수 있을 것이다. 지금은 일본을 제친 세계 제2대 강국(G2)으로 우뚝 자리매김하고 있다.

그리고 베트남 역시 1990년 중반 본격적인 개혁·개방에 들어가기 이전 1973년 파리평화조약을 통해 국가안보불안이 해소된 상태였다. 1975년 북베트남에 의한 베트남의 통일 이후 소련, 중국, 동구권 등 사회주의권과 경제 협력을 추구하였으나, 1989년 이후 소련, 동구권 등이 붕괴되어 1990년 중반 도이모이 정책의 채택으로 베트남 역시 경제특구를 활용하여 개혁 개방에 적극 나서고 있으며, 지금까지 어느 정도 성공한 체제 전환 모델이라고 할 수 있다.

그리고 북한은 위에서 살펴보았듯이 내부적으로 개혁 개방에 대비하여 헌법과 민법 등 법제도적 정비와 외국인투자법 등 외국인 투자관련 법들이 개정과 제정을 통하여 정비되고 있는 과정이라는 것을 분석하였다. 또한 현재 내부적으로 농촌에서 중국 초기 개혁단계의 모습이 나타나고 있다. 예를 들면 합법적인 텃밭이 400평까지 확대되고 있고, 불법적인 소토지가 3,000평까지 확대되고 있다. 국가는 이와 같은 현상을 묵인하면서 사용료만 받고 있다. 그리고 도시에 있는 공장, 기업소, 연합기업소에서는 이미 북한이 자랑하는 계획의 일원성과 세부화가 약화되고 독립채산제가 강화되고 있으며, 운영의 분권화 및 성과급 제도가 확대되는 현상에 직면해 있다. 그리고 남한에 개성과 금강산을 개방하였으며 서해 경제특구와 남포항 개발을 약속하였고, 동해 안변에 대규모 조선소 건설을 10·4남북정상선언에서 합의하였다. 그리고 2011년 6월 8일 압록강 주변에 있는 황금평을 개발하기로 중국과 착공식을 하였으며, 나진 선봉 경제개발특구 착공식도 2011년 6월 9일에 하였다. 이는 중국이 초기에 보여준 점에 의한 개방의 성격을 띠고 있다. 현재 북한은 우리가 바란 만큼 개혁과 개방 단계까지 오르지 않았지만 북한의 개혁 개방은 시대의 조류라 판단한다.

또한 북한의 개혁 개방 정책의 확대여부는 북한내부문제, 남한내부문제, 남북한관계문제, 국제환경문제에 의하여 결정될 수 있음을 살펴보았다. 우리 모두가 바라는 대로 북한핵이 평화적으로 해결되고 한반도 평화체제 및 동북아 평화체제가 구축된다면 북한의 개혁 개방정책은 확실히 확대되어 나아갈 수 있다고 판단한다. 그러나 그 반대로 여러 변수들이 작동된다면 북한의 개혁 개방정책은 정체 내지는 후퇴할 수 있는 확률이 있다고 생각한다. 이제라도 남북관계와 국제관계에서 북한 스스로 개혁 개방에 나서도록 외부석 환경을 조성해 줄 필요가 있다고 주장히고 싶다.

2011년 6월 8일 황금평과 6월 9일 나진 선봉 자유무역지대 개발을 위한 착공식을 중국과 가졌다. 우리가 그렇게 북한의 개혁 개방을 주장했지만 열매는 중국이 가져가는 형국이었다. 이제부터라도 우리는 한민족의 미래와 비전을 위해 남북관계를 다시 생각해 보아야 한다. 언제까지 남북관계가 냉기류를 유지해야 할 것인가, 남북관계가 지금처럼 지속된다면 북한의 개혁. 개방은 지체되고 그나마 제한적인 개방의 과실도 중국으로 갈 수밖에 없을 것이다. 이는 한민족 경제공동체 형성과 평화통일의 기반을 약화시키는 요인으로 작용할 것이다.

또한 한반도는 전쟁의 위협으로부터 그대로 노출되어 리먼브라더스 사태 이후 악화된 경제회복에 걸림돌로 작용할 것이다. 이는 우리 한민족 미래를 위해 불행한 일이다. 본서는 강력히 북한의 개혁. 개방의 확대와 한민족의 미래와 비전을 위해 한민족의 경제공동체 건설을 위해 남북관계와 국제관계에서 남한의 북한에 대한 역할을 제고해야 한다고 주장하고 싶다. 그리고 분단 66년 동안 본의 아닌 해양시대를 살고 있지만 해양시대에 머물러 있는 한 우리의 발전은 한계에 다다랐다고 본다. **잃어버린 대륙시대**를 열어야 한다. 그것만이 한민족의 미래와 비전을 한 단계 높일 수 있다고 주장하고 싶다. 다시 강조한다면 지금의 남북관계를 **천안함과 연평도 사건**에 매몰되어 있지 말고 **반민주평화론**에 입각한 **정경분리의 원칙과 5·24조치 철회 및 제3차 남북정상회담**을 통한 남북한 갈등을 해소해야 한다고 본다. 그리하여 북한 개혁·개방의 확대와 한민족경제공동체 및 평화통일의 기반 구축을 위하여 이제라도 적극적으로 민주평화론에 근거한 정책들을 전환하여야 한다. 그래서 반민주평화론에 입각한 **신대북포용정책**을 적극적으로 고려할 필요성이 있다[40]고 판단한다.

---

40) 이명박 대통령은 2011년 7월 1일에 열린 제15기 민주평화통일자문회의 출범식에서 "지난해 천안함 폭침과 연평도 사태로 불안한 정세가 조성됐지만 우리는 거기

서 머물러 있을 수 없다"라고 언급했다. 이는 남북비핵대화와 천안함, 연평도 포
격사건을 슬기롭게 분리 대응하여 극복하겠다는 간접적 표현이라고 판단한다(한
겨레, 2011년 7월 2일 참조). 그리고 북한도 표면상 분리대응을 비판하고 있지만
천안함과 연평도 포격산건 및 남북비핵화회담을 분리 대응하는 데 긍정적인 속
내를 보이고 있다(민주조선, 2011년 6월 28일 참조). 종합적으로 판단하면 남북이
조금한 노력을 하면 남북관계의 냉기류를 극복할 수 있다고 생각한다.

제4장

한반도형 남북연합규약의 내용과 방향

필요 조직과 각 조직 운영 및 재정확보방안

[이 글의 취지]

이제까지 남북한통일방안은 각기 자기입장에서 주장하는 면이 강했다. 그러나 2000년 6·15공동선언 제2항(통일조항)에 의하면 "남한의 연합제안과 북한의 낮은 단계 연방제가 공통점이 있음을 확인한다. 민족통일은 이로부터 시작한다"라고 남북한이 합의하였다. 이 선언은 남북한 통일방안이 수렴될 수 있다는 가능성을 언급하고 있는 것이지 합의된 통일방안은 아니다. 그래서 북한은 위 조항을 연방형 연합제라 부르고 있으며 남한은 민족공동체 통일방안 중 제2단계인 남북연합을 말한다고 주장하고 있다. 2007년 10·4정상선언 및 2015년 8·25합의 등이 실천적인 면에서 지속성을 갖지 못하는 주요인이라 판단한다. 그래서 본서 다른 장에서 이에 대한 대안으로 단계적 연방제 통일방안을 주장하였다. 그러나 이를 수용하는 데 현실적 어려움이 있다면 차선책으로 한국형 남북연합도 고려해보자는 취지의 연구물이다.

[이 글의 요지]

2015년 분단 70년, 해방 70년이 되는 해이다. 2015년 8월 초에 목함지뢰사건으로 남북한 간에는 전쟁 일보 직전까지 가는 상황을 초래하였으나, 남북한 간 고위당국자들의 현명한 대처로 8·25합의를 이끌어내었다. 그러나 8·25합의사항이 순탄하게 진행되어 남북한 신뢰를 회복할 지는 지켜볼 일이다. 8·25합의사항이 성과를 거둔다면 민족의 소원인 한반도의 평화와 안정 및 평화통일의 초석이 될 것이다. 또한, 남북연합의 설치가 현안이 될 수 있다. 한반도 특수상황을 고려하면 한반도형 국가연합은 미국국가연합 사례를 응용할 수 있는 국가연합이었다. 그래서 남북연합의 기능과 역할은 첫째, 과거 합의를 통한 신뢰회복 기구로써의 역할, 둘째 기존 국가연합들이 추구했던 한반도의 평화와 안정, 셋째 평화통일의 준비기구로써의 역할을 해야 한다고 판단하였다. 이를 위해 필요조직으로 최고의사결정기구로 남북정상회의, 이행기구로 남북총리회담 및 각료회담을 들었고, 실무기구로 남북공동사무국 설치를 주장하였다. 그리고 한반도 특수성이 반영된 7·4공동성명이행위원회, 6·15공동선언이행위원회, 10·4정상선언이행위원회, 8·25합의이행위원회 등 기존 남북합의사항이행을 통한 신뢰회복을 위해 남북합의이행위원회와 특별위원회로 통일헌법제정위원회와 통일교육위원회 등의 설치를 주장했다. 각 조직의 운영으로 특수다수결 원칙과 만장일치제도를 주장하였다. 그리고 재정확보방안으로 남북한 경제력에 의한 부담금, 관세, 차후 비무장지대에 설치될 생태평화공원 등 관광세, 국채, 평화도시에서 나온 세금 등으로 재정을 확보하여야 한다고 판단했다.

[참고] 이 글은 『평화학연구』(제17권 1호, 2016) 발표한 연구물을 토대로 개서한 글임.

제1절 서론

한반도는 1945년 일본 제국주의로부터 해방되었지만, 해방과 동시에 분단을 맞이하였다. 그리하여 2015년 분단 70년, 해방 70년이 되는 해이다. 한국전쟁으로 남한에서 약 130만 명 사상자가 나왔고, 북한에서는 300~400만 명의 사상자가 나왔다.

그렇지만 통일은 더 멀어지고 갈등의 골은 심화된 채 1953년 7월 27일 정전협정을 맺고 정전협정을 맺은 지 62년이 되는 해이다. 그동안 남과 북은 한반도의 갈등과 긴장 속에서 긴장완화와 통일을 위해 노력을 하였다. 긴장완화와 통일을 향한 노력의 결과로 7 · 4남북공동성명, 91년 남북기본합의서 채택, 92년 비핵화공동선언, 2000년 6 · 15공동선언, 2007년 남북정상선언 등 여러 합의서들이 채택되었다. 그리고 국민의 정부, 참여정부 10년 동안 남북한에 정치, 군사교류와 경제교류, 사회문화교류, 인도적 지원 등 여러 교류가 활성화되었다.

그러나 2008년 등장한 이명박 정부는 북핵문제를 남북교류협력의 선결과제로 연계하였다. 즉, 북한핵 해결 없이 남북관계를 발전할 수 없다는 논리(비핵개방 3000)로 북한에 대한 강경정책을 표방하였다. 그리고 2008년 금강산에서 일어난 박왕자 사건으로 금강산 관광이 중단되고, 2010년 천안함 사건으로 5 · 24조치가 단행되어 남북한 간 직접교역, 위탁교역, 북한방문,

북한주민 접촉금지 등 북한 봉쇄정책을 취하였다. 그 결과 2010년 10월에 연평도 포격이 발생하였고, 한 때 개성공단이 폐쇄 직전까지 가는 상황에 이르렀다.

그러나 2013년 등장한 박근혜 정부는 초기 이명박 정부에 이은 대북압박 정책을 추구하였으나 집권 3년차 상대적으로 완화된 대북정책으로 전환하고 있다고 본다. 그 결과 2015년 8월 초에 발생한 목함지뢰사건으로 전쟁직전까지 갔지만 극적으로 8·25합의를 도출하여 10월에는 20차 이산가족 만남을 금강산에서 가질 수 있었다.

지금 남북한은 중요한 시기에 직면해 있다고 본다. 남한은 청년실업과 노인 빈곤, 비정규직 문제, 사회 양극화가 심화되고 있다. 안정된 직장이 없어 출산율이 저하되고 있으며 좌절과 절망으로 자살률이 OECD 국가 중 1위를 달리고 있다. 북한 역시 경제가 호전되었다고는 하나 아직도 인민들의 생활은 생활필수품의 부족현상을 벗어나지 못하고 있다. 그리고 양극화가 점점 심화되고 있는 실정이며 안보 또한 국제사회로부터 보장받아야 할 시점에 와 있다.

본서는 첫째, 단기적으로 한반도 평화와 안정에 기여하고 둘째, 국내외 환경에 대응한 통일준비에 도움을 주고자 한다. 더불어 셋째, 후유증이 최소화된 한반도통일에 기여하고자 한다. 또한 넷째, 9·19공동선언과 2·13합의의 실천에 간접적으로 도움을 주고자 한다.

그래서 남과 북이 협력하여 성공적인 동북아 다자안보체제 구축 및 한반도 비핵화와 한반도 평화체제 수립에 공헌하고자 한다. 본서의 연구방법은 헌법, 북한학, 정치학 등 학제 간 연구를 하고자 한다.

본서의 구성은 제1절 서론에서 논문의 목적을 이미 기술하였고 제2절에서 국가연합과 연방국가의 공통점과 차이점을 기술하고자 한다. 그리고 제3절에서 국가연합의 사례로 미국연합과 북독일연합, 유럽연합에 대해서 기술하여 한반도 평화통일과 한반도형 남북연합 설립에 있어 시사점을 얻고

자 한다. 제4절에서는 남북연합의 목적, 기능과 필요 조직 및 각 조직의 권
한과 운영 및 남북연합의 재정확보방안에 대해서 논술하고자 한다. 제5절
은 결론으로 구성되어 있다.

제2절 국가연합과 연방국가

1. 국가통합의 형태

국가통합을 구체적으로 살펴보면 국가연합, 단일국가, 연방국가로 분류할 수 있겠다. 상세히 기술하면 아래와 같다.[1]

1) 국가연합

개별국가가 국가의 필요에 의하여 조약에 의해서 성립하는 주권국가들의 잠정적인 정치·군사적인 결합형태를 말한다. 사례를 들면 1815년 독일연합, 1866년 북독일연합, 1858년 이집트와 시리아간 통일아랍공화국, 1972년 아랍공화국연합, 1991년 소비에트사회주의공화국연방 붕괴 후 CIS(독립국가연합) 등을 들 수 있겠다.

2) 단일국가

통치권을 중앙에 집중하여 통일시키는 주권이 하나로 된 국가를 말한다.

---

1) 권영성, 『헌법학원론』(서울: 법문사, 2010), pp.109~111 참조.

즉, 국가권력구조가 단층적으로 되어 있는 국가를 단일국가라 한다. 사례를 들면 한국, 북한, 일본, 중국, 프랑스, 이스라엘, 이라크, 이집트 등을 들 수 있겠다.

3) 연방국가

연방국가란 통치구조가 중층적[2]으로 되어있는 국가를 말한다. 그리고 연방국가는 통치권을 각 연방구성국가(州)에 분산시키는 분권주권에 입각하고, 분할된 연방구성국가가 결합하여 하나의 국가적 결합체를 구성하는 국가를 말한다. 사례를 들면 미국, 과거 소련, 호주, 스위스, 인도 등을 들 수 있다.

2. 국가연합과 연방국가의 공통점과 차이점

1) 국가연합과 연방국가의 공통점

연방국가와 국가연합은 모두 국가결합의 한 형태라는 점에서 공통성을 갖는다. 첫째, 양자는 구성국들이 서로간에 있어서 어느 한 구성국을 중심으로 종속적인 지위에 있지 아니하며 상호 대등한 입장에서 결합한다는 것이다. 둘째, 구성국들은 결합의 근거와 당위성을 인권보장, 외교, 안보, 경제적 이익의 필요성에서 찾는다. 셋째, 구성국들은 각각 따로 성립하고 존재하는 것보다 공동체를 형성함으로써 더 나은 상태로 나아갈 수 있다는

---

[2] 연방국가는 연방구성국가를 기반으로 성립된 국가위의 상위국가라는 의미로 사용하였다. 그러나 단일국가는 지방자치단체를 기반으로 성립된 국가이기 때문에 국가위의 국가가 없으므로 단층적 구조라 표현하고자 한다.

신뢰와 믿음하에서 결합한다는 점이다.[3]

2) 국가연합과 연방국가의 차이점

국가연합과 연방국가의 차이점을 보면 다음과 같다. 첫째, 국가연합과 연방국가는 복수국가 결합 시 주권을 상실한 여부에 따라 근본적인 차이가 있는데, 연방국가는 구성국들을 지배하는 상위권력을 새로운 단일주권이 형성되는데 국가연합은 구성국의 주권의 변동이 없다. 대외적 주권은 국가연합은 각 구성국들이지만 연방국가는 새로운 국가로 형성된 연방국가가 대외적 주권을 보유한다는 점이다. 둘째, 결합근거로 연방국가는 연방헌법이지만 국가연합은 각 구성국들 간의 조약이라는 점에서 다르다. 즉, 헌법은 국내법이지만 조약은 국제법이 적용된다는 점이다. 셋째, 주민들이 국적여부인데 연방국가는 구성국의 국민은 구성국 국적을 갖는 것이 아니고 연방국의 국민으로서 공통의 국적을 갖는데 비해 국가연합은 국적이 구성국의 국적을 보유한다는 점이다. 넷째, 통치권에 있어서의 차이점인데 연방국가의 경우 원칙적으로 중앙정부가 대외적 통치권을 행사하고 구성국들은 대외적 통치권을 행사하지 못한다. 단, 예외적으로 조약 체결의 경우 연방의 구성국들이 연방정부의 동의를 얻어 타국과 조약을 체결하는 사례는 더러 있다. 그러나 국가연합의 경우 조약체결, 외교사절 파견접수, 선전포고 강화 등 대외적 통치권은 원칙적으로 구성국가들이 행사하고 국가연합은 연합을 형성하는 조약의 설정범위 내에서 특정사항에 관해서만 대외적 통치권을 행사한다. 다섯째, 구성국 상호 간의 무력충돌 시 연방국가의 구성국 상호 간의 무력충돌은 내란이지만 국가연합의 구성국 상호 간의 무력충돌은 전쟁으로 보게 된다.[4]

---

3) 장명봉, 『국가연합사례연구』(서울: 국토통일원, 1986), pp.5~8 참조; 권영성, 『헌법학원론』(서울: 법문사, 2010), pp.109~110 참조.

3. 한반도 평화통일에 주는 시사점

위에서 국가연합과 연방국가의 동질성과 차이점에 대해서 살펴보았다. 국가의 통합형태로 국가연합과 연방국가가 존재한다. 한반도는 1950년 한국전쟁이라는 동족상잔을 겪었다. 그래서 현재 지역분단, 정치적 분단, 민족분단이라는 3중분단 상태에 있고 1991년 UN에 동시 가입하여 국제법적으로는 별개의 국가로 존재하고 있다. 즉, 4중분단 상태에 있다. 이러한 민족의 상태를 냉정히 진단할 필요가 있다. 우리가 1,000년 이상 통일국가로 존재하였기에 아직 남북한 간에는 이질성보다 동질성이 더 많다고 판단한다. 그러나 분단 70년은 적은 기간이 아니다. 이러한 상황을 극복하여 후유증 없는 평화통일을 달성하기 위해서는 통합의 형태로 단일국가만 고수할 것이 아니다고 본다. 적극적으로 국가연합과 연방국가도 고려한 심화된 연구가 필요하다고 생각한다. 그리고 국가연합도 낮은 단계 국가연합[5]과 높은 단계 국가연합[6]으로 나누어 볼 수 있다. 또한, 연방국가 역시 낮은 단계 연방인 연합형연방[7]과 미국, 스위스, 독일 등 높은 단계 통합연방국가[8]로

4) 장명봉(1986), pp.8~9 참조; 권영성(2010), pp.110~111 참조.
5) 낮은 단계 국가연합이란 공동안보와 공동외교를 위해 구성된 국가결합 형태의 하나이다. 입법부, 행정부, 사법부 중에서 연합의회를 중심으로 한 약한 입법 기능만을 가지고 있는 낮은 단계 국가결합 형태를 말한다. 예를 들면 미국연합과 독일연합을 들 수 있다.
6) 높은 단계 국가연합이란 공동안보와 공동외교 및 국민의 권익을 위해 연합의회와 연합행정부를 가진 국가결합 형태를 말한다. 예를 들면 북독일연합을 들 수 있겠다.
7) 낮은 단계 연합형연방이란 연합의회와 연합행정부 및 사법부를 갖추고 있는 국가결합 형태이다. 그러나 각 구성국들의 주권이 전부 이양된 것이 아니고 극히 일부만 연방정부로 이양된 국가형태를 말한다. 예를 들면 유럽연합과 초기 1787년 미국연방국가 및 1848년 스위스 연방국가를 들 수 있다.
8) 높은 단계 연방국가란 구성국 국가의 주권을 완전히 연방국가로 이전한 국가결합 형태이다. 그러기에 입법부, 행정부, 사법부를 완전히 갖추어 작동하는 고도의 높은 단계 국가결합 형태이다. 예를 들면 현재 미국, 스위스, 독일 등을 들 수 있겠다.

분류해 볼 수 있겠다. 한반도 통합에서 높은 단계 국가연합을 달성할 수 없다면 낮은 단계 국가연합에서 출발해야 할 것이다. 단일국가가 현실적으로 불가능하다면 연방국가도 고려해야 할 것이다. 더불어 확정적 연방을 달성할 수 없다면 단계적 점진적 연방국가도 상정해 볼 필요가 있다고 본다. 본서는 이러한 취지에서 쓰고자 한다.

제3절 국가연합 사례

1. 미국연합 사례

1) 설립과정과 목적

아메리카대륙이 문명사회에서 의미를 가지게 된 것은 1492년 콜럼버스가 아메리카대륙에 발을 디딘 다음부터였다. 그리하여 영국령 식민지들이 발전하게 될 수 있는 계기가 되었다고 본다. 1620년 9월 35명의 개신교 신도들이 런던에서 온 메이플라워호에 올랐다. 배에는 이미 66명의 비신도들이 타고 있었다. 그 배는 신대륙으로 출항하였다. 1620년 11월 2달 동안의 어려운 항해 끝에 메이플라워호는 보스턴 남동쪽 플리머스에 도착하였다. 그리하여 본격적으로 미국에 영국령 식민지가 개척되는 계기가 되었다.9) 이와 같이 종교적 또는 비종교적 꿈을 안고 정착하여 미국 내에 13개 주가 건설되었다.

그리고 1760년에 영국과 프랑스 인디언 연합부대와의 7년전쟁을 하였다. 영국이 승리한 후 영국의회가 식민지를 적극적으로 운영하는데 경비조달을 위해 세금징수를 위한 법률을 제정하자 개별 식민지로 있었던 13개 주

---

9) 이주영, 『미국사』(서울: 대한교과서주식회사, 2005), pp.9~66 참조.

가 이에 대항하였다. 결국 식민지에 대한 영국의회의 결정을 전면적으로 부정하였으며 영국제품의 수입금지와 영국에 대한 수출의 금지를 선언하는 제1차 대륙회의가 개최되었다. 1775년 5월 10일 필라델피아에서 제2차 대륙회의가 개최되었는데 13개 주 연합군을 조직하고 조지워싱턴을 사령관으로 임명하였다. 그리고 유럽의 국가와 독자적인 외교관계를 수립하고 외교사절을 파견하였으며 전쟁에 필요한 지폐를 발행할 것을 결정하였다.

그리하여 독립전쟁이 시작되었으며 1776년 4월 제3차 대륙회의에서는 각 식민지에 헌법제정을 권고하여 각 주는 주민의 대표로 구성하는 의회의 권한을 중점적으로 부여하는 헌법을 채택하게 이르렀다. 그리하여 필라델피아에서 1776년 7월 4일 독립선언을 선포하여 13주는 완전한 주권국이 되게 되었다. 독립을 선언하고 독립전쟁에 승리를 하였지만 연합의 필요성으로 1776년 11월 15일에서 열린 대륙회의에서 북미연합규약을 승인하였으며, 1781년 3월 1일 13개 주의 비준을 거쳐 북미연합규약은 효력을 발생하여 미합중국 연합이 탄생되게 되었다.[10]

2) 연합정부의 권한

미국연합정부의 권한은 전쟁을 선포하고 평화조약을 체결할 권한, 외국과의 조약을 체결하고 대사를 임명하는 외교권, 전시에 대륙군 및 해군조직권 및 동 병력에 대한 통솔과 육군, 해군 간부를 임명하는(육군의 경우 대령 이하는 군대를 보낸 주에서 계급을 미리 결정하여 대륙군에 합류시켰음) 국방에 관한 권한을 가졌다. 다만 중앙정부는 징병권은 없었고 각 주에 필요한 병력과 병참지원을 요청할 권한만 보유하였다.

---

10) 장명봉(1986), pp.5~20 참조.

그러나 평화시 대륙군을 유지할 수 없도록 규정했다[11]가 1784년 6월 1개 연대 규모의 평화시 상설 대륙군을 창설하였다. 경제에 관한 권한으로는 조폐권, 신용증권 발행권을 가졌으며 외국과의 통상조약을 통해서 각 주의 무역, 관세 등에 대한 간접규제가 가능했으나 전국적인 통상증진이나 조절을 위한 통상규제권은 없었다.[12]

또한 각 주에 중앙정부 운영에 필요한 기금을 요청할 수 있는 권한이 있었다(중앙정부는 재정을 확보할 수 있는 징세권이 없었음)[13]. 인디안 관련 업무 관장에 관한 권한으로는 무역 규제와 영토 분쟁 등이 있었고 무역규제와 영토 분쟁 등에 관하여는 13개주에 속하지 않는 서부지역도 중앙정부의 관할에 있었다.[14] 그 외 도량형 규정 결정, 우편 업무 관장 및 각 주의 분쟁을 중재하는 권한 등[15]을 가졌다.

3) 13개 지역국가의 권한

지역국가(13개 주정부)의 권한은 13개 주는 주권, 자유, 독립, 사법, 입법, 행정의 모든 권한을 가졌고, 각 주는 징세, 조폐, 무역, 관세 등 상업에 관한 모든 업무를 관장하고, 각 주의회는 전시에 연합정부의 요청이 있을 경우 징집과 병참지원 규모 결정하였다.

그러나 전투 시 사상자로 인한 결원이 발생할 경우 각 주는 처음 할당된 병력규모를 유지하도록 결원을 보충할 의무도 지고 있었다.[16] 각 주는 평화시 육군과 해군을 보유하지 못하나 지역방위 및 치안을 위한 민병대(militia)

---

11) 미국연합규약 제6조 제1항, 제2항, 제3항, 제4항, 제5항 참조.
12) 미국연합규약 제3조, 제4조 참조.
13) 미국연합규약 제8조 제2항 참조.
14) 미국연합규약 제6조 제5항 참조.
15) 미국연합규약 제9조 제4항 참조.
16) 미국연합규약 제6조, 제7조 참조.

는 항상 유지할 수 있으며,[17) 주경계를 침범받지 않는 한 의회의 동의 없이
전쟁에 가담할 권리가 없었다.

다만 인디안이 침공한 경우 등 긴급한 위험발생시 의회와 상의할 시간적
여유가 없을 때에는 예외로 하였다.[18) 또한 각 주는 상호 동맹을 맺거나 외
국과 조약이나 동맹을 맺지 못하였다.[19) 그러나 국가연합은 의회만 인정하
고 행정부나 사법부를 인정하지 않았고, 각 주마다 화폐발행권을 가지고
있었다.

또한, 국가연합 역시 화폐발행권을 가지고 있어 인플레이션과 물가폭등
으로 농민과 상인들 간에 대립과 외부적으로 캐나다에 주둔하고 있는 영국
군 및 당시 미국내 인디언들 침입에 적절히 대응하지 못하였다.[20) 그리하
여 미국 내에서 국가연합보다 강한 결속력이 필요하였다. 그래서 탄생된
국가가 미합중국 연방국가이다.

4) 조직

미국연합은 연합의회만 존재하고 행정부와 사법부는 없었다. 그러나 행
정부는 없었지만 일부 행정부 기능을 하는 것은 존재했다. 즉, 연합의회이
었다. 연합의회에는 의장이 있었으나, 실질적인 권한이 없고 의회는 법을
만들 수 있었으나 이를 집행할 상설기구인 중앙정부 기능이 거의 없었다.
연합의회가 휴회 중일 때 주연합위원회에서 업무를 대행하고 주연합위원
회는 13개 주의회가 각각 임명한 13명의 의원으로 구성되는데 임기 1년의
의장이 주관하였는데 이 기관이 연합정부 내에서 중앙행정부에 가까운 기

---

17) 미국연합규약 제6조 제4항 참조.
18) 미국연합규약 제6조 제5항 참조.
19) 법무부, 『독일과 미국의 연방제』(서울: 법무부, 2000), pp.601~627 참조.
20) 이주영(2005), pp.86~88 참조.

구였다.[21] 사법부 역시 없었다.

그러나 일부 분쟁 시 분쟁중재기관 역할을 연합의회에서 하였다. 상세히 서술하면 분쟁중재기관에 연합정부소속 재판관은 없었고, 주간의 분쟁이 있을 때, 의회 내 관련 각 주에서 합의 지명된 재판관으로 임시법원을 구성하고 합의가 이루어지지 않는 경우는 연합의회가 임의로 13개 주로부터 3명씩의 배심원을 지명하면 분쟁관련주는 연합의회가 지명한 배심원 39명 중에서 각각 13명씩을 배제하고 남은 13명 중에서 연합의회는 7명 이상 9명 이하로 임시법원을 설립하여 분쟁을 중재하도록 하였다.[22]

2. 북독일연합 사례

북독일연합 이전 오스트리아가 중심이 된 독일연합은 간단히 언급하고 그 후 프로이센이 중심이 된 북독일연합[23]에 대해서는 아래와 같이 상세히 기술하고자 한다.

1) 설립배경

독일연합은 1648년 웨스트팔렌조약에 의해서 신성로마제국이 355개 제국으로 분리하여 해체된 후 1814년 나폴레옹에 의해서 36개국으로 축소 조정되기까지 수백 개의 소국으로 존재하였다. 그래서 이를 타파하기 위해 1815년 6월 8일에 35개국 군주국가, 4개의 자유시에 의하여 독일연합규약이

---

21) 미국연합규약 제9조 제7항 참조.
22) 미국연합규약 제9조 제2항 참조.
23) 장명봉, 『국가연합사례연구』(서울: 국토통일원, 1986), pp.43~89 참조하여 서술하겠다.

조인되고, 1815년 6월 9일 비인협정으로 독일연합규약이 채택되어 독일연합이 탄생하였다.

독일연합의 목적은 독일 내외의 안정보장과 연합구성국의 독립과 상호 신성불가침을 통해 공동안보와 공동외교로 상호 공존을 추구하고자 하였다. 이 때 독일연합의 주도국은 오스트리아였으며, 주도 인물은 메테르니 오스트리아 수상이었다. 그리하여 1866년 독일과 오스트리아 간에 독일-오스트리아 전쟁으로 독일연합이 해체되기까지 약 51년을 존속한 국가연합이었다. 독일과 오스트리아 간에는 독일과 오스트리아의 국익의 대립이 있었다. 다민족국가인 오스트리아는 독일연합에서 의장국으로 현상유지를 추구하였고, 프로이센은 게르만족을 중심으로 한 단일국가이기에 게르만족의 통합을 강력히 원하였다.

그러나 오스트리아는 독일 통일을 프로이센의 이익을 가져다주고, 오스트리아는 다민족국가이기 때문에 주도권 상실로 받아들였다. 그래서 전쟁이 일어났다. 프로이센을 중심으로 한 북독일연합군이 오스트리아를 중심으로 한 동맹군을 완전 제압하고 1866년 8월 18일 18개국이 참여하는 북독일제국 및 자유시와 동맹을 체결하여 북독일연합을 창설하였다.

오스트리아는 북독일연합에서 회원국이 될 수 없도록 제외되었다. 그리고 북독일연합에서 의장국은 프로이센이었고 연합수반은 프로이센 국왕이었다. 또한, 연합수반이 연합수상을 임명할 수 있었는데 이 때 임명된 수상은 비스마르크였다.

2) 설립목적

설립목적은 크게 세 가지로 나누어 볼 수 있겠다.

첫째, 오스트리아가 중심이 된 독일연합의 형식적인 연합의 승계가 아니라 하나의 실질적인 국가연합의 창설을 목적으로 하였다. 그리하여 독일

국민의 복지 증진과 연합의 권리 보장과 영토 보존을 추구하고자 하였다.

둘째, 북독일연합은 중앙집권주의와 의회주의를 촉진하고자 하였다. 연합의회의 설치 강화 및 연합 구성정부의 존립과 자율성을 보장하고 연합행정권의 최고 권력을 연합수상에게 부여하였다.

셋째, 북독일연합의 결성에 있어 주도적인 역할을 한 비스마르크는 연방국가 창립이 아닌 연합구성국들에게 실질적인 자치권과 효율적인 공동결정권을 보장하는 하나의 순수한 연합을 지향하고자 하였다.

3) 조직과 권한

(1) 연합수반

독일연합에서 주요 결점이었던 연합중심의 통치능력의 결핍을 보강하고자 프로이센 국왕이 연합수반이 되었고 연합수반은 프로이센 왕가가 세습하였다. 그리고 연합수반의 권한으로는 첫째, 연합의 국제법상 대표이고 둘째, 선전포고 및 조약 체결권을 가지고 있었다. 그리고 셋째, 연합구성국에 대한 연합의무의 강제이행 권한을 가지고 있었다. 넷째, 연합수상을 임명할 수 있는 권한 또한 있었다.

(2) 연합의회

연합의회는 연합구성국의 전권대표로 구성되었다. 구성국의 크기에 따라 투표권의 차등을 두었는데 의장국인 프로이센이 총 43표 중 17표를 가지고 있었다. 북독일연합의 총인구의 3,000만 명 중 2,500만 명이 프로이센 국민이었다. 연합의회의 권한으로는 통일 촉진을 위해 입법권과 집행권이 상대적으로 연합의회에 집중되었으며 연합통치권과 군사적 최고 명령권을 연합의회가 행사하였다.

(3) 연합수상

연합수상은 연합회의의 의장이며 사무집행권자로서의 지위를 가지고 있었다. 또한, 연합수상과 연합의회의 중간적 지위에서 독립행동의 자유를 가지고 있었다. 그래서 최초의 연합수상인 비스마르크는 연합의회의 훈령과 프로이센 훈령에 의해 지배되었으나 나중에는 독립적인 행정조직으로 발전하였다. 그리고 프로이센 국왕인 연합수반은 단지 연합수상을 지명할 뿐 구속하지는 못했다.

(4) 라이히의회(Reichstag)

연합구성국이 파견한 정권대표가 상원역할을 수행했다면 라이히의회는 북독일연합의 국민대표기관으로 하원에 해당하였다. 프랑크푸르트헌법에 의해 1848년 민주적 선거제도가 실시되었다. 즉, 프랑크푸르트 내 하원에 해당하는 국민대표기관인 입법부였다.

이를 근간으로 1867년 8월 31일 북독일연합 전 지역에서 평등선거의 원칙하에 선거가 실시되어 1867년 9월 10일 프로이센 국왕이 연합통치권자로서 라이히의회를 개원하였다. 라이히의회는 입법권과 재정통치권을 행사하였다. 그래서 연합법률 제정 시 연합의회의 결의 외에 라이히의회의 결의가 필요하였다.

3. 유럽연합 사례

1) 유럽연합 성립과정과 목적

제1차 세계대전과 제2차 세계대전을 거치면서 미국이 세계의 리더국가로 등장하게 되었다. 제2차 세계대전 이전까지 세계무대에서 발언권이 강했던 유럽 특히 프랑스, 독일 등이 미국의 정치, 경제적 힘에 대항하기 위해서 유럽을 하나로 묶는 공동체의 필요성이 대두되었다.

그리하여 유럽을 하나로 묶는 공동체의 방법론으로 연방주의와 기능주의의 대립이 있었는데 초창기에 연방주의가 우세하였으나 점차 세력을 잃고 기능주의에 의한 통합방법을 선택하게 되었다. 그리하여 제1차, 제2차 세계대전을 거치면서 유럽의 양대국이었던 독일, 프랑스는 적대감을 해소하고 유대감을 높이면서 유럽을 더욱 더 확고히 하고자 하였다. 그 이론적 배경은 기능주의였다. 1950년 5월 9일 로베르슈망(Robert Schuman) 프랑스 외무부장관이 기자회견을 통해 석탄 및 철광산업을 초국가적인 기구를 통해 공동 관리하자는 슈망선언을 발표하는 계기를 통해 영국을 제외한 독일, 이탈리아 및 네덜란드, 벨기에, 룩셈부르크 6개국이 1952년 8월 유럽석탄철강공동체(ECSC)를 정식으로 발족하였다. ECSC가 성공적으로 작동하게 되자 1957년 3월 로마에서 관세동맹, 경제 및 화폐동맹과 회원국간 상품, 사람, 서비스 및 자본의 자유이동을 이룩함으로써 공동의 경제, 산업, 사회, 재무 및 재정정책을 지닌 단일시장을 형성하려는 목적의 공동체인 유럽경제공동체(EEC) 및 공동에너지 시장의 창설, 핵 원료의 균형 공급 보장, 핵과 에너지의 안전 및 인간과 환경의 보호를 위한 특별계획 등을 추진하려는 목적의 공동체인 유럽원자력공동체(EURATOM) 창설조약에 서명이 이루어지게 되었다.

1967년 7월 1일에 "유럽공동체의 단일이사회 및 단일집행위 설립에 관한 조약"의 발효에 따라 집행부를 유럽이사회, 각료이사회, 유럽집행위원회, 유럽의회 등으로 단일화하였다. 그리하여 단일기관이 각 공동체의 업무를 모두 관장하게 되고 공동예산제도를 실시함으로써 유럽석탄철강공동체(ECSC), 유럽경제공동체(EEC), 유럽원자력공동체(EURATOM)는 단일공동체가 되었는데 이를 유럽공동체(EC)라 한다.

유럽공동체(EC)는 유럽공동체 기본이념을 달성하기 위해 관세동맹, 공동

시장 및 공동농업정책을 우선적으로 추진하였고, 역내에 환율안정 구상을
발전시켜 1979년 3월에 유럽통화제도를 발족하였다. 이어 1986년에는 유럽
공동체 회원국이 12개국으로 확대되었고 유럽공동체 회원국 12개국은 1991
년 12월에 유럽연합조약(마스트리히트조약)을 확정하고 국내의 비준절차를
거쳐 1993년 11월 유럽연합(EU)을 출범시켰다.

그리하여 유럽연합(EU)은 유럽공동체(EC)를 한층 발전시킴과 동시에 공
동외교와 공동안보정책을 시행함으로써 실질적인 정치통합을 이루고 공동
내무법무협력까지 포함하는 공동체로 확대되었다. 1995년에는 회원국이 15
개국으로 확대되었으며 2002년 1월에 유럽연합 회원국 중 12개국이 참가한
유럽 단일통화가 도입되었고 유럽중앙은행을 설립하여 부분적으로 화폐통
합에 성공하였다. 2000년에는 유럽기본권헌장을 채택하였는데 1951년 채택
된 유럽인권협약과 유럽사회헌장의 권리보장을 그대로 수용 계수하는 형
태였다. 2002년 2월 28일에 유럽헌법제정회의를 개최하여 유럽헌법조약의
초안을 채택하였고, 2004년에 유럽헌법조약을 로마에서 유럽 회원국 정상
들이 서명함으로써 성립되었으나, 각 회원국의 비준과정에서 저항에 부딪
혔다. 특히 네덜란드, 프랑스 국민투표에서 부결되는 사태를 초래하였다.[24]

그리하여 유럽헌법조약은 발효되지 못하고 난항을 겪다가 유럽헌법조약
을 약간 수정하여 포르투갈 리스본에서 채택하여 각 국가들의 비준을 거쳐
발효된 것이 리스본조약이다. 유럽연합(EU)은 이제까지 유럽공동체(EC)와
공동외교안보정책, 공동내무법무정책으로 3기둥으로 유지되었는데 리스본
조약의 발효로 3기둥체제가 막을 내리고 하나로 통합되는 계기를 마련하였
다. 유럽연합은 이제는 초국가성(연방국가)을 명확히 나타내고 있는 연합
형 연방제에 가까운 상태라 할 수 있다.[25] 아래에서 유럽연합을 법적으로

---

24) Derek W. Urwin, 번역 노명환, 『유럽통합사』(서울: 대한교과서주식회사, 1994),
　　pp.42~265; 박인수 외 7인, 『유럽헌법연구』 I (대구: 영남대학교출판부, 2006),
　　pp.1~37.

보장해 주는 리스본조약을 검토하고자 한다.

그리고 리스본조약 본문 내용은 크게 유럽연합조약, 유럽연합운영에 관한 조약으로 구성되어 있으며, 그 이외에 여러 협정서 및 의정서로 법적 토대를 구축하고 있다. 이 중에서 유럽연합을 법적으로 뒷받침하고 있는 대표적인 조약인 유럽연합조약과 유럽운영에 관한 조약을 분석하여 한반도 평화통일과 남북연합규약 구상에 아이디어를 얻고자 한다.

2) 리스본 조약

위에서 언급했듯이 아래에서는 유럽연합조약과 유럽운영에 관한 조약을 토대로 유럽연합은 공동목표를 실현하기 위해 권한의 배분의 원칙에 따라 배타적 권한과 공유적 권한, 지원·조정권한을 가지고 있다. 그리고 이와 같은 권한을 행사하기 위해 통치구조(기구)를 가지고 있는데 이에 대해서 조약 내용을 근거로 살펴보고자 한다.

(1) EU의 공동목표

유럽연합창설의 공동목표를 구체적으로 예를 들면 아래와 같다.[26]

---

25) 유럽연합이 명칭은 국가연합이나 실질적으로 여러 면에 있어서 초국가적 특징(연방국가적 특징)을 가지고 있는데 구체적으로 살펴보면 다음과 같다. 첫째, 독자적인 유럽연합법질서의 형성과 발전, 둘째, 유럽연합법의 직접적 효력발생과 강제적 구속력, 셋째, 독자적인 사법체제의 형성과 발전, 넷째, 회원국 정부들로부터 독립된 초국가적 기구와 제도의 발전, 다섯째, 초국가적 정책결정체제의 발전, 여섯째, 유럽연합의 공동정책의 발전과 확대 일곱째, 독립된 자율적 예산체제의 형성과 발전을 통한 재정의 자율성, 여덟째, 단일화폐의 운영, 아홉째 초국가적 기구들에 의한 법률제정과 정책결정은 회원국 정부를 구속, 열째, 유럽연합의 존립여부와 회원국들의 가입과 탈퇴는 초국가적 기구들의 협력에 의하여 가능(전학선, "유럽연합의 국가성어부와 법적 성격", 『유럽헌법연구』I (대구: 영남대학교출판부, 2008), p.91.
26) 유럽연합조약 제3조 참조.

첫째, 연합의 목표는 평화, 그 가치 및 인민의 복지를 증진하는 것이다.

둘째, 연합은 역외국경의 통제, 망명, 이민 및 범죄의 예방과 대응에 관한 적절한 조치를 취함으로써 사람의 자유이동이 보장되는 시민들에게 역내 국경이 없는 자유, 안전 및 사법지대를 제공한다.

셋째, 연합은 역내시장을 설립한다. 연합은 균형이 잡힌 경제성장 및 물가안정을 기초로 하는 유럽의 지속가능한 발전, 완전고용 및 사회진보를 목표로 하는 고도의 경쟁력을 가지는 사회적 시장 경제, 또한 고도의 환경보호 및 환경의 질적 수준의 개선을 목표로 노력한다. 연합은 과학기술의 진보를 증진한다. 연합은 사회적 배제와 차별에 대항하고, 사회적 정의와 보호, 남녀평등, 세대간 연대 및 아동의 권리 보호를 증진한다. 연합은 경제적, 사회적·영토적 결속 및 회원국간 연대를 증진한다. 연합은 그 풍부한 문화적 및 언어적 다양성을 존중하고, 유럽의 문화유산의 보호와 발전을 확보한다.

넷째, 연합은 유로를 통화로 하는 경제통화동맹을 설립한다.

다섯째, 다른 세계와의 관계에 있어 연합은 연합의 가치와 이익을 유지·증진하고, 연합 시민들의 보호에 기여한다. 연합은 평화, 안전, 지구의 지속가능한 발전, 인민들간 연대와 상호 존중, 자유롭고 공정한 무역, 빈곤의 타파 및 특히 아동의 권리를 포함한 인권의 보호에 기여한다. 또한 연합은 국제연합헌장의 제원칙의 준수를 포함한 국제법의 엄격한 존중과 발전에도 기여한다.

여섯째, 연합은 제조약에서 연합에게 양도된 권한을 행사함으로써 적절한 수단에 의해 그 목표를 추구한다.

(2) EU의 활동에 대한 법적 근거

유럽연합은 유럽연합회원국가와 별개의 법인격[27]을 부여받고 있고 또 유럽연합회원국가들이 가지고 있지 않는 배타적인 권한과 공유적 권한을

가지고 있다. 그러하기에 그러한 권한을 행사하려면 구체적인 근거가 필요
하게 되는데 이러한 활동의 법적인 근거를 들면 아래와 같다.[28]

첫째, 본조약은 연합의 운영에 대해 정하고, 연합의 관할권의 분야, 구분
및 행사에 관한 세칙을 정한다.

둘째, 조약 및 유럽연합조약은 연합의 기초가 되는 조약이다. 양조약은
법적으로 동일한 가치를 가지며, "제조약"[29]이라고 부른다.

셋째, 제조약의 의정서 및 부속서는 제조약의 필요불가결한 구성부분이
다.[30]

즉, 위에서 살펴보듯이 유럽연합의 법적근거는 유럽연합조약과 유럽연합
운영에 관한 조약, 기타 제조약의 의정서 및 부속서이다.

(3) EU와 EU 구성국과의 관계

유럽연합과 가입 회원국간에는 권한이 분배되어 있는데 권한부여 원칙
에 따라 권한배분 원칙, 보충성의 원칙, 비례의 원칙 등이 적용되어 권한을
행사하고 있는데 구체적으로 살펴보면 다음과 같다.[31] 첫째, 연합의 권한
의 한계는 권한부여의 원칙에 의해 규율된다. 연합의 권한의 행사는 보충
성 및 비례의 원칙에 의해 규율된다. 둘째, 권한부여의 원칙에 따라 연합은
제조약에서 정한 목표를 실현하기 위하여 제조약에서 회원국이 연합에게
양도한 권한의 범위 내에서만 행동한다. 제조약에서 연합에게 양도하고 있

---

27) 유럽연합조약 제47조에는 "연합은 법인격을 가진다"라고 되어 있다.
28) 유럽연합의 운영에 관한 조약 제1조 참조.
29) 제조약이란 리스본 조약의 핵심조약인 유럽연합조약과 유럽연합의 운영에 관한
    조약을 말한다. 그리고 유럽연합조약과 유럽연합의 운영에 관한 조약이외에 유
    럽연합 공통의 목적을 위해 필요로 한 의정서 및 부속서를 말한다. 의정서는 36
    개, 부속서는 2개, 선언은 50개로 구성되어 있다. 박인수, "EU헌법의 주요내용과
    특징", 『유럽헌법연구』 I (대구: 영남대학교출판부, 2008), p.12.
30) 유럽연합조약 제51조.
31) 유럽연합조약 제5조 참조.

지 않은 권한은 회원국에게 넘아 있다. 셋째, 보충성원칙에 따라 연합은 그
배타적 권한에 속하고 있지 않은 분야에서는 제안된 조치의 목표가 회원국
에 의해서는 중앙, 지역 및 지방의 어떤 차원에서도 충분하게 달성될 수 없
고, 오히려 제안된 조치의 규모 또는 효과를 이유로 연합 차원에서 보다 효
과적으로 달성될 수 있는 경우에는 그 범위에 한하여 개입한다. 연합의 기
관은 보충성 및 비례원칙의 적용에 관한 의정서에 규정된 바에 따라 보충
성원칙을 적용한다. 회원국 국내의회는 동 의정서에 규정된 절차에 따라
보충성원칙의 준수를 보장한다. 넷째, 비례원칙에 따라 연합 조치의 내용
및 형식은 제조약의 목적을 달성하는데 필요한 한도를 넘을 수 없다. 연합
의 기관은 보충성 및 비례원칙의 적용에 관한 의정서에 규정된 바에 따라
비례원칙을 적용한다.

① EU의 배타적 권한

유럽연합은 특정 분야에 대해 배타적 권한을 부여하고 있는 때는 연합만
이 법적으로 구속력 있는 행위를 제정하고 채택할 수 있다. 다만 회원국은
연합으로부터 그에 대하여 수권을 받은 때 혹은 연합의 (입법)행위를 시행
하기 위해서만 행동할 수 있다.[32] 이러한 배타적 권한의 원칙에서 유럽연
합만이 가지고 있는 내용으로 아래와 같은 권한들이 있다.[33] 첫째, 관세동
맹, 둘째, 역내시장을 운영하는데 필요한 경쟁규칙의 결정, 셋째, 유로를 통
화로 하는 회원국들을 위한 통화정책 넷째, 공동어업정책의 범위 내 해양
생물자원의 보전, 다섯째, 공동통상정책, 여섯째, 게다가 연합은 국제협정
의 체결이 연합의 법률에서 정해져 있을 때, 연합이 그 자신의 내부 권한을
행사할 수 있도록 국제협정의 체결이 필요한 때, 또는 국제협정의 체결이
공동규칙을 해하거나 혹은 그 효력이 미치는 범위를 변경할 가능성이 있을

---

32) 유럽연합의 운영에 관한 조약 제2조 제1항 참조.
33) 유럽연합의 운영에 관한 조약 제3조 참조.

때는 국제협정을 체결할 배타적 권한이 있다.

② EU의 공유적 권한

제조약이 연합에게 특정 분야에 대하여 회원국과 공유권한을 부여하고 있는 때에는 연합 및 회원국은 이 분야에 대하여 법적으로 구속력 있는 행위를 제정하고 채택할 수 있다. 회원국은 연합이 그 권한을 행사하지 않은 경우에 한하여 자신의 권한을 행사한다.[34] 회원국은 연합이 자신의 권한을 행사하지 않는다고 결정한 경우에 한하여 자신의 권한을 새롭게 행사한다.[35] 위에서 언급한 공유권한으로 아래와 같은 권한을 유럽연합과 가입 회원국가들이 공유하고 있는데, 구체적으로 살펴보면 다음과 같다.[36]

첫째, 연합은 자신에게 제조약이 유럽연합의 배타적 권한(제3조) 및 유럽연합의 조정·지원·보충에 대한 권한(제6조)에 열거되어 있는 분야 이외에서 권한을 부여하고 있는 때에는 그 권한을 회원국과 공유한다.

둘째, 연합과 회원국간 공유권한은 아래의 주요 분야에 적용된다.

역내시장(a호), 본조약에 정의된 제측면에 관한 사회정책(b호), 경제적, 사회적 및 영토적 결속(c호), 농업 및 어업, 단 해양생물자원의 보존은 제외한다(d호), 환경(e호), 소비자보호(f호), 운송(g호), 유럽횡단네트워크(h호), 에너지(i호), 자유, 안전 및 사법지대(j호), 본조약에 정의된 제측면에 관한 공중위생 분야에서의 공동안전관심사항(k호) 등이다. 셋째, 연구, 기술개발 및 우주항공 분야에서 연합은 조치를 강구할 권한, 특히 계획을 수립하고, 실행할 권한이 있다. 단, 이 권한의 행사는 회원국이 자신의 권한을 행사하는 것을 방해할 수 없다. 넷째, 개발협력 및 인도적 지원 분야에서 연합은

---

34) 유럽연합은 공유적 권한으로 원칙적으로 유럽연합에게 권한이 있지만 유럽연합이 권한을 행사하지 아니할 때 회원국가가 권한을 행사하는 것을 말한다.
35) 유럽연합의 운영에 관한 조약 제2조 제2항 참조.
36) 유럽연합의 운영에 관한 조약 제4조 참조.

조치를 강구하고, 공동정책을 실시할 권한이 있나. 단, 이 권한의 행사는 회원국이 자신의 권한을 행사하는 것을 방해할 수 없다.

③ 지원 · 조정 · 보충 등에 대한 권한

제조약에 의해 규정된 특정 분야 및 조건에 있어 연합은 회원국의 조치를 지원하고 조정하며, 또는 보충하기 위한 조치를 실시할 권한이 있다. 단, 이 분야에서의 연합의 권한은 회원국의 권한을 대체할 수 없다. 이 분야에 관한 제조약이 규정에 기초하여 채택된 법적으로 구속력 있는 연합의 행위는 회원국의 법률 혹은 규정의 조화를 포함할 수 없다.[37] 이와 같이 유럽연합은 보충, 지원, 조정의 권한을 가지고 있는데 이를 구체적으로 나열하면 다음과 같다.[38] 하나, 사람의 건강보호 및 증진, 둘, 산업, 셋, 문화, 넷, 여행, 다섯, 일반교육, 직업교육, 청년 및 스포츠, 여섯, 시민보호, 일곱, 행정협력 등이다.

(4) 유럽연합 시민권 취득 및 권리

유럽연합 내 구성회원국가의 국민들은 유럽연합 시민권이 자동으로 부여되고 아래와 같은 권리와 의무를 가지게 된다. 구체적으로 살펴보면 다음과 같다.[39] 첫째, 연합의 시민권을 제정한다. 회원국의 국적을 보유하고 있는 모든 국민은 연합의 시민권을 취득한다. 연합의 시민권은 회원국 국적을 보완하는 성격을 가지며, 이를 대신하지 않는다. 둘째, 모든 연합시민은 제조약에 규정된 권리와 의무가 있다.

특히 다음과 같은 권리가 있다. 회원국의 영토 내에서 자유롭게 이동하고 거주할 권리(a호), 회원국의 국민과 동등한 조건 하에 유럽의회 및 그들

---

37) 유럽연합의 운영에 관한 조약 제2조 제5항 참조.
38) 유럽연합의 운영에 관한 조약 제6조 참조.
39) 유럽연합의 운영에 관한 조약 제20조 참조.

이 거주하고 있는 회원국의 지방선거에서의 선거권과 피선거권(b호), 국적
소유 회원국이 대표부를 설치하고 있지 않은 제3국의 영토에서 거주하는
모든 연합시민도 당해 회원국의 국적을 갖는 자와 동일한 조건으로 외교적,
영사적 대표부에 의한 보호를 받을 수 있는 권리(c호), 유럽의회 청원권, 유
럽옴부즈맨 요청권 및 제조약상 모든 언어로 연합의 기관 및 기구에 질의
하고 같은 언어로 회신을 받을 권리(d호) 등이다. 셋째, 유럽연합은 2007년
12월 12일 스트라스부르에서 채택된 리스본조약과 2000년 12월 7일자 채택
된 유럽연합 기본권헌장과 제조약은 법적으로 동등한 가치가 있다.[40] 즉,
유럽연합 시민권자는 누구나 유럽연합 기본권헌장과 제조약에서 보장한
여러 권리를 향유할 수 있는 권리를 가지고 있다고 본다.

(5) 연합기구

위에서 언급된 유럽연합의 권한행사와 유럽시민권자들의 권리를 보호하
기 위해서 필요한 기관들을 두고 있다. 유럽의회(유럽연합조약 제14조 제1,
2, 3, 4항, 유럽연합운영에 관한 조약 제223조-제236조), 유럽이사회(유럽연합
조약 제15조), 이사회(유럽연합조약 제16조, 제26조 제2항), 유럽위원회(유럽
연합조약 제17조), 연합공동외교안보정책고위대표(유럽연합조약 제18조 제
1항, 제27조, 제36조), 유럽연합사법재판소(유럽연합조약 제19조, 유럽연합운
영에 관한 조약 제251조-제281조), 유럽중앙은행(유럽연합운영에 관한 조약
제282조-제284조), 자문기구로 경제사회위원회와 지역위원회(유럽연합운영에
관한 조례 제300조), 회계감사원(유럽연합운영에 관한 조약 제285조-제287조),
유럽방위청(유럽연합조약 제42조-제45조)과 유럽경찰청을 두고 있다.

---

40) 유럽연합조약 제6조 1항 참조. 비준과정에서 무산된 유럽연합헌법조약에는 본문
   에 규정되었으나, 리스본조약에서는 본문에 규정되지 않았지만 본문에 규정된
   것과 마찬가지로 시민권이 있는 사람들에게 기본권조약을 제조약과 마찬가지로
   보호하고 있다.

(6) 유럽연합 재정

유럽연합이 배타적 권한, 공유적 권한 및 조정·지원·보충 등의 권한을 행사하기 위해서는 재정이 확보되고 집행되어야 하는데 이를 구체적으로 살펴보면 아래와 같다.[41] 첫째, 연합의 모든 수입 및 지출은 각 회계연도마다 작성하는 개산서 및 예산에 명기된다. 연합의 연간 예산은 예산에 대한 특별입법절차(제314조)에 따라 유럽의회 및 이사회가 정하며 예산의 수입과 지출은 균형을 이루어야 한다.

둘째, 예산에 명시된 지출은 예산에 대한 일반입법절차(제322조)에 언급된 규칙에 따라 회계연도에 한하여 승인된다. 셋째, 예산에 명시된 지출의 집행은 연합의 조치 및 예산에 대한 일반입법절차(제322조)에 언급된 규칙에 따른 당해 지출의 집행을 위한 법적 기초를 제공하는 법적으로 구속력을 가지는 연합의 행위의 사전 제정을 필요로 한다. 단, 당해 규칙이 예외를 정하고 있는 경우에는 이에 한하지 않는다. 넷째, 예산 질서를 유지하기 위하여 연합은 행위에 수반하는 지출이 그 독자 재원의 범위 내에서 또 다년간 재정계획(제312조)에 언급된 다년간 재정계획을 준수하면서 자금을 조달할 수 있다는 확신을 제공하지 않고서는 예산에 현저하게 영향을 미칠 수 있는 어떠한 행위도 제정할 수 없다. 다섯째, 예산은 건전한 재정운영원칙에 따라 집행된다. 회원국은 예산에 명시된 자금이 이 원칙에 따라 사용되는 것을 보장하기 위하여 연합과 협력한다. 여섯째, 연합 및 회원국은 유럽연합의 재정에 영향을 미치는 기망행위 등 방지(제325조)에 따라 사기 및 연합의 재정이익에 영향을 미치는 불법행위와 싸운다.

---

41) 유럽연합의 운영에 관한 조약 제310조 참조.

4. 각 국가연합사례가 남북연합에 주는 시사점

1) 미국연합이 남북연합에 주는 시사점

국가연합은 높은 단계 국가연합과 낮은 단계 국가연합으로 분류할 수 있다. 미국연합은 위에서 살펴보듯이 연합의회만 존재하고 행정부와 사법부가 없었다. 연합의회 역시 공동방위와 공동외교권에 한정되는 권한만을 가지고 있었다. 그래서 미국연합은 연합구성국이 대부분 권한을 행사하는 낮은 단계 국가연합이라 볼 수 있다. 한반도의 분단 70년을 고려해 볼 때 만약 한국형 남북연합이 설립된다면 낮은 단계 국가연합인 미국연합이 한반도형 남북연합 구성에 시사하는 바가 크다고 볼 수 있겠다.

2) 북독일연합이 남북연합에 주는 시사점

오스트리아가 의장국으로 중심이 된 독일연합은 낮은 단계의 국가연합으로 규정할 수 있겠다.

그러나 프로이센이 중심이 된 북독일연합은 설립배경, 설립목적에서 살펴보았듯이 궁극적으로 연방통일을 지향하는 연합이었다.

그래서 중앙집권주의가 라이히의회라는 의회주의를 추구하였으며 북독일연합 국민들의 복지 증진과 연합의 권리 보장 및 영토 보장을 궁극의 목적으로 하였다. 이 목적의 달성을 위해 프로이센 국왕을 세습 연합수반으로 하였으나, 연합의회와 연합수상, 하원에 해당하는 라이히의회를 두었다. 북독일연합을 평가한다면 높은 단계 국가연합 사례라 볼 수 있겠다.

독일연합 사례를 한반도 평화통일 및 남북연합을 설립하는데 시사점을 얻는다면 분단 70년과 한국전쟁이라는 동족상잔과 그동안 합의사항의 이행을 살펴볼 때 높은 단계 연합인 북독일연합은 한반도 특수성에 비추어 시기상조라 볼 수 있겠다. 굳이 한반도의 상황에 근접한 국가연합은 오스트리아가 중심이 된 독일연합이 더 현실적이라 판단한다.

3) 유럽연합이 남북연합에 주는 시사점

위에서 살펴보았듯이 유럽연합은 국가통합 사례 중 높은단계 국가연합과 낮은단계 연방국가에 걸쳐 있다고 판단할 수 있다. 이유는 유럽연합 권한으로 배타적 권한과 공유적 권한을 행사하고 있으며 예외적으로 조정, 지원, 보충권한을 행사하고 있다.

그리고 독자적으로 유로화라는 화폐를 가지고 있으며 아직 재정정책은 아니지만, 통화정책을 실시하고 있다. 통치기구도 유럽의회와 행정부 역할을 하고 있는 유럽집행위원회, 사법부 역할을 하고 있는 유럽사법재판소 및 유럽인권법원을 가지고 있다.

그리고 국가 간 걸쳐 있는 범죄를 해결하고자 유럽경찰청을 가지고 있으며 유럽검찰청과 방위청을 설립 중에 있다. 예산 역시 대한민국 1년 예산과 맞먹는 예산을 확보하여 집행하고 있다. 그런 점에서 비추어 볼 때 유럽연합은 높은 단계 국가연합이거나, 낮은 단계 연방국가라 판단할 수 있다. 그래서 한반도형 남북연합 설립 시 분단 70년과 갈등 70년을 가지고 있는 우리 상황에 비추어 볼 때 아직 적합하지 않다고 판단한다.

4) 소결

한반도는 현재 3중분단 상태에 있다. 그래서 지금 시급한 것이 신뢰회복이라고 본다. 남북연합 구성 시 가장 방점을 두어야 할 기구는 신뢰회복기구라고 볼 수 있다. 위에서 살펴보듯 미국연합, 독일연합에서 가장 중요한 기구는 연합의회였다. 그리고 유럽연합에서는 유럽이사회(유럽정상들의 모임)이 가장 중요한 통합기능을 수행하였다. 즉, 유럽이사회가 초기 및 지금도 입법기능을 수행하고 있다. 미국연합과 독일연합에서 나타나는 연합의 회기능이라 볼 수 있다. 그리고 유럽연합의회는 초기 자문기구에서 승인기구로 권한이 확대되고 있으나 높은 단계 연방국가에서 보여주는 의회기능은 아니다. 한반도 통일에서 초기에는 남북정상회의가 최고의사결정기구 및 입법기능을 수행할 수밖에 없다. 그리고 남북평의회는 자문기구 기능을 할 것이다. 더불어 한반도 특수성을 고려한 신뢰회복 기구인 남북합의이행위원회와 같은 기구가 남북연합기구에 꼭 필요하다고 판단한다. 그리고 북한이 동의할 수 있는 발전적 남북연합기구이어야 할 것이다.

제4절 한반도형 남북연합의 조직과 운영 및 재정확보방안

1. 한반도형 남북연합의 개념

1989년 채택된 민족공동체 통일방안은 화해·협력-남북연합-통일국가 단계로 설정하였다. 민족공동체 통일방안에서 나온 남북연합 내용은 남북체제의 차이와 이질성을 감안하여 경제·사회 공동체를 형성 발전시키는 과도체제로 남북연합을 상정하였다. 이 때 필요한 기구로 남북정상회의(최고결정기구), 남북각료회의(집행기구), 남북평의회(대의기구-남북동수로 100명내외 대표로 구성), 공동사무처(지원기구, 상주연락대표파견)를 필요로한 기구로 설정하였다. 그러나 본서에서 한반도형 남북연합 개념은 민족공동체 통일방안에서 상정한 기구들을 포함하지만, 한민족공동체 통일방안이 채택된 1989년 이후 26년이라는 기간이 흘렀다. 그래서 남북한 상호간 및한반도를 둘러싼 국제환경이 많이 변화되었다. 구체적으로 지적하면 남북정상회담을 2회 개최하였고, 1991년 유엔동시가입과 소련 붕괴로 냉전체제가 해체되었다. 그래서 남북상황을 고려하면 정상회담을 포함한 합의서들을 이행의 중요성이 강조되고 있고 합의서 이행을 통해 신뢰회복이 어느 때보다 시급한 때이다. 그리고 주변 국제정세가 냉전해체로 남북한 간에 합의만 된다면 통일외교를 전개할 수 있는 우호적 환경이라 본다. 한반도형 남북연합은 이와 같은 남북한 신뢰회복과 남북한 힘을 합쳐 통일외교를 수행하는데 도움이 되는 기구들로 민족공동체에서 언급한 남북연합을 발전시켜야 한다고 본다.

2. 설립목적과 기능 및 권한

1) 설립목적

한반도형 남북연합의 설립 목적은 첫째, 소모적 냉전문화 및 분단체제를 극복하고 하나의 민족으로서 공동번영의 시대를 열기 위한 노력을 하고, 장기간 분단으로 인한 인간의 고통의 경감하여 한민족 구성원들의 행복을 증진하는 데에 공헌하여야 할 것이다.

둘째, 통일 조국의 미래상으로서 민주주의 실현, 민족번영과 복지사회 건설, 민족화해와 통합의 실현, 동북아협력과 세계평화에 기여하고, 아시아 주변국과의 평화공영 정신에 부합하여야 할 것이다.[42]

2) 남북연합의 기능

위에서 한반도형 남북연합의 목적을 달성하기 위해서는 다음과 같은 기

---

42) 이장희, "통일로드맵 3단계(남북연합)의 법적기초인 통일헌장초안에 대한 통준위의 정책과제와 역할",『통일로드맵과 통일준비위원회의 단계적 역할과 정책과제』, (서울: 제57회 아사연 학술시민포럼, 국가인권위원회 8층, 2014.12.3), p.42 참조.

능을 행사하여야 한다고 본다. 첫째, 7·4공동성명에서부터 6·15공동선언, 10·4정상선언, 8·25합의 등 과거 합의사항 이행을 통한 신뢰회복 기능을 하여야 한다고 본다. 둘째, 미국연합 사례, 북독일 연합사례, 유럽연합 사례에서 보듯이 통래적인 국가통합 기능과 한반도 평화와 안정 기능을 증대시키는 역할을 수행하여야 할 것이다. 셋째, 우리민족은 1,000년 이상을 하나의 국가로 존재하였다. 그래서 통일은 우리시대에 숙명과제라고 본다. 이와 같은 통일을 달성하기 위해서는 충분한 통일준비과정이 필요하다. 그래서 남북연합은 통일준비를 위한 기능을 수행해야 한다고 생각한다.

3) 권한

남북연합의 권한은 외교문제는 원칙적으로 각 구성국의 권리에 속한다. 그래서 남북연합 자체는 독자적인 외교권, 군사권을 갖지 않고 각 구성국이 위임한 범위 내에서 제한적 권한을 행사할 것이다. 그러기에 기존 남북 쌍방의 기 체결조약은 상호 존중주의 원칙에 의해 준수되어야 할 것이다. 국방은 구성국의 고유한 권리이다.[43] 내부문제 역시 구성국의 고유한 권리이다. 남북연합은 단기적으로 남북 간에 체결된 기 합의서를 남북합의이행위원회를 조직하여 이행, 감독하는 기능과 동북아 다자안보체제 구축에 남북이 협력하여 대처하는 기능 등 한민족의 전체 이익을 위해 조정하는 권한에 국한될 것이다. 그리고 통일국가 진입을 위해 연방통일헌법을 제정하는 기능도 남북연합의 권한이 되어야 할 것이다.

---

43) 이장희(2014), p.44~45 참조.

3. 조직의 종류 및 권한과 운영

위에서 언급한 남북연합의 설립목적과 기능 및 권한을 행사하기 위해서는 아래와 같은 조직과 권한 및 운영 원칙이 확보되어야 할 것이다.[44]

1) 남북정상회의(최고의사결정기구)

유럽연합에서 유럽정상들 간에 중요 문제를 해결하기 위해 유럽이사회를 구성하였다. 유럽이사회는 최고의결기구 및 입법기능 역할을 가지고 있다. 북독일연합에서 주정부가 임명한 주대표 역할이라 볼 수 있겠다. 남북연합에서 남북정상회의는 남북 간 중요한 최고의결기구이며 합의서를 도출 및 감독하는 일종의 입법기능과 감독기능을 가질 수밖에 없다. 남북 간에는 이미 2000년 6·15공동선언과 2007년 10·4정상선언을 채택하였다. 이를 관례화시키면 남북정상회의는 제도화된다고 볼 수 있겠다.

2) 이행기구

(1) 남북총리회담

남북총리회담은 남북정상회담에서 합의된 협정서 및 7·4남북공동성명이행위원회, 남북기본합의서이행위원회, 남북비핵화에 관한 공동선언이행위원회, 6·15공동선언이행위원회, 10·4정상선언이행위원회, 연방헌법제정위원회에서 논의된 내용을 남북한 지역정부를 대표하여 뒷받침해야 한다. 그리고 남북합의이행위원회에서 논의되지 않는 새로운 한반도 평화와 안정 및 후유증 없는 평화통일을 달성하기 위한 여러 협의와 집행을 해야

---

44) 최양근, 『한반도 통일국가 연구』(서울: 선인, 2014), pp.225~234 참조.

한다.

(2) 남북각료회의

남북각료회의는 7·4남북공동성명이행위원회, 남북기본합의서이행위원회, 남북비핵화에 관한 공동선언이행위원회, 6·15공동선언이행위원회, 10·4정상선언이행위원회, 연방헌법제정위원회와 남북정상회의와 남북총리회담을 통하여 합의된 내용 등을 남북지역정부를 대표하여 집행을 하여야 할 것이다.

(3) 남북평의회

남북평의회는 7·4남북공동성명이행위원회, 남북기본합의서이행위원회, 남북비핵화에 관한 공동선언이행위원회, 6·15공동선언이행위원회, 10·4정상선언이행위원회, 연방헌법제정위원회와 남북총리회담 및 남북각료회의에서 협의된 내용을 집행하는 데 법적으로 부족한 부분이 있을 때는 남북한 지역정부를 대표하여 남북한의회 차원에서 법적으로 뒷받침이 필요하다. 이러한 뒷받침을 하기 위하여 남북평의회는 필수적이다. 유럽연합의회처럼 일종의 자문기구 역할을 겸한다고 볼 수 있겠다.

3) 실무기구

남북공동사무국은 7·4남북공동성명이행위원회, 남북기본합의서이행위원회, 남북비핵화에 관한 공동선언이행위원회, 6·15공동선언이행위원회, 10·4정상선언이행위원회, 연방헌법제정위원회와 남북총리회담 및 남북각료회의에서 합의된 사항을 실무적 차원에서 정리하고 남북한 지역정부의 실무진에게 집행의 효율성을 높이기 위해 연락을 취하여 실질적으로 남북합의사항들이 잘 관철되어 한반도의 평화와 안정, 나아가 후유증 없는 평

화통일을 달성하는 데 기초를 놓아야 한다. 남북공동사무국에서 근무하는
실무당사자는 차후 창설될 통일연방국가 공무원으로 임명될 자를 중심으
로 선발하면 좋겠다.

4) 남북합의 이행위원회

본서는 서론에서 첫째, 단기적으로 한반도 평화와 안정에 기여하고 둘째,
국내외 환경에 대응한 통일준비에 도움을 주고자 한다. 더불어 셋째, 후유
증이 최소화된 한반도통일에 기여하고자 한다. 또한 넷째, 9 · 19공동성명과
2 · 13합의의 실천에 간접적으로 도움을 주고자 한다고 본서의 목적을 밝혔
다. 이에 가장 적합한 기구가 남북합의이행위원회라고 판단한다.

남북합의이행위원회는 과거, 현재 남북한 상황을 고려해 볼 때 신뢰가
절대적으로 필요하기에 이미 합의한 사항을 실천을 통해 남북 신뢰 증진에
절대적으로 필요한 기구라 본다. 즉, 한반도의 특수성을 가장 많이 고려한
기구들이다. 남북한 합의가 이행되면 신뢰회복은 자연스럽게 형성될 것이
고 남북한이 힘을 합쳐 통일외교 및 한반도 비핵화, 동북아 다자안보체제
구축 등 9 · 19공동성명과 2 · 13합의를 성공적으로 수행할 것이다. 이를 구
체적으로 살펴보면 아래와 같다.

(1) 7 · 4남북공동성명 이행위원회

7 · 4남북공동성명이행위원회는 1972년 남 · 북한 간에 맺었던 7 · 4남북공
동성명을 남북한 신뢰회복과 교류협력 및 한반도 평화안정 및 후유증 없는
통일을 위하여 전혀 이행을 하지 않는 부분이나 이행을 했더라도 이행 중
단된 부분과 미비된 부분을 완성하기 위하여 노력하여야 할 것이다. 7 · 4남
북공동성명 내용 중 일부는 1991년 채택된 남북기본합의서와 2000년 6 · 15
공동선언과 2007년 10 · 4남북정상선언에 다시 강조된 부분이 있으나 7 · 4

남북공동선언 내용이 이후 선언에서 빠진 부분이 있다면 이것이 7·4공동
성명이행위원회의 핵심내용이 될 것이다.

(2) 남북기본합의서 이행위원회

남북기본합의서는 1991년 12월 13일 남한을 대표하여 국무총리 정원식과
북한을 대표하여 정무원총리 연형묵이 서명하여 채택하였고 1992년 발효되
었다. 그리고 남북기본합의서 이외에 남북교류협력부속합의서, 남북불가침
부속합의서, 남북화해부속합의서를 채택하였다. 남북기본합의서 내용 중
일부는 2000년 6·15공동선언과 2007년 10·4남북정상선언에 다시 강조된
부분이 있으나 1991년 남북합의서 내용이 이후 선언에서 빠진 부분이 있다
면 이것이 1991년 남북합의서이행위원회의 핵심내용이 될 것이다.

(3) 6·15공동선언 이행위원회

6·15남북공동선언은 2000년 6월 15일 남한을 대표하여 대통령 김대중과
북한을 대표하여 국방위원장 김정일 간에 합의한 내용이다. 6·15공동선언
내용 중 일부는 장관급 회담에서 이행되었거나, 2007년 10·4남북정상선언
에 다시 강조된 부분이 있으나 6·15공동선언 내용이 이후 선언에서 빠진
부분이 있다면 이것이 6·15공동선언이행위원회의 핵심내용이 될 것이다.

(4) 10·4정상선언 이행위원회

10·4남북정상공동선언은 서해평화협력특별지대 구축과 안변. 남포 조선
소 건립, 경제협력을 확대시키기 위하여 경제협력추진위원회를 남북경제공
동위원회로 격상시켰으며 남북군사공동위원회를 설립하여 화해 협력 및
교류 활성화에 크게 기여할 수 있는 남북한 합의사항이다. 10·4공동선언
내용을 살펴보면 6·15공동선언이 총론이라면 10·4공동선언은 각론에 해

당한다고 비유할 수 있을 것이다. 10·4공동선언을 이행하기 위해 총리회담과 국방부장관 회담을 개최하였지만 더 이상 노무현 정권의 임기 만료로 중지된 상태이다. 이에 대한 후속조치 역시 남북한 간 신뢰회복을 위해 절대적으로 필요한 사항이라 판단한다.

(5) 8·25합의 이행위원회

2015년 8월 초에 발생한 지뢰폭발사건으로 남북한 간에는 전쟁일보 직전까지 갔다. 그러나 남북은 민족의 공멸을 초래할 수 있는 전쟁을 택하지 않고 평화적으로 남북문제를 해결하고자 무박 3일 간이라는 전무후무한 협상을 통해 6개항의 합의사항을 채택하였다. 8·25 합의사항에 따라 북한은 준전시 상태를 해제하였고 남한 역시 휴전선 일대에서 확성기 방송을 중단하였다. 또한, 2015년 10월에는 제5항에 따라 이산가족 상봉을 추진 개최하였다. 그러나 남북한 간에 합의한 사항을 구체화시키고 이행하기 위해서는 남북한 상호간에 아직도 많은 노력이 필요하다고 본다. 이를 위해 남북연합에서 남북합의 이행위원회 하나의 기구로 8·25합의 이행위원회 설치가 필요하다고 본다.

5) 특별위원회

남북이행위원회가 남북한 간 신뢰회복 기능을 수행한다면 특별위원회는 철저히 준비된 통일을 위해 필요하다고 판단한다.

(1) 통일교육위원회

통일교육위원회는 특별위원회의 하나의 기구로 필요하다고 본다. 설립 이유는 남북한 간에는 70년이라는 분단을 통해 이질성이 남북한 교과서 내용에 포함이 많이 되어 있다. 그래서 남북한 간에 무리한 동질성을 회복하는 게 목적이 아니고 이질성을 있는 그대로 인정하고 동질성을 있는 그대로 반영한 공동교재가 남북한 학자들의 공동 협조로 제작될 필요가 있다. 그리고 비무장지대에 건설될 남북공동사무국과 더불어 민족통일대학 설립도 필요하다고 본다. 또한, 해외의 동포들이 참여하는 민족 동질성 회복기구 등 남북한이 평화통일을 위해 공동으로 노력해야 할 교육 분야를 담당할 특별기구의 하나로 통일교육위원회가 필요하다고 판단한다.

(2) 통일헌법제정위원회

특별위원회의 하나의 기구로 통일헌법제정위원회는 반드시 필요한 조직이라 주장하고 싶다.

통일국가를 창설하기 위해서는 그 근거의 근본법인 통일헌법이 필요하다. 헌법이란 그 나라의 정치, 경제, 사회, 문화 등 모든 것을 담고 있는 그 나라의 최고 법이기 때문에 어느 한 사람이나 한 집단에 의해 만들어질 수 있는 것이 아니다. 통일헌법은 남북한 헌법학자들과 관련 당사자들이 협의하여 만들어질 수 있는 것이다. 그렇기 때문에 통일헌법 제정을 위해 헌법제정위원회는 반드시 필요한 기구이다.

헌법제정위원회에서 한반도 3중분단 상황을 고려하여 통일헌법을 완결적으로 만들어서는 안 될 것이다. 통일예멘처럼 통일헌법에 근거하여 통일을 하였지만 얼마 후 내전을 통한 혼란을 초래하였고 결국 무력에 의한 통일을 달성하였다. 통일예멘을 반면교사로 삼아야 한다.

그래서 한반도의 통일은 단계적 연방제 통일방안[45]에 따라 통일을 점진적 단계적으로 추진하여야 할 것이다. 또한 통일헌법도 단계적 연방제 통일방안에 따라 남북한 각 지역정부에서 통일연방국가로 단계적으로 권한

---

45) 최양근, 『한반도 통일연방국가 연구: 동북아를 넘어 유라시아로』,(서울: 선인), pp.218~238 참조.

이 이양되는 형태를 취해야 할 것이다. 통일국가 형태를 신축적으로 접근할 필요가 있다고 본다.

6) 각 기구 운영

세계적으로 존재했던 국가연합 제도를 살펴보면 보통 연합구성국이 2개 국가 이상이었다. 그리고 운영은 만장일치제도, 특별다수결 제도, 일반다수결 제도 등으로 운영되었다.

그래서 중요결정은 특별다수결에 의하였고, 각종 기구 운영 및 보통 결의사항은 일반다수결로 국가연합이 운영되었다. 그런데 남북한 국가연합은 연합구성국이 2개국이기 때문에 각 기구 운영은 특수다수결과 만장일치[46]로 해야 할 것이다.

7) 재정

남북연합의 재정의 확보방안은 아래와 같다.

첫째, 남북한 부담금으로 인구비례에 의한 부담금, 경제력에 의한 부담금, 인구비례와 경제력을 종합적으로 감안한 부담금으로 나누어 볼 수 있겠는데 남북한 부담금은 경제력에 의한 부담금으로 되어야 한다.

둘째, 한반도에서 나가고 들어오는 물품에 대한 관세가 남북연합 재정이 되어야 할 것이다.

셋째, 비무장지대에 생태공원을 조성하여 외국인, 남북한 주민에 대한 관광세

---

46) 특히, 한반도 분단 70년과 한국전쟁을 통한 전쟁의 상처와 그동안의 갈등과 대립을 고려한다면 통합을 위해서는 일반다수결이 아닌 특별다수결과 만장일치로 운영하는 것이 남북한 통합에 도움이 될 것이다.

넷째, EU 연합처럼 통일연방정부가 발행하는 국채

다섯째, 비무장지대를 크게 서부권, 중부권, 동부권으로 나누어 볼 수 있
겠는데 이 지역에 각각 1개의 평화도시 조성하여 이 지역에서 나오는 모든
세금을 남북연합의 예산에 편입을 시켜 연합재정이 확보되어야 한다.[47]

---

47) 최양근(2014), p. 361, 자세한 사항은 남북한 조세 및 재정전문가들이 심도 있는
논의가 필요한 사항이다.

제5절 결론

각 국가연합은 그 국가의 특성에 따라 구성되었다. 위 사례에서 살펴보았듯이 미국 국가연합은 1776년 독립전쟁 승리 이후 캐나다에 주둔하고 있는 영국군과 아팔라치아 산맥 넘어 인디언 등을 공동 방위하기 위하여 낮은 단계 국가연합으로 구성되었다. 그리하여 공동 방위와 외교가 주목적이었다. 그리고 북독일연합은 프로이센 중심의 독일통일과 공동방위 및 공동외교가 주목적이었으며 높은 단계 국가연합이라 볼 수 있다.

더불어 유럽연합은 유럽연합사례에서 살펴보았듯 제2차 세계대전 이후 전쟁의 참혹함을 다시 경험한 이후 전쟁으로부터 해방되어 경제협력을 통한 평화와 유럽통합이라는 목적 하에 낮은 단계 국가연합에서 높은 단계 국가연합 또는 낮은 단계 연방국가로 발전되고 있다. 이렇듯 각 국가 및 지역에 따라 국가연합의 설립 동기는 조금씩 각각 다르다. 한반도형 남북연합은 높은 단계 남북연합이 아닌 미국연합처럼 낮은 단계 연합설립이 실현가능성이 높다고 판단한다.

한민족의 현재 당면과제는 첫째, 남북한 간에 신뢰회복이고 둘째, 남북한의 평화와 안정 확보이다. 셋째, 후유증 없는 평화통일 달성이라고 볼 수 있다. 이를 위해서 남북연합은 선택사항이 아닌 필수사항이다. 남한의 통일방안은 교류협력단계, 남북연합단계, 통일단계로 구성되어 있다. 그리고 북한의 통일방인은 고려민주연방공화국에 기초를 둔 낮은 단계 연방세로 수정되고 있다고 본다.

그래서 2000년 6·15공동선언 제2항(통일조항)에서 언급한 "남쪽의 연합제와 북쪽의 낮은 단계 연방제는 공통점이 있음을 확인한다." 통일은 이로부터 출발한다는 합의사항을 도출하였다. 즉, 남북한 간에 통일방안이 수렴될 가능성을 언급한 합의내용이라고 본다.

그러므로 과거 남북연합에 대한 선행연구가 도식적인 연구를 넘지 못했는데 이제는 남북연합 연구가 한반도의 특수성을 반영하고 6·15공동선언 제2항의 의중을 반영한 새로운 연구가 도래해야 한다. 그래서 본서에서 남북연합과 연방국가를 비교 분석하였다.

그리하여 한반도의 특수성을 반영한 기존 합의사항을 이행하는 이행기구적 성격과 평화통일을 준비하는 준비기구적 성격을 갖는 한반도형 남북연합에 대해 주장하였다. 남북연합의 기능으로 설립 배경과 목적으로 첫째, 과거 합의사항 이행을 통한 남북한 신뢰회복 기능 둘째, 한반도 평화와 안정에 기여하는 국가연합 기능 셋째, 후유증 없는 한반도 통일을 준비하는 준비 기능을 위해 남북연합은 필요하다고 주장하였다.

그리고 필요 조직으로는 최고의사 결정기구 및 입법기구로 남북정상회의, 이행기구로 남북총리회담과 남북각료회의, 자문기구로 남북평의회가 필요하다고 주장하였다. 또한 실무기구로 남북공동사무국이 필요하다고 주장하였다.

그리고 한반도의 특수성을 고려한 남북합의이행위원회와 특별위원회 구성을 주장하였다. 남북합의이행위원회의 종류를 들면 7·4공동성명 이행위원회, 남북기본합의서 이행위원회, 6·15공동선언 이행위원회, 10·4정상선언 이행위원회, 8·25합의이행위원회이다. 특별위원회로 통일교육위원회, 연방헌법제정위원회의 설치를 주장하였다. 각 기구의 운영은 일반 다수결, 특별 다수결, 만장일치제도 중 특별다수결 및 만장일치 제도를 채택해야 한다고 주장하였다.

남북연합의 재정은 첫째, 남북한 부담금으로 인구비례에 의한 부담금, 경제력에 의한 부담금, 인구비례와 경제력을 종합적으로 감안한 부담금으로 나누어 볼 수 있겠는데 남북한 부담금은 경제력에 의한 부담금과 둘째, 한반도에서 나가고 들어오는 물품에 대한 관세가 연합재정이 되어야 할 것이다고 주장했다. 그리고 셋째, 비무장지대에 생태공원을 조성하여 외국인, 남북한 주민에 대한 관광세, 넷째, EU 연합처럼 통일연방정부가 발행하는 국채, 다섯째, 비무장지대를 크게 서부권, 중부권, 동부권으로 나누어 볼 수 있겠는데 이 지역에 각각 1개의 평화도시, 생태공원 등을 조성하여 이 지역에서 나오는 모든 세금을 남북연합의 예산에 편입시켜 연합재정이 확보되어야 한다고 주장했다.

이제는 남북한 간에 과거 합의한 내용은 이행을 통해 신뢰를 회복해야 한다. 그리고 그 신뢰회복을 바탕으로 한반도의 특수성이 반영된 남북연합이 설립되어야 한다고 생각한다. 설립된 남북연합은 단기적으로 한반도의 평화와 안정에 기여하고, 중·장기적으로 후유증이 최소화된 가운데 평화통일을 준비할 수 있는 기구이어야 한다.

5·18정신과 6·15공동선언
제2항(통일조항) 구체화를 위한
내용과 방향

단계적 연방제 통일방안

[이 글의 요지]

2015년은 일제로부터 해방 70년, 한반도 분단 70년이 되는 해이다.
그리고 1980년 5·18민주화운동이 발생한 지 35년이 되는 해이기도 하다.
그 동안 남과 북은 자기중심적 통일방안을 가지고 분단 해소를 하고자 노력해 왔다.
그러므로 남북대화와 교류협력이 진행 중 잦은 충돌로 남북관계는 중단이 반복되었다.
가장 큰 이유는 자기중심적 통일방안의 상충에 있다고 판단한다. 즉, 상대방을 통일의
주체로 보지 않고, 통일의 객체로 보려는 시각에 입각한 것이 남북한 현존 통일방안이라
고 생각한다. 현재 남북한 3중분단 상태에 있고, 남북교류와 남북대화도 중단되어 제한
적으로 제기되고 있다.
이를 타파하기 위해서는 어렵게 합의한 6·15공동선언 제2항(통일조항)의 구체화 작업이
필요한 시기이다. 그리고 지속가능하고 실천가능성이 높은 남북이 합의할 수 있는 새로
운 통일방안이 필요하다고 본다.
새로운 통일방안은 5·18이념인 민주, 인권, 평화, 통일을 포용하는 즉, 서로 상대방을 통
일의 주체로 인정해 주는 공존공영 공동체 정신이 투영된 통일방안이어야 한다.
본서는 5·18이념은 남한을 넘어 한민족이 평화통일로 나아가는 데 푯대 역할로 충분한
가치가 있다고 주장하고자 한다. 그래서 5·18정신에 입각해 3대원리(연방국가주의, 권
력분립주의, 법치주의)와 5대원칙(단계적 통일의 원칙, 중도적 통일의 원칙, 실용주의적
통일의 원칙, 통합의 원칙)을 적용해 새로운 통일방안으로 단계적 연방제 통일방안을 제
안하고자 한다.

[참고] 이 글은 『통일문제연구』 제27권 2호(통권 64호)를 토대로 개서한 글임

제1절 서론

올해 2015년은 한반도가 일본으로부터 해방 70년, 한반도가 분단된 지 70년이 되는 해이다. 그리고 1980년 5·18민주화운동이 발생한 지 35년, 2000년 6·15공동선언 15주년이 되는 해이기도 하다. 한반도는 현재 3중분단 상태에 놓여 있다.

1945년 일본제국주의자를 물리치기 위해 연합국 소속이었던 소련이 북한을 점령하고 남한은 미국이 점령함으로써 남북 주민은 자유로운 왕래가 제한되는 장애를 갖게 되었다. 이를 1중분단인 지역분단이라 명하고 싶다. 그리고 1948년 8월 15일 서울을 중심으로 대한민국이 수립되고 평양을 중심으로 조선민주주의인민공화국이 수립되었다. 그리하여 한반도내에서는 서울을 중심으로 한 정치세력과 평양을 중심으로 한 정치세력이 상호 구심력과 원심력을 발휘하여 갈등을 심화시켰다. 이를 2중분단인 정치적 분단이라 명하고자 한다.

더불어 1950년 6월 25일 발생한 한국전쟁으로 1953년 7월 27일 정전협정을 맺기까지 남한에서 약 130만 명 사상자와 북한 약 300~400만 명 사상자를 낳았고 이산가족은 약 1,000만 명이 발생하였다. 그래서 남북한 주민들 간에는 미움과 증오, 불신 등 치유할 수 없는 상처를 남겼다. 이를 3중분단인 민족분단이라 명하고자 한다.[1]

 그렇지만 남과 북은 분단을 해소하기 위해 자기 입장에서 각자의 통일방안을 가지고 자기중심적 통일을 하려고 노력해 왔다. 그 결과로 남북대화가 진행 중에도 작은 충돌들이 끊임없이 발생하고 있다. 이를 인식하고, 6·15공동선언을 통해 추상적이지만 '남쪽의 남북연합과 북쪽의 낮은 단계 연방제가 남북통일에 있어 유사점이 있다'고 합의하였다(6·15공동선언 제2항).

 그러나 6·15공동선언 이후 국민의 정부, 참여정부 10년 동안 남북교류가 활성화 되었지만 이명박 정부 시절 발생한 2008년 박왕자 사건, 2010년 천안함 사건으로 취해진 5·24조치와 연평도 포격 등으로 남북대화 및 남북교류는 일시적으로 중단되었다가 지금은 제한적으로 진행되고 있다.

 현재 남한은 2008년 미국발 리먼브라더스 사태로 인한 국제금융위기를 극복하고자 노력하고 있지만 청년실업, 빈익빈 부익부 심화, 노인 빈곤층 증가 등 해결해야 할 문제들이 산적해 있다. 또한 북한 역시 주민의 삶의 질을 향상하기 위한 경제발전, 국제사회로부터 국가안보 확보 등 해결해야 할 과제들이 많이 놓여 있다. 이제는 한민족의 발전과 남한자체의 문제를 해결하기 위해서라도 남한의 기존 발전축인 해양시대와 더불어 새로운 성장축인 동북아를 넘어 유라시아 시대를 열어야 한다. 즉, 북한을 거쳐서 대륙시대를 열어 2개의 축으로 남한이 발전해야 한다. 이를 위해서는 안정적인 남북교류 확보와 후유증이 최소화된 통일준비를 준비해야 한다. 즉, 6·15공동선언 제2항을 구체화시킬 필요가 있다. 그래서 남북 모두가 합의할 수 있고 실현가능성을 담보할 수 있는 통일방안 즉, 통일로드맵이 나와야 할 시점이라 본다. 이 글은 이에 공헌하고자 한다.

---

1) 학자에 따라 1991년 남북한이 UN동시가입을 하여 국제법적으로 별개의 국가가 되었는데 이를 4중분단인 국제적 분단으로 주장하는 연구자들이 있다.

더불어 남북이 합의한 통일방안은 남한의 민주화와 인권향상에 기여했고 지금도 우리민족이 나아가야 할 푯대의 역할을 하고 있는 5·18정신이 투영된 통일방안이어야 한다. 그리하면 단기적으로 한반도 평화와 안정에 기여하고 중·장기적으로 후유증이 최소화할 수 있는 통일방안이 될 수 있다고 생각한다. 선행연구는 5·18민주화운동 관련 민주화와 인권, 통일 등에 관련된 논문2)들은 있었지만, 5·18과 통일방안에 대한 선행연구는 아직 없고 이 글이 최초이다. 본서의 구성은 제1절 서론에서 필요성과 목적을 기술하였고, 제2절에서 5·18 전개과정과 5·18정신 제3절에서 5·18정신에 입각해 남북한 현존 통일방안을 검토 및 평가를 하고자 한다. 그리고 제4절에서 5·18정신이 투영된 단계적 연방제 통일방안을 제시하고자 하며, 마지막 제5절 결론에서 남북한 현안문제와 한반도 평화통일을 위해서는 5·18정신이 투영된 새로운 통일방안3)이 남과 북이 합의할 수 있고, 안정적 실천을 담보할 수 있는 통일방안이라고 주장하고자 한다.

---

2) H.J. Sandkuhler(1999); 안병욱(1999); 서승(2001); 안병욱(2001); 이상식(2002); 오수열(2003); 나간채(2004) 등이 있다.
3) 류길재 전 통일부장관 재직 시 새로운 통일방안이 필요하다고 여러 차례 언급한 적이 있다.

제2절 5·18 전개과정과 5·18정신

1. 5·18 민중항쟁의 역사적 배경

19세기 말 제국주의의 팽창과정에서 속칭 제3세계라는 국가들은 근대화에 성공한 세계체제내의 중심국가인 제국주의 국가들에 의하여 식민지가 되었다. 한반도 역시 예외는 아니었다. 1945년 제2차 세계대전의 종식과 더불어 한반도를 포함한 제3세계 국가들은 대부분 독립을 하였으나, 1950년에 불어 닥친 냉전체제의 혹독함에 한반도는 해방의 기쁨도 잠시뿐 한국전쟁과 영구분단이라는 아픔을 겪게 되었다. 그러다보니 제3세계 국가 중에서 유독 굴절과 왜곡의 역사가 팽배한 국가[4] 중의 하나가 되었다. 제2차 세계대전 이후 독립한 대부분의 제3세계 국가들의 꿈이 산업화와 민주화가 이룩된 근대국민국가의 수립[5]이라면 한반도는 이와 더불어 민족의 통일이라는 또 하나의 역사적 과업을 더 짊어지게 되었다.

---

4) 한국전쟁 후유증으로 북한은 자기 반대파들의 숙청논리로 반당종파주의 또는 반동이라는 명분으로 반대파를 제거하였고 남한 역시 합리적 사고를 가졌다 하더라도 자기 집단세력에 반대하는 사람들을 빨갱이 또는 용공주의자로 숙청 또는 법적 살인을 통해 왜곡된 역사를 만들었다. 즉, 남북한 모두 합리적 이성이 마비된 현상이 나타나기는 마찬가지이다.
5) Jeff Haynes, 장성호 역 (2003, pp.69~178)

그런 과정에서 나타난 것이 부패하고 무능한 자유당 독재를 무너뜨린 4·19혁명이었다. 그러나 4·19혁명에 의해 등장한 민주당 정권은 민중들의 사회 경제적 요구를 수렴하여 수립한 계획을 집행해보기도 전에 5·16군사쿠데타 세력에 의해 무너지고 말았다. 4·19혁명의 민주주의 이념을 짓밟고 등장한 박정희 등의 5·16군사쿠데타 세력은 집권 과정의 정당성의 문제를 산업화를 이룬 발전국가 모델에서 찾고자 했던 바, 이를 위해 취해진 정책이 개발독재를 통한 불균형 성장 전략이었다. 그 과정에서 노동자, 농민, 도시빈민 그리고 지역적으로 호남과 충청권은 소외되었고, 반공법과 국가보안법을 통하여 불평, 불만을 잠재우면서 개발독재 체제를 유지하였다. 자연스레 정경유착에 의한 부패 고리가 형성되었고 국민들의 불만은 고조되어 갈 수밖에 없었다.

군사독재 세력은 이러한 갈등과 모순을 독제체제를 더욱 강화함으로써 해결하고자 했고, 그 과정에서 등장한 것이 영구집권을 꿈꾸며 등장한 유신체제이다. 유신체제 하에서 노동자, 농민 등에 대한 수탈과 억압은 더욱 극심해졌고, 학생, 시민, 재야정치인들의 민주화 요구를 대통령의 긴급조치라는 초헌법적인 권한을 일상화함으로써 탄압[6]했다. 이에 대항한 학생, 시민들의 민주화 요구가 높아져만 가는 가운데 1979년 10월 부마항쟁이 일어났고, 마침내 1979년 10월 26일 박정희 전대통령이 뜻밖에 서거함으로써 유신독재는 막을 내리게 되었다.

국민들은 민주화가 곧 되리라는 기대감에 부풀어 있었으나, 유신독재 세력의 뿌리는 결코 만만한 것이 아니어서 전두환 전 보안사령관 등 신군부 세력은 1979년 12·12사태를 일으켜 정승화 전 육군참모총장을 퇴진시키고, 이어 학생, 시민, 재야 정치인들의 민주화 요구가 표출된 서울의 봄을 계엄

---

6) 김동춘은 한국전쟁 후유증으로 한국사회는 국가폭력이 언제라도 정당화될 수 있는 전쟁정치로 이어졌고, 이들의 정당성의 근거가 반공주의이다고 주장하였음. 김동춘(2000).

령의 전국적 확대라는 군사적 탄압으로 좌절시키고야 말았다. 이에 반발하여 전남대학교 학생 약 200여 명이 전남대 정문 앞에서 시위를 벌이기 시작하면서 일어난 사건이 바로 5·18민주화운동이다.[7]

2. 5·18 민중항쟁 10일간과 5·18 이후 진상규명 및 명예회복

5·18에 대한 기술은 편의상 3단계로 분류하여 기술하고자 한다. 21일 도청 앞에서 무차별한 사격까지 1단계에서 다루고, 약 1,000여명의 사상자 이후 시민, 학생들이 무장한 21일 오후부터 27일 계엄군의 진압까지를 제2단계로 나누어 서술하고자 한다. 그리고 5·18 이후 진상규명 및 명예회복에 관한 내용은 제3단계 진상규명 및 명예회복 과정과 결과에 대해 서술하고자 한다. 그리고 5·18 항쟁 10일간은 광주, 전남 일대와 일부 전북지역까지 광범위하게 시위와 희생이 발생하였다. 그래서 5·18민중항쟁 10일간의 전개과정은 너무나 방대한 양이어서 윤재걸 (1985), 강만길, 송기숙 외(1990), 나간채·강경아 편(2002) 저서 등을 기초로 항쟁 참여 당사자로서 경험담을 중심으로 기술하겠다.

1) 제1단계 전반부(18일~21일)

1980년 5월 14일부터 16일까지 3일간 전남 도청광장에서 학생, 시민이 참여 약 3만 명이 민주일정을 명확히 해달라는 내용으로 집회가 있었다. 즉, 광주에서도 80년 서울의 봄은 있었다. 마지막 3일째인 16일 집회에서 만약 무슨 일이 군부에 의해 일어나면 각 학생들은 학교에 등교한다는 약속을

___
7) 5·18민주화운동 근본은 전두환 등 신군부에 의한 민주일정 파괴에 대한 저항과 정부가 국민과 맺은 약속에 대한 배신에 대한 불신이 근본적 원인이 되었다고 판단한다.

결의하고 평화적으로 해산하였다. 그런데 5월 17일 저녁 계엄령을 전국으로 확대하고 재야 민주인사들을 구속 및 구금하였다. 즉, 정부와 국민간 정치일정에 대한 약속을 힘으로 짓밟아 국민과 정부의 신뢰를 저버린 5.17쿠데타가 발생한 것이다.

(1) 5월 18일

1980년 5월 18일 아침 전남대학교 정문에 학생들은 약속대로 약 200명이 모였으나 학교 진입을 계엄군은 곤봉과 대검을 착용한 소총으로 막았다. 그래서 학생들은 '정의가', '특사의 노래' 등을 부르면서 "계엄군은 물러가라", "전두환은 물러가라" 구호를 외치기 시작했다. 계엄군은 즉각 곤봉을 내리치면서 물리적 진압이 시작되었다. 학생들은 힘의 한계를 느끼고 광주신역을 거쳐 고속버스터미널과 공용터미널을 지나 금남로와 충장로로 이동해 시민들에게 신군부의 불법성을 알리면서 동조를 구했다. 그러나 그때까지는 적극 가담하는 시민은 거의 없었다. 계엄군은 전남대, 조선대, 도청 등에 주둔하고 있었다. 금남로와 충장로에서도 경찰과 계엄군의 진압이 시작되자 학생들은 수십 명 단위로 흩어져 광주공원과 공용터미널 등으로 쫓기면서 구호를 외쳤다. 18일 저녁 공용터미널 안으로 쫓겨서 들어간 학생들에게 최루탄을 무더기로 발사하여 첫 희생자 2구가 19일 아침에 발견되었다. 겉옷을 벗기고 팬티 바람으로 머리를 도로에 박고 있는 원산폭격 장면이 시내 곳곳에서 발견되어 민심이 학생들 편으로 오후부터 기울어 가고 있었다. 즉, 시위확대와 시민참여는 과잉진압이 도화선이 되었다. 경찰진압보다는 계엄군의 무자비한 진압이 도를 더해 시위장소는 시내 전역으로 확대되었다. 그리고 이미 구금 연행자가 약 1,000여 명을 육박하고 있었다.

(2) 5월 19일

전날 일어난 시민, 학생들의 피해상황이 시위에 무관심하거나 소극적인 광주시민과 전남 전역 및 전북 일부로 소식이 전해져 민심은 더 흉흉해진 상태가 되었다. 그리하여 정부는 19일 저녁을 기해 통행금지를 앞당겨 저녁 8시부터 실시하여 학생, 시민들이 시위에 더 이상 나서지 못하도록 조치를 취하였다. 그러나 당겨진 통행금지와 저녁부터 내린 비에 연연하지 않고 밤늦게까지 시내 곳곳에서 수십 명씩 무리를 지어 다니며 시위는 더 격화되었다. 결과는 수많은 사상자들을 양산하였고 부상자를 실어 나르던 택시기사 3명이 계엄군에 의해 사망하게 되었다. 이는 20일 오후 4시경 약 200여대 차량 시위의 원인이 되었다. 그리고 18일까지 시위대에 고등학생들은 참여하지 아니했는데 일부 고등학생들이 시위대에 동참하는 것이 발견되었다. 그리고 더불어 시위대에 직접 참여하지 않은 시민들은 학생 시위대에게 보도블럭을 깨서 전달하기 시작했고 일부는 음식물과 물을 도로 주변에 비치하여 학생과 참여 시민시위대에게 나누어 주었다.

(3) 5월 20일

밤 7시경부터 비가 내리기 시작하여 20일 아침 9시부터 차츰 누그러져 11시경에는 비가 완전히 그쳤다. 시위대는 4-50명 단위로 수백 시위대가 골목마다 포진되었으나 18-19일 양일간 혹독한 과잉진압으로 공포감에 젖어 소리 한번 제대로 낼 수 없는 상태였다. 오후 1시경 금남로 지하상가 위 공사장에서 약 2,000명이 모일 수 있는 집회가 기적적으로 있었다. 그 때 내가 18일, 19일, 20일, 3일간 일어난 학생, 시민 피해상황을 보고하였다. 피해상황은 약 100여 명의 사상자와 약 1,000여 명의 구인, 구금, 구속자가 나왔음을 보고하였다. 그 때 시민 중 1명이 목소리가 들리지 아니한다고 모금을 통해 마이크를 마련하자고 제안하였다. 그래서 중학교 모자를 빌려 모인 시민들에게 모금에 동참해 줄 것을 호소하였는데 약 32만 원[8)]이 모금되었다. 이 모금액으로 핸드마이크 5개와 자동차 배터리로 연결된 대형스피커 1대를 구입하였다. 또한 시민, 학생들 일체 하나됨을 위해 '우리의 소원은 통일', '아리랑', '정의가', '투사의 노래', '울밑에 선 봉선화', '새야 새야 파랑새야', '고향의 봄' 등을 선창하면서 현 상황이 반헌법적이며 불법적인 상황임을 서로 고양하였다. 또한 민주일정을 구체화하고 계엄군은 군대로 돌아갈 것을 요구하였다. 핸드마이크 5개는 신역, 유동삼거리, 노동청, 학동방향, 광주공원으로 분배하였고 나는 자동차 배터리를 이용한 대형마이크를 구입하여 오후 2시 30분경 금남로에 나타나자 수많은 골목에 모여 있던 소규모 그룹들이 금남로로 일시에 쏟아져 나와 순식간에 수만 명으로 확대되었다. 오후 3시 이후로는 약 20만 명으로 군중들이 붙었고 오후 4시경 약 200여대 자동차를 모집하여 택시기사들의 자동차 시위가 있었다. 저녁 무렵에 우리의 상황에 대해 전혀 방송하지 않고 있는 MBC광주방송국과 노동탄압의 상징인 노동청, 세무서 등에서 화재가 발생하였다. 위 3곳 이외에는 5·18항쟁이 끝날 때까지 피해가 발생하지 아니하였다.

(4) 5월 21일

오전 11시경 민주화를 요구하는 시위 군중들은 약 30만 명이 도청 주위에 응집하였다. 오후 1시까지 도청을 중심으로 시위대와 계엄군들간에 공방이 계속 되었다. 그러던 중 오후 1시경에 비무장 시민, 학생들에게 처음 공포탄을 쏜 이후 바로 실탄을 수만 발 발사하여 현장 사망자 약 68명과 총상 680명이 나왔다고 들은 바 있다. 그리고 도청 집단 발포가 시민들을 무장하도록 하는 직접적인 원인이 되었다고 판단한다. 각종 무기는 나주경찰서, 화순탄광 등에서 나왔고, 무기의 위치와 장소에 대해서는 지역주민과 예비군 등이 알려 주었다. 당시 시민, 학생들이 입수한 카빈 소총 2천 2백

---

8) 윤재걸(1985); 강만길, 송기숙 외(1990년)에서는 40만 원으로 나오는데 모금한 돈은 약 32만 원이었다.

40정, M1소총 1천 2백 25정, 38구경 권총 12정, 45구경 권총 16정, 기관총 2 정 등 모두 3천 5백 5정이었으며, 실탄은 4만 6천 4백발, TNT 4박스, 뇌관 1백 개, 장갑차 5대, 수십 대의 무전기, 방독면 등이었다(윤재걸, 1985: 64). 그리하여 오후 5시경부터 도청에서 무장 근무하고 있는 계엄군과 무장한 시위대간에 전면전 양상이 벌어졌다. 그래서 오후 5시 30분경부터 계엄군 은 도청에서 철수하였다. 이 날 중앙정부 차원에서는 신현확 총리가 사임 하고, 광주 상황에 대해 군인 5명, 민간인 1명 사망으로 발표하였다. 광주일 보를 포함한 지방지도 소극적 항의 표시로 백지 발행만 할 뿐 피해상황에 대해서는 침묵을 지켰고, KBS, MBC, 동아일보[9], 조선일보를 포함한 중앙 언론은 동아일보를 제외하고는 광주 상황에 대해 정부와 같은 논조를 유지 하였다. 그리고 부상자가 한 번에 수천 명이 발생하여 피가 절대적으로 부 족하였다. 시민, 학생들은 시민들에게 헌혈을 해 줄 것을 간곡히 부탁하였 다. 시민들은 헌혈을 하기 위해 각 병원들마다 수백 미터씩 줄을 서 대기하 였다. 그 대기자 중에는 당시 광주 유흥가였던 황금동 윤락녀들도 있었다. 이는 부상자들을 나는 아니지만 나로 여기는 혼연일체 공동체를 보여 주는 현상이었다고 생각한다.

2) 제2단계 (22일~27일)

시민들이 무장한 이후 계엄군에 의해 진압된 27일 새벽까지 제2단계라 할 수 있겠다.

(1) 5월 22일

계엄군이 철수하고 난 후 예상 밖의 상황 대처를 위해 일시적 무장을 했

---

9) 동아일보는 일부 백지면을 발행하여 간접적으로 광주상황이 심각한 상태임을 나 타내려 하였다.

던 시민, 학생들은 지도부가 없었다. 그러나 김원갑(19세 재수생)을 중심으로 한 시민, 학생들이 질서 회복을 위해 시위 차량들을 등록하고 무기를 통제하기 위하여 임시지도부를 형성한 무장시위대는 대략 5백 명 정도이었다. 이들은 유혈방지, 질서유지를 하기 시작하였다. 그리하여 그 노력의 결과로 항쟁기간 내에 계엄군에 의한 수천 명의 사상자 이외에는 수천 점의 무기가 배치되었음에도 불구하고 시민 상호간의 보복살인, 강간, 강도, 절도 등이 한 건도 발생하지 아니하였다. 이는 세계 민족운동사에 지금도 신비한 사례로 꼽히고 있다.[10]

(2) 5월 23일

날이 밝기가 무섭게 새벽 6시부터 남녀 고교생 700여 명은 시내 전역을 거쳐 청소 작업에 앞장섰다. 수많은 시민들이 이에 호응하여 청소를 함께 했으며 대다수의 상점들도 문을 열기 시작했다. 그러나 물자가 광주봉쇄로 부족했음에도 불구하고 폭동이나 사재기 등이 한 건도 없었다. 돈이 없어 구입할 수 없는 가정을 위해 부족한 물품을 상호 나누어 사용하였다. 즉, 헌신의 공동체, 나눔의 공동체, 공존공영의 공동체가 현실적으로 우리 앞에 발현되고 있었다. 상무관에는 약 100여구 사체들이 보관되어 있었다. 관련된 가족들은 자기 가족임을 확인하기 위하여 사체가 부패되는 과정에서 나타나는 악취에 구애받지 않고 찾아 부둥켜 울고, 사망했다는 사실은 알았으나 사체를 발견 못한 가족들은 그들을 부러워하였다. 관련 없는 시민들도 그들을 위로하고 부둥켜안고 울음을 멈추지 아니하였다.

처음으로 제1차 민주수호 범시민궐기대회가 열렸다. 주최는 일반인 15명, 학생대표 15명으로 구성된 확대수습위원회에서 주최하였다. 대부분 시

---

10) 세계인들은 5·18민중항쟁을 민주, 인권, 평화에 대한 고귀한 민중운동으로 평가하여, 인류의 자산으로 보존하기 위하여 유네스코에서는 5·18 관련 자료들을 '유네스코 등록 문화재'로 관리하고 있다.

민들은 신군부에 의한 5·17쿠데타 성토와 민주질서 회복을 부르짖었다. 더불어 5·18학살 원인 진상규명과 구속, 구금된 자에 대한 전원 석방을 요구하는 내용이었다.

(3) 5월 24일

제2차 민주수호 범시민궐기대회가 열렸다. 더불어 「희생자 가족, 전국종교인, 전국민주학생에게 드리는 글」, 「우리는 왜 총을 들 수밖에 없었는가」, 「광주시민의 결의문」이 채택되었다. 그리고 일반인을 포함한 학생수습대책위원회가 열렸는데 요구조건으로 4개 항목이 채택되었다. 첫째, 금번 광주사태에 대하여 일부 불순분자들인 폭도의 난동으로 보도하고 있는데 현 광주항쟁은 전 시민의 의지였으므로 폭도로 규정한 점을 사과하라. 둘째, 이번 사태로 사망한 사람들의 장례식을 시민장으로 하라. 셋째, 5·18사태로 구속된 학생 시민 전원을 석방하라. 넷째, 금번 사태로 인한 피해보상을 전 시민이 납득할 수 있도록 하라는 내용이었다.

(4) 5월 25일

신군부측에서는 시민들 상호간을 이간질시키기 위해서 독침사건을 급조하였다. 그리하여 도청내의 분위기는 삽시간에 혼란의 도가니로 빠져 들었다.[11] 그렇지만 제3차 민주수호 범시민궐기대회가 열렸고 또한, 다음과 같은 결의내용을 확인하였다. 상세내용을 서술하면 "광주시는 며칠 동안의 평온을 바탕으로 어느 정도 질서가 회복되어가고 있었다. 시장과 상점들이

---

11) 오전 8시경 황금동에서 술집을 경영하는 장계범이 독침을 맞았다고 거짓 고함을 외쳤다. 그리하여 도움을 주변에서 주려 하였지만 모두 거절하고 알고 지낸 정한규에게 부축을 요구하여 전남대 병원에 입원하였으나 그들은 진짜 독침을 맞지 않고 시민 시위대를 이간질시키기 위하여 일으켰기에 바로 퇴원을 하여 도망을 갔다. 이것은 시민 상호간에 의심을 낳은 계기가 되었다. 수습대책위원회에서는 장계범과 정한규를 첩자였다고 공식 발표하였다.

상당수 문을 열었고, 시 외곽 지역으로부터 경운기에 실려 야채가 시내로 반입되고 있었으며, 고아원 및 사회복지단체 등에 대한 식량공급은 시청직원들의 지원에 의해 별다른 어려움이 발생하지 않고 있었다. 은행이나 신용금고 등 금융기관에서도 사고가 단 한건도 발생하지 않았다. 부상자와 사망자가 줄을 이어 혈액공급이 원활치 못하던 병원은 이젠 헌혈자들에 의해 피가 남아돌아가고 있었다. 도청 내 시위대 지도부의 3~4백 명에 달하는 식사는 처음엔 시민들이 밥을 지어 날랐으나 사태가 장기화될 조짐을 보이자 각 동 단위로 식량을 거두어 보내기도 했고, 모금된 돈으로 부식을 사오기도 했다"(윤재걸, 1985: 72)고 보고하였다.

(5) 5월 26일

신군부는 그동안 협상과정 속에서 합의한 평화적 해결을 무시하고 새벽 5시 무렵부터 시내 진입을 하기 위한 준비가 들어갔다. 도청 안에 있던 지도부들은 초비상상태에 빠졌다. 그리하여 계엄군들이 협상을 위반하고 있다고 하면서 자발적으로 모인 약 3만 명 시민, 학생들이 주최가 된 「임시민주시민수호 범시민궐기대회」에서 「전 언론인에게 보내는 글」, 「대한민국 국민에게 보내는 글」 등을 채택하였다. 그리고 「운동권이 참가한 항쟁투쟁위원회」를 대표하여 대변인 윤상원(29세)이 기자회견을 하기로 결정하였다. 그래서 외신기자로는 프랑스 르몽드, 미국의 월스트리트저널, CBS 방송, NBC방송국, UPI통신, 영국의 선데이 타임즈, 독일의 짜이퉁, 일본의 아사히신문, NHK방송국 등 그 외 4-5명쯤이 더 있었으며, 국내기자로는 동아일보, 경향신문, 전남매일 등이 참석했고, 이중 외신기자들을 위해 한국 특파원인 한국인 기자가 영어로 통역을 했다. 대변인 윤상원은 미리 준비된 차트로 지금까지 전반적인 상황을 설명했고 설명이 끝난 후 투쟁의 목적, 현재 상황, 피해 상황에 대한 질문을 차례대로 받았다.

(6) 5월 27일

투쟁위원회는 일방적이고 굴욕적인 투항을 거부하고 결사항전을 택했다. 그리하여 온건파를 투쟁위원회에서 몰아내고 약 200여 명의 시민군 병력을 시내 주요 접근 도로와 도청, YWCA, 전일빌딩, YMCA 등 건물 내외에 배치하였다. 다른 한편으로는 계엄군의 진입을 알리고 시민의 참여를 호소하는 대 시민 홍보방송이 시작되었다.

이 방송이 나간 새벽 2시경, 총성이 울리기 시작했다. 중무장한 계엄군의 일방적 공격 작전은 허술한 시민군의 방어망을 쉽게 무력화시킬 수 있었고, 대규모 병력은 도청 뒤편으로 진입하여 단시간 내에 도청 건물 등 도청주변을 장악하였고, 도청은 살상된 시민군들을 남기고 새벽 4시경에 점령되었다.

결론적으로 5·18은 광주, 전남, 전북 일부를 포함한 약 15개 시, 군에서 100여만 명이 직간접으로 참여하여 공식적으로 당시 시신이 확인된 사망자 154명과 행방불명자 74명을 포함한 추정 사망자 228명, 부상 이후 사망 95명, 부상 3,310명, 구속·구인자 1,430명, 총 5,063명에 이르는 엄청난 인명 피해를 초래하였다.[12] 그리고 투쟁위원회가 만들어진지 하루 만에 봉기는 진압당하고 말았지만, 이들의 장렬한 최후는 살아남은 자들의 20년간 지속된 싸움을 위한 불멸의 원동력이 되었던 것이다.[13]

---

12) 광주시청 자료(2005년 5차 보상까지 집계)
13) 본인은 지금도 먼저 가신 열사들을 생각할 때마다 살아 있다는 것이 부끄럽게 생각될 때가 많으며, 한편으로는 본의는 아니었다 할지라도 결과적으로 5월 27일 새벽 광주 현장에 없었다는 것에 대해 죄스러움을 느낄 때가 많으며 살아있는 동안 열사들의 정신을 조금이나마 실천하고자 최선을 다하려고 노력하고 있음. 또한 5·18자체가 본인의 삶에 무거운 짐으로 느껴질 때 또한 있음을 고백한다.

3) 제3단계(27일 이후) - 진상규명 및 명예회복 투쟁

5월 27일 새벽 계엄군은 치밀한 사전 계획에 따라 탱크와 전차, 비행기를 앞세우고 충정작전을 감행하여 평화적 해결을 요구하는 항쟁지도부 요청에도 불구하고 도청 일원에 무차별 총기를 난사하여 진압함으로써 열흘 동안의 민주화운동은 좌절되었다. 그리고 당시 정권을 찬탈한 전두환 등 신군부 세력은 5·18민주화운동을 용공세력의 사주를 받은 불순분자들의 폭동[14]으로 매도하여 항쟁의 전개과정과 5·18정신을 전국적으로 승화되는 것을 악착같이 막았다. 그러나 전국적으로 양심 있는 시민, 학생, 재야 정치인 등 많은 사람들에 의해 5·18의 진실은 알려지고 5·18 이후 민주화운동 과정에서 5·18의 진상규명을 요구하는 목소리는 단골메뉴가 되었다. 이와 같이 많은 국민들의 헌신적인 노력과 5·18항쟁 기간 중 죽지 않고 살아남은 5·18항쟁 참여 주역들의 노력에 의하여 5·18의 진실은 서서히 알려지게 되었다.

그 결과로 1989년 '광주민주화운동 관련자 보상 등에 관한 법률'이 제정되고 1995년 12월 21일 5·18특별법이 제정, 공포되어 마침내 1997년 4월 17일 관련 책임자들을 법정에 세워 내란 목적 살인 등의 죄목으로 단죄하게 되었다. 이어서 헌법재판소는 "5·18을 국민의 저항권을 행사한 정당한 행위였다"라고 판례를 통해 밝혔고, 대법원 역시 헌법재판소의 판례를 수용하여 법적으로 정치적으로 5·18은 폭도에서 민주화운동으로 승화되기에 이르렀다.

---

14) 그동안 신군부는 5·18을 용공분자의 사주를 받은 불순분자의 폭동에 의해서 일어난 것으로 조작 선전하였으나 전두환 통치 8년, 노태우 집권 5년 등 13년 동안 5·18에 가담하였다는 간첩하나 잡지 못하였다. 이와 같은 사실은 그들의 집권을 합리화하기 위해 5·18을 매도한 명백한 증거이다. 또한 헌법재판소 판례나 대법원 판례를 통해 5·18은 민주화를 이루기 위한 국민의 저항권으로 법적으로도 인정받음. 그러나 일배 회원 등은 희생자 관을 홍어택배로 비하하여 모욕죄로 대법원에서 징역형을 선고받았다. 그리고 일부 탈북자, 지만원 등은 북한 특수부대 가담설 등을 주장하여 5·18당사자들에 의해 고소를 당하여 수사 중에 있다.

그리하여 1997년 이후 5·18을 국가기념일을 지정하여 5·18민주화운동 기념일로 기념하고 있으며, 2002년 7월 27일 5·18민주 유공자 예우에 관한 법률 시행령이 공포되어 이 법률에 근거하여 5·18묘지가 국립묘지로 승격되었다. 더불어 5·18참여 당사자들에게 5·18민주유공자라는 법적 제도적으로 명예가 회복되는 단계에 이르렀다.

3. 5·18 정신

위에서 기술한 5·18전개과정에서 나타난 사실을 바탕으로 5·18민주화운동이 지향한 이념은 민주, 인권, 평화, 평화통일[15]이라고 할 수 있다. 이러한 5·18정신이 어떻게 우리 현재 역사에 살아 움직이고 있는지 고찰하고자 한다.

1) 민주 이념

5·18항쟁 당시 처절하게 수많은 사람들이 사망하거나 부상을 당함으로써 역사적인 5·18은 실패하였지만, 희생자들의 고귀한 피는 헛되지 아니하여 무수한 양심이 있는 시민, 학생, 노동자, 농민들의 가슴에 심금을 울려 마침내 87년 6월 항쟁을 승리로 이끌어 군사독재의 종식을 가져왔다. 이어서 92년 12월 대선에 김영삼 후보가 당선되어 문민의 정부, 97년 12월 대선에 김대중 후보가 당선되어 국민의 정부, 2002년 12월 대선에 노무현 후보

---

15) 5·18기념재단에 문의한 결과 5·18기념재단과 5·18단체 차원에서 공식적으로 인정된 5·18이념은 아직 없다고 함. 정근식이 세미나에서 민주, 인권, 평화라고 슬로건식으로 주장한 바 있고, 그리고 2006년 5·18민중항쟁 제26주년 '오월에서 통일로'라는 슬로건으로 행사를 개최한 바 있다. 그러나 아직 단체차원의 공식적인 5·18이념규정은 없다고 함.

가 당선되어 참여정부 탄생의 원동력이 되었다. 그리고 지금도 정부 부문 뿐만 아니라 시민운동 부문, 대기업을 포함한 민간부분에서 절차적 민주주의와 실체적 민주주의의 확립에 큰 디딤돌 역할을 하고 있다.

2) 인권 이념

보통 인권의 이념은 제1세대 인권인 시민의 정치적 권리, 제2세대 인권인 사회 경제 문화적 권리, 제3세대 인권인 국제 연대의 권리로 구분(권영성, 1999)된다. 5·18민주화운동은 1세대 인권의 주요한 내용인 시민의 정치적 권리에 대한 요구에서 비롯되었으나, 항쟁의 진행 과정에서 2세대 인권의 이념인 사회 경제 문화적 권리 역시 생생하게 보여준 역사적 항쟁이었다.

왜냐하면 지나친 빈익빈 부익부, 사회적 양극화로 초래된 빈곤의 문제도 제2세대 인권문제이기 때문이다. 그래서 현재 문제되고 있는 노동자들의 비정규직 문제와 농민들의 생존권 문제를 해결하기 위한 노력에 인권 이념은 큰 버팀목이 되고 있다고 본다.

3) 평화 이념

5·18민중항쟁이 발생한 5월 18일 이후부터 5월 27일 새벽 종료 시까지 광주, 전남지역 학생과 시민들은 줄기차게 평화적으로 5·18민중항쟁에 대한 처리를 평화적으로 해결하고자 노력하였지만 신군부세력은 도청 독침 사건 등을 통해 시민들 간 불신을 조성하고 학생, 시민과 맺은 평화적 해결에 대한 약속을 위반하였다. 시민, 학생들은 정부가 발표한 민주일정에 대한 약속을 지킬 것과 5·18항쟁에 규명 및 처리과정을 평화적으로 해결할 것을 끝까지 주장하였다. 그래서 5·18 정신의 하나로 신뢰와 평화를 5·18

이념으로 설징할 수 있을 깃이다.16)

4) 통일 이념

5·18당시 시민들과 학생들이 항쟁 기간 동안에 부른 대표적인 노래가'아리랑', '우리의 소원은 통일','투사의 노래', '새야 새야 파랑새야', '애국가', '봉선화' 등이었는데 5·18항쟁 이후 '아리랑'과 '우리의 소원 통일'은 남쪽의 노래를 넘어 북녘 땅까지 울려 퍼지게 되었다.17)

사례를 들면

하나, 남북체육회담 등 각종 학술세미나가 개최될 때 아리랑과 우리의 소원은 통일의 노래를 남과 북이 함께 부르는 것이 관례화되었다.

둘, 현정화 등이 참여한 남북한여자탁구가 단일팀으로 참가하는 국제대회 때 남북의 국가대신 아리랑을 활용하고, 한반도기를 사용하여 남북의 이질성을 극복하고 동질성을 회복하여 통일의 기반을 닦는데 5월 정신에서 나타난 통일의 이념은 큰 기여를 하였다.

셋, 2000년 6·15남북정상회담과 2007년 10.4남북정상회담을 성공리에 마치고 만찬장에서 아리랑과 우리의 소원은 통일이라는 노래가 울려 퍼졌던 것을 TV를 통해 우리는 보았다.

넷, 이산가족 상봉현장에서 가족끼리 만났을 때 우리의 소원은 통일과 아리랑이 울려 퍼지는 것을 우리들은 지금도 보고 있다.

---

16) 이제까지 5·18에 대한 연구 중에 5·18이념으로 민주, 인권, 통일이라는 견해와 민주, 인권, 평화라는 견해가 대립되고 있음을 밝힌다.
17) 주로 부른 노래 가운데 아리랑, 우리의 소원은 통일, 봉선화, 새야 새야 파랑새야, 고향의 봄 등은 당시 국민이나 학생들이 즐겨 부른 노래라기보다는 사장된 노래였으나, 5·18기간 동안 피를 먹고 승화되어 대한민국의 의식 있는 시민, 학생, 민중들의 애창곡이 되었다. 북한에서도 애창곡이 되어 체육회담과 같이 남북이 만나는 곳에서는 늘 남북이 어우러져 함께 불러 민족을 하나로 연결시키는 고리 역할을 하였고, 지금도 하고 있다.

다섯, 올해 광복 70년, 분단 70년 행사현장에서 우리의 소원은 통일이라는 노래가 불려지는 것을 경험한 바 있고 목격하고 있다. 이와 같이 5·18 이전 거의 사장되었던 아리랑과 우리의 소원은 통일이라는 노래가 5·18희생자들의 고귀한 넋에 의해 부활하여 남북한과 해외 동포들을 이어주는 주춧돌이 되고 있다고 판단한다.

4. 5·18이 한반도 평화통일에 주는 시사점

위의 기술에서 우리가 얻을 수 있는 중요사실을 나열하면 아래와 같다. 5·18민주화운동은 전두환 전 보안사령관 등 신군부에 의해 국민과 정부가 약속한 정치일정에 대한 파괴로 일어난 국민저항권이다. 이를 통해 약속이행을 통한 신뢰의 중요성을 우리는 깨달았다.

첫째, 5·18항쟁이 세계 민중운동사에서 보기 드물게 뚜렷한 차이가 있다면 무정부 상태에서 시민들에게 수천 정의 총과 TNT, 폭약 등 총포류가 주어졌는데도 단 한 건도 사적으로 사용된 사례가 없다는 점일 것이다. 둘째, 인간의 이성이 최대한 승화되어 개인적인 복수나 강도, 강간 등과 같은 사건이 한건도 발생하지 않았다. 셋째, 수많은 은행에 수천억 원의 현금이 보관되어 있었음에도 사소한 절도 사건조차 일어나지 않았다. 넷째, 황금동 윤락녀까지 부족한 피를 보충하기 위하여 헌혈에 앞장섰다는 것이다. 다섯째, 사재기 등 매점매석이 없었다는 것이다. 그리고 부족한 물건은 서로 나누어 사용했다는 것이다.

위의 사실을 통해 우리가 얻을 수 있는 교훈은 아래와 같다.

하나, 5·18민주화운동은 전두환 전 보안사령관 등 신군부에 의해 국민과 정부가 약속한 정치일정에 대한 파괴로 일어난 국민저항권이다. 이를 통해 약속이행을 통한 신뢰의 중요성을 우리는 깨달았다. 이를 남북관계에 적용시켜 생각해 보면 남북간에 이제까지 맺은 합의사항은 반드시 지켜져야 한다는 교훈을 얻을 수 있을 것이다. 인간이 가진 무궁무진한 잠재적 가능성을 보여준 사례라 할 수 있을 것이다.

둘, 시민과 학생들은 인간이 본래부터 선이라는 본능을 가지고 태어났다는 이론의 토대를 제공할 수 있을 정도로 절대선의 공동체, 즉 대동의 사회를 형성하여 자율적이고 자발적으로 나눔의 정신을 발휘하는 인간 이성의 극치를 보여줬다. 그리하여 피가 부족할 때에는 너의 피 나의 피 구별하지 아니하고 부상당한 동지들을 내가 먼저 돕겠다는 정신으로 모두가 헌혈에 동참하여 나눔의 공동체를 형성하는 데 적극적으로 앞장섰다.

셋, 5·18항쟁 기간 동안에 보여줬던 인간의 선한 공동체를 향한 의지는 시간적으로는 5·18항쟁 10일간, 공간적으로는 광주, 전남지역으로 한정되어 나타난 것이다. 그렇지만 이를 시공간적으로 한반도와 세계로 확대한다면 통일의 주체 대 주체의 만남으로 우리가 바라는 공존공영 평화통일을 달성할 수 있다는 잠재적 능력과 통일 후 통일한국이 나아가야 할 방향성을 제시한 사례라고 볼 수 있다. 그리고 암울한 인류의 미래에 대한 가능성과 희망을 보여준 사례라 본다.

제3절 5·18정신과 남북한 통일방안

5·18정신은 위에서 살펴보았듯이 민주, 인권, 평화, 평화통일이다. 국가 내에서 민주, 인권, 평화가 보장되는 사회는 나눔의 공동체, 공존공영의 공동체사회일 것이다. 즉, 인간의 존엄과 가치가 극대화된 사회이다. 이와 같은 사회는 인간관계에서 주체 대 주체의 만남이 이루어지는 사회가 될 것이다. 5·18정신을 한반도통일에 적용시키면 일방을 통일객체로 보지 않고, 상호간 통일의 주체로 바라보기 때문에 실천이 담보된 공존공영의 평화통일이 될 것이다. 6·15공동선언 제2항(통일조항)은 "남쪽 연합제와 북쪽의 낮은단계의 연방제가 공통점이 있음을 인정한다"라고 명시하고 있다. 그러나 그 근원인 남한의 민족공동체 통일방안과 북한의 고려민주연방제 통일방안을 비교분석하고 공헌과 한계를 5·18정신의 시각에서 평가하고자 한다.

1. 남북한 통일방안의 비교

남한의 민족공동체 통일방안의 통일원칙은 자유, 평화, 민주이지만, 북한의 고려민주연방제 통일방안의 통일원칙은 자주, 평화, 민족대단결이고, 남북한의 동일의 선결조건으로 남한은 선결조건으로 대남적화통일 포기, 상호 신뢰회복, 자유·인권보장, UN동시가입, 교차승인, 국제핵안전협정 준수이고, 북한의 선결조건으로 국가보안법 폐지, 평화협정, 불가침선언, 주한미군철수, 군축, 민족통일전선 형성, 남북개방과 왕래이다. 그리고 과도체제에 대해 남한은 1민족, 2국가, 2체제, 2정부의 남북연합이며, 북한은 과도체제가 없고 1민족, 1국가, 2제도, 2지역정부의 낮은 단계 연방제이다. 남북한의 통일국가 실현절차는 남한은 남북평의회-통일헌법기초-민주적 방법, 절차, 총선실시-통일정부, 통일국회수립이며, 북한은 연석회의(민족통일협상회의) 방식으로 연방제 실현방법협의 결정(남북한당국, 정당, 사회단체참여) 절차이다. 즉, 많은 차이점이 존재함을 알 수 있다. 남북한 통일국가기구는 남한의 통일국가기구로 통일정부와 양원제로 이뤄진 국회이며, 북한은 최고민족연방회의 연방상설위원회이다. 통일국가 정책기조면에서 남한의 통일국가 정책기조는 민주공화체제, 민족구성원모두의 복지증진, 민족의 항구적인 안전보장, 세계평화 기여, 각국과 선린 우호관계 유지이며, 북한은 10대 시정방침[18]이다. 또한, 통일국가 미래상은 남한의 통일국가 미래

---

18) 첫째, 고려민주연방공화국은 국가활동의 모든 분야에서 자주성을 확고히 견지하며 자주적인 정책을 실시. 둘째, 고려민주연방공화국은 나라의 전 지역과 사회의 모든 분야에 걸쳐 민주주의를 실시하며 민족의 대단결을 도모. 셋째, 고려민주연방공화국은 북과 남사이의 경제적 합작과 교류를 실시하며 민족경제의 자립적 발전을 보장. 넷째, 고려민주연방공화국은 과학, 문화, 교육분야에서 북과 남사이의 교류와 협조를 실현하며 나라의 과학기술과 민족문화예술, 민족교육을 통일적으로 발전. 다섯째, 고려민주연방공화국은 북과 남사이의 끊어졌던 교통과 체신을 연결하며 전국적 범위에서 교통, 체신수단의 자유로운 이용을 보장. 여섯째, 고려민주연방공화국은 노동자, 농민을 비롯한 근로대중과 전체 인민들의 생활안정을 도모하며 그들의 복리를 계통적으로 증진. 일곱째, 고려민주연방공화국은 북과 남사이의 군사적 대치상태를 해소하고 민족연합군을 조직하며 외래침략으로부터 민족을 보위하여야 함. 여덟째, 고려민주연방공화국은 해외에 있는 모든 조선동포들의 민족적 권리와 이익을 옹호하고 보호하여야 함. 아홉째, 고려민주연방공화국은 북과 남이 통일이전에 다른 나라들과 맺은 대외관계를 올바로 처리하며 두 지역정부의 대외활동을 통일적으로 조절하여야 함. 열째, 고려민주연방공화국은 전 민족을 대표하는 통일국가로 세계 모든 나라들과 우호관계를 발

상은 자유, 인권이 보장되는 단일국가시장체제로 번영, 발전하는 국가 정의
로운 복지국가이며 북한은 연방정부지도 밑에 남과 북의 지역정부가 독자
적 정책을 실시하는 연방국가이다. 그리고 통일주체에 대해서는 남한의 통
일주체는 남북한 정부이며, 북한은 남북한 제정당·사회단체 대표이다. 끝
으로 통합의 접근방법으로 남한의 접근방법은 기능주의 접근(경제교류 우
선), 민족통합 강조이며, 북한은 신기능주의[19](정치 군사문제 우선), 국가
통합을 강조한다(이서행, 2006: 117-129).

2. 민족공동체 통일방안의 공헌과 한계

민족공동체 통일방안은 자주, 평화, 민주 통일원칙을 제시하고 통일과정
을 화해협력단계, 남북연합단계, 통일국가완성단계로 설정하였다. 그리하
여 1단계에서는 남북기본합의서에 의해서 2단계는 남북연합헌장, 3단계는
통일헌법에 의해서 법적 기초를 이룩하여 한반도의 통일을 달성한다는 기
저를 깔고 있는 통일방안이라 할 수 있다. 1989년 한민족공동체 통일방안이
제정된 이래 약 26여년을 남북관계에서 교류협력의 물꼬를 트는 견인차 역
할을 하였으나 그동안 내외변수가 많이 변하였다. 특히 2000년 6·15남북공
동선언, 2007년 10·4남북정상회담 등 여러 내적 변수와 더불어 외적 변수
가 변화되었는데 이를 반영하는 데 있어 미비한 점이 있다고 사료된다. 그
래서 민족공동체 통일방안에 대한 공헌과 한계에 대해 분석해 보고자 한
다. 민족공동체 통일방안은 통일을 생각하는 데 있어서 매우 중요하고도
획기적인 전환을 담고 있는 것이었다.

전시키며 평화애호적인 대외정책을 실시하여야 함(김일성.1987, pp.337~356).
19) 학자에 따라서 북한의 통일방안에 대해 연방주의로 주장하는 학자가 있다.

첫째, 적대적인 분단을 전제로 한 선전적 통일론에서 벗어나 남북한의 현실을 반영하면서 장기적인 통일론을 본격적으로 제시했다는 큰 의의가 있다.

둘째, 민족공동체 통일방안은 상대방의 현실적 존재를 인정하는 틀 위에서 실현가능한 통일방안으로서의 성격을 갖는다. 탈냉전의 세계사적 전환을 배경으로 남북한은 상대를 '흡수'에서'공존'의 대상으로 시각을 전환할 필요성을 인지하게 되었고 그에 기반한 새로운 구상이 만들어졌던 것이다. 냉전시대에 제시된 통일방안들은 외형적으로 상대방의 존재를 인정하는 듯한 인상을 주면서도, 실질적으로는 상대방을 흡수의 대상으로 삼고자 하였다. 남북의 통일안은 각기 상대방에게 자신의 입장을 천명하고 반응을 끌어내려는 의도를 담고 있었던 것이다.

셋째, 이와 관련된 것으로 통일의 단계론이 구체화된 것이 중요하다. 특히 민족공동체와 남북연합 구성안이 주목할 만한 것이다. 민족공동체는 정치공동체를 실현하기 이전의 단계, 내지 영역으로서 사회·문화·경제적 영역에서의 공동체를 지칭하는 것이었다(박명규·정미영, 2009: 42-43).

그러나 한계로 민족공동체 통일방안은 위와 같은 공헌에도 불구하고 현재의 상황에서 보면 몇 가지 한계점도 분명하다. 우선 기능론적이고 점진적인 사고로 인해 적극적인 통일론으로서의 역할보다는 현상을 유지하고 교류협력에만 치중하는 결과를 가져온 측면이 있다. 둘째 '민족공동체'를 중시하는 논리는 이질성을 어떻게 포괄할 것인가에 대한 적절한 설명이 없다. 셋째 과연 현재 시기에 있어서 '1민족'지향의 설득력과 유용성이 얼마나 확보될 수 있는가에 대해서도 다시 고려해 보아야 한다. 넷째, 생활세계 영역의'통합'을 충분히 포괄하지 못하고 있다. 다섯째, 통일방안을 단계적으로 실현해 나가기 위해서는 변화하는 통일환경에 적응하는 구체적 이행 전략에 대한 논의가 활성화되어야 할 것이다. '교류협력'은 1단계에서 머무는 것이 아니라 2·3단계인 남북연합단계와 통일국가에 까지 계속되어야 할'내용'임에도 1단계로 한정한 '제도적 틀'로 개념화되어 있는 것도 개념상의 문제로 지적할 수 있다(박명규·정미영, 2009: 43-44). 남한 입장에서 북한을 통일의 객체로 보는 면이 있는 것 같다. 또한 구체성도 결여되어 있다고 판단한다.

3. 고려민주연방공화국 창립방안의 공헌과 한계

북한의 공식적인 통일방안은 고려민주연방공화국 창립방안이다. 1민족 1국가 2체제 2지역정부를 주장하고 있다. 민족최고회의를 남북한과 적당한 해외동포로 구성하여 이 곳에서 행정부에 해당하는 연방상설위원회를 만들어 외교권과 군사권을 포함한 통일연방국가가 필요한 일을 처리하자고 주장하고 있다.

고려민주연방공화국 창립방안은 북한 입장에 치우쳐 있고, 분단 70년으로 남북한의 이질성을 미흡하게 반영된 것이다. 그러나 북한이 한반도 분단을 극복하고자 하는 노력을 지향하는 데 하나의 나침반 역할을 했다는 점에 일정한 공헌이 있다고 본다.

그렇지만 남북한이 분단된 채로 각각 발전하여 왔다는 현실을 무시한 주장이라고 생각한다. 북한은 대륙국가로 남한은 해양국가로 각각 구심력을 가지고 70년을 다른 방향으로 발전을 하고 있어 한 번에 외교권과 군사권을 통일된 연방국가에 맡겨 처리한다는 것은 비현실적이고 실현가능성을 담보할 수 없다고 판단한다. 이 점이 결정적 한계이며 정부형태로 민주적 중앙집중제원리에 의한 의회정부제 형태로 나아갈 확률이 있어 다양성을 수용하는데 한계가 있다고 생각한다. 그리고 5·18정신 입장에서 바라볼 때 북한 입장에서 남한을 통일의 객체로 바라보는 면이 있다고 생각한다. 역시 구체성도 결여되어 있다고 판단한다.

4. 소결

위에서 민족공동체 통일방안과 고려민주연방공화국 창립방안에서 살펴보았듯이 한반도 평화통일을 달성하는 데 일정한 공헌과 한계를 내포하고 있다. 그래서 남북대화와 남북교류협력을 지속적, 안정적으로 유지하는데 있어 장애가 되고 있다고 판단한다. 그러므로 실천가능하고 지속적, 안정적 교류협력과 후유증이 최소화된 통일을 달성하기 위해서는 5·18정신이 투영된 새로운 통일방안이 필요하다고 본다. 새로운 통일방안은 국가 내에서 원만한 인간관계를 유지하기 위해서도 대화의 상대를 객체가 아닌 주체로 인정해야 하듯 한반도 통일에 있어 상대방을 상호 통일의 주체로 바라보는 시각이 투영되고 구체성과 실현가능성이 확보된 공존공영하는 평화통일을 지향하는 통일방안이 필요하다. 즉, 5·18정신에 입각한 새로운 통일방안이 필요하다는 시사점을 얻었다.

제4절 5·18정신과
단계적 연방제 통일방안

민족공동체 통일방안의 한계를 인식하고 이를 대체하고자 하는 여러 노력들이 있었다.

대표적으로 김대중3단계통일론(아태평화재단 편, 1995: 280-297), 남북공동체 통일방안(강현철, 2006: 181-194), 복합연성 통일방안(박명규·정미영 외, 2009: 42-43), 연방제통일방안(조민·박형중 외, 2009: 3-39) 등이 있다. 그러나 본서는 위에서 제시한 통일방안들이 구체성과 실현가능성이 부족하다고 생각한다. 그래서 5·18정신에 입각한 새로운 통일방안이 필요하다고 본다.

5·18정신은 민주, 인권, 평화, 통일이다. 즉, 다른 말로 표현하면 인간존중정신, 상대방에 대한 배려정신, 이타적 공동체정신일 것이다. 이와 같은 5·18정신과 실현가능성에 입각하여 6·15공동선언 제2항(통일조항)의 구체화를 위한 통일방안으로 3대원리[20](연방국가주의, 권력분립주의, 법치주

---

20) 3대원리를 구체적으로 서술하면 첫째, 연방국가주의인데 국가형태는 단일국가, 연방국가로 구분할 수 있는데 국가−당체제에 입각하여 연방제통일국가를 지향한다는 뜻이다. 둘째, 권력분립주의인데 연방국가의 통치구조로 수평적 권력분립을 지향하여 입법부, 행정부, 사법부 등 연방국가의 통치권을 상호 견제와 균형을 통하여 통치구조를 구성한다는 뜻이다. 셋째, 법치주의인데 연방국가의 통치권력은 형식적 법치주의를 넘어 실질적 법치주의로 연방국가의 통치권을 행사

의)와 5대원칙[21](단계적 통일의 원칙, 중도적 통일의 원칙, 실용주의적 통일의 원칙, 다양성 수용의 원칙, 통합의 원칙)에 입각하여 단계적 연방제 통일방안을 제시하고자 한다.[22]

1. 개요

본서에서 주장하는 단계적 연방제 통일방안은 기존 남한의 통일방안인 민족공동체 통일방안을 일정한 부분 계승하고 있다. 첫째, 통일이라는 당위성은 20세기뿐만 아니라 21세기 한반도의 평화와 안정 나아가 평화통일이라는 중요한 목표점을 공유하고 있으며 둘째, 점진적인 통일접근 방법을 여전히 유효하게 인정하고 있다는 점이다. 셋째, 민족공동체 통일방안이 단계론적 통일을 주장하고 있는데 본서에서 주장하고 있는 단계론적 연방제 통일방안 역시 단계론적 시각에 입각하고 있다. 그러나 많은 연구가들에 의해서 위의 설명에서 제시하였던 민족공동체 통일방안은 그동안 1989년

하여야 한다는 뜻이다. 최양근(2006: 96-97)

21) 5대원칙은 첫째, 단계적 통일원칙인데 무력통일, 흡수통일을 배제하고 평화통일을 이룩하여 점증적으로 통합성을 높이는 통일헌법을 지향한다는 뜻이다. 둘째, 중도적 통일의 원칙인데 남과 북의 어느 쪽에 치우치지 않고 객관적인 차원을 반영하여 이질성을 극복하고 동질성을 회복하겠다는 뜻이다. 셋째, 실용주의적 통일의 원칙인데 남과 북이 상호 이득이 될 수 있는 통일헌법을 모색하자는 의도이다. 넷째, 다양성 수용의 원칙인데 남과 북 일방이 힘으로 제압하는 것을 지양하고 앞으로 있을 다양한 사회를 지향하고, 이질성 자체를 그대로 인정하는 바탕위에 통일을 지향한다는 의미이다. 다섯째, 통합의 원칙인데 남과 북이 이질적이지만 이질적인 가운데 통합의 필요성을 상호 인정하고 단시간이 아닌 장시간을 통하여 이질성을 극복하자는 뜻이다. 최양근(2006: 96-97)

22) 단계적 연방제 통일방안은 아직은 5·18공식 통일방안이 아니다. 개인적으로 인간존중 정신과 나눔의 공동체, 평화의 공동체 정신을 한반도 통일에 적용하면, 통일의 주체 대 통일의 주체의 만남을 반영한 통일방식이며 공존공영의 통일과 평화통일을 보장하는 방안이고, 5·18정신에 합한 통일방안이라고 제안하고 있는 단계임을 밝히고자 한다.

남한의 공식적 통일방안으로써 대두된 이후 약 26여 년간 남한정부의 공식적인 통일방안으로 확립되어 남북교류협력의 좌표로써 공헌도 많았지만 26년 동안 걸쳐서 변화된 내외 변수를 담지 못하는 한계를 바탕으로 본서 역시 문제의식을 가지고 출발하였다.

　민족공동체 통일방안이 제1단계 교류협력단계 제2단계 남북연합단계 제3단계 1민족 1국가 1체제라는 완전한 통일단계로 설정되어 있는데 남북교류협력을 통해서 북한에 대한 동질성도 많이 확인하였지만 이질성 또한 많이 발견한 이중성을 가지게 되었다라고 판단한다. 현 시점에서 북한을 무력으로 통일하든가 아니면 북한정권이 스스로 동독처럼 붕괴되어 와해가 된다면 민족공동체 통일방안에 입각한 통일을 실현할 수 있지만 그러하기에는 한국전쟁이라는 민족분단을 겪어 3중분단에 놓인 한반도와 한국전쟁과 비유할 수 없을 정도로 양 체제가 가지고 있는 무력을 상상해 보면 무력통일은 속빈강정이 될 확률이 너무나 높다. 그리하여 과연 통일이후 통일의 주체로서 한민족이 재생할 수 있는가라는 의문에 봉착할 수밖에 없다.

　그리고 흡수통일 역시 남한보다 몇 백배 앞섰던 경제력을 가진 서독에 의한 동독의 흡수통일이었지만 통일 후 경제적 심리적 후유증을 생각해 볼 때 바람직한 통일방법이라 생각하지 아니한다.[23] 그래서 단계적 통일방안은 평화통일을 전제로 출발하고 싶다.

　그리고 완결적 통일이 아닌 통일과정은 단계적이며 점진적이고 장기적 시각으로 접근해야 한다는 것이다. 그러나 이념과 목표 및 합의가 중요하다고 하더라도 합의된 사항이 남북상호 당국자간 실천이 없다면 합의내용

---

23) 서독이 1972년의 기본조약 이후 통일이 될 때까지 각종 명목으로 동독에 지원한 총 자금규모는 약 600억 달러로서 연평균 32억 달러에 달한다. 우리의 경우 지난 13년간(95-2007) 정부차원에서 13억 5,000만 달러, 민간차원에서 6억 4,000만 달러로 총 20억 달러상당의 식량, 비료, 의약품 등을 북한에 지원했다. 연평균 1억 5,000만 달러 규모로서 서독의 경우에 비하면 1/21에 불과하며 이는 국민 1인당 연 3-4달러에 불과한 액수일 뿐이다. 임동원(2008: 730-732).

은 공허한 메아리에 불과할 것이다. 이제까지 남북은 1972년 7·4남북공동성명과 1991년에 채택된 남북기본합의서 및 부속합의서, 1992년 한반도비핵화공동선언을 합의하였다. 나아가 2000년 6·15공동선언을 채택하였으며 2007년 10월 4일에 남북정상공동선언을 합의하는 등 한반도 평화와 안정 나아가 장기적으로 평화통일을 이룩하기 위하여 남북 당국자간에 의미 있는 합의가 있었다. 그러나 합의된 내용이 진정성과 지속성을 가지고 실천하는 데는 매우 미흡한 상태라고 판단된다.

그리하여 본서에서는 남북합의이행위원회를 구성하여 그동안 합의한 사항을 실천하는 데 단기적으로는 한반도의 평화와 안정, 그리고 장기적으로는 한반도의 후유증없는 평화통일의 기여할 것이라 판단하여 남북연합의 성격을 띠면서 동시에 이행과 실천을 담보하는 기구를 제안하고자 한다. 이행과 실천의 중요성에 대해서 아래에서 6·15정상회담 당시 김대중 전 대통령과 김정일 위원장간의 실천과 이행의 중요성에 대해 이야기하는 내용을 소개하고자 한다. "김대중 전 대통령: 자주·평화·민족대단결의 원칙을 제시한 7·4남북공동성명이 나온 지 어느덧 28년이 지났습니다. 남북관계의 발전방법을 완벽하게 제시한 남북기본합의서가 채택된 지도 8년이 지났습니다. 하지만 아무것도 실천된 것이 없습니다. 이제 김 위원장과 저에게는 이미 정해진 원칙과 방법에 따라 실천하는 일만 남았습니다. 우리 둘이 합심해서 구체적인 실천으로 겨레에게 희망과 믿음을 줍시다. 남북장관급회담, 경제공동위원회, 군사공동위원회 등을 개최하고 이산가족 상봉과 다방면의 교류협력을 실현합시다.

그리고 김 위원장의 서울방문을 정식으로 초청합니다. 여론조사 결과를 보면 김 위원장이 서울에 와야 한다는 여론이 81%나 됩니다. 조만간 서울은 꼭 한번 방문해 주시기를 바랍니다. 제 나이 이제 일흔여섯입니다. 대통령 임기는 2년 8개월 남았습니다. 30~40년 동안 숱하게 감옥살이를 하고 죽을 고비까지 넘기면서 나름대로 민족의 화해와 통일을 위해 최선을 다하여 살아왔습니다. 그 뜻을 2년 8개월 사이에 김 위원장과 함께 꼭 이뤄보고 싶습니다. 그리고 다음에 어떤 정부가 들어서더라도 그 길을 바꾸지 못하도록 단단히 해두고 싶습니다. 그게 나의 소원입니다." "김정일 위원장 : 지난번 보내주신 친서를 전달받고 또 임동원 특사의 자세한 설명을 듣고 많은 도움을 받았는데, 오늘 다시 대통령의 자세한 설명을 듣고 나니 대통령께서 무엇을 구상하시는지 더욱 잘 알게 되었습니다. 훌륭한 설명에 다시 한번 감사드립니다. 남북이 그동안 여러 문건에 합의했는데 하나도 실천된 것이 없다는데 동의한다"면서 1994년 7월 무산된 남북정상회담에 대해 언급하다가 김일성 주석의 사망경위로 화제를 옮겨갔다(임동원, 2008: 96-97).

이행과 실천을 담보하고 점진적이고 단계적인 통일달성을 위하여 기존 남북한 통일방안을 대체하기 위한 단계적 연방제 통일방안을 제시하고자 한다. 단계적 연방제 통일방안은 3단계로 구성된다. 제1단계 통일기반조성 교류협력단계, 제2단계 〈전기〉 남북합의이행위원회와 〈전기〉 평화통일완성교류협력단계, 제3단계 〈후기〉 남북합의이행위원회와 〈후기〉 평화통일완성교류협력단계로 구성된다.

2. 통일원칙

단계적 연방제 통일방안의 통일원칙은 자주, 평화, 민주, 민족대단결[24]을 주장하고 싶다. 자주, 평화, 민족대단결은 1972년 남북합의에 의한 통일원칙이기 때문에 기존 합의를 이행한다는 차원에서 필요하다. 그리고 민주원칙은 남한에서 4·19혁명, 반유신투쟁, 5·18민중항쟁, 87년 6월 항쟁 등을 통하여 형식적 민주주의와 실질적 민주주의를 확립하기 위하여 무수한 사

---

24) 민족대단결원칙은 배타적 민족주의에 기반을 두어서는 아니될 것이다. 열린민족주의에 기반을 두어야 한다.

망자와 희생자기 나왔다. 민주원칙은 남북한 통일에 있어서도 꼭 필요한
원칙이라고 생각한다.

3. 정치적 통합이론과 경제적 통합이론

남북한통합은 궁극적으로 정치적 통합과 경제적 통합이 달성될 때 완전
한 통일이 되었다라고 생각한다. 그래서 정치적 통합이론과 경제적 통합이
론을 살펴볼 필요가 있다. 첫째, 정치적 통합이론으로 수렴론, 연방주의, 기
능주의, 신기능주의, 현실주의가 있지만 통일이전에는 남북한의 동질성을
회복하기 위하여 일정한 기간 기능주의가 필요하고 통일의 초기단계부터
신기능주의에 입각한 정치적 통합을 추구해야 한다.

그리고 통일의 마지막단계에서는 행정통합의 세분화와 경제통합의 속도
를 필요로 하기에 연방주의적 시각이 필요하다. 또한 수렴론적 시각도 남
북한의 평화통일에 이바지할 것이라 판단된다. 둘째, 경제통합이 되었을 때
완전한 의미의 통일로 볼 수 있기 때문에 발라사(Balassa)[25]의 단계적 경제
통합이론에 입각하여 통일이전 자유무역지대, 통일초기 관세동맹, 공동시
장, 통일중기에 경제동맹 및 화폐통합, 통일 마지막단계에서 완전한 경제통
합을 목표로 경제통합 역시 단계적으로 가야 한다는 것이다.

4. 국가형태와 국가성격 및 이념

첫째, 국가형태는 단일국가가 가장 이상적인 통합국가이지만 현실적으로
단일국가 통일은 위에서 언급한 무력통일 또는 흡수통일이 아니고는 불가

---

25) Balassa는 프랑스 경제학자이고 단계적 경제통합론자이기도 하다.

능하다 판단되어 연방제통일을 주장하고 싶다. 일라자(Elazar)[26]는 연방제의 필수요건으로 연방헌법, 비중앙집권, 권력의 지역적배분을 들었고 연방제의 종류를 크게 중앙집권연방, 비중앙집권연방제로 분류하였는데 본서에서는 Elazar가 주장하는 연방의 필수요건을 갖춘 가운데 미국, 스위스, 독일 등 비중앙집권연방제에 해당하는 비중앙집권연방제로 나아가야 한다는 것이다. 둘째, 국가의 성격은 당-국가체제가 아니고 국가-당체제 즉, 경쟁적 복수정당제로 가야 한다는 것이다. 셋째, 국가이념은 자유와 평등의 조화인 복지국가를 달성하기 위해 자유권적 기본권과 사회권적 기본권의 조화를 목표로 가야 한다는 것이다.

5. 기구와 임무

1) 〈전기〉 남북합의이행위원회

본서에서 주장하는 제1단계인 통일기반조성교류협력단계는 노태우 정부부터 노무현 정부까지 이미 실시되고 있다. 그리고 지금은 제2단계로 넘어가야 할 시기에 직면하였다고 본다.[27] 제2단계 〈전기〉 남북합의이행위원회의 역할은 첫째, 남북정상을 공동위원장으로 하는 남북합의이행위원회를 설립하고, 그 속에 이제까지 남북간 합의는 했지만 이행하지 못하여 남북의 진정한 한반도의 평화와 안정과 한반도의 평화통일을 조성하는 데 남북합의가 제 역할을 하지 못한다고 판단한다. 그래서 남북합의이행위원회 하

---

26) Elazar는 미국 연방헌법학자이다. 일라쟈는 연방국가를 이론적으로 약 384개로 분류할 수 있다고 주장하고 있다. 그리고 연방국가를 크게 두 개로 분류하면 비중앙집권 연방과 중앙집권 연방으로 나눌 수 있다고 주장한 학자이다.
27) 이제는 과거 합의한 내용을 구체적으로 어떻게 실천할 것인가가 앞으로 남북관계의 교류협력 및 평화통일에 절대적인 변수로 작용할 것이라 판단한다.

위조직으로 7·4공동성명이행위원회, 남북기본합의서이행위원회, 6·15공동선언이행위원회, 10·4남북정상선언이행위원회, 연방헌법제정위원회 등을 설립을 제안하고자 한다. 그리하여 이제까지 남북이 합의한 사항들을 정기적으로 점검하여 실천하는 노력과 동시에 통일연방헌법을 준비하는 노력이 필요하다고 판단된다.

그리고 둘째, 남북교류협력 역시 완전한 통일이 될 때까지 끝까지 지속할 필요가 있다고 판단되어 〈전기〉 평화통일완성교류협력단계를 설정하고 지속적인 경제, 사회, 문화, 체육 등 다방면의 교류가 있어야 한다고 생각된다. 전기 남북합의이행위원회는 남북정상이 공동위원장을 맡고 아래와 같은 하부기구를 운영해야 한다. 필요한 기구는 7·4남북공동선언 이행위원회, 남북기본합의서 이행위원회, 비핵화 공동선언이행위원회, 6·15 공동선언이행위원회, 10·4남북정상선언이행위원회, 연방헌법제정위원회, 이행기구로 남북총리회담, 남북각료회담, 남북평의회를 두고 실무기구로 남북공동사무국을 두어야 한다고 본다.

2) 〈후기〉 남북합의이행위원회

단계적 연방제 통일방안은 제1단계 통일기반조성교류협력단계, 제2단계 〈전기〉 남북합의이행위원회와 〈전기〉 평화통일완성교류협력단계, 제3단계로 〈후기〉 남북합의이행위원회 및 〈후기〉 평화통일완성교류협력단계를 설정하여야 한다고 본다. 첫째, 〈후기〉 남북합의이행위원회의 내용을 구체적으로 살펴보면 위원장을 연방대통령, 부위원장은 연방부통령이 맡은 가운데 제1단계 연합형연방제, 제2단계 연방제, 제3단계 세부화된 연방제로 연방국가권한을 강화시켜 단계적으로 통합과정을 강화시키는 단계적 연방제로 나아가자는 것이다. 〈후기〉 남북합의이행위원회는 완결적 통일이 아니기 때문에 연방헌법에 의해서 보장받지 못하는 부분을 위해 〈후기〉 남북합의이행위원회 가동은 필요하다고 생각된다. 또한 둘째, 완전한 통일과정이 달성될 때까지는 〈후기〉 평화통일완성교류협력단계 역시 필요하다고 판단된다.

그래서 한반도통일은 완결적 통일이 아닌 단계적 점진적 통일이기 때문에 완전한 통일이 되기 전까지는 남북한 합의사항들이 계속 나올 수밖에 없는 구조이다. 그래서 한반도통일이 제1단계 연합형 연방제, 제2단계 연방제, 제3단계 세부화된 연방제로 가기 때문에 남북한 합의사항들의 준수는 반드시 필요하다. 〈전기〉 남북합의이행위원회에서는 남북한 정상이 공동 〈전기〉남북합의이행위원회 위원장을 맡았지만, 〈후기〉 남북합의이행위원회 위원장은 통일연방국가의 대통령이 남북지역정부를 조정하기 위하여 위원장을 맡는 것이 효율적이다. 이에 대한 이해의 편의를 위한 자료는 아래 〈그림 1〉과 같다.

〈그림 1〉 단계적 연방제통일방안을 이행하기 위한 과정과 기구

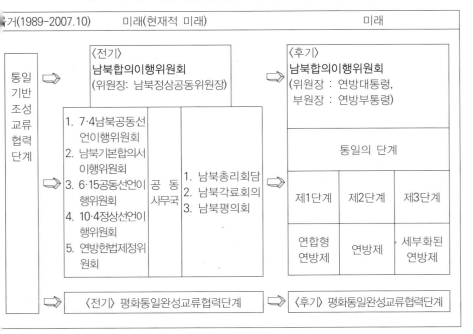

6. 남북한 통일방안과 단계적 연방제 통일방안 비교

남한의 민족공동체 통일방안과 북한의 고려민주연방제 창립방안 및 단계적 연방제 통일방안은 다음과 같은 공통점과 차이점이 존재한다.

1) 공통점

첫째, 통일과정을 단계적으로 설정한다는 점이 공통점이다. 예를 들어 구체적으로 설명하면 민족공동체 통일방안이 교류협력단계, 남북연합단계, 통일국가라는 통합과정을 단계적으로 보고 있으며 북한 연방제 통일방안 역시 낮은단계 연방, 높은단계 연방, 제도통일 후 연방으로 단계적으로 보고 있다. 본서에서 단계적 연방제 통일방안 역시 제1단계 통일기반조성교류협력단계, 제2단계 〈전기〉 남북합의이행위원회, 제3단계 〈후기〉 남북합의이행위원회 및 연합형연방제, 연방제, 세부화된 연방제로 연방국가의 권한을 강화시키는 단계적 과정을 설정하고 있다는 점에서 공통점이 있다. 둘째, 정치적 통합이론으로 민족공동체 통일방안, 북한 연방제 통일방안, 단계적 연방제 통일방안이 신기능주의에 입각하고 있다는 점이다.

2) 차이점

차이점으로 첫째, 최종국가형태를 민족공동체 통일방안은 단일국가를 설정하고 있으며 북한 연방제 통일방안은 중앙집권연방제를 추구하고 있으나 단계적 연방제 통일방안은 비중앙집권연방제를 추구한다는 점이다. 둘째, 경제통합에 대한 접근이론의 존재여부인데 민족공동체 통일방안과 북한 고려민주연방제 통일방안은 경제통합의 필요성만 강조하지 경제통합이론이 없다. 그러나 단계적 연방제 통일방안의 경제통합이론은 Balassa의 단계적 경제통합이론에 기반을 두고 있다. 추구하는 국가성격에 대해 민족공동체 통일방안은 국가-당체제(노동당 배제가 내재되어 있지 않나 생각함)를 주장하고 북한 연방제 통일방안은 당-국가체제(사실상 일당지배체제 가능성이 내재되어 있지 않나 생각함)를 지향하고 있다고 판단한다.

그러나 단계적 연방제 통일방안은 완전한 국가-당체제(경쟁적 복수정당제도)를 지향하고 있다. 추구하는 통일헌법이념으로 민족공동체 통일방안은 자유, 민주, 평화이지만 단계적 연방제 통일방안은 자유, 평등, 인권이 보장되는 혼합경제체제로 번영·발전하는 정의로운 복지국가이다. 그리고 북한의 고려민주연방공화국 통일방안은 연방정부의 지도 밑에 남과 북의 지역정부가 독자적 정책을 실시하는 연방국가를 나타내고 있으나 최종 제도통일 후 완전한 통일단계의 최종점에서 국가미래상에 대한 언급은 없다. 그러나 단계적 연방제 통일방안은 최종 연방국가의 최종 종착점으로 자유권적 기본권과 사회권적 기본권의 조화, 즉 자유와 평등의 조화를 이룩한 복지국가라고 주장하고 싶다. 이에 대한 이해의 편의를 위한 자료는 아래 〈표 1〉과 같다.

〈표 1〉 단계적 연방제 통일방안, 고려민주연방제 창립방안, 민족공동체 통일방안
비교분석

비교항목 \ 종류	단계적 연방제 통일방안	고려민주연방제 창립방안	민족공동체 통일방안
통일과정	단계적이다 (1) 전기남북합의이행위원회 (2) 후기남북합의이행위원회 ① 제1단계 연합형연방제 ② 제2단계 연방제 ③ 제3단계 세부화된 연방제	단계적이다 ① 낮은단계 연방제 (연방형연합) ② 높은단계 연방제 ③ 제도통일 후 연방제28)	단계적이다. 교류협력-남북연합 통일국가

정치적 통합이론	수렴론을 근간으로 하여 (통일이전) 기능주의, (제1·2단계 통일시기) 신기능주의, (제3단계 통일완성단계) 신기능주의, 연방주의 가미, 현실주의 배제	신기능주의	기능주의→신기능주의29)
국가형태	비중앙집권연방추구	중앙집권 연방추구	단일국가
경제통합에 대한 접근이론 존재여부	Balassa 통합이론	아직 발견 못함	아직 발견 못함
추구할 통일헌법 내용	·자유+평등조화(복지국가) ·자유권적기본권과 사회적 기본권 조화	언급 없다	언급 없다 (자유민주주의 헌법 내재해 있다)
국가의 성격	국가-당체제(복수정당제) (일본, 이태리, 프랑스 등30))	당-국가체제31)	자유권중심의 헌법 국가-당체제32)

---

28) 제도통일은 후대 미루자라는 이야기까지만 공식문서에 나와 있는데 제도통일 후 연방국가를 유지할 것인지 아니면 단일국가로 갈 것인지에 대한 언급은 아직 없다.

29) 민족공동체 통일방안은 기능주의에 입각하고 있다는 주장이 다수설이나 본인의 판단으로는 기능주의에 신기능주의를 가미시키는 가운데 김대중 정부, 노무현 정부 대북정책이 실천되었다고 판단된다.

30) 이태리, 프랑스는 국내정치에서 공산당을 정식적으로 인정하여 정당활동을 보장하고 있으며, 유럽연합의회에서도 이태리, 프랑스 등은 공산당이 유럽연합의회에도 정식적으로 진출 활동하고 있다. 일본 역시 국가-당체제이지만 공산당을 합법적으로 인정하고 있다.

31) 명문상 언급은 없다. 그러나 사실상 일당지배체제를 지향한다면 한반도 평화통일은 달성하기 쉽지 않다.

32) 명문상 언급은 없다. 그러나 제한적 국가-당체제를 지향한다면 한반도 평화통일을 달성하기 쉽지 않다.

제5절 결론

2015년은 남북분난 70년이 되는 해이나. 그러나 위에서 실펴보았듯 남북한 상황은 천안함 사건으로 인한 5·24조치와 연평도 포격으로 남북교류가 제한적으로 유지되고 있고 그마저도 위협을 받고 있는 상황이다. 그 이유는 서론에서 지적했다시피 남북한 현존 통일방안은 자기중심적 통일방안이고 6·15공동선언 제2항은 추상적인 합의이기 때문에 구체화된 남북이 합의할 수 있고 실현가능성을 담보할 수 있는 새로운 통일방안이 아직 존재하지 않기 때문이라 본다. 남북이 합의할 수 있는 새로운 통일방안은 남북한 신뢰회복과 더불어 남북교류를 확대할 수 있고 안정성과 지속성을 담보할 수 있어야 한다.

그리고 2005년 합의한 9·19공동성명과 2007년 2·13합의를 통해 한반도 비핵화, 북미정상화, 북일정상화, 경제에너지 지원, 동북아 다자안보체제 구축 및 한반도평화체제 구축을 성공적으로 유인하는데 새로운 통일방안은 기여할 수 있어야 할 것이다. 그러기 위해서 새로운 통일방안은 5·18정신인 민주, 인권, 평화 즉, 나눔의 공동체, 헌신의 공동체, 공존공영의 공동체가 살아 움직여 인간의 존엄과 가치를 증대시키는 정신을 담는 통일방안이어야 할 것이다.

즉, 5·18정신을 국가 내에 적용하면 주체 대 주체의 만남이 될 것이며, 한반도 평화통일에 투영하면 통일주체 대 통일주체의 만남이 되어야 할 것이다.

5·18정신이 한반도 평화통일에 주는 시사점은 첫째, 통일의 방법으로 무력통일, 흡수통일, 평화통일 중 평화통일이 통일방법으로 되어야 할 것이다. 둘째, 통일국가 형태는 단일국가보다는 연방국가가 남북이 통일의 주체 대 통일의 주체의 만남으로 공존공영할 수 있는 통일국가가 되어야 할 것이다. 셋째, 통일기간은 단기적인 통일이 아닌 장기적인 통일과정이 되어야 할 것이다. 넷째, 통일과정은 확정적인 통일이 아닌 점진적 단계적 통일이 되어야 할 것이라는 시사점을 우리에게 주고 있다.

그래서 본서에서는 5·18정신이 투영된 새로운 통일방안으로 단계적 연방제 통일방안을 제시하였다. 단계적 연방제 통일방안은 3대원리(연방국가주의, 권력분립주의, 법치주의)와 5대원칙(단계적 통일의 원칙, 중도적 통일의 원칙, 실용주의적 통일의 원칙, 다양성 수용의 원칙, 통합의 원칙)에 입각하여 구상하였다.

세부적으로 살펴보면 통일과정은 확정적 통일이 아닌 점진적 단계적 통일을 지향하였고, 정치적 통합이론으로 통일초기에 수렴론을 바탕으로 신기능주의와 통일말기에 수렴론과 신기능주의에 연방주의를 가미해야 한다고 주장하였으며, 현실주의는 철저히 배제하여야 한다고 주장했다. 국가형태로는 Elazar의 비중앙집권연방을 최종 국가형태로 설정하였다. 경제통합에 대한 접근이론은 Balassa의 단계적 경제통합이론에 기초한 경제통합을 추구하여야 한다고 말하였다. 그리고 추구할 헌법내용으로는 자유와 평등이 균형을 이루는 고도의 일반적 복지국가를 지향하여야 하며, 또한 국가성격으로는 당-국가체제가 아닌 완전한 국가-당체제가 되어야 한다고 주장하였다.

만약 남과 북이 6·15공동선언 제2항(통일조항)을 구체화하는 새로운 통일방안에 합의하여 남북교류 및 단계적 점진적으로 한반도 통일을 추구한다면 남한에서 문제가 되고 있는 청년 실업 해소 및 노인 빈곤층 해소를 통한 일반적 복지국가를 이룩할 수 있다고 본다. 그리고 미국발 국제금융위기인 리만브라더스 이후 성장지체에 빠진 경제문제를 타파할 수 있고, 새로운 투자처로 북한과 만주, 몽고, 시베리아 등 새로운 성장동력을 찾을 수 있을 것이다. 또한 북한도 문제되고 있는 주민들의 어려운 경제상태를 해소하고 북한안보를 평화적으로 국제사회가 보장하는데 기여할 수 있을 것이다. 더불어 단기적으로는 한반도 평화와 안정에 기여하고 중·장기적으로는 후유증이 최소화된 평화통일에 기여할 것이다.

그리하여 단계적 연방제 통일방안은 첫째, 6·15공동선언 제2항(통일조항)을 구체화에 기여할 수 있는 통일방안이라고 판단한다. 둘째, 남북이 신뢰회복을 하면서 경제 교류를 확대할 수 있고, 한민족이 동북아를 넘어 유라시아 시대를 개척하는데 기여할 수 있으며, 또한 셋째, 세계평화를 달성하는데 '타고르'가 말한 '동방의 횃불'이 되는 초석이 될 것이라 확신한다.

제6장

북한 정권수립과정 시 헌법과
고려민주연방제 통일방안
상관성 연구

한반도 평화공존통일
에 주는 시사점

[이 글의 취지]

현재 남한에서 연방제 통일론에 대해서 공포심을 가지고 있다. 일반국민들은 연방제 통일을 구소련·북한이 주장하고 있는 고려민주연방제창립방안으로 생각하는 경향이 다수이다. 그러나 미국출신 연방헌법 대가인 일라자(Elazar)에 의하면 연방을 이론적으로 나누면 약 384개 종류로 분류할 수 있다고 주장한다. 구소련 또는 북한이 주장하고 있는 고려민주연방제는 그 중 하나에 불과하다. 현실적으로 연방국가인 미국, 독일, 호주, 캐나다, 스위스 등 선진국들도 대부분 연방제를 채택하고 있으며, 브라질, 인도 등도 연방국가이다. 세계 인구 약 40% 이상이 연방국가에서 살고 있다. 본서에서 주장하고 있는 단계적 연방국가는 다양성을 추구하는 비중앙집권 연방을 이야기한다는 취지의 연구물이다.

[이 글의 요지]

한반도는 현재 남북한간에 냉전기류가 흐르고 있다. 화해·협력 시대가 다시 열리면 한반도 재통일 문제가 현안이 될 수 있다. 통일문제가 대두되면 남북한의 이질성과 동시에 동질성이 논점으로 부각될 것이다. 본서는 그러한 상황을 염두에 둔 연구물이다. 북한의 초기 정권수립과정과 임시헌법의 내용 및 1948년 9월에 제정된 조선인민민주주의헌법을 분석하여 보면 북한이 주장하고자 하는 통일국가의 미래상을 예측할 수 있다. 북한은 고려민주연방공화국 통일방안을 아직까지 공식 통일방안으로 내세우고 있다. 북한의 통일방안을 분석해 보면 북한의 초기정권수립과정과 유사한 점을 발견할 수 있다. 북한의 임시헌법은 정치적 기본질서로 인민민주주의, 경제적 기본질서로 계획경제를 원칙으로 하고 예외적으로 시장경제를 내세우고 있다. 그리고 국제질서로 국제평화주의를 주장하였다. 1948년 9월 제정된 조선민주주의인민공화국의 헌법 역시 임시헌법을 그대로 계승하고 있다. 북한의 초기정권수립과정이 이미 집단주의를 염두에 둔 출발이었다고 본다. 본서에서는 3대원리(연방국가주의, 권력분립주의, 법치주의)와 5대원칙(다양성수용의 원칙, 단계적 통일의 원칙, 중도적 통일의 원칙, 실용주의적 통일의 원칙, 통합의 원칙)에 입각하여 북한초기정권 수립과정과 북한임시헌법 및 북한제헌헌법을 분석하였다. 분석한 결과 북한임시인민위원회와 북한인민위원회 출범방식에서 이미 다양성수용의 원칙에서 볼 때 집단주의로 넘어가는 과정을 발견하였다. 북한의 고려민주연방공화국 통일방안은 남북한 동수의 대표와 적당한 해외동포로 구성된 최고민족회의에서 연방상설위원회를 수립하여 연방제로 통일하자고 주장하고 있다.

남북한 분단 66년을 고려해 보면 통일국가는 연방제로 가야 한다고 본다. 그러나 연방국가도 이론적으로 크게 중앙집권연방과 비중앙집권연방으로 구분해 볼 수 있다. 한반도는 현재 지역분단, 정치적 분단, 민족분단 등 3중분단 상태에 있다. 이와 같은 현실을 고려해 보면 중앙집권연방은 비현실적이다. 다양성을 수용한 가운데 통일국가를 이루어 한민족의 미래와 비전을 제시하기에는 비중앙집권연방이 훨씬 현실적이다. 그러나 북한이 주장하는 최고민족회의를 통한 연방상설위원회는 정부형태로 민주적 중앙집중제원리에 의한 의회제 정부형태이다. 이는 중앙집권연방으로 갈 수 있는 가능성이 농후하다. 그리고 북한정권의 초기수립과정과 임시헌법 내용 및 제헌헌법은 집단주의로 가기 위한 민주적 중앙집중제원리가 반영된 것이다. 남북한 현실을 고려해 보면 다양성을 반영하는 연방국가와 권력분립주의를 통한 복수정당제로 가는 것이 현실적 적합성을 가지고 있다. 냉기류가 해소되어 화해기류가 한반도에 다시 찾아오면 통일논의도 활성화될 것이다. 이 때를 대비해서 통일국가의 국가형태와 정부형태를 제시하고자 한다. 그래서 북한정권의 초기수립과정과 임시헌법 및 고려민주연방제 통일방안의 상관관계를 연구하는 것은 중요한 의미가 있다고 본다.

[참고] 이 글은 『평화학연구』(제12권 3호, 2011년)에 발표한 연구물을 토대로 개서한 글임.

제1절 서론

한국의 해방은 연합국의 승리로 1945년 8월 15일 찾아왔지만 우리 민족의 힘만으로 해방을 쟁취하지 않아 38도선을 기준으로 이북은 소련군이 진주하고 이남은 미군이 진주하여 그때부터 분단의 서곡은 시작되었다고 본다. 1945년 12월에 모스크바 3상회의[1]를 통해서 한국을 일시적으로 신탁통치한 후 완전한 독립을 보장해 주자는 안이 채택되어 한국 내에서는 친탁과 반탁세력 간에 내부적 분열이 초래되어 내부적으로도 분단의 씨앗이 뿌려졌다고 판단한다. 그 후 미소공동위원회가 서울에서 1946년 열려 신탁통치에 대해서 회의를 진행하였지만 미소 간에 반탁인사들의 참여여부를 놓고 대립을 하다가 결론에 이르지 못하고 제1차 미소공동위원회는 막을 내리고 말았다. 또한 우여곡절 속에서 제2차 미소공동위원회가 개최되었지만 역시 미소 간 의견이 해소되지 못하고 결국 신탁통치에 대해서 합의를 보지 못하고 결렬되어 민족통일은 우리민족끼리 단결하여 나아가는 방법밖에 없었다.[2]

---

1) 모스크바 3상회의에서 미국이 먼저 한국에 신탁통치를 한시적으로 한 후 완전한 독립을 시키자고 제안하였는데 소련이 이를 이의를 달지 않고 받아들였다고 한다. 정용욱, 『존 하지와 미군 점령통치 3년』(서울: 도서출판 중심, 2003), pp.53-96 참조.
2) 중국공산당이 중국대륙을 통일해 나가는데 불안을 느낀 미군은 미국무부 신탁통치 방안에 대해서 하지 등 미국군인들은 신탁통치를 처음부터 반대하다가 1946

그리하여 김구와 김규식 등 일부 민족주의자들은 평양에서 1948년 4월에 열린 남북 제정당·사회단체연석회의에서 민족분단을 막기 위해서 노력하였다. 그러나 그들의 노력은 결실을 보지 못하고 결국 남쪽은 1948년 8월 15일에 대한민국으로 북쪽은 1948년 9월 9일 조선민주주의인민공화국으로 각각 분열된 채 각기 다른 정부를 세웠다.

북한이 주장하고 있는 고려민주연방제 통일방안에 의하면 최고민족회의를 남북한 동수 및 적당한 수의 해외동포들로 구성하여 최고민족회의에서 연방국가집행기관인 연방상설위원회를 수립하여 연방제통일을 하자고 주장하고 있다. 이러한 주장은 초기 북한정권수립과정과 북조선인민회의 및 북조선인민위원회와 내각 조직과정과 유사한 점이 내재되어 있다고 판단한다. 그리하여 이에 대한 분석은 남북한 모두를 아우를 수 있는 현실적인 통일방안 및 통일헌법을 구상하는 데 필요한 기초적인 자료를 추출할 수 있다고 생각한다. 그래서 본서는 첫째, 북한정권의 수립과정을 분석하고, 둘째, 북한임시헌법 및 1948년 북한제헌헌법을 3대원리[3]와 5대원칙[4]에 입각

년 제1차 미소공동위원회가 결렬되자 미국무부에서는 한국에 파병된 하지 등 미군정청에 강하게 신탁통치안이 실현되도록 압력을 미군에 넣어 제2차 미소공동위원회가 열렸으나 결국 무산되었고, 중국공산당의 대륙통일을 기정사실화하고 있던 미군은 냉전을 대비하고자 이승만등 반탁세력을 후원하기에 이르렀다. 정용욱 (2003), pp, 39-52와 pp, 213-246 참조.

3) 3대원리를 구체적으로 서술하면 첫째, 연방국가주의인데 국가형태는 단일국가, 연방국가로 구분할 수 있는데 국가-당체제에 입각하여 연방제통일국가를 지향한다는 뜻이다. 둘째, 권력분립주의인데 연방국가의 통치구조로 수평적 권력분립을 지향하여 입법부, 행정부, 사법부 등 연방국가의 통치권을 상호 견제와 균형을 통하여 통치구조를 구성한다는 뜻이다. 셋째, 법치주의인데 연방국가의 통치권력은 형식적 법치주의를 넘어 실질적 법치주의로 연방국가의 통치권을 행사하여야 한다는 뜻이다. (최양근, "남·북한 헌법의 비교분석과 통일헌법에 대한 연구", 연세대학교행정대학원석사학위 논문, 2006), pp, 96-97 참조.

4) 5대원칙은 첫째, 단계적 통일원칙인데 무력통일, 흡수통일을 배제하고 평화통일을 이룩하여 점증적으로 통합성을 높이는 통일헌법을 지향한다는 뜻이다. 둘째, 중도적 통일의 원칙인데 남과 북의 어느 쪽에 치우치지 않고 객관적인 차원을 반영하여 이질성을 극복하고 동질성을 회복하겠다는 뜻이다. 셋째, 실용주의적 통

하여 살펴본 후 셋째, 현재 북한의 공식적인 통일방안인 고려민주연방공화
국 통일방안과 상관관계를 살펴보고 문제점을 밝혀 보고자 한다.

일의 원칙인데 남과 북이 상호 이득이 될 수 있는 통일헌법을 모색하자는 의도이
다. 넷째, 다양성 수용의 원칙인데 남과 북 일방이 힘으로 제압하는 것을 지양하
고 앞으로 있을 다양한 사회를 지향하고, 이질성 자체를 그대로 인정하는 바탕
위에 통일을 지향한다는 의미이다. 다섯째, 통합의 원칙인데 남과 북이 이질적이
지만 이질적인 가운데 통합의 필요성을 상호 인정하고 단시간이 아닌 장시간을
통하여 이질성을 극복하자는 뜻이다. 최양근 (2006), pp, 96-97 참조.

제2절 초기 북한정권의 수립과정

초기 북한정권의 수립과정을 시간의 순서대로 살펴보고자 한다. 1945년 9월 19일에 북한에 입국한 김일성항일유격대집단은 1945년 10월에 북조선공산당분국을 창설하고, 1945년 11월에 북조선여성총동맹을 출범시키고 1946년 1월에는 북조선농민동맹과 북조선민주청년동맹을 결성하였다. 1945년 12월에 북조선직업총동맹을 조직하였다. 이어 1946년 5월에는 북조선소비조합을 결성하였다. 1945년 11월에 조만식 등 기독교단체는 민주당을 창당하였으며, 1946년 3월에는 북조선신민당을 창당하였다. 이와 같이 먼저 정당, 사회단체 등을 출범시키고 북한은 북조선임시인민위원회를 1946년 2월 8일에 출범시켰다. 북조선임시인민위원회는 당면과제로 토지개혁 및 남녀평등권, 주요산업의 국유화를 달성하여 북한에서 김일성을 중심으로 한 빨치산 출신들이 북한주민의 지지와 성원을 얻는 결정적인 계기가 되었다. 그리고 이와 같은 개혁의 성공으로 1946년 11월에 북한은 직접선거로 도·시·군 인민회의 선거가 성공리에 마무리 되었다. 그 후 도·시·군 인민대회를 개최하여 간접선거로 북조선인민회의를 구성하고 북조선인민회의에서 1947년 북조선인민위원회를 민주적 중앙집중제원리에 의한 의회정부제 형태로 출범시켰다. 서동만은 북조선인민위원회 출범을 당-국가체제의 출발점으로 보고 있다.5) 이에 대한 상세한 서술을 하면 아래와 같다. 6)

1. 북조선임시인민위원회

1) 북조선임시인민위원회 수립과정

김일성 항일유격대 집단 제3진은 1945년 9월 19일 원산항으로 입북하여 제일 먼저 하는 일이 김일성과 같이 입북한 항일유격대집단을 지방으로 내려 보내 토착공산세력들을 조직하고 치안과 군대의 조직을 맡을 보안대 창설에 두고 활동하였다. 이와 더불어 1945년 10월 10일부터 10월 13일까지 평양에서 '서북 5도당책임자 및 열성자 대회'를 개최하여 조선공산당북조선분국을 창설하여 북한지역에서 공산주의자들을 한 조직으로 조선공산당 북조선분국을 창설하였다.

해방 후 북한 각 지역에서 다양한 명칭을 가진 청년단체들이 자연발생적으로 조직되어 분산적으로 활동하고 있었다. 그리하여 난립된 청년조직간에 이념과 심지어 폭력사태까지 발생하였는데 이때 김일성은 1945년 12월 28일에 「학생동맹을 민주청년동맹에 합칠 것에 대하여」라는 지시를 통해 학생들을 민청에 들어야 하고 학생동맹은 민청에 합쳐야 한다고 주장하며 학생청년들은 사회의 여러 계급과 계층들에 속하는 것이지 결코 독립적으로 존재하는 계급이나 계층은 아니라고 못 박았다.[7] 그래서 1946년 1월 16일부터 17일까지 북조선민주주의청년단체대표자대회가 평양에서 개최되어 북조선민주청년동맹이 조직되었다.

---

5) 서동만,『북조선사회주의 체제성립사 1945-1961』(서울: 도서출판 선인, 2005), pp.372-375 참조.
6) 북한정권수립과정은 서동만(2005), pp.139-249 참조; 김광운,『북한정치사연구Ⅰ』(서울: 도서출판 선인, 2003), pp.196-423; 박득준 · 김적봉 편집,『조선통사』상 · 하 (평양: 사회과학출판사, 1987), pp.313-378 참조하였고 세부적으로 필요한 부분은 각주를 통해 별도로 표시하였다.
7) 김일성,『김일성선집』1권(평양: 조선로동당출판사, 1953), pp.19-20 참조.

그리고 1945년 10월 초 여성동맹조직위원회가 결성되었고, 1945년 11월 18일 6개도 여성 대표들이 평양에서 중앙여성동맹을 결성하여 여성운동의 통일을 기하였다. 이것이 북조선민주여성총동맹의 출발이며 또한 모체이다.

또한 해방 후 각지에서 자연발생적으로 조직된 농민조합을 규합하여 '전국농민조합북조선연맹' 결성대회가 1946년 1월 31일 개최되어 북조선농민동맹을 출범시켰다. 더불어 북한에서는 해방 후 3개월이 지난 11월 말까지 14개 산별직업동맹이 조직되었으며, 1945년 11월 30일 19만 6백여 명의 회원을 가진 노동자 사무원의 유일한 군중적 조직단체로서 조선노동조합전국평의회 북조선총국결성대회가 개최되어 북조선직업총동맹을 조직하였다.[8] 그리고 1946년 5월에는 219개 조합에 약 100만 명이 망라되어 북조선소비조합을 조직하였다.

위에서 살펴보듯 북조선제정당. 사회단체창설과정은 순조롭게 진행되어 과도기에 필요로 한 임시주권기관 역할을 지지해 줄 수 있는 기반을 조성하였다. 이는 북조선임시인민위원회와 같은 혁명정권을 출범시키기 위한 대표성을 지닌 단체 구성을 의미한다고 본다.

2) 북조선임시인민위원회 수립과 개혁조치

북조선임시인민위원회가 수립되기 전에 이미 북한지역에는 소련사령부에서 요구하여 1945년 10월 8일 개최된 5도 인민위원회 연합회의에서 북한 각도 인민위원회 대표들에게 평남인민정치위원회를 중심으로 새롭게 정권기관체계를 갖출 것을 지시한 바 있다.

그래서 인민위원회 대표들은 소련의 지시를 받아들여 일제잔재 청산, 사회질서 유지, 생활 안전 등을 적극 해결하기 위해 1945년 11월 19일 '북조선

---

8) 김광운(2003), p.209 재인용.

행정10국'을 창설하였다. 북조선행정10국은 북한지역 각도 사이의 경제적 연계를 실현하기 위한 중앙행정기관으로 기능하였다.

그리고 '북조선행정10국'은 소련군사령부의 명령과 지시사항을 수행하면서 각 지역과 여러 조직들 사이의 경제관계를 확립하고, 지역주민과 산업. 교통. 공공시설의 필요 사항을 해결해 나갔다. 그리고 북조선행정10국 가운데 항일유격대 출신이 국장을 맡은 부서는 보안국 뿐이었다.

그러나 소련사령부는 북조선행정10국 사업 전반에 대해 조선인의 경험 부족, 중앙과 지방기관 사이의 소통단절, 각 국 사이의 협력부족 등의 이유로 부정적으로 평가하였다. 그리고 각급 인민위원회도 공통의 문제 해결을 위한 협의체 혹은 연락체 수준을 발전시켜 새로운 중앙정권기관 수립을 자연스럽게 요구하였다.

그리하여 북한의 공산주의자들과 그들에게 협력하던 각 정당과 사회단체 대표들은 1946년 2월 초 북한의 임시혁명정권기관 수립 준비를 맡을 '각 정당사회단체발기위원회'를 조직하였다. 구성원은 위원장 김책, 부위원장 강량욱, 주영하, 위원 김용범, 최경덕, 김달현, 리주현 등이었다. 1946년 2월 7일 북조선임시인민위원회를 수립하기 위한 정당. 사회단체 대표들의 예비회의가 열렸다. 예비회의에는 북조선공산당 2명, 민주당 2명, 독립동맹 2명, 노동조합 2명, 농민조합 2명, 여성동맹 1명, 민주청년동맹 1명, 종교단체 1명, 조소문화협회 1명, 도·시·군 인민위원회 위원장들과 행정국 국장들이 참가하였다.

그리고 1946년 2월 8일 예비회의에 참석했던 각 정당사회단체 대표 14인의 발기로 북조선임시인민위원회를 결성하기 위한 '북부조선 대표확대회의'가 평양에서 개최되었다. 각 정당사회단체, 각 행정국, 도·시·군 인민위원회를 대표하여 참가한 137명은 정당 대표 6명, 사회단체 대표 8명, 행정국장 11명, 각급 인민위원회 관련자 등으로 구성되었다.

그리고 1946년 2월 9일 회의에서는 임시인민위원회 위원을 선거하였다.

그 결과 위원장에 김일성, 부위원장 김두봉, 서기장 강량욱, 3명으로 상무위원회를 구성하였고 그 외 보안국장 최용건, 산업구장 리문환, 교통국장 한희진, 농림국장 리순근, 상업국장 한동찬, 체신국장 조영렬, 재정국장 리봉수, 교육국장 장종식, 보건국장 윤기녕, 사법국장 최용달, 기획부장 리주연, 그 외 박정애, 무정, 강영근, 강진건, 방수영, 방우영, 김덕영, 홍기황 등 23명 위원으로 선출하였다. 그리고 11개조 당면과업과 20개조 정강정책을 발표하였다. 이 중에서 제일 시급한 것은 토지개혁이었다.

토지개혁은 북한임시인민위원회가 계획했던 민주개혁 가운데 가장 우선 시행되었다. 북한임시인민위원회가 탄생된 직후인 1946년 2월 10일 평양시에서는 수만명의 군중이 참가한 경축대회가 개최되었고 11일부터 북한 각 지역으로 경축군중대회가 일제히 열렸다. 대회에 참석한 농민들은 토지개혁을 1946년 봄 이전에 실시하라고 북한임시인민위원회에 요구하였으며, 일부 농민은 김일성위원장에게 직접 서한을 띄워 토지개혁을 요구하기도 하였다.9)

그리하여 북한임시인민위원회는 1946년 3월 5일에 「북조선토지개혁에 대한 법령」 및 「토지개혁법령에 대한 세칙」을 발표하였다. 법령의 기본 내용은 소작제를 원칙적으로 폐지한다는 것이었다. 따라서 몰수대상은 5정보 이상의 지주 소유지, 전부 소작을 주는 토지, 계속 소작을 주는 토지였다.

그리하여 1946년 3월 31일 성공리에 일단락되었다. 토지개혁의 결과 일제와 친일파 및 조선인 지주 등의 토지 100만 325정보가 무상몰수되어 72만 4522호의 토지가 없거나, 적은 농민에게 98만 1390정보의 토지가 무상분배되었다. 이로써 계급으로서의 지주는 청산되었고, 농사를 직접 짓는 농민이 농촌의 주인이 될 가능성이 열렸다.10)

---

9) 사회과학역사연구소, 『조선전사』 제23권(평양: 과학 · 백과사전출판사, 1981), pp.128-171 참조.
10) 박득준 · 김적봉 편집, 『조선통사』 하(평양: 사회과학출판사, 1987), p.319 참조.

그리하여 토지개혁 후 북한임시인민위원회에 대한 권위는 수직 상승하였고, 농촌사회의 계급구성도 크게 바뀌었다. 더불어 북조선공산당의 대중에 대한 인기 역시 수직 상승하여 당조직의 확대를 쉽게 할 수 있는 토대를 마련하였고 또한 이를 통해 실제로 북조선 공산당은 조직을 확대 강화하였다.[11] 1946년 토지개혁의 연장선상에서 농업현물세제를 시행하여 강력한 경제적 무기를 갖추었다.[12]

그리고 토지개혁이외의 개혁조치로는 노동3권을 보장하기 위한 노동법령과 1946년 7월 30일에 남녀평등권에 관한 법령 또한 주요 산업의 국유화, 교육개혁 실시, 지방인민위원회 사업체계와 행정구역 개편 및 새로운 간부 증원과 건국사상 동원운동 등이 이루어졌다.

위와 같이 북한은 먼저 북한제정당·사회단체를 순차적으로 구성하여 과도기에 대표성을 가질 수 있는 단체를 조직하였다. 이를 바탕으로 혁명정권인 북한임시인민위원회를 출범시켜 일제 식민지하에서 발생한 여러 모순들을 과감히 개혁조치로 제거하였다. 그리하여 김일성을 중심으로 한 항일무장세력이 북한주민들의 전폭적인 지지를 얻을 수 있었다.

2. 북조선인민회의와 인민위원회

1) 북조선인민회의 창설

북한임시인민위원회는 김일성을 위원장으로 하고 부위원장에 김두봉 등 2인을 두었으며 23명을 위원으로 구성하여 일종의 통일전선 정권이라고 볼

---

11) 서동만(2005), pp.161-168 참조.
12) 토지개혁으로 분배받은 농민은 세출의 30%를 세금으로 납부하였다. 북한임시인민위원회는 이를 북한을 통치하는 데 물질적 토대를 구축하였다고 본다.

수 있겠다. 북한임시인민위원회의 임무는 「11개조 당면과업」과 「20개조 정강」을 내세웠는데 이들의 첫 사업은 토지개혁이었다. 토지개혁 실시 과정 일부에서는 적극적인 반대와 무장투쟁을 선도하는 등 반대자가 있었지만 북한임시인민위원회는 이러한 반대를 극복하고 토지개혁을 단행하여 성공적으로 마쳤다고 본다.

그래서 토지개혁의 성공으로 북한임시인민위원회에 대한 지지와 권위가 수직상승하는 계기되었고 또한 북조선공산당에 대한 지지와 신뢰가 수직 상승하여 당조직을 확대하고 강화시키는 계기가 되었다고 판단한다.

그리고 이후 계속되는 민주개혁에 탄력을 받는 계기가 되었다고 생각한다. 예를 들면 남녀평등법, 노동법, 산업국유화 작업이 순조롭게 진행되었다고 생각한다.

그리고 이후 진행되는 1946년 11월 3일에 실시된 도·시·군 인민회의 창설을 위한 주민들의 직접선거[13] 역시 성공적으로 진행되어 1947년 2월 17일부터 20일까지 도·시·군 인민대회가 개최되었는데 1947년 17일에는 1159명이 참가하여 개회식이 열렸다.[14]

1947년 2월 20일에는 「북조선인민회의 규정에 관한 법령」을 통과시켰다. 북조선인민회의 대의원은 북조선 도·시·군 인민위원회대회에 참가한 대표들과 북조선민전에서 후보를 추천한 인물 가운데 선출하였다. 먼저 김일성을 위시하여 각도 인민위위회 위원장 6명과 평양특별시인민위원회 위원장 및 북조선민전 산하에 망라된 3개 정당과 사회단체 대표들로서 후보자 추천전형위원 15명을 선출하여 이들에 의해 후보자 237명이 선별되었다.[15]

---

13) 도·시·군 인민위원회 창설을 위한 선거는 직접선거·보통선거·평등선거·비밀선거로 실시되었는데 우리나라 역사에서 처음으로 실시된 선거였다는데 역사적 의의를 둘 수 있다.

14) 대회에는 북한 각 도·시·군 인민위원 3명 중 1명씩 선정된 도대표 147명, 군대표 889명, 시대표 88명과 북노당·민주당·청우당·북조선직업동맹·농민동맹·민주청년대표·민주여성총동맹 대표가 각 5명씩 참석하였다. 김광운(2003), p.422.

이어서 북조선 도·시·군 인민위회대회 대표들이 후보자에 대한 찬반투표를 통해 대의원을 최종선거하였다. 그런데 흑백투표에 대한 반대여론을 고려하여 한 투표자에 후보전원을 기재한 후 반대자에 대하여 선을 긋고 새 추천자를 기재하는 투표방식이 채용되었으며, 그 결과 2명의 입후보자가 낙선하였다. 1947년 2월 20일 드디어 북조선인민회의[16]가 창설되었다.[17]

2) 북조선인민위원회 출범과 의미

1947년 2월 21일에는 북조선인민회의 제1차회의가 대의원으로 선출된 237명 가운데 230명의 출석 하에 개최되었다. 회의에서는 먼저 최용달의 상임위원회에 대한 해설에 이어서 북조선인민회의 규정 제7조에 의거하여 김용범이 추천한 의장 김두봉, 부의장 최용건, 김달현, 서기장 강량욱, 상임위원 김책·강진건·박정애·최경덕·리기영·김재원·김상철 등 11명을 상임위원으로 선거하였다. 이어서 임시인위사업에 관한 있었는데, 그는 북조선인민회의의 창설이 합법칙·인민성을 가지며, 정권차원에서 통일정부 수립의 물질적 토대를 공고화하기 위해 필요했다는 점을 역설하면서 "북조선임시인민위원회는 자기의 정권을 지금 북조선인민회의에 위양한다"고 연설하였다. 이어진 토론에서 발언자들은 "우리 민족의 영도자 김일성 위원장의 영명한 영도"로 "북조선임시인민위원회의 1년간 사업에 허다한 승리적 수확과 단련을 쌓았음을 지적하였다." 북조선인민회의는 "북조선임시인민

---

15) 북조선노동당 중앙본부 선전선전선동부 당교육과 『공장농촌세포 학습재료』 제2집, pp.48-51를 김광운(2003), p.423에서 재인용.
16) 북한임시인민위원회와 북조선인민위원회는 성격상 혁명정부이며, 또한 통일전선 정부라고 일반적으로 학자들은 말한다. 본인은 이와 같은 견해에 동의한다.
17) 북조선인민회의 대의원 구성은 다음과 같다. 소속정당은 북로당 89명(37.5%), 민주당 29명, 청우당 29명, 무소속 90명이었다. 이것은 실제역량을 반영이기 보다는 민족통일전선을 유지하려는 공산주의자들의 양보라고 보아야 할 것이다. 김광운(2003), p.424 참조.

위원회가 자기 과업들을 성과 있게 이행하였음을 인정"하고 "북조선인민회의
가 북조선인민회의를 조선의 최고정권기관으로 인정하여 주권을 북조선인
민회의에 이양한다"고 한 것을 승인한 후, 최고집행기관인 북조선인민위원
회 구성을 "미소공위회의의 통일적 임시정부 수립까지"라는 전제하에 법적
으로 승인하였다.

그리고 북조선인민회의 구성이 승인된 후 북조선민전 의장단을 대표하
여 최용건은 김일성을 북조선인민위원회 위원장으로 추대하면서 북조선인
민위원회를 조직할 책임을 김일성에게 위임할 것을 제의하였다. 이에 대한
제의에 대해서 북조선인민회의는 최용건의 제안을 채택하였다.

1947년 2월 22일에는 김일성의 「북조선인민위원회 구성에 관하여」란
의안을 승인하고, 「북조선인민위원회에 관한 법령과 재판소 및 검찰소에
관한 법령」을 채택하였다. 그리하여 1947년 2월 22일 북조선인민위원회는
김일성을 위원장으로 보통선거를 거친 법적 '최고집행기관'으로 성립되었
다.[18]

그리고 북조선인민위원회 출범에 대한 의의를 살펴보면, 첫째, 1947년 2
월22에 출범하였던 북조선인민위원회 구성 또한 순탄하게 진행되어 북한에
서 김일성지도체제가 확립되는 바탕이 되었다고 판단한다. 둘째, 북조선인
민위원회는 북한지역 각급 인민위원회와 북조선행정10국 및 임시인위는 선
거를 통하지 않고 선포된 정권기관으로 그 정당성이 결정적 문제가 되었지
만 북조선인민위원회는 보통선거를 기반으로 구성된 정권이었으며 그래서
대중적 지지의 확인을 통해서 구성되었기에 인민정권의 권위를 한 단계 높
여 통치기능을 강화시킬 수 있는 정권이라고 판단한다.[19] 셋째, 이제는 소

---

18) 북조선인민위원은 22명으로 구성되었는데 북로당, 민주당, 청우당, 무소속으로
    구성되었다. 22명 중에서 16명이 북로당으로 실질적 지분이 압도적으로 많아 북
    로당원들이 북조선 인민위원회를 완전히 장악하였다고 볼 수 있다. 북조선노동
    당 중앙본부 선전선전선동부 당교육과 『공장농촌세포 학습재료』 제2집, pp.48-51
    를 김광운(2003), pp.426-427 참조.

련군 수뇌부의 결정이 곧바로 북한의 정치를 좌우할 수 없는 상황이 되었다는 사실이다. 넷째, 북조선인민위원회의 출범방식이 북한 주권 기관인 북조선인민회의에서 위원장 및 위원들을 선거하여 구성되었다. 하지만 의원내각제처럼 북조선인민위원회 위원장이 북조선인민회의 해산권이 없어 정부형태로 보면 민주적 중앙집중제원리에 의한 의회정부제이며, 프롤레타리아 독재[20] 시작으로 북한자료는 평가하고 있다.

---

19) 1947년 인민의회를 통한 북조선인민위원회가 구성되어 있는데 당시 장관급인 인민위원들은 총22명 중 공산당은 이미 16명을 차지하여 서동만은 이미 1947년 인민위원회 출범과 더불어 북한은 당-국가체제가 시작되었다고 주장하고 있는데, 본서에서도 이때 이미 사실상 당-국가체제로 북한은 넘어갔다고 판단한다.

20) 박득준, 김적봉 편집(1987), p, 341 참조.

제3절 북한임시헌법제정 과정과 내용

1. 북한임시헌법제정 과정

북한에서는 유엔 결정에 대한 잠복된 지지세력은 개별적으로 있을지언정, 공개적으로는 없었다. 북한의 대부분 정당·사회단체는 유엔 결정을 반대 배격하였다. 그들은 첫 조치로서 유엔 결정이 있던 다음 날인 1947년 11월 15일, 북로당 중앙위원회·북조선민전 중앙위원회를 연이어 개최하고 앞으로 수립시킬 통일국가의 강령이 될 임시통일헌법 제정을 제기하였다. 북한에서 헌법 제정에 착수한 것은 당시의 정세와 밀접한 관계가 있다. 제2차 미소공위가 결렬되고 미국이 1947년 11월 14일 유엔총회에서 유엔조선임시위원단 설치안을 통과시킨 것에 대하여, 북한당국은 '남한단독정부 수립' 계획이 실행에 옮겨지는 것으로 이해했다. 북한당국의 대응은 유엔임시한국위원단 활동의 저지와 민족통일전선에 기초한 "통일적 중앙정부 수립에 필요한 법적 기초를 마련하는 일이었다. 임시헌법 제정문제는 이런 맥락에서 제기되었다.

1947년 11월 18일 개최된 제3차 북조선인민회의에서 상임위원회 위원장 김두봉은 '민주개혁' 성과의 법적 공고화 등을 내세워 헌법을 제정해야 한다고 주장했다. 토론에 나선 김책도 '민주개혁'과 '민주선거'에서 얻어진 성과를 등기하여 법적 수속으로 공고화하자고 주장하여 헌법의 제정이 곧 '인공' 출범을 위한 법적 기초를 닦는 것이라는 점을 분명히 하였다. 북조선인민회의에서는 「조선임시헌법 제정 준비에 관한 결정」을 채택했다. 결정에는 헌법제정기구를 만들고 헌법초안을 작성한다는 내용이 담겨졌다.

그래서 1947년 11월 18일 북조선인민회의에서는 '조선임시헌법제정위원회'를 조직했다. 제정위원회의 위원장에는 김두봉이 선출됐고, 위원으로 다음의 30명이 선출되었다.[21] 제정위원은 북로당원을 선두로 북조선민전에 소속한 각 정당·사회단체의 인사들을 두루 망라하여 구성하였다. 1947년 11월 20일에 임시헌법제정위원회 회의가 열렸고 이 자리에서 법전작성위원회로 하여금 1947년 12월 15일까지 헌법초안을 작성하도록 한다는 결정이 내려졌다.[22] 1947년 11월 20일에 조선임시헌법제정위원회는 제1차 회의를 열고 조선임시헌법초안 작성을 북조선인민회의 상임위원회 법전부장 겸 헌법제정위원회 상임서기장 김택영과조선역사편찬위원회 위원장 리청원 및 북조선최고재판소 재판원 김윤동에게 맡겼다.[23]

헌법초안은 1947년 6월 14일 북조선민전 열성자대회에서 행한 김일성의 보고와[24] 북로당이 작성했던 「미소공위답신서」를 참고하여 만들어졌다.[25] 이 과정에서 김일성은 11월 중순 남로당뿐만 아니라 남한의 일부 정치세력과도 헌법초안에 대하여 활발하게 의견을 교환하였다. 이 무렵에 근로인민당의 백남운, 민주독립당의 홍명희, 인민공화당의 김원봉, 민족자주연맹의

21) 북조선인민회의 상임위원회, 1948,『제3차 북조선인민회의 회의록』, 조선인민출판사, pp.23-24를 김광운(2003), p.616에서 재인용.
22) 김광운(2003), p.617.
23) 북조선통신사, 1947,『북조선통신』 12월 중순호, pp.8-9를 김광운(2003), p.617에서 재인용.
24) 김일성,『김일성선집』 1권(평양 : 조선노동당출판사, 1953), pp.374-395.
25) 조국광복회10대강령, 20개 정강, 민주주의조선임시정부수립에 관하여 각 정당들과 사회단체들은 무엇을 요구할 것인가 등과 헌법초안을 비교해보면 이를 통하여 임시헌법초안이 역사적 발전과정을 반영하고 그것을 총결적으로 임시헌법에 표현한 것이라는 점을 확인할 수 있다. 김광운(2003), p.618에서 참조.

박건웅 등이 비공개로 평양을 방문하고 북로당 지도부와 임시헌법 제정문제를 논의하였다. 이들은 대체로 민족통일전선에 입각한 통일임시정부 수립을 위하여 임시헌법 제정이 요구된다는 데 인식을 같이하였다. 김일성은 11월 하순 북조선인민위원회 관계자들을 불러 헌법에 북한의 반제반봉건혁명의 성과를 반영하도록 지시하기도 하였다.[26]

그런데 「조선임시헌법초안」작성과정에서 소련계 인물들과 조선 공산주의자들 사이에는 견해 차이도 있었다. 소련서 나온 사람들은 헌법의 체계, 내용면에서 소련에서 체험한 「스탈린헌법」을 염두에 두고 그 틀을 고집하는 경향이 있었다. 국내의 실정을 중시했던 최용달·유원식 등과 의견이 같을 수가 없었다. 자연히 논란이 뒤따랐다. 소련에서 들어온 사람들은 소련헌법 외에는 잘 몰랐다. 반면에 조선 공산주의자들은 소련헌법을 접해본 것은 물론이고 각국의 헌법을 공부할 기회가 있었던 사람들도 있었기 때문에 조선의 현실에 맞는 헌법을 주장하였다.[27]

헌법의 체계는 쉽게 의견접근을 이뤘으나, 내용에서 토지소유, 중소상공업 허용 여부 등을 둘러싸고 논쟁을 계속했다. 소련에서 들어온 사람들은 소련에서 부농 청산의 경험을 예로 들면서 부르주아가 다시 등장할 소지를 애초부터 없애야 한다는 좌경적인 주장을 폈다. 즉 농촌에 부농, 도시에 중소상공업자들을 그대로 두면 결국 부르조아공화국을 만들자는 게 아니냐면서 국유화를 주장하였다. 김일성 위원장과 그의 동료들의 현실은 친일파 민족반역자들을 숙청하고 봉건유제를 청산해 민주주의제도를 정착시켜야 하는 단계라고 주장하여 토지소유와 중소산업 및 상공업의 개인 소유를 관철시켰다.[28]

26) 허정숙, 1986, 『민주건국의 나날에』, pp.253-255를 김광운(2003), p.619에서 재인용.
27) 김광운, 2003, p.619에서 재인용.
28) 김일성은 이때 반제 반봉건 인민민주주의 혁명이 성공하여 진보적 민주주의를 달성하게 되었다고 주장하였다. 한국전쟁 후 1954년 4월 테제발표 후 개인 상공업자와 농민들을 협동농장으로 개인소유를 넘어 협동소유로 급속히 나아가게 되

2. 북한임시헌법의 구체적인 내용[29]

북한의 헌법사를 보면 크게 다섯 헌법으로 나누어 살펴볼 수 있다.

첫째, 북조선인민회의 특별회의(1948.4.29)에서 '조선민주주의인민공화국 헌법초안'을 채택하고, 이 초안을 북조선인민회의 제5차회의(1948.7.9)에서 북한지역에 실시하기로 한 헌법이 '임시헌법'이다. 둘째, 최고인민회의 제1기 1차회의(1948.9.8)에서 제정·공포한 북한의 첫 정식헌법인 '조선민주주의인민공화국 헌법'(이하에서는 '1948년헌법' 또는 '인민민주주의헌법'이라고 함)이다. 이 헌법은 '임시헌법'을 기초로 한 것이다. 셋째, 1948년헌법이 24년간 시행되다가 폐지되고, 최고인민회의 제5기 1차회의(1972.12.27)에서 채택한 '조선민주주의인민공화국 사회주의헌법'(이하에서는 '1972년헌법' 또는 '사회주의헌법'이라 함)이다. 넷째, 최고인민회의 제9기 3차회의(1992.4.9)에서 사회주의헌법을 시행해온지 20년만에 대폭 개정한 헌법(이하에서는 '1992년헌법' 또는 '우리식 사회주의헌법'이라고 함)이다. 다섯째, 최고인민회의 제10기 1차회의(1998.9.5)에서 사회주의헌법을 다시 대폭 개정한 헌법(이하에서는 '1998년헌법' 또는 '김일성헌법'이라고 함)이다.[30]

위와 같이 북한헌법의 변천사를 다섯으로 분류할 수 있는데 그 기초는 임시헌법이라고 볼 수 있다. 북한임시헌법은 북한을 포함한 전국적으로 시

있는데 이에 대한 결과를 반영한 헌법이 1972년 사회주의헌법이었다.

29) 북한임시헌법은 대한민국 제헌헌법이 1948년 7월 17일에 제정되기 이전에 시행된 임시약헌의 대응하는 면이 있고, 그리고 조선임시헌법제정위원회에서 초안을 만들고 1948년 4월 29일에 채택되어 북조선인민회의에서 1948년 7월 9일에 북한지역에 실시하기로 결의한 헌법이고 실제 1948년 9월 8일 이전까지 시행되었다. 또한 북조선임시헌법은 이후 북한헌법에 영향을 미친 기초가 된 헌법이기 때문에 별도로 연구할 가치가 있다. 그리고 북한임시헌법에 대해서 연구된 연구물이 아직 남한에는 없다.

30) 이장희·장명봉외「북한헌법 50년」,『북한법 50년 그 동향과 전망』(서울 : 도서출판 아사연, 1999), p.45.

행을 목표로 제정되었고, 정식적으로 채택되어 1948년 7월 29일부터 1948년 9월 7일까지 북조선인민위원회를 법적으로 뒷받침했던 헌법이다. 그래서 본서는 임시헌법을 구체적으로 살펴보고자 한다. 북한임시헌법은 제10장으로 구성되어 있고 법조문은 102조로 구성되어 있다.

1) 국가형태와 국가성격

헌법상 단일국가나 연방국가에 대한 직접적인 언급은 없다. 그러나 사비니(v. Saviny)의 문리적 해석, 목적론적 해석, 연혁적 해석, 체계적 해석을 통해서 살펴보면 단일국가임을 알 수 있다. 국가의 성격으로는 형식상 복수정당제를 보장하는 국가-당체제이나, 실질적으로는 당-국가체제가 내포되어 있다고 판단된다.[31]

2) 헌법의 기본원리

집단주의를 원칙으로 하고 개인주의를 예외적으로 받아들여 자유와 평등 중 평등을 지향하고 일본재산 및 친일파와 대지주를 제거하기 위한 성격을 가진 헌법이기에 그에 맞게 헌법의 기본원리로 인민주권의 원리, 인민민주주의 원리(진보적 민주주의), 법치주의 원리, 집단주의 원리(예외적 개인주의)로 구성되어 있다. 구체적으로 헌법적 근거를 살펴보면 아래와 같다.

(1) 인민주권의 원리

조선민주주의인민공화국의 주권은 인민에게 있다. 인민은 1945년 8월 15

---

31) 북조선인민위원회 구성은 22명 장관급 중 이미 16명이 북조선로동당이 확보되었다. 그리하여 사실상 당-국가체제가 구축되었다고 판단한다.

일 해방과 함께 인민의 자유의사에 의하여 창설된 새로운 국가주권형태인 인민위원회를 통하여 주권을 행사한다.32) 즉, 국가의 주권은 인민에게 있다는 인민주권원리를 명시하고 있으며 인민위원회를 통하여 간접적으로 주권을 행사한다는 것을 명시하고 있다.

(2) 인민민주주의 원리

인민주권의 행사는 보통선거, 평등선거, 직접선거, 비밀선거를 통해 명시하고 있다. 그 근거는 아래와 같다.

첫째, 주권의 일체 대표기관은 리인민위원회로부터 최고인민위원회에 이르기까지 인민의 자유의사에 의하여 선거한다. 주권기관의 선거는 조선민주주의인민공화국 공민이 일반적 평등적 직접적 선거원칙에 의하여 비밀투표로서 실시한다.33)

둘째, 일체 주권기관의 대의원 및 위원은 선거자 앞에서 자기 사업 활동에 대하여 책임을 가진다. 선거자는 대의원 또는 위원이 그 신임을 상실한 경우에는 임기 전에 소환할 수 있다34)는 국민소환권을 인정하고 있다.35)

(3) 법치주의 원리

북한임시헌법은 국가행정 및 재판을 실시하는데 여러 곳에서 법적근거(법령)에 입각하여야 한다고 규정하고 있다. 구체적인 예를 들면 아래와 같다.

---

32) 북한임시헌법 제2조 참조.
33) 북한임시헌법 제3조 참조.
34) 북한임시헌법 제4조 참조.
35) 최고인민회의 의원 및 각급 주권기관 및 집행기관들은 남한에서는 국회의원 등 국민대표들이 정치적 대표설로 다수설로 인정되고 있는데, 북한에서는 최고인민회의의원 등 국민과 주민대표들이 법적 위임설로 인정되어 국민 및 주민이 국민소환권을 인정되고 있다고 본다.

첫째, 전일본국가 일본인의 토지소유와 조선인지주의 토지소유 및 소작
제도는 영원히 폐지한다. 토지는 밭갈이 하는 자만이 가질 수 있다. 법령에
규정한 이상의 토지를 소유할 수 없다. 토지소유의 개인소유와 아울러 국
가 및 협동단체에 토지소유권을 부여한다. 국가와 협동단체의 토지소유면
에는 제한이 없다. 국가는 로력농민의 리익을 특히 보호하며 경제적 정책
이 허하는 여러 가지 방법으로 그들을 방조한다.[36] 둘째, 아직 토지개혁이
실시돼지 않은 조선내의 지역에 있어서는 최고인민회의가 규정하는 시일
에 이를 실시한다. 이 지역에 있어서의 토지개혁은 북조선에서 실시한 북
조선토지개혁에 대한 법력에 의거하여 실시한다.[37] 셋째, 법령에 규정한
토지 축력, 농구 기타 생산수단, 중소산업기업소, 중소상업기관 원료 제조
품 주택 및 그 부속시설, 가정용품 수입저금에 대한 개인소유는 법적으로
보호한다. 개인소유에 대한 상속인을 법적으로 보장한다. 개인경리의 창발
력을 장려한다.[38] 넷째, 공민은 헌법 및 법령을 준수하여야 한다. 헌법에
규정한 법적 질서를 변경 또는 파괴하기 위하여 헌법에서 부여한 권리를
리용함은 국가에 대한 중대한 죄악이며 법적으로 처벌을 받는다.[39] 다섯째,
판사는 재판에 있어서 독립적이며 오직 법령에만 복종한다.[40] 여섯째, 검
사는 각성 및 그 소속기관 단체 공무원 및 일체민이 법령을 정확하고 성실
하게 준수하며 집행하는가를 감시한다.[41]

(4) 집단주의 원칙과 예외적 개인주의

사회주의적 민주주의는 중산층을 인정하지 않고 모든 소유를 국유화 및

---

36) 북한임시헌법 제6조 참조.
37) 북한임시헌법 제7조 참조.
38) 북한임시헌법 제8조 참조.
39) 북한임시헌법 제27조 참조.
40) 북한임시헌법 제86조 참조.
41) 북한임시헌법 제88조 참조.

협동소유로 인정하나 인민민주주의(진보적 민주주의)는 중산층의 소유를 인정한다는 점에서 차이가 있다. 구체적 근거를 살펴보면 아래와 같다.

첫째, 지하부원, 살림, 하해 주요기업 교통, 운수, 항공, 채신, 방송기관, 은행, 전력, 수도, 광천, 자연, 에너지 및 전일본 국가와 일본인 또는 민족반역자의 일체 소유는 전인민의 소유 즉 국가의 소유이다. 대외무역은 국가 또는 국가의 감독 밑에서 수행한다.[42] 둘째, 전일본국가 일본인의 토지소유와 조선인지주의 토지소유 및 소작제도는 영원히 폐지한다. 토지는 밭갈이 하는 자만이 가질 수 있다. 법령에 규정한 이상의 토지를 소유할 수 없다. 토지소유의 개인소유와 아울러 국가 및 협동단체에 토지소유권을 부여한다. 국가와 협동단체의 토지소유면에는 제한이 없다. 국가는 로력농민의 리익을 특히 보호하며 경제적 정책이 허하는 여러 가지 방법으로 그들을 방조한다.[43] 셋째, 법령에 규정한 토지 축력, 농구 기타 생산수단, 중소산업기업소, 중소상업기관 원료 제조품 주택 및 그 부속시설, 가정용품 수입저금에 대한 개인소유는 법적으로 보호한다. 개인소유에 대한 상속인을 법적으로 보장한다. 개인경리의 창발력을 장려한다.[44] 넷째, 국가는 인민의 협동단체의 발전을 장려한다. 협동단체의 소유는 법적으로 보호한다.[45]

3) 헌법의 기본질서

(1) 계획경제질서

국내의 일체 경제적 자원과 자원이 될 수 있는 것을 인민의 리익에 합리적으로 이용하기 위하여 국가는 유일한 인민경제계획을 작성하며 그 계획

---

42) 북한임시헌법 제5조 참조.
43) 북한임시헌법 제6조 참조.
44) 북한임시헌법 제8조 참조.
45) 북한임시헌법 제9조 참조.

에 의하여 국내의 경제 문화의 부흥과 발전을 지향한다. 국가는 인민경세계획을 실시함에 있어서 국가 및 협동단체의 소유를 근간으로 하고 개인경제부분을 이에 참가케 하며,46) 공민은 중소산업 또는 상업을 자유로 경영할 수 있다47)고 규정하고 있는데 이는 원칙적으로 계획경제를 추구하면서 예외적으로 시장경제를 인정하고 있다고 본다.

(2) 인민민주질서

우리나라는 조선민주주의인민공화국이며,48) 조선민주주의인민공화국의 주권은 인민에게 있다. 그리고 인민은 1945년 8월 15일 해방과 함께 인민의 자유의사에 의하여 창설된 새로운 국가주권형태인 인민위원회를 통하여 주권을 행사한다.49) 또한, 주권의 일체 대표기관은 리인민위원회로부터 최고인민위원회에 이르기까지 인민의 자유의사에 의하여 선거한다. 주권기관의 선거는 조선민주주의인민공화국 공민이 일반적 평등적 직접적 선거원칙에 의하여 비밀투표로서 실시한다50)고 규정하고 있는데 이는 조선이 왕조나 일본식민지가 아니고 공화국이며 주권은 인민에게 있고 그 주권행사는 인민위원회를 통하여 간접적으로 행사되며 주권의 대표기관은 보통선거, 평등선거, 직접선거, 비밀선거에 의하여 선출되어 운영되는 인민민주주의라는 것을 선언하고 있다.

(3) 국제평화주의

헌법상 명시적인 규정은 없다. 그러나, 김일성은 "진보적 민주주의를 북한임시헌법과 조선민주주의인민공화국 1948년 인민민주주의헌법에 규정된

---

46) 북한임시헌법 제10조 참조.
47) 북한임시헌법 제19조 참조.
48) 북한임시헌법 제1조 참조.
49) 북한임시헌법 제2조 참조.
50) 북한임시헌법 제3조 참조.

민주주의의 성격을 첫째, 연합의 특징을 가지고 있고, 둘째 인민대중에게 자유와 평등을 보장하고, 셋째, 자주독립과 민족적 통일과 민주주의적 자유를 지향할 뿐만 아니라 부강한 국가의 건설을 지향하고 있으며, 넷째, 혁명을 지향하고 있고, 다섯째, 우리민주주의는 평화를 지향합니다"[51]라고 주장하고 있다. 이는 간접적으로나마 국제평화주의를 언급하고 있지 않는가 판단한다.

4) 기본권과 의무

북한임시헌법에 나타난 기본권과 의무를 살펴보고자 한다. 일반적 권리로 법앞의 평등권(제11조), 자유권적 기본권으로 신체의 자유(제24조), 주거의 자유와 통신의 자유(제21조), 신앙의 자유와 종교와 정치분리 및 종교행사의 자유(제14조), 표현의 자유인 언론. 출판. 집회. 결사의 자유(제13조)를 인정하고 있다. 정치적 기본권으로 선거권과 피선거권(제12조)를 인정하고 있으나 선거권과 피선거권을 일정한 연령에 해당되는 자는 인정받고 있다. 그러나 심신미약자, 심신상실자 및 친일분자는 선거권과 피선거권이 박탈되어 있다.[52] 그리고 경제적 기본권으로 저작권(제12조), 중소산업 또는 상업의 자유에 대한 경영보장(제19조) 등을 인정하고 있다. 그밖에 경제적 기본권에 대한 규정은 없는 것으로 보아 원칙적으로 소유형태는 국가소유, 협동소유를 추구하고 예외적으로 개인소유를 인정하는 진보적 민주주의를 지향하고 있다.[53] 그리고 청구권적 기본권으로 신소청원권(제25조 제1문),

---

51) 김일성, 『김일성저작집』제1권, 평양: 노동당출판사, 1994, pp.286-300 참조.
52) 일제식민지 36년간 지배로부터 갓 해방되어 주권회복 차원에서 친일분자에 대한 선거권과 피선거권이 박탈되지 않았나 판단된다.
53) "36년 동안의 일제식민지통치하에서 갓 벗어난 우리나라에 구미자본주의국가의 민주주의나 사회주의국가의 민주주의를 그대로 적용하려고 한다면 그것은 큰 잘못입니다"(김일성, 『김일성저작집』 제1권, 평양: 조선로동당출판사, 1994, p.286)

국가배상청구권(제25조 제2문) 등을 인정하고 있으며, 시회적 기본권으로 휴식에 관한 권리와 8시간 노동제 및 유급휴가제(제15조), 동일노동. 동일 보수(제15조), 노동의 권리와 교육받을 권리(제17조), 국가가 부담하는 사회 보험제(제17조), 여성 및 모성 그리고 유아보호(제23조), 혼인 및 가정보호, 사생활 보호(제23조) 등을 보장하고 있다. 그 밖의 보호로 망명 비호권(제31조), 소수민족 권리를 보장하고 있다.[54] 또한 국민의 기본적 의무로 납세의 의무(제29조), 국방의 의무(제28조), 교육을 받게 할 의무(제18조), 근로의 의무(제30조)를 부과하고 있다. [55]

5) 통치기구

북한임시헌법은 정부형태로 민주주의와 중앙집권제를 유기적으로 결합한 활동원칙 또는 그런 원칙이 관철되어 있는 제도, 광범한 대중의 의사와 중앙집권적인 통일적 지도를 결합시킨 로동계급의 혁명조직들의 조직과 활동의 기본원칙이다. 모든 문제 해결에서 개인은 조직에 복종하고 소수는 다수에, 하부는 상부에, 모든 성원과 조직은 중앙에 복종하는 것은 민주주의중앙집권제의 중요한 요구이다[56]는 민주주의중앙집권제원리를 통치기구에 적용하여 정부를 구성한 민주적 중앙집권제원리에 입각한 의회정부제이다. 그리고 통치구조로 북한의 최고주권기관인 최고인민회의(제32조-제34조)를 두고 있으며 최고인민회의 권한을 구체적으로 살펴보면 아래와 같다.

"우리의 민주주의는 인민대중에게 자유와 평등을 보장합니다. 이것은 진보적 민주주의의 중요한 특징의 하나입니다." 김일성(1994), p.292.

54) 소수민족보호규정과 망명비호권은 소련헌법의 영향을 받았다는 간접적인 증거로 본다.

55) "일하지 아니하면 먹지 말라"는 사회주의국가의 노동의무와 유사한 규정을 임시헌법에 이미 나타내고 있는 규정이라 본다.

56) 사회과학출판사, 『조선말대사전』 제1권(평양: 평양인쇄공장, 1992), p.1232.

헌법의 승인 또는 수정, 국내 국외 정책에 관한 기본원칙의 수립, 최고인민회의 상임위원회의 선거, 내각조직, 법령의 채택 및 최고인민회의 휴회중 최고인민회의 상임위원회가 채택한 주요한 정령의 승인, 인민경제계획 승인, 국가예산의 승인, 대사권의 행사, 최고재판소의 선거, 검사총장의 임명[57] 등이다. 그리고 불체포특권(제44조)도 인정하고 있다. 그리고 최고인민회의 회의 중에 최고주권기관인 최고인민회의상임위원회(제47조-제49조)를 규정하고 있다. 최고인민회의 상임위원회는 다음의 임무를 가지는데 구체적으로 살펴보면 다음과 같다. 최고인민회의의 소집, 헌법 및 법령의 실시에 대한 감독, 현행법령의 해석 및 정령 외 공포, 헌법 및 법령에 지속되는 내각의 결정 지시의 폐지, 최고인민회의가 채택한 법령의 공포, 특사권의 행사, 최고인민회의 휴회 중 수상의 제의에 의한 상의 임면 및 이에 대한 차기 최고 인민회의의 승인 요구, 훈장 또는 명예 칭호의 수여, 외국의 조약비준, 외국에 주재하는 대사 공사의 임명 및 소환, 외국사신의 신임장 및 해임장의 접수[58] 등이다.

또한 국가주권의 최고집행기관으로 내각(제53조-제64조)를 두고 있으며, 지방주권기관(제67-제78조)을 두고 있다. 최고재판기관으로 최고인민회의에서 선출한 재판소장을 포함한 재판소(제80조-제86조)와 검찰총장을 포함한 검찰소(제88조-제92조)를 두고 있다. 그 외에 국장, 국기 및 수부(제99조-제101조)와 헌법개정절차(제102조)를 규정하고 있다.

---

57) 북한임시헌법 제36조 참조.
58) 북한임시헌법 제49조 참조.

3. 북조선인민회의 특별회의에서 임시헌법초안 채택과 시행

1948년 3월 8일 조선법전초안작성위원회는 헌법초안을 분과별로 작성 완료 후 종합 심의를 위하여 제2차 전체 위원회를 소집하였다. 3월 15일 북조선인민회의 제23차 상임위원회에서는 헌법초안 심의를 위한 북조선인민회의 특별회의를 1948년 4월로 연기키로 결정하였고, 1948년 4월 22일 개최된 북조선인민회의 제25차 상임위원회에서 헌법초안을 심의하기 위한 북조선인민회의 특별회의 소집을 1948년 4월 28일로 결정하였다.[59] 인민토의 형식을 거친 헌법초안은 1948년 4월 중순 '남북 조선노동당 정치국 연합회의'의 재가를 거쳐, 북조선인민회의 특별회의로 넘겨졌다.

1948년 4월 28일 북조선인민회의 특별회의가 개막되었다. 먼저 조선임시헌법제정위원회 김두봉 위원장이 「조선민주주의인민공화국 헌법초안에 관한 보고」가 있은 다음, 강량욱 서기장이 헌법제정위원회에서 결정한 「헌법초안수정안」을 낭독하였다. 1948년 4월 29일 북조선인민회의 특별회의는 「조선민주주의인민공화국 헌법초안」을 원안대로 찬동하면서 "남조선 괴뢰 '국회'가 욕망하는 지주 대자본가 반동분자들을 위한 '민주주의'로 퇴보"하지 말고, "인민적 민주주의 발전의 길로 앞으로 나아가자"는 취지의 결정서를 채택하였다.[60]

이로써 1947년 11월에 시작되어 5개월 이상을 북한임시헌법의 제정과정이 1947년 4월 29일에 채택되었고, 1947년 7월 29일 북한지역에 시행할 것을 결의하였다.

59) 조선중앙통신사, 1955, 『해방후 10년일지』, p.19를 김광운(2003), p.631에서 재인용.
60) 「북조선인민회의특별회의에서 찬동한 조선민주주의인민공화국 헌법 실시에 관하여」, 『북조선인민회의 특별회의 회의록』의 내용을 김광운(2003), p.632에서 재인용.

4. 북한임시헌법과 조선민주주의인민공화국헌법과 차이점[61)

1948년 9월 8일에 조선민주주의인민공화국헌법을 제정하여 채택하였는데 1948년 인민민주주의헌법은 임시헌법을 거의 반영하고 있으나 몇 가지 점에서 차이점이 나타난다. 차이점은 남한까지 범위를 넓혀서 실시해야 하기 때문에 남한사정을 고려한 수정이라고 보인다. 차이점을 살펴보면 다음과 같다.

첫째, 북한임시헌법에는 토지의 상한에 대해서 언급하고 있지 않으나 인민민주주의헌법에는 토지소유의 최대한도는 5정보 또는 20정보로 한다.(제6조) 이는 북한에서 토지개혁을 실시할 때 5정보를 기준으로 실시하였으나 남한의 사정을 생각하여 20정보까지 토지소유를 허가하고 있다. 제6조 후단부에 토지소유의 최대한도는 지역 및 조건에 따라서 법령으로 규정한다 라는 규정을 보면 명확하게 드러난다고 생각된다. 둘째, 임시헌법 제14조에 신앙의 자유를 규정하면서 종교와 국가분리를 표현하고 있는데 인민민주주의헌법(제14조)에는 신앙 및 종교의식거행의 자유를 보장하면서 종교와 국가분리를 표현하고 있지 않다. 셋째, 임시헌법에서 최고인민회의 권한에 도.시.군.리(읍 및 로동자구)구역의 신설 및 변경에 대한 권한이 없었으나 인민민주주의헌법(제37조)에는 최고인민회의 권한으로 부여하고있다. 넷째, 임시헌법에는 인구 몇명당 대의원 선출 비율을 정하지 않고 있는데 인민민주주의헌법에는 인구 5만에 1명의 비율로 선출한다고 규정하고 있다.(제35조) 다섯째, 임시헌법(제39조) 최고인민회는 대의원 3분의 2이상의 참석으로서 성립한다고 규정하고 있으나, 인민민주의헌법(제40조)에는 대의원 전원의 과반수의 출석이 있어야 그 회의를 열 수 있다고 규정하고 있다.

---

61) 1948년 2월 7일 헌법제정위원회에서 작성한 북한임시헌법과 그 후 이를 토대로 만들어진 북한 인민민주주의헌법을 물리적 해석을 통해서 차이점을 파악했다. 그러나 11개 조문만 제외하고 대부분 두 헌법은 동일하였다.

여섯째, 임시헌법에는 최고회의 상임위원회 구성인원이 11명인데, 인민민주주의헌법(제48조)에는 17명으로 구성한다고 규정하고 있다. 일곱째, 임시헌법에는 최고인민회의 권한에서 외국과의 조약의 비준만 인정하고 있는데, 인민민주주의헌법(제49조)에는 외국과의 조약의 비준 및 폐기까지 인정하고 있다. 여덟째, 임시헌법에는 내각의 구성인원으로 20명인데, 인민민주주의헌법(제58조)에는 22명으로 내각의 구성인원을 증가시켰다. 아홉째, 임시헌법에는 수상, 부수상, 상의 최고인민회의 앞에 선서하는 규정이 없는데, 인민민주주의헌법(제61조)에는 〈나는 조선인민과 조선민주주의인민공화국에 충실히 복무하며 각원으로서의 자기 활동에 있어서 오직 전체 인민과 국가의 복리를 위하여 투쟁하며 조선민주주의인민공화국 헌법과 법령을 엄중히 준수하며 조선민주주의인민공화국의 자주권과 민주주의적 자유를 보호하는데 자기의 모든 력량과 기능을 다할 것을 선서한다.〉라는 선서의무가 있다. 열 번째, 임시헌법에는 조선민주주의인민공화국의 수부는 서울이다. 통일정부가 수립될 때까지 평양시를 수부로 한다(제101조)라는 규정이 있는데, 인민민주주의헌법에는 조선민주주의인민공화국의 수부는 서울이다라고 규정하고 있을 뿐 통일정부가 수립될 때까지 평양시를 수부로 한다는 규정이 없다(제103조) 이것을 추론하면 임시헌법은 일시적으로 북한에 적용할 의도로 만들었지만 인민민주주의헌법은 한반도전체에 적용할 의도로 만들어졌다고 추론할 수 있으며 1972년 사회주의헌법이 채택될 때까지 이 규정은 유지되었다. 열한번째, 임시헌법의 수정절차는 최고인민회의 대의원 3분의 2이상이 참석하여 그 3분의 2이상의 찬성이 있어야만 실현한다(제102조)라고 규정되었는데, 인민민주주의헌법(제104조)에서는 헌법 수정에 관한 법령초안은 최고인민회의 대의원 전원의 3분의 2이상이 찬성이 있어야만 채택된다라고 규정 헌법수정을 어렵게 만들고 있다.

5. 북한임시헌법과 북한제헌헌법의 성격

첫째, 북한임시헌법이나 북한제헌헌법은 자유민주주의헌법도 아니고 그렇다고 사회주의 헌법도 아니다. 북한은 이 헌법들을 "반제반봉건민주주의 헌법"으로 성격을 규정하고 있는데 본인은 이와 같은 견해에 동의한다. 둘째, 북한임시헌법은 1945년 8월 15일 해방되어 해방공간에서 북조선임시인민위원회를 만들어 민주개혁을 단행하였는데 임시헌법의 내용을 살펴보면 이 때 실시한 여러 개혁조치를 담아서 만든 헌법이라고 생각된다. 셋째, 북한임시헌법과 북한제헌헌법은 본서에서 주장하고자 하는 3대원리인 연방국가주의, 권력분립주의, 법치주의에 입각하여 볼 때 국가형태로는 단일국가, 정부형태로는 입법부, 사법부, 행정부 등 3권 권력분립주의에 입각한 대통령제, 내각책임제, 의회정부제(회의제 정부제) 정부형태가 아니다. 즉 민주적 중앙집중제원리에 의한 의회정부제 형태이다. 넷째, 본서에서 주장하고자 하는 다양성수용의 원칙, 실용주의적 통일의 원칙, 단계적 통일의 원칙, 중도적 통일의 원칙, 통합의 원칙 등 5대 원칙에 비추어 볼 때 북한임시헌법과 북한제헌헌법은 프롤레타리아 독재와 집단주의를 반영하고 있는 헌법이기에 5대 원칙 중 특히 다양성수용의 원칙을 반영할 수 없다고 본다.

제4절 북한정권의 수립과정 시 헌법과 고려민주연방제 통일방안의 유사점

1. 북한임시인민위원회와 고려민주연방제 최고민족회의의 수립과정의 유사점

위에서 북조선임시인민위원회 수립과정을 살펴보았는데 이를 다시 요약해보면 북조선임시인민위원회는 1945년 10월 10일부터 10월 13일까지 평양에서 개최된 서북5도당책임자대회 및 열성자대회를 통해 조선공산당북조선분국을 창설하였다. 그리고 1946년 1월 16일부터 1월 17일까지 북조선조선민주주의청년단체대표자대회를 평양에서 개최하여 북조선민주청년동맹을 조직하고 또한 1945년 11월 8일에 북조선민주여성총연맹을 결성하고 1946년 1월 31일에 북조선농민동맹을 결성하였다. 이어서 1945년 11월 30일에 북조선직업총동맹을 결성하였으며 1946년 5월에 북조선소비조합을 결성하여 이를 토대로 1945년 11월 19일 북조선행정10국을 창설하였고, 1945년 12월 초에는 각 정당 사회단체 발기위원회를 조직하였으며 1946년 2월 7일 북조선임시인민위원회를 수립하기 위한 정당, 사회단체 대표들의 예비회의가 열렸다. 그리고 북조선 정당, 사회단체 대표들을 기반으로 북조선 대표 확대

회의를 개최하여 북조선인민위원회 수립을 결정하였다. 또한 1946년 2월 9
일 회의에서 임시인민위원회 위원을 선거하였고, 그 위원장에 김일성, 부위
원장에 김두봉, 서기장에 강량욱, 상무위원회를 구성하였고, 그외에 최용권
등 23명 위원을 선출하여 혁명정부인 북조선임시인민위원회를 출범하였다.
이는 고려민주연방제 통일방안에서 주장하는 최고민족회의 구성을 남북한
동수 대표와 적당한 수의 해외동포로 구성하자라는 주장과 북조선제정당.
사회단체 대표를 중심으로 북조선 대표 확대회의를 구성했던 것과 구성과
정에서 유사점이 있다고 판단한다.

2. 정부형태 일반론과 고려민주연방제 통일방안의 정부형태 분석

1) 정부형태로서 민주적 중앙집중제원리에 의한 의회정부제

정부형태 일반론에 대해서는 살펴보면 아래와 같다.[62] 정부형태란 광의
로는 국가권력구조에 있어서 권력분립의 원리가 어떻게 반영되고 있느냐
하는 권력분립의 구조적 실현형태를 말한다. 그러나 협의로는 국가기본정
책을 결정하는 입법부와 이 결정을 집행하는 집행부의 관계가 어떠한가 라
는 것을 말하고, 최협의로는 집행부의 구조, 기능, 권한행사방식 등이 어떠
한가 라는 집행부의 구조형태를 말한다.[63] 정부형태의 종류로 크게 대통령
제, 변형적 대통령제, 의원내각제, 변형적 의원내각제, 의회정부제, 집정제,
공산국가의 정부형태(민주적 중앙집중제원리에 의한 의회정부제)[64] 등으

---

62) 최양근,『단계적 연방통일헌법 연구-한민족 미래와 비전』(서울: 선인, 2011), pp.286-
    291를 참조하고자 하며, 구체적 사항에 대해서는 별도 각주로 표현했다.
63) 권영성(2010), p.659 참조.
64) 국제문제조사연구소,『각국 헌법전』, 1980, pp.4-6 참조.

로 분류해 볼 수 있겠다. 이 중에서 본서에서 제기하고 있는 문제점과 연결된 정부형태는 민주적 중앙집중제원리에 의한 의회정부제이다. 민주적 중앙집중제원리에 의한 의회정부제란 광의의 의회정부제에 해당될 수 있으나, 의회정부제의 대표적 국가가 스위스라면 민주적 중앙집중제원리에 의한 대표적 국가는 소련, 북한, 동독 등 사회주의국가에서 나타나고 있는 정부형태이다. 스위스 의회정부제는 대통령 및 정부각료가 국회의원이어서는 안되지만 민주적 중앙집중제원리에 의한 의회정부제는 각료가 국회의원이어도 무방하다. 그리고 대부분 사회주의권 국가 각료는 인민회의의 의원(대의원)이라는 점에서 차이점이 있다. 그러나 의회에서 각료에 대한 해임 및 소환권을 일방적으로 행사할 수 있지만 행정부 수반이 의회를 해산할 수 없다는 점에서는 공통점이다.65) 장점으로 첫째, 집단주의를 실현할 수 있다. 둘째, 프롤레타리아 독재를 유지하는데 용이하다. 셋째, 정권교체가 힘들어 장기집권이 가능하다. 단점으로 첫째, 개인주의 등 다양성을 수용하기가 힘들다. 둘째, 정권교체가 힘들어 변화하는 민심을 반영하기가 어렵다. 셋째, 3권분립이 안되어 있어 복수정당제를 도입하여 성공하기가 힘들다. 넷째, 소련에서 여러 민족을 통합하기 위해 연방제를 도입하였지만 연방국가의 종류 중 중앙집권연방으로 나아가 단일국가보다 더 연방구성국가의 자율성을 축소시켰다. 이는 민주적 중앙집중제원리에 의한 의회정부제 형태가 큰 기여를 하였다고 본다.

---

65) 본서에서 처음으로 사용한 용어이다. 광의적으로는 의회정부제이나 대부분 사회주의헌법들이 민주적 중앙집중제 원리를 선택하고 수상을 포함한 행정각부 장관들이 의원이라는 공통적 특색이 있기 때문에 스위스 의회정부제와는 달리 해석해야 할 필요성을 느꼈다.

2) 정부형태에서 북한임시인민위원회와 북조선인민위원회, 연방상설 위원회 유사점

북한임시인민위원회는 1946년 2월 7일 북조선 제정당. 사회단체 예비회담을 거쳐 1946년 2월 8일 북조선확대회의에서 위원장을 김일성으로 하여 출범하였다. 일종의 혁명정부라 볼 수 있다. 그리고 북조선인민위원회는 북조선인민회의에서 출범하였다. 1948년 9월 9일에 수립한 조선민주주의인민공화국 집행기구인 내각 역시 최고인민회의에서 출범하였다. 이런 점에서 내각책임제와 스위스의 의회정부제처럼 보일 수 있다. 그러나 내각책임제에 있는 수상이 국회를 해산시킬 수 있는 의회해산권이 없고 입법부, 행정부, 사법부 등 3권 분립이 없다는 점에서 차이점이 있다. 그리고 스위스 의회정부제에 있는 3권 분립이 없다는 점에서 또한 차이점이 있다. 고려민주연방공화국 통일방안에서 주장하고 있는 남북한 동수와 적당한 해외동포들로 구성된 최고민족회의에서 연방집행기관인 연방상설회의를 만들어 통일국가를 달성하자고 주장하고 있다. 이는 아직 3권분립이 보장된 연방상설회의 창설인가에 대해 미확정되어 있지만 복수정당제나 사법부 구성 및 법치주의에 대한 언급이 없다. 그래서 본서에서는 초기 북한정권의 수립과정과 유사한 민주적 중앙집중제원리에 의한 의회정부 형태로 판단하고자 한다.

3. 북한임시인민위원회 과제와 고려민주연방제 과제 유사점

북한임시인민위원회는 혁명정부로써 "우리는 우리가 세워야 할 민주주의적정부가 반드시 아래와 같은 정강을 실현하여야 한다고 주장합니다. (1) 조선의 정치경제생활에서 과거 일제통치의 온갖 잔재를 철저히 숙청할 것

(2) 국내에 있는 반동분자와 반민주주의적분사들과의 무자비한 투쟁을 전개하며 파쑈적, 반민주주의적 정당, 단체 및 개인들의 활동을 절대 금지할 것 (3) 전체 인민에게 언론, 출판, 집회 및 신앙의 자유를 보장할 것. 민주주의적 정당, 로동조합, 농민조합 기타민주주의적사회단체의 자유로운 활동조건을 보장할 것 (4) 전조선인민은 일반적, 직접적, 평등적, 비밀투표에 의한 선거로써 지방의 일체 행정기관인 인민위원회를 결성할 의무와 권리를 가질 것.... (생략) (9) 대기업소, 운수기관, 은행, 광산, 산림을 국유로 할 것 (10) 개인수공업과 상업의 자유를 허락하며 장려할 것 (11) 일본인, 일본국가, 매국노 및 계속적으로 소작을 주는 지주들의 토지를 몰수할 것이며 소작제를 철폐하고 몰수한 일체 토지를 농민들에게 무상으로 분배하여 그들의 소유로 만들 것 관개업에 속한 일체 시설을 무상으로 몰수하여 국가가 관리할것....(생략) (14) 로동자와 사무원에게 8시간로동제를 실시하며 최저임금을 규정할 것 13세이하의 소년의 로동을 금지하며 13세로부터 16세까지의 소년들에게는 6시간로동제를 실시할 것 (15) 로동자와 사무원들의 생명보험을 실시하며 로동자와 기업소의 보험제를 실시할 것 (16) 전반적의무교육제를 실시하며 국가경영인 소, 중, 전문, 대학교들을 광범히 확장할 것, 국가의 민주주의적제도에 따라 인민교육제도를 개혁할 것....(생략) (20) 국가병원수를 확대하며 전염병을 근절하며 빈민들을 무료로 치료할 것."[66] 20개조 정강정책을 발표하였다. 즉 해방 후 첫 정부차원에서 해야 할 일들을 집약적으로 표현하고 있다. 이렇듯 고려민주연방제 통일방안 역시 첫째, 국가활동의 모든 분야에서 자주성을 견지하며, 자주적인 정책을 실시할 것. 둘째, 나라의 전지역과 사회의 모든 분야에 걸쳐 민주주의를 실시하며 민족의 대단결을 도모할 것. 셋째, 북남사이의 경제합작과 교류를 실시하며 민족경제의 자립적 발전을 보장할 것. 넷째, 과학·문화·교육분야

---

66) 김일성, 『김일성저작선집』 제1권, 평양: 조선로동당출판사, 1967, pp.30-32 참조.

에서 북남사이 교류와 협조를 실현하여 과학기술과 민족문화예술, 민족교육을 통일적으로 발전시킬 것. 다섯째, 교통과 체신을 연결하며 전국적 범위에서 교통체신수단의 자유로운 이용을 보장할 것. 여섯째, 근로대중과 전체인민들의 생활안정을 도모하며 그들의 복리를 계통적으로 증진할 것. 일곱째, 군사적 대치상태를 해소하고 민족연합군을 조직하며 외래침략으로부터 민족을 보위할 것, 여덟째, 모든 조선동포들의 민족적 권리와 이익을 옹호보호할 것. 아홉째, 통일이전에 다른 나라들과 맺은 대외관계를 올바로 처리하며 두 지역정부의 대외활동을 통일적으로 조절할 것. 열째, 전민족을 대표하는 통일국가로 세계 모든나라들과 우호관계를 발전시키며 평화애호적인 대외정책들을 실시할 것 등 10대 시정조치를 주장하고 있다.[67] 해방 후 첫 정부차원의 과제와 한반도 재통일 후 통일국가의 과제의 내용에서는 차이가 있지만 과제를 안고 출발한다는 점에서 유사점이 있다고 본다.

---

67) 김일성,『김일성저작집』제35권, 평양: 조선로동당출판사, 1987. pp.337-356 참조.

제5절 결론

1945년 8월 15일 민족해방은 우리민족의 힘만으로 쟁취된 것이 아니고 연합국의 도움으로 해방을 맞이하였다. 그리하여 남한에는 미군이 진주하고 북한에는 소련군이 진주하여 남북분단의 불씨가 싹트고 있었다. 북한에는 소련군이 진주하였지만 소군정청이 수립하지 않고 항일무장투쟁에 앞장섰던 김일성 등 항일무장세력이 전면에 나서 일제가 남긴 여러 모순들을 북조선임시인민위원회를 통해서 해결해 나가면서 북한주민들의 지지를 전폭적으로 받는 상태가 되었다. 대표적으로 토지개혁을 들 수 있겠는데 우리민족역사에 어느 누구도 해결해 주지 못한 소작제를 타파하고 자경농 중심으로 토지를 배분하였다. 또한 남녀평등 법령실시, 중요산업 국유화, 교육제도 개혁 등 민주개혁을 실시하여 성공적으로 마무리하여 이를 바탕으로 1946년 11월에 주민들의 직접선거를 바탕으로 도·시·군인민회의가 들어섰고 이를 바탕으로 북조선인민위원회가 들어섰다.

그리하여 조선임시헌법제정위원회가 만들어져 북한임시헌법을 1948년 4월 29일에 헌법제정위원회에서 채택되고 이 초안을 1948년 7월 9일에 북조선인민회의에서 시행을 결의하여 북한 전지역에서 시행하였다. 그리고 남한에서 1948년 5월 10일 제헌의회를 구성하여 1948년 7월 17일에 대한민국 제헌헌법을 채택하자 북한은 이에 대응하여 1948년 8월 25일 북한지역에서는 직접선거로 최고인민회의 대의원을 선거하고 남한을 대표하는 대의원은 간접선거를 통해서 최고인민회의 대의원을 선출하였다. 그리하여 북한임시헌법을 기초로 조선민주주의인민공화국헌법(인민민주주의헌법)이 1948년 9월 8일 최고인민회의에서 채택되고 1948년 9월 9일 조선인민민주주의공화국을 출범시켰다.

또한 북한임시헌법이나, 이를 기초로 만들어진 인민민주주의헌법의 성격을 규정한다면 해방 후 북조선임시인민위원회가 실시한 민주개혁을 총체적으로 임시헌법에 담았다고 보며 그래서 임시헌법을 반제반봉건민주주의헌법이라고 성격을 규명할 수 있겠다. 인민민주주의헌법은 몇 가지 점에서 임시헌법과 차이점을 나타내고 있지만 오히려 토지개혁시 인정한 5정보의 최대소유면적을 확대하여 20정보까지 확대하는 점을 보면 남한 상황을 고려한 통일헌법을 의도하였다고 본다. 대표적인 것 중에 수도를 평양이 아니라 서울로 표현하고 있다는 것이다. 평양이 수도로 표현된 것은 1972년 사회주의헌법의 채택부터이다. 그리고 북한임시헌법이나 인민민주주의헌법의 통치구조를 살펴보면 정부형태로 스위스가 선택하고 있는 의회정부형태를 띄고 있다[68]고 판단된다. 그러나 스위스는 민주적 집중제가 아니라, 권력분립에 의한 의회제 정부라는 점에서 북한과는 차이가 있다.

그래서 다시 한 번 더 본문에서 살펴 본 내용을 남한입장에서 유의할 점을 얻고자 압축해 보면 다음과 같다. 첫째, 북한임시인민위원회는 토지개혁 등 여러 개혁조치들을 통하여 민심을 얻었고 이를 토대로 1946년 11월 3일에 도·시·군 인민회의 창설을 위한 주민들의 직접선거가 실시되었다. 그리하여 선거는 성공적으로 진행되어 이를 통해서 북조선인민위원회가 1947년 2월 22일에 출범되었다. 이 선거의 성공적인 바탕에는 각 정당, 사회단체가 민주주의통일전선(민전)을 통해 후보단일화작업을 하였는데 후보단일

---

[68] 정확히 표현하면 민주적 집중제원리를 가진 회의제정부형태를 띄고 있다고 할 수 있다.

화작업을 통해 대부분 선거구가 1명의 입후보자를 내는 형태를 내는 갖추
어진 선거였다. 그리고 둘째, 북조선인민위원회는 북한임시헌법 제정을 하
였고 북한임시헌법은 그동안 이룩한 혁명적 결과물들을 제도화하는 작업
이었으며 북한임시헌법에 대한 정당성 확보과정 역시 주민들의 협력하에
성공리에 채택되었다. 민전의 성격은 통일전선정부의 형태였으나 실질적으
로 헤게모니를 갖고 있던 정당은 북조선노동당이었다. 그리고 선거결과 북
조선노동당이 다수당이 되었다. 셋째, 이러한 형태는 1948년 9월 9일에 출
범한 조선민주주의인민공화국 최고인민회의 선거에서도 그대로 반영되어
북한쪽 선거는 북조선조국통일민주주의전선(북조선조국전선), 남한의 선거
는 박헌영이 주도한 남조선조국통일민주주의전선(남조선조국전선) 등을 통
해 후보자 단일화를 통한 실질적으로 경쟁적 복수정당이 나올 수 없는 선
거구조였다. 이와 같은 선거구조가 통일전선정부에서 노동당정부로 넘어가
는 교두보 역할을 하였고 결국 북한은 당-국가체제로 국가의 성격이 나타
나게 되었다. 넷째, 북한의 고려민주연방공화국 통일방안을 자세히 들여다
보면 초기의 북한정권 수립과정에서 최고민족회의에서 연방상설위원회를
가져 통일연방국가를 형성하자는 주장을 하고 있는데 이는 민주적 중앙집
중제원리에 의한 의회정부제와 당-국가체제로 갈 수 있는 첩경인 경쟁적
복수정당제도를 부인할 수 있는 의도가 깔려 있을 수 있다.

끝으로, 우리의 한반도 재통일은 남과 북의 66년의 이질성 때문에 다양성
을 수용하는 가운데 중도적 통일의 원칙을 달성하지 못하면 일라자(Elazar)[69]
가 우려하고 있는 연방국가형태가 중앙집권연방국가로 나갈 수 있는 소지
가 있으며, 정부형태로 권력분립주의에 의한 3권분립이 아니라 민주적 중

___
69) 미국 국적으로 대표적인 연방헌법학 학자이며, 연방국가를 크게 중앙집권연방국
가와 비중앙집권연방국가로 분류하고 있다. 중앙집권연방의 대표적인 사례로 구
소련, 브라질, 미얀마, 베네수엘라 등을 들고 있고, 비중앙집권연방으로 미국, 스
위스, 독일 등을 들고 있다. 일라저(Elazar)는 바람직한 연방국가는 비중앙집권 연
방이라고 주장한다.

앙집중제원리에 의한 의회정부제 형태로 나갈 가능성이 있다고 판단된다. 본서에서는 북한이 주장할 수 있는 당-국가체제로 나갈 수 있는 원초적 요소인 후보자의 단일화나 민주적 중앙집중제원리에 의한 의회제정부형태는 한반도에 후유증이 없는 평화통일을 하는 데 제일 중요한 다양성수용의 원칙에 반한다라고 주장하고 싶다.

앞에서 언급했듯 한반도분단은 지역분단, 정치적분단, 민족분단의 3중분단상태에 있다. 이러한 상태에서 남쪽은 남쪽대로 북쪽은 북쪽대로 각기 다른 이질성을 가지고 있다. 그래서 한반도 재통일은 다양성과 이질성을 존중하는 통일이어야 한다. 한반도 재통일은 단일국가보다 연방국가로 통일되어야 한다. 연방국가 통일도 점진적이고 단계적이어야 한다. 우리의 한반도 통일은 무력통일이나 흡수통일이 통일의 방법이 될 수 없다. 반드시 한반도 평화와 안정 나아가 후유증 없는 통일이 되려면 평화통일이어야 한다. 그러나 통일된 연방국가는 첫째, 처음부터 후보단일화가 아닌 경쟁적 복수정당제를 보장하여야 한다. 둘째, 권력분립에 의한 연방국가이어야 한다. 그리고 셋째, 실질적인 법치주의가 보장된 연방국가이어야 한다고 생각한다. 넷째, 한반도 통일은 남북한 현실을 고려해 볼 때 자유와 평등이 조화를 이루어야 한다. 그리고 다섯째, 개인주의와 집단주의가 균형을 이루어 활력이 넘치는 공동체 정신이 충만한 사회이어야 한다. 그래서 북한이 주장하고 있는 연방국가로 통일하자는 주장에 대해 마냥 거부할 것이 아니고 이에 대한 대비도 우리 입장에서 바람직한 연방국가통일을 고려해 볼 시점에 와 있다고 판단한다.

제7장

단계적 연방국가와 지역정부
권한배분에 대한 접근방법

[이 글의 요지]

남북한 새로 들어선 박근혜 정부와 김정은 정권은 그동안 중단된 남북관계 개선과 6자회담을 재개하고자 각자 입장에서 노력하고 있다.

그래서 한미일 접촉, 한중, 한러, 북중, 북러, 북미접촉 등 물밑대화를 시도하고 있다.

6자회담이 다시 개최되면 9·19공동성명과 2·13합의 정신으로 복귀될 것이다.

본서는 9·19공동성명에 명시된 "직접 관련 당사국들은 적절한 별도 포럼에서 한반도에 항구적인 평화체제에 관한 평화 협상을 가질 것"(9.19공동성명4항)을 합의하였는데 이를 통일의 기회로 이용하자고 한다.

그리하여 본서는 성명에서 제시한 한반도 평화체제 구축이 한반도 평화와 안정, 평화통일의 기회로 잘 이용하여 한반도 비핵화 및 민족의 소원인 통일에 대비하고자 준비하는 연구이다.

그리고 통일준비를 위해 남북한 통일방안을 살펴보았다. 남북한 현존 통일방안은 통일 유형으로 평화통일에 입각한 공존·공영하는 통일을 달성하는 데 한계가 있다.

그래서 대안적 통일방안으로 단계적 연방제 통일방안을 제시하고, 단계적 연방국가와 연방구성국(지역정부) 권한배분 문제를 다루었다.

편의상 통일단계를 3단계로 구분하여 점진적, 단계적으로 지역국가에서 연방국가로 권한을 이양시키는 방식을 선택하고자 한다.

본서에서 주장하고자 하는 공존공영하는 통일, 단계적, 점진적 통일을 지향하면 단기적으로 한반도의 평화와 안정을 달성할 수 있다. 그리고 장기적으로는 후유증이 최소화된 민족통합을 이룩할 수 있다고 본다.

본서는 남한이 분단 이후 해양시대로 발전하였지만 이제는 잃어버린 대륙시대를 열어 2개축으로 발전해야 한다고 주장하고자 한다. 그리하여 동북아를 넘어 유라시아의 중심 국가로 거듭나는 데 기여하고자 한다.

[참고] 이 글은 숭실대학교 『법학논총』(제31집 2014.1)에 발표한 연구물을 개서한 글임

제1절 서론

1. 연구의 목직

2013년 2월 12일 북한 3차 핵실험으로 한반도 및 동북아 긴장이 고조되었다. 현재 그동안 중단된 6자회담이 다시 시작하기 위해서 한중일 접촉, 한중, 북중, 북러, 북미 접촉이 계속되고 있다. 옛 속담에 "동틀력이 가장 어둡다"라는 말이 있는데, 이 어둠이 걷히고 나면 본 회담에 열릴 확률이 높다고 본다.

2005년 9·19공동성명 내용은 6자회담 목표가 한반도의 검증가능한 비핵화를 평화적인 방법으로 달성할 것을 재확인(9·19공동성명 제1항), 6자는 상호관계에 있어 국제연합헌장의 목적과 원칙 및 국제관계에서 인정된 규범을 준수할 것(9·19공동성명 제2항), 6자는 에너지, 교역 및 투자 분야에서 경제협력을 양자 및 다자적으로 증진시킬 것(9·19공동성명 제3항), 6자는 동북아시아의 항구적인 평화와 안정을 위하여 공동 노력할 것과 직접 관련 당사자국들은 적절한 별도 포럼에서 한반도에 항구적인 평화체제에 관한 협상을 가질 것(9·19공동성명 제4항) 등 6개항을 합의하였다.

그리고 2007년 2월 13일 9·19공동성명 이행을 위한 초기조치로 한반도 비핵화 워킹그룹, 북·미 관계정상화 워킹그룹, 북·일 관계정상화 워킹그룹, 경제 및 에너지 협력 워킹그룹, 동북아 평화·안보 체제 워킹그룹(2·13 합의 제3항)을 합의하여 6자회담을 진행하여 오다 현재 중단된 상태이다. 그리고 2007년 10·4남북정상선언을 통해 남과 북은 현 정전체제를 종식시키고 항구적인 평화체제를 구축해 나가야 한다는데 인식을 같이하고 직접 관련된 3자 또는 4자 정상들이 한반도지역에서 만나 종전을 선언하는 문제를 추진하기 위해 협력(10·4남북정상선언 제4항)해 나가기로 하였다.

또한 남과 북은 한반도 핵문제 해결을 위해 「9·19공동성명」과 「2·13합의」가 순조롭게 이행되도록 공동으로 노력하기로 하였다(10·4남북정상선언 제4항)라고 선언하였다. 본회담이 열리면 9·19공동성명 제4항에서 합의한 별도의 한반도평화체제 구축을 위한 논의가 진행될 확률이 높다.

그래서 한반도평화협정을 체결하면 1953년 7월 27일에 체결된 정전협정에 따라 현재는 비무장지대 관리권을 정전위원회가 가지고 있는데, 비무장지대 관리권을 누구에게 이관할 것인지가 핵심사항의 하나로 떠 오를 것이다. 비무장지대 관리권을 넘겨받을 주체는 남한과 북한 또는 별도의 연합형연방국가(제3자 조직)가 될 것이다.

본서는 한반도 통일유형으로 평화통일을 근거로 하고 있으며 통일국가형태로 연방국가를 가정하고 대비한 연구물이다. 그리고 이제까지 많은 연구물들이 단일국가를 염두에 둔 연구물들이었다. 그러나 본서는 평화통일과 통일국가형태로 연방국가 통일도 미리 철저히 준비해 놓을 필요성이 있어 연구하고자 하는 연구물이다. 연구의 목적을 상세히 서술하면 다음과 같다.

첫째, 전면적 남북교류협력 도래 및 통일논의 활성화에 기여하고자 한다.

둘째, 평화통일 대비 및 한민족의 비전 확대에 기여하고자 한다.

셋째, 우리 사회에 통일지상만능주의와 통일반대론자들이 함께 공존하고 있다. 본서를 통해 이들을 설득하여 통일지상만능주의자들에게는 통일이 된다고 모든 것이 해결되는 것도 아니고 통일반대론자들에게는 통일이 된다고 남한이 망하는 것이 아니다라는 것을 설득하는 데 이바지하고 싶다.

2. 통일연방국가에 대한 기존연구의 검토

선행연구를 편의상 6·15공동선언 이전과 이후로 크게 2시기 구분하여 서술하면 아래와 같다.[1]

6·15공동선언 이전 기존 연구물들을 요약해보면 국민의 정부 이전의 연구물들을 연구주제별로 요약하면 분단국가들의 통합사례에 대한 자료수집 및 분석[2]과 일부 민족공동체 통일방안의 주핵심인 1민족, 1국가, 1체제, 1정부 체제에 입각한 통일헌법의 기본원리와 정부형태 및 국회구성방법에 대하여 체계화된 연구물[3]도 있었다. 그리고 6·15공동선언 이후 논문들은 민족공동체 통일방안을 일부 수정하는 통일방안을 토대로 정부형태를 논의하는 결과물과 통일헌법의 이념에 대해서 논의하는 연구결과물로 분류할 수 있겠다. 구체적인 예로 강현철[4]은 기존의 북한의 연방제 통일방안이나 남한의 민족공동체 통일방안이 현실적 타당성이 결여되었다고 주장하면서 대안으로 남북공동체 통일방안을 제시하고, 연합이나 연방이 아닌 남북공동체단계의 정부형태를 과도기적으로 인정하는 가운데, 시간이 흘러 양쪽 체제가 수렴될 때 단일국가로 가자는 의견을 제시하면서 정부형태로는 이원정부제를 주장하였다. 공용득[5]은 북한연방제는 지나친 중앙집권적일 수 있고 또한 통일전선전략으로 제시된 유사연방제라고 비판하면서 진정한

1) 최양근, "단계적 연방국가론에 입각한 통일헌법 연구"(동국대학교 박사학위논문, 2011). pp.10-13; 최양근, 『단계적 연방통일헌법 연구-한민족 미래와 비전』(서울: 선인, 2011), pp.29-33 참조.
2) 국토통일원, 『분단국가 통합이론 연구』(서울: 국토통일원, 1986); 국토통일원, 『분단국 통합사례연구』, 1986; 국토통일원, 『국가연합 사례연구』(서울: 국토통일원, 1986); 유지호, 『예멘의 남북통일-평화통일의 매혹과 위험성』(서울: 서문당, 1997).
3) 박정원, "남북한 통일헌법에 대한 연구-통일헌법의 기본질서와 내용을 중심으로", (국민대학교 대학원 박사학위논문, 서울: 국민대학교, 1996).
4) 강현철, 『통일헌법연구』(서울: 한국학술정보(주), 2006), pp.161-194 참조.
5) 공용득, 『북한연방제연구』, (서울: 청목출판사, 2004).

의미의 연방제는 연방헌법, 비중앙집권, 중앙정부와 지방정부의 권력균형 등을 추구하는 진정한 연방제로 나가야 한다는 연방제통일론을 암시하는 주장을 하였다.

그리고 통일헌법의 이념에 대해 논의하는 연구결과물[6]들도 상당수 나왔다.

국가형태로 연방제통일론을 6·15공동선언 이전과 이후에 관계없이 일부 주장하는 연구물[7]도 있다. 그러나 이와 같은 연구들은 연방국가의 필요성을 주장하는 정도이었다. 그리고 연방국가통일론을 총론적 차원에서 다룬 논문과 저서[8]가 있었다. 그러나 이제는 학문적으로 각론을 논의할 시점이라 본다.

3. 연구방법과 구성

통일의 형태가 무력통일 또는 흡수통일일 경우에는 국가형태로 단일국가가 될 확률이 높다. 그래서 수도 입지선정, 국가의 권한배분, 예산 확보방안, 기본권 보장, 통치구조 구성 등에 대해서는 기존 단일국가에서 해 오던 방식을 확장하면 쉽게 해결될 수 있는 문제[9]이다. 그러나 통일의 형태로 평

---

6) 박상림, "한민족의 전통사상과 통일 : 홍익화백제론에 관한 연구" (건국대학교 대학원 정치외교학과 박사학위논문, 2008); 홍원식, "통일헌법 이념에 관한 연구-백범(김구) 사상을 중심으로" (국민대학교 대학원 법학과 박사학위논문, 2004).

7) 서울대학교 통일평화연구소, 『21세기 글로벌시대의 새로운 통일론의 모색: 연성복합통일론』(서울: 서울대학교 통일평화연구소, 2009); 김낙중, 『민족통일을 위한 설계』(서울: 도서출판 고려서당, 1988), 박도태, 『연방제통일론』(서울: 정경숙, 1988), 공용득, 『북한연방제연구』(서울: 청목출판사, 2004). 그리고 조민외, 『통일대계 탐색연구』(서울: 통일연구원, 2009)에서 한반도통일국가형태로 연방제 통일방안을 일부 인정하거나 적극적으로 연방제 통일방안을 주장하였지만 연방제 통일방안에 입각한 연방제통일헌법에 대해서는 언급이 아직 없다.

8) 최양근, 앞의 논문, 2011; 최양근, 앞의 책, 2011.

화통일에 근거한 연방국가 통일일 때는 단순한 문제가 아니다. 그리고 현실적으로 남북한과 동북아 정세를 살펴볼 때 다양성을 수용하고 공존, 공영할 수 있는 연방제통일로 갈 확률이 높다. 연방제통일도 확정적 연방국가통일이 아닌 단계적 점진적 연방국가통일이 될 것이다. 본서는 대두될 핵심적 과제의 하나로 연방국가와 연방구성국가의 권한배분에 한정하고자 한다. 그러므로 본서는 첫째, 평화통일의 시각, 통일국가로 연방통일의 시각, 통일의 방법으로 확정적 통일이 아닌 점진적, 단계적 통일시각으로 접근하고자 한다. 둘째, 자료분석과 기술 및 서술은 학제간 연구방법(Interdisciplinary approach)을 혼용하여 접근을 하고자 한다. 본서의 구성은 제1절 연방통일의 필요성과 목적 및 기존 연구 검토, 연구방법과 구성에 대해 서술하고자 한다. 제2절에서 현존 남북한 통일방안의 한계를 지적하고 제시한 대안적 통일방안을 소개하고자 한다. 제3절에서 단계적 연방제 통일방안을 3단계로 나누어 기술하고자 한다. 제4절에서 단계적 연방제 통일방안에 근거하여 단계적 연방국가와 지역정부 권한배분을 주장하고자 한다. 제5절은 결론으로 되어 있다.

---

9) 무력통일의 대표적인 사례로 베트남 통일을 들 수 있겠다. 1975년 북베트남에 의한 통일이후 통일베트남헌법은 북베트남헌법을 그대로 남베트남에 적용하였다. 그리고 흡수통일 대표적인 예로 독일을 들 수 있겠다. 서독에 의한 동독의 흡수통일은 서독헌법의 동독지역으로 확장이었다. 그러나 공존공영통일은 새로운 사례를 창출할 것이라 본다.

제2절 민족공동체 통일방안의 대안적 통일방안

1980년 노동당 제6차 당대회에서 확정된 고려민주연방공화국 창립방안
은 1민족 1국가 2체제 2지역정부로 통일하자는 내용이다. 그러나 제도통합
은 후대에 맡기자라고 주장하고 있는 불완전한 통일방안이다. 또한, 행정부
를 최고민족회의를 구성하여 연방상설위원회를 구성 연방정부로 하여금
외교권, 군사권 등 10대 시정조치[10]를 행사할 수 있도록 하자는 내용이다.

---

10) 첫째, 고려민주연방공화국은 국가활동의 모든 분야에서 자주성을 확고히 견지하
며 자주적인 정책을 실시. 둘째, 고려민주연방공화국은 나라의 전 지역과 사회의
모든 분야에 걸쳐 민주주의를 실시하며 민족의 대단결을 도모. 셋째, 고려민주연
방공화국은 북과 남사이의 경제적 합작과 교류를 실시하며 민족경제의 자립적
발전을 보장. 넷째, 고려민주연방공화국은 과학, 문화, 교육분야에서 북과 남사이
의 교류와 협조를 실현하며 나라의 과학기술과 민족문화예술, 민족교육을 통일
적으로 발전. 다섯째, 고려민주연방공화국은 북과 남사이의 끊어졌던 교통과 체
신을 연결하며 전국적 범위에서 교통, 체신수단의 자유로운 이용을 보장. 여섯째,
고려민주연방공화국은 노동자, 농민을 비롯한 근로대중과 전체 인민들의 생활안
정을 도모하며 그들의 복리를 계통적으로 증진. 일곱째, 고려민주연방공화국은
북과 남사이의 군사적 대치상태를 해소하고 민족연합군을 조직하며 외래침략으
로부터 민족을 보위하여야 함. 여덟째, 고려민주연방공화국은 해외에 있는 모든
조선동포들의 민족적 권리와 이익을 옹호하고 보호하여야 함. 아홉째, 고려민주
연방공화국은 북과 남이 통일이전에 다른 나라들과 맺은 대외관계를 올바로 처
리하며 두 지역정부의 대외활동을 통일적으로 조절하여야 함. 열째, 고려민주연

북한의 현존 통일방안은 중앙집권연방[11]으로 갈 수 있고 다양성을 존중하는 면이 부족하여 프롤레타리아독재로 갈 확률이 높다. 북한이 주장하는 연방통일이 되기 위해서는 남한의 붕괴 또는 북한에 의한 무력통일이 되어야 하는데 이는 실현 가능성이 낮아 비현실적이라 본다. 민족공동체 통일방안이 아직도 장점[12]이 있으나 그동안 변화된 내외변수를 담기에는 한계[13]가 있다고 인정하여 제기된 통일방안들이 있는데 대표적으로 김대중 3단계 통일론, 남북공동체 통일방안, 복합연성 통일방안, 연방제 통일방안 등이 있다.[14]

1. 김대중 3단계 통일론

김대중 3단계 통일론은 70년대 구상기를 거쳐 80년대 발전기, 90년대 완성기로 구분할 수 있겠는데 90년대 제기된 김대중 3단계 통일론을 구체적으로 살펴보면 자주, 평화, 민주의 원칙과 통일의 단계로 제1단계 남북연합단계, 제2단계 연방단계, 제3단계 완전통일단계로 구분하였다. 제1단계인

방공화국은 북과 남이 통일이전에 다른 나라들과 맺은 대외관계를 올바로 처리하며 두 지역정부의 대외활동을 통일적으로 조절하여야 함. 열한번째, 고려민주연방공화국은 전 민족을 대표하는 통일국가로 세계 모든 나라들과 우호관계를 발전시키며 평화애호적인 대외정책을 실시하여야 함(김일성, 『김일성저작집』 제35권, 평양: 조선로동당출판사, 1987, pp.337-356 참고).

11) 최양근, "북한정권수립과정시 헌법과 고려민주연방공화국 통일방안 상관성 연구", 『평화학연구』 제12권3호(2011), pp.179-205.

12) 통일형태가 무력통일이나 흡수통일시 통합(통일)을 달성하는 데 효율성을 가지고 있다.

13) 통일형태가 공존공영하는 평화통일시 국가형태로 단일국가보다는 단계적인 연방국가일 확률이 높다.

14) 아래 상세한 기술은 최양근, "단계적 연방국가론에 입각한 통일헌법 연구," pp.137-145; 최양근, 『단계적 연방통일헌법 연구-한민족 미래와 비전』, pp.186-195를 참조하였다.

남북연합단계를 구체적으로 살펴보면 남과 북은 독립국가로써 주권과 모든 권한을 보유한 채 협력기구를 제도화시킨다. 그 제도화된 기구들을 세분화하면 남북연합정상회의, 남북연합국회회의, 남북연합각료회의로 구분할 수 있으며, 연합기구 임무는 평화공존, 평화교류, 평화통일이라는 3대 행동강령을 실천하는 기구들이다. 제2단계 연방단계에서는 연방정부는 외교, 국방, 중요한 내부 결정권을 보유하는 것을 목적으로 하고 통치기구로 연방대통령과 연방의회를 구성하며 남과 북에는 지역자치정부를 둔다. 제3단계 완전통일단계에서는 단일국가 또는 세분화된 연방을 실현하고 통일국가이념과 체제는 민주주의, 시장경제, 사회복지, 도덕적 선진국, 평화주의를 내세우고 있다. 김대중의 3단계 통일론의 역사적 의미를 살펴보면 통일방안의 체계화, 구체화를 통한 완성을 나타내고 있다는데 하나의 의미가 있다고 할 것이다.15) 그러나 김대중의 3단계 통일론에서는 정치통합에 대한 이론적 배경과 경제통합에 대한 이론적 배경이 결핍되어 있으며, 통치기구로 연방대통령과 연방의회를 필요하다는 견해를 발표하고 있다. 그러나 연방의회의 구성에 대해 단원제인지 양원제인지 명확하지 않으며, 기본권에 대한 보장을 어떻게 할 것인지 즉, 연방정부와 지역자치정부간의 권한배분을 어떻게 할 것인지가 나타나 있지 않다는 한계가 있다.

2. 남북공동체 통일방안

민족공동체 통일방안에 대한 한계를 극복하고자 제기된 또 하나의 통일방안이 남북공동체 통일방안이라고 할 수 있겠다. 남북공동체 통일방안의 내용을 살펴보면 민족공동체 통일방안의 제2단계 국가연합론과 북한의 고

15) 아태평화재단,『김대중의 3단계 통일론-남북연합을 중심으로』,(서울: 아태평화출판사, 1995), pp.280-297 참조.

려민주연방제 통일방안으로써 남북이 각각 주장하는 제도적 장치이긴 하나, 남북간의 일방적 이해와 논리만을 앞세우고 있다는 점에서 그 적용 가능성에 의문을 제기하고 화해와 협력시대를 거친 남북이 통일로 가는 과정으로써의 중간단계 과정을 총칭하여 남북공동체라고 칭하고 있다. 그래서 남북공동체는 국가연합도 북한이 주장하는 연방제도 아니면서 완전한 통일을 이룩하기 위한 중간단계로써 필요하다고 판단하여 남북공동체헌법을 제안하고 있다. 그리고 남북공동체의 통치구조로써 남북공동체의 의회, 남북공동체의 행정부(집행부), 남북공동체 재판소(법원)의 구성을 반드시 이루어져야 한다고 주장하고 있다. 남북공동체 의회에서 완전한 통일헌법을 제정하여 완전한 통일국가로 나아가는 것이 현실적이다라고 주장하고 있다.

남북공동체 통일방안은 교류협력단계, 남북공동체단계, 1민족, 1국가, 1체제인 완전한 통일단계로 통일과정을 바라보고 있다.[16] 남북공동체 통일방안은 그동안 제기된 국내외변수를 어느 정도 반영한 통일방안이라고 판단하나 어떻게 남북공동체인 준통일단계를 이룩할 것인지 현실적 방안이 결핍되어 있다. 그리고 기본권 보장을 남북한 현존하는 정부와 남북공동체 정부간에 어떻게 권한 분배를 할 것인지에 대한 구체적인 것들이 언급이 없다.

3. 복합연성 통일방안

민족공동체 통일방안이 지금의 시점에서 보면 몇 가지 보완작업이 불가피하다고 주장한다. 이유로써 한반도 내외적으로 엄청난 변화가 진행된 남북교류협력의 20년을 새롭게 반영할 필요가 있다는 문제의식을 지니고 있

---

16) 강현철, 『통일헌법 연구』(서울: 한국학술정보(주), 2006), pp.181-194 참조.

다. 그리하여 복합연성통일론을 통해 보완해야 할 몇 가지 점을 주장하고 있다. 첫째, 통일개념을 유연하게 할 필요가 있다. 둘째, 최종적인 통일국가상도 전통적인 의미로써 단일국가상을 넘어설 유연성을 확보할 필요성이 있다. 셋째, 교류협력진전과 남북연합단계로의 이행의 상관관계에 대해 새로운 검토와 보완이 필요하다. 넷째, 통일의 문제를 한국사회의 장기적 발전전략과 연관시키는 것 역시 중요한 과제이다. 다섯째, 통일방안은 예상치 못한 국내외적으로 초래되었을 경우에도 적절한 전략적 가이드라인이 될 수 있는 것이어야 한다. 이와 같은 몇가지 문제점들을 제기하면서 민족공동체 통일방안에 보완의 필요성을 주장하고 있다. 복합연성통일론은 새로운 상황, 시대적 조건에 부합하는 통일원리로써 다음과 같은 몇가지를 강조하는 특징을 갖는다. 첫째, 통일방식에서나 통일과정에서나 연성성을 중시한다. 둘째, 네트워크형 통합을 강조한다. 셋째, 통일의 최종상태에 대해서도 매우 개방적이고 복합적인 체제를 강조한다.

그리하여 연성복합통일론은 사회문화적 통합과 경제적 통합, 그리고 정치군사적 통합의 세 축을 기본적으로 중시한다. 사회문화적 통합은 민족공동체로 표현되는 바와 같이 동질적인 민족으로서의 상호교류, 문화적 공유, 동류의식의 회복을 통한 공동체적 결합을 지향한다. 정치군사적 통합은 현재 적대적인 관계를 유지하고 있는 남한과 북한이 새로운 정치적, 군사적 관계를 설정하게 되는 정치과정에 대응한다. 경제적 통합은 남과 북의 경제적 협력, 시장통합 내지 공동의 경제이익의 창출을 통한 경제공동체 형성을 지향하는 것이다. 또한 연성복합의 통일론은 현재 기본합의서가 정의하고 있는 남북한 특수관계론의 논리, 즉, 남북한이 지닌 이중성, 모순성, 갈등관계를 인정한 위에서의 통일론이다. 적대적이면서도 상호 포용적이고 별개의 국가성을 지니고 있으면서도 서로를 국가로 인정하지 않는 일견 모순적이고 상치되는 속성을 수용하면서 이를 넘어설 수 있는 통합의 틀, 논리를 구상하려 한다. 정치적인 복합국가, 국가연합이나 연방제 원리, 네트워크형 통합이론 등이 연성복합의 통일론과 관련하여 적극적으로 고려할 수 있는 맥락도 여기에 있다[17]고 주장하고 있다. 그러나 연성복합 통일방안 역시 민족공동체 통일방안의 한계점을 지적하고 그 한계를 극복하기 위해 노력하고 있는 과정에 있으나 아직은 구체성이 결여되어 있다. 향후 지속적인 연구의 성과물이 나올 것으로 예측되나 현재까지는 막연하고 추상적인 단계에 있다.

4. 연방제 통일방안

연방제 통일방안은 남한의 민족공동체 통일방안과 북한의 연방제 통일방안이 서로 대립되어 왔다고 주장하면서 남한의 민족공동체 통일방안은 국가체제의 통합을 배제한 점에서 한계를 지니며 북한의 연방제 통일방안은 초기의 적극적 공세적 통일론에서 점차 수세적, 방어적 논리로 바뀌면서 사실상 통일을 거부하는 체제보존의 반통일론으로 전락하였다고 주장한다. 그리고 연방제 통일방안은 민족공동체 통일방안의 2단계인 남북연합은 민족공동체 통일방안에 따른 과도적 통일체라고 할 수 있으나 남북한현실과 미래전망에 비추어볼 때 실현가능성이 높지 않다고 주장하면서 한반도다연방제[18] 국가형태의 통일형태가 가장 바람직한 통일방안이며 추진

---

17) 박명규 외, 『21세기 글로벌시대의 새로운 통일론의 모색: 연성복합통일론』(서울: 서울대학교 통일평화연구소, 2009), pp.5-25 참조.
18) 조민은 코리아연방국은 지리적 문화전통적 교통권 및 경제권을 기준으로 8도 내지 13도 지방정부로 구성될 수있다고 주장하면서 북한전체를 하나의 정치체제로 끌어안는 통합방식은 위험하며 또 다시 쪼개질 가능성이 크다고 주장하고 있다. 더욱이 남한의 과도한 주도방식은 엄청난 부담을 안고 북한의 주민의 반발을 초래하기 쉽다고 주장하면서 연방제통일방식이지만 남과북 각각 독립적인 두개의 국가를 상정하는 연방제는 문제가 있다고 주장하면서 지난 대선 때 이회창 후보가 주장했던 남한만의 강소국연방제를 실현시키고 그 바탕하에 북한도 하나의

가능하다고 주상하고 있다. 실천전략으로 코리아연방공화국 창립은 헌법을 통해서만 가능하다. 이제 통일헌법이 마련할 시점이다. 먼저 남한에서 헌법 개정이 이루어져야 하며 헌법 개정을 통해 코리아연방제 국가를 합의하고 그 다음 통일과정에서 북한주민들의 동의와 동참을 구하는 방식이다. 연방제 통일국가헌법은 통일국가에서 북한통치엘리트의 미래를 보장할 뿐만 아니라 북한 주민의 자주성과 자존심을 존중하는 통합 방식이라는 점에서 북한 통치엘리트층과 일반주민들과의 호응과 지지를 기대할 수 있다. 이 경우 통일은 북한 주민의 자발적 의사에 의한 합의통일이자 합류통일 방식으로 이루어진다. 헌법 개정은 현 단계에서 통일코리아 즉, 코리아연방공화국의 연방제 국가형태의 원칙과 기본방향을 규정하는 수준이 합당하다.[19] 조민의 연방제 통일방안 즉, 코리아공화국연방제는 일시에 북한을 한 개의 지역정부로 연방제 가입주체로 인정하지 않고 여러 개의 지역정부 형태로 북한을 통일하여야 한다는 점에서 이회창 후보의 선거공약인 남한만의 강소국연방제방안을 북한까지 확대 적용시켜 통일하려는 의도가 담겨 있다. 만약 그와 같은 방식의 통일이 이루어지면 통일이후 통합과정의 안정성을 확보할 수 있다는 장점을 내포하고 있으나, 현실적으로 북한이 붕괴되거나 아니면 서독이 동독을 통합 흡수하여 통일되는 흡수통일이 되지 아니하면 실현가능성이 희박하다는 단점이 있다. 그리고 북한이 붕괴 또는 흡수통일되지 아니한다면 무력통일을 시도하여 다연방제국가를 달성하든가 아니면 영구분단으로 고착화시킬 수 있는 단점 또한 내포되어 있다. 어떻든 민족공동체 통일방안의 한계점을 극복해보려는 노력은 높이 평가할 만하다.

정부로 연방제로 가입하는 방식이 아닌 여러 개의 북한지역정부를 상정하는 다연방제통합방안이라 할 수 있겠다.
19) 조민 외, 『통일대계 탐색연구』(서울: 통일연구원, 2009), pp.3-39 참조.

제3절 단계적 연방제 통일방안 구상

남북한 현존하는 통일방안은 위에서 지적한 국내외적으로 변화된 변수를 반영하지 못해 비현실적이라 주장했다. 그리고 민족공동체 통일방안의 대안적 통일방안 역시 비현실적이거나 아직 연구를 심화시킬 필요가 있다고 지적했다. 또한 6·15공동선언 제2항 통일조항은 아직 개념이 모호하여 구체적 합의가 필요하다. 그래서 본서에서는 공식적인 남북한 현존 통일방안의 대체적 통일방안의 하나로 단계적 연방제 통일방안을 구상했다. 구체적인 내용을 살펴보면 아래와 같다.[20]

1. 개요

본서에서 주장하는 단계적 연방제 통일방안은 기존 남한의 통일방안인 민족공동체 통일방안을 일정한 부분 계승하고 있다. 첫째, 통일이라는 당위성은 20세기뿐만 아니라 21세기 한반도의 평화와 안정 나아가 평화통일이라는 중요한 목표점을 공유하고 있으며 둘째, 점진적인 통일접근 방법을 여전히 유효하게 인정하고 있다는 점이다. 셋째, 민족공동체 통일방안이 단

---

20) 단계적 연방제 통일방안에 대한 구상은 최양근, 위의 논문, pp.145~163 개서; 최양근, 위의 책, pp.196~216 개서를 참조하였다.

계론적 통일을 주장하고 있는데 본서에서 주장하고 있는 단계론적 연방제 통일방안 역시 단계론적 시각에 입각하고 있다. 그러나 많은 연구가들에 의해서 위의 설명에서 제시하였던 민족공동체 통일방안은 그동안 1989년 남한의 공식적 통일방안으로써 대두된 이후 약 20여 년간 남한정부의 공식적인 통일방안으로 확립되어 남북교류협력의 좌표로써 공헌도 많았다. 그렇지만 20년 동안 걸쳐서 변화된 국내·외 변수를 담지 못하는 한계를 바탕으로 본서 역시 문제의식을 가지고 출발하였다. 민족공동체 통일방안이 제 1단계 교류협력단계 제2단계 남북연합단계 제3단계 1민족 1국가 1체제라는 완전한 통일단계로 설정되어 있다. 그러나 남북교류협력을 통해서 북한에 대한 동질성도 많이 확인하였지만 이질성 또한 많이 발견한 이중성을 가지게 되었다라고 판단한다. 현 시점에서 북한을 무력으로 통일하든가 아니면 북한정권이 스스로 동독처럼 붕괴되어 와해가 된다면 민족공동체 통일방안에 입각한 통일을 실현할 수 있다. 그러나 한국전쟁이라는 민족분단을 겪어 3중 분단[21]에 놓인 한반도는 한국전쟁과 비유할 수 없을 정도로 양 체제가 가지고 있는 무력을 상상해 보면 무력통일은 속빈강정이 될 확률이 너무나 높다. 과연 통일이후 통일의 주체로써 한민족이 재생할 수 있는가라는 의문에 봉착할 수밖에 없다. 그리고 흡수통일 역시 남한보다 몇 백배 앞섰던 경제력을 가진 서독에 의한 동독의 흡수통일이었지만 통일 후 경제적 심리적 후유증을 생각해 볼 때 바람직한 통일방법이라 생각하지 아니한다.[22] 그래서 단계적 연방제 통일방안은 평화통일을 전제로 출발하고 싶

---

21) 1945년 북한은 소련군이 점령하고 남한은 미군이 진주함으로써 제1단계 지역분단이 초래되었고 1948년 남북한 각각 독립적인 정권이 출범하여 제2단계인 정치적 분단을 초래하였다. 그리고 1950년 한국전쟁으로 수백만 사상자와 1,000만 이산가족을 남긴 제3단계인 민족분단을 초래하여 현재 3중 분단 상태에 있다고 본다. 학자에 따라 1991년 UN동시가입으로 국제적 분단을 초래하여 4중 분단 상태(윤황)라고 주장하는 이도 있다.
22) 서독이 1972년의 기본조약 이후 통일이 될 때까지 각종 명목으로 동독에 지원한 총 자금규모는 약 600억 달러로서 연평균 32억 달러에 달한다. 우리의 경우 지난

다. 그리고 통일과정은 완결적 통일이 아닌 단계적이며 점진적이고 장기적
시각으로 접근해야 한다는 것이다. 그러나 목표 및 합의가 중요하다고 하
더라도 합의된 사항이 남북 상호 당국자 간 실천이 없다면 합의내용은 공
허한 메아리에 불과할 것이다. 이제까지 남북은 1972년 7·4남북공동성명과
1991년에 채택된 남북기본합의서 및 부속합의서, 1992년 한반도비핵화공동
성명을 합의하였다. 나아가 2000년 6·15공동선언을 채택하였으며 2007년
10월 4일에 남북정상공동선언을 합의하는 등 한반도 평화와 안정 나아가
장기적으로 평화통일을 이룩하기 위하여 남북 당국자 간에 의미 있는 합의
가 있었다. 그러나 합의된 내용이 진정성과 지속성을 가지고 실천하는 데
는 매우 미흡한 상태라고 판단한다. 그리하여 본서에서는 남북합의이행위
원회를 구성하여 그동안 합의한 사항을 실천하는 것이 단기적으로는 한반
도의 평화와 안정, 그리고 장기적으로는 한반도의 후유증 없는 평화통일에
기여할 것이라 보아 이행과 실천을 담보하는 남북합의이행위원회라는 기
구를 제안하고자 한다.

   단계적 연방제 통일방안은 교류협력과 통일의 단계를 각각 3단계로 구성
된다. 교류협력 및 이행의 단계를 제1단계 통일기반조성교류협력단계, 제2
단계 〈전기〉 남북합의이행위원회와 〈전기〉 평화통일완성교류협력단계,
제3단계 〈후기〉 남북합의이행위원회와 〈후기〉 평화통일완성교류협력단계
로 구성된다. 통일의 단계를 교류협력 및 이행의 제2단계에서 점진적 통일
의 단계로 진입하는 제1단계 연합형 연방제, 제2단계 연방제, 제3단계 세부
화된 연방제로 편의상 구분하였다.

   13년간(95-2007) 정부차원에서 13억 5,000만 달러, 민간차원에서 6억 4,000만 달러
   로 총 20억 달러상당의 식량, 비료, 의약품 등을 북한에 지원했다. 연평균 1억
   5,000만 달러 규모로서 서독의 경우에 비하면 1/21에 불과하며 이는 국민 1인당
   연 3-4달러에 불과한 액수일 뿐이다. 이를 두고 일부 반북, 보수세력은 '퍼주기'라
   고 주장하며 정부를 공격해 왔던 것이다(임동원,『피스메이커』, 서울: 중앙북스,
   2008, pp.730-731 참조).

2. 통일원칙

단계적 연방제 통일방안의 통일원칙은 자주, 평화, 민주, 민족대단결[23]을 주장하고 싶다. 자주, 평화, 민족대단결은 1972년 남북합의에 의한 통일원칙이기 때문에 기존 합의를 이행한다는 차원에서 필요하다. 그리고 민주원칙은 남한에서 4·19혁명, 반유신투쟁, 5·18민중항쟁, 87년 6월 항쟁 등을 통하여 형식적 민주주의와 실질적 민주주의를 확립하기 위하여 무수한 사망자와 희생자가 나왔다. 민주원칙은 남북한 통일에 있어서도 꼭 필요한 원칙이라고 하겠다.

3. 정치적 통합이론과 경제적 통합이론

남북한통합은 궁극적으로 정치적 통합과 경제적 통합이 달성될 때 완전한 통일이 되었다라고 판단한다. 그래서 정치적 통합이론과 경제적 통합이론을 살펴볼 필요가 있다. 첫째, 정치적 통합이론으로 수렴론, 연방주의, 기능주의, 신기능주의가 있다. 수렴론의 대표적인 학자로 Buckingham, J. Tinbargen. T.k. Galbraith, R. Aron, P. Sorokin 등을 들 수 있겠다. 이들이 주장하는 수렴론은 고도의 산업사회라는 공통점을 통해 공산권과 자유주의 체제가 수렴을 통하여 하나의 큰 세계평화체제로 나아갈 수 있다는 가정이 전제된 이론이 수렴론[24]이다. 그리고 정치, 군사적 통합이 먼저 선행되면 나중에 자연히 후행적으로 경제통합, 사회통합, 문화통합이 이루어져 국가간의 통

---

23) 민족대단결원칙은 배타적 민족주의에 기반을 두어서는 아니될 것이다. 열린 민족주의에 기반을 두어야 한다.
24) 김용구, "서방측의 통합이론과 공산측의 합작전략과의 비교를 통한 대비책"(서울: 국토통일원, 1986), pp.131-142 참조.

합을 이룰 수 있다는 이론이 연방주의[25)]이다. 그리고 경제정책 통합이 이루어지면 기관은 거기에 맞춰 자연히 또는 저절로 통합될 수밖에 없다는 견해가 기능주의[26)]이다. 또한 신기능주의는 대표적인 학자로 Ernst Haas와 Philippo Schmitter 등을 들 수 있겠다. 이들이 주장하는 내용을 요약해 보면 신기능주의는 연방주의와 기능주의의 절충적 입장에 서 있다. 이들은 높은 수준의 정책통합을 성취시키고 아울러 중간수준의 기관통합을 이룩하면 중간수준의 기관통합이 더 높은 수준의 경제통합을 이룩할 수 있고, 더 높은 수준의 경제통합은 다시 더 높은 기관통합을 이루어 결국 더 높은 공동체의식이 생길 수 있다는 주장이 신기능주의[27)]이다. 그리고 국제정치체제는 무정부상태인데 무정부상태임에도 불구하고 평화가 유지되는 원인을 국제체제내의 힘의 배분상태가 균형상태일 때 평화가 유지되고 균형이 깨지면 전쟁이 발생한다는 학설로써 힘(power)을 강조하는 학설인 현실주의[28)]가 있다. 그래서 본서는 통일이전에는 남북한 동질성을 회복하기 위하여 일정한 기간 기능주의가 필요하고 통일의 초기단계부터 신기능주의에 입각한 정치적 통합을 추구해야 한다. 그리고 통일의 마지막 단계에서는 행정통합의 세분화와 경제통합의 속도를 필요로 하기에 연방주의적 시각이 필요하다. 또한 수렴론적 시각도 남북한의 평화통일에 이바지할 것이다. 둘째, 경제통합은 정치적 통합이론을 보충할 수 있는 이론이다. 경제통합은 학자들의 관찰시각에 따라 그 개념이 각기 다르게 표현되어져 왔다. 하나, 정치학적 시각인데 대표적인 학자로 G. Myrdal, R. Erbes, F. Perroux를 들 수 있겠다. 이들의 관점은 경제통합을 사회·경제적 이상실현의 과정으로 보

---

25) 양호민, 『남북연방론』(서울: 국토통일원, 1986), pp.339-382 참조.

26) 우제승, "통합이론의 비교연구와 한국통일접근방법", 『남북연방론』(서울: 국토통일원, 1986), pp. 72-94 참조.

27) 윤정석, "기능적 접근과 분단국 통일문제", 『분단국가 통합이론 연구』(서울: 국토통일원, 1986), pp. 5-45 참조.

28) 존 베일리스·스티브 스미스 편저, 하영선 외 옮김, 『세계정치론』(서울: 을유문화사, 2005), pp.152-172과 pp.194-215 참조.

고 있다. 둘, 근대경제학적 시각에서 경제통합을 보고 있는 J. Tinbergen, B. Balassa를 들 수 있겠다. 이들은 경제통합을 경제일반에 관련된 국가적 혹은 국제적 거래구조의 변화현상으로 파악하고자 했다. 셋, 현실적 입장에서는 J. Viner, J.E. Meade를 들 수 있겠는데 이들은 경제통합을 근본적으로는 전통적 관세동맹의 영역에서 경제통합의 제형태를 관찰하고자 했다.[29] 본서에서는 발라사(Balassa)가 바라보는 근대경제학적 시각에서 경제통합을 하나의 과정인 동시에 하나의 상태로 파악하고 경제단위간에 차별 제거정도에 따라 경제통합을 자유무역지역, 관세동맹, 공동시장, 경제동맹, 완전한 경제통합 다섯 가지의 구분형태로 구분하는 경제통합에 입각하여 기술하고자 한다.[30] 경제통합이 되었을 때 완전한 의미의 통일로 볼 수 있기 때문에 발라사(Balassa)[31]의 단계적 경제통합이론에 입각하여 통일이전 자유무역지대, 통일초기 관세동맹, 공동시장, 통일중기에 경제동맹 및 화폐통합, 통일 마지막단계에서 완전한 경제통합을 목표로 경제통합 역시 단계적으로 가야 한다는 것이다.

4. 국가형태와 국가성격 및 이념

첫째, 국가형태는 단일국가가 가장 이상적인 통합국가이지만 현실적으로 단일국가 통일은 위에서 언급한 무력통일 또는 흡수통일이 아니고는 불가능하다 판단되어 연방제통일을 주장하고 싶다. 일라자(Elazar)[32]는 연방제

---

29) 손병해, 『경제통합의 이해』(서울: 법문사, 2002). p.16 참조.
30) BELA Balassa J.D., ph.D. *THE THEORY OF ECONOMY INTEGRATION*, HOMEWOOD, ILLINOIS, RICHARD D. IRWIN, INC, 1961. p.2; 손병해, 위의 책, 2002. pp.26-27.
31) 프랑스 경제학자이며 경제통합이론을 5단계 통합과정을 주장하고 있다.
32) 미국의 연방헌법학자이며 진정한 의미의 연방은 비중앙집권연방이어야 한다고 주장하고 있다.

의 필수요건으로 연방헌법, 비중앙집권, 권력의 지역적 배분을 들었고 연방
제의 종류를 크게 중앙집권연방, 비중앙집권연방제로 분류하였는데 본서에
서는 일라자(Elazar)가 주장하는 연방의 필수요건을 갖춘 가운데 미국, 스위
스, 독일 등 비중앙집권연방제에 해당하는 비중앙집권연방제로 나아가야
한다는 것이다. 둘째, 국가의 성격은 당-국가체제가 아니고 국가-당체제 즉,
경쟁적 복수정당제로 가야 한다는 것이다. 셋째, 국가이념은 자유와 평등이
조화된 복지국가를 달성하기 위해 자유권적 기본권과 사회권적 기본권의
조화를 목표로 가야 한다는 것이다.

5. 기구와 임무

  통일되기 전 통일기반조성교류협력단계를 거쳐 그동안 남북이 합의한
내용을 실행하기 위하여 7·4남북공동성명이행위원회, 남북기본합의서이
행위원회, 비핵화공동성명이행위원회, 6·15공동선언이행위원회, 10.4정상
선언이행위원회 및 연방헌법제정위원회를 두고 이를 실천하기 위한 남북
총리회담, 남북각료회의, 남북평의회를 구성하여야 한다. 그리고 실무를 담
당하는 남북공동사무국을 설치할 필요가 있다. 또한, 그동안 남북합의를 이
행하기 위해 남북합의이행위원회를 구성하여 남북정상을 공동위원장으로
추대하여 합의에 대한 실천력을 높여야 한다. 그래서 실천을 통한 상호 신
뢰가 높아지면 연방헌법제정위원회에서 만들어진 헌법을 토대로 제1단계
연합형 연방국가를 구성하여야 한다. 그리고 교류 및 신뢰가 증진되어지면
제2단계 연방국가로 진입하고 경제적 통합이 이루어진 다음에는 제3단계
세부화된 통해 경제, 사회, 문화 등 모든 분야에 완전한 통합을 달성해 나
가면 후유증을 최소화하면서 민족의 소망인 남북통일을 달성할 수 있을 것
이다. 도표로는 아래와 같다.

〈그림 1〉 단계적 연방제 통일방안을 이행하기 위한 과정과 기구[33]

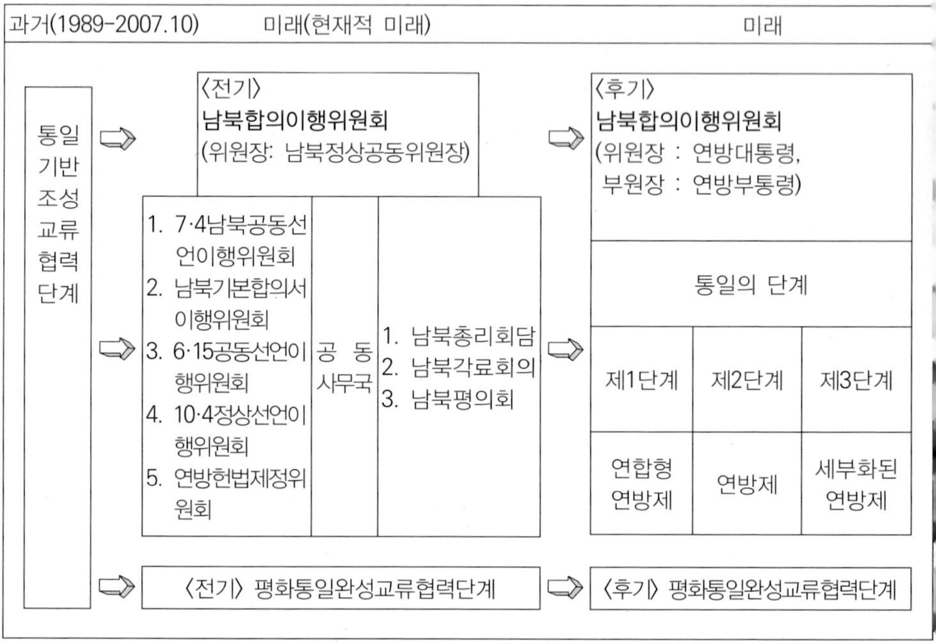

과거(1989~2007.10)	미래(현재적 미래)	미래

통일 기반 조성 교류 협력 단계	⇨	〈전기〉 **남북합의이행위원회** (위원장: 남북정상공동위원장)		⇨	〈후기〉 **남북합의이행위원회** (위원장 : 연방대통령, 부원장 : 연방부통령)		
	⇨	1. 7·4남북공동선언이행위원회 2. 남북기본합의서이행위원회 3. 6·15공동선언이행위원회 4. 10·4정상선언이행위원회 5. 연방헌법제정위원회	공동사무국	1. 남북총리회담 2. 남북각료회의 3. 남북평의회	⇨	통일의 단계		
						제1단계	제2단계	제3단계
						연합형 연방제	연방제	세부화된 연방제
	⇨	〈전기〉 평화통일완성교류협력단계			⇨	〈후기〉 평화통일완성교류협력단계		

---

33) 최양근, "단계적 연방국가론에 입각한 통일헌법 연구," p.160; 최양근, 『단계적 연방통일헌법 연구-한민족 미래와 비전』, p.213 개서.

제4절 단계적 연방국가와 지역정부의 권한배분

위에서 제시한 단계적 연방제 통일방안을 실현하기 위해서는 9·19공동 선언 제4항에 입각한 한반도평화체제 구축과정에서 북한의 비핵화와 동시에 통일문제를 병행하여 해결할 것을 제안하고자 한다. 그 과정에서 남북한 불가침조약, 북미 불가침조약, 남북한·미국·중국 4자간 한반도 불가침조약이 필요하다. 다음으로 위에서 제시한 연방헌법제정위원회에서 연방헌법을 제정하고 남북한헌법에 입각하여 남북한 주민들의 동의절차를 거쳐야 한다고 생각한다. 이 과정에서 남북한헌법 개정이 필요한 조문은 한반도의 안정 및 평화 그리고 평화통일을 위해서 개정할 필요가 있다. 그래서 제1단계 연합형 연방제헌법을 제정할 필요가 있다. 그리고 연합형 연방제에서 제시한 헌법개정절차를 통해 제2단계 연방제헌법으로, 제3단계 세부화된 연방제헌법으로 단계적 점진적으로 연방권한을 강화시키는 장기적 통합과정이 필요하다고 생각한다.

통일연방국가 연구는 크게 국가의 형태, 국가이념, 국가의 기본질서 및 기본원리, 연방국가와 지역국가 권한배분, 연방수도, 연방정부예산 확보, 기본권 보장, 통치구조 구성 및 방법 등 분류해 볼 수 있겠다. 본서는 위에서 제시한 단계적 연방제 통일방안에 입각한 연방국가와 지역정부의 권한

배분에 한정하여 연구하고자 한다.[34]

1. 제1단계- 연합형 연방제에서 권한배분

한반도는 너무나 큰 이질성을 가지고 있기 때문에 연방구성국가의 구성원은 남한과 북한의 2개국이어야 한다. 연합형 연방제에서 연방국가의 배타적 권한은 초기에는 한반도의 평화와 안정에 초점을 두어야 하고 마지막으로는 후유증 없는 완전한 평화통일의 달성을 위한 기반 조성이 되어야 한다. 그리하여 유럽연합과 유럽연합회원국과의 권한을 배분할 때 응용된 권한배분의 원칙에 따른 유럽연합의 배타적 권한[35], 공유적 권한[36] 및 보충·지원·조정[37]에 관한 권한으로 통일연방국가와 남북한 구성국가의 권한배분을 설정하고자 한다.

1) 연방국가의 권한

(1) 통일연방국가의 권한(배타적 권한)

유럽연합리스본조약과 독일헌법 및 미국헌법, 소련헌법의 분석을 통해 한반도의 평화통일에 기여할 수 있도록 창조적으로 응용해도 될 사항과 한반도 특수성을 고려하여 통일연방국가의 배타적 권한을 설정하고자 한다.

---

34) 아래 기술은 (최양근, 위의 논문, pp.241-306 개서 ; 최양근, 위의 책, pp.313-375 개서)를 참조하였다.
35) 유럽연합만이 갖는 권한을 말한다.
36) 유럽연합과 유럽연합회원국이 공동으로 갖는 권한을 말한다.
37) 유럽연합회원국이 원칙적으로 조정, 지원, 보충 권한을 가지고 있다. 유럽연합회원국이 행사를 하지 아니할 때 예외적으로 보충성 원칙과 비례원칙에 입각하여 유럽연합이 권한을 행사한다.

첫째, 비무장지대의 관리권

비무장지대(demilitarized zone: DMZ)란 국제법상 국가가 군사병력의 주둔과 군사시설의 유지를 하지 아니할 의무를 지는 그 국가의 영토와 영해·하천·운하 그리고 그의 상부 공역을 포함하는 특정 지역이나 구역을 말한다.[38]

남북한 군사력은 비무장지대를 중심으로 남북한 군사력의 약 70-80%가 집중되어 언제 어떻게 예기치 못한 사고로 남북한 군사력이 충돌할지 예측할 수 없는 상황이 1953년 7월 27일 정전협정 이후 약 60년을 대치해 오고 있다. 경우에 따라 한민족이 회복 불가능한 상태로 갈 수 있는 상황이다. 그래서 군사분계선(MDL)을 중심으로 남북이 각각 2km를 후퇴하여 4km를 비무장지대로 설치하여 군사적 충돌을 방지하는 노력을 계속 해 오고 있다. 그리고 비무장 관리주체를 정전협정 당사자인 한국전쟁 당시 참가한 16개국(UN사)과 북한, 중국이 군사정전위원회를 구성하여 비무장지대를 관리해 오고 있다.[39] 그러나 이것은 일시적인 평화를 유지하기 위한 조치일 뿐 영구적인 평화유지 조치라 판단되지 아니한다. 그리고 민족의 자존심과 향후 해양시대와 더불어 대륙시대를 열어야 하는 민족발전 차원에서 역시 문제점을 많이 안고 있다. 그래서 지금 비무장지대 관리권을 가진 정전위원회의 권한을 통일연방정부가 관리하여 영구적인 한반도의 안정과 평화에 기여하고 나아가 해양시대와 더불어 대륙시대를 열어 한 단계 업그레이드된 한민족 발전에 기여하여야 할 것이다.

둘째, UN사와 북한간에 합의하지 못한 서해지역의 관리권

한국정전협정에는 서해에 대한 군사분계선의 합의사항이 존재하지 않았

---

38) Jost Delbrück, "Demilitarization," in R. Bernhardt(ed.), *Encyclopedia of Public International Law*, Installment 3(Amsterdam: North-Holland, 1982), p. 150.
39) 1953년 7월 27일 판문점에서 서명하고 발효된 한국정전협정(국제연합군 최고사령관을 일방으로 하고 북한인민군최고사령관 및 중국인민지원군사령원을 다른 일방으로 하는 한국군사정전에 관한 협정) 제1조 제1,2, 6,7,10,11항 등 내용을 참조.

다. 즉, 서해에는 공식적인 군사분계선(MDL)이 없는 것이다. 현실적으로 NLL 만이 존재하고 있다. 그러다보니 지금 남북이 서해바다에서 1999년 제1차 연평해전, 2002년 제2차 연평해전, 2009년 대청도해전, 2010년 천안함 사건, 연평도폭격 사건 등 크고 작은 무력충돌이 벌어지고 있다. 남한은 NLL을 실질적으로 군사분계선(MDL)으로 삼고자 하고 있으며, 북한은 새로운 서해 바다 군사분계선(MDL)을 일방적으로 남한과 UN을 대표하고 있는 미군에게 통보하였다. 북한이 주장하고 있는 군사분계선은 남한이 지배하고 있는 서 해 5개도서(우도, 연평도, 소청도, 대청도, 백령도)에 접근할 수 있는 제1수 로, 제2수로만 설정하여 서해바다는 북한지역이라고 주장하고 있다. 이와 같은 의견대립이 위에서 지적한 서해바다 무력충돌의 주요인의 하나로 본 서는 주장하고 싶다. 이와 같은 상황을 해소하려면 현재 서해바다에 설정 된 NLL과 북한이 주장하고 있는 서해바다 군사분계선(MDL) 사이를 통일연 방국가의 배타적 권한으로 설정하면 지금 상황보다는 평화와 안정이 확보 되고 평화통일의 기반조성에 기여할 것이다.

셋째, 개성공업지구, 금강산관광지구 등 휴전선 인접지역에 대한 민·형사 문제에 대한 일부 관리권

남과 북은 미미하지만 그동안 합의했던 사항을 실천하기 위하여 노력한 결과 휴전선 인접지구에 해당하는 금강산관광지구와 개성공업지구를 만들 어 남과 북이 화해 협력과 상생할 수 있는 토대를 마련하였다. 그러나 지금 현재 남북관계는 지체되는 상황에 이르렀다. 그 대표적인 사건이 2008년 금 강산에서 발생한 박왕자 사건도 그 중 하나이다. 남과 북은 상호 노력으로 여러 합의서를 금강산관광지구와 개성공업지구 활성화를 위하여 체결하였 다. 그러나 합의서 내용에 대한 해석에 따른 차이점과 합의서 내용의 부족 으로 합법적인 해결책이 보이지 않고 있다. 만약 개성공업지구나 금강산지 구에서 일어난 남한주민과 북한주민 또는 남한주민과 북한당국 간에 발생한 민·형사 사건에 대한 조사권. 수사권과 재판권을 통일연방정부가 제한적으로 가지고 있다면 한반도의 평화와 안정 및 교류협력의 활성화를 통한 평화통일의 기반조성에 크게 기여할 것이다.[40]

넷째, 동티모르 평화유지군, 레바논 평화유지군 등 국제평화활동 파견

지금도 세계 여러 곳에서는 자연적 재난과 대소규모의 무력충돌로 신음하는 지역들이 많이 있다. 2009년 아이티 지진사태로 아이티국민들이 큰 고통을 지금도 겪고 있다. 지금은 해결되었지만 동티모르 분리독립운동으로 희생된 동티모르 사태와 레바논 사태 역시 많은 인적 물적 피해를 보았다. 이를 남의 나라라고 방치만 할 수 없는 게 인권적 관점에서 당연하다고 판단한다. 그리하여 우리나라에서는 동티모르와 아이티에 평화유지군과 재난구제단을 각각 파견한 바 있다. 이와 같은 국제적 인권문제와 재난문제에 통일연방정부 이름으로 파견한다면 한민족에 대한 자긍심이 증대되고 또한 한반도 평화통일의 국제적 환경개선에 긍정적인 영향을 미칠 것이다.

다섯째, 민족의 공동이익에 관한 외교권 및 남북한 지역정부의 새로운 국제조약에 대한 협의권

제1단계 연합형 연방제에서는 외교권과 군사권을 각각 독립적으로 인정해야 된다고 생각한다. 그러나 민족의 공동이익이 걸려 있는 새로운 국제조약에 가입할 때는 남북한정부는 통일연방정부와 협의[41]를 거쳐 민족대

---

40) 현재 남북한간에는 4대보장합의서를 포함하여 13개합의서가 효력을 발휘하고 있다. 그러나 해석상 문제로 제대로 남북간에 실천이 되지 않고 있다. 개성공단 문제를 개성지역에 특별재판소를 구성하여 풀자라는 제안이 있다. (배국열, "개성공단 가동중지로 본 법제도 보완방안 고찰-분쟁해결제도를 중심으로", 『북한학연구, 제9권 제1호』, 2013, pp.37-57), 참조. 그러나 이는 북한이 사법주권을 포기해야만 가능한 문제로 현실적으로 실현가능성이 부족하다. 오히려 통일연방국가의 제1단계 연합형 연방국가의 대법원 등을 구성하여 푸는 것이 더 현실적이라 판단한다.

통합에 기여하도록 할 필요가 있다.

**여섯째, 남북한 체육대회 개최권 및 아시안게임, 세계선수권대회, 올림픽
공동참가권**

남북한은 1945년 지역분단이 된 후 약 70년간 분단상태를 지속해 오고
있으며, 체제 또한 달라 같은 민족이어서 공통점도 많이 남아 있지만 분단
상태로 차이점 또한 동시에 존재하고 있다. 현재 남북한은 1년에 한번씩 각
각 전국체육대회를 남북한 정부 책임하에 열리고 있다. 이와 같이 열린 전
국체육대회가 끝나고 나서 통일연방정부가 남북한 체육대회와 남북한 체
육대회를 통해 우수한 선수들을 중심으로 선발하여 아시안게임, 세계선수
권대회, 올림픽 등을 통일연방정부 이름으로 참가한다면 그동안 누적된 차
이점을 극복하고 한반도에 평화와 안정 그리고 후유증 없는 평화통일 환경
조성에 크게 기여하리라 확신하는 바이다.

**일곱째, 비무장지대를 중심으로 건설될 것으로 보이는 연방수도, 생태관
광도시, 국제평화공원, 평화도시 건설과 관리에 대한 입법권, 행정권, 사법
권 등 일체의 통치권 행사**

연방수도와 생태관광도시, 평화도시 등은 연방헌법과 연방법률이 직접
적용되어 이용될 필요가 있다. 그래서 남북한 정부와 국민들이 연방헌법과
연방법률을 익히는 학습장으로 활용할 필요가 있다.

여덟째, 기타(관세동맹, 공동통상정책, 통일연방정부의 UN가입)

남북한 통일은 경제교류 및 경제통합을 배제하고는 생각할 수 없는 상황
이라고 판단한다. 결국 통일은 정치적 통합과 경제적 통합이 달성될 때 진
정한 의미의 완전한 통합이라고 본다. 제1단계 연합형 연방제에서는 남북

---

41) 연방국가에 승인을 요청하는 승인권이 아닌 단순한 협의권을 말한다.

한 자유무역지대와 관세동맹, 제한적 공동시장 정도의 경제통합이 필요하다고 본다. 이를 위해서는 공동통상정책[42]이 필수적이다. 그리고 UN에 1991년 남북한이 동시에 가입하여 지금 각각 활동을 활발히 하고 있는데 민족통합을 증진시키고 민족의 자긍심을 높이기 위해 별도로 통일연방정부 이름으로 UN에 가입하여 남북한과 더불어 활동할 수 있게 하는 것이 민족발전을 위해 필요하다고 판단한다.[43]

아홉째, 기본권 보장

기본권보장으로 제1단계 연합형 연방제에서는 원칙적으로 제한지역에서 자유권적 기본권을 보장하나 예외적으로 비무장지대 내에 건설될 연방수도, 생태관광도시, 환경도시, 국제평화공원 등에 한해서는 연방정부가 자유권적 기본권, 정치적 기본권, 청구권적 기본권, 사회적 기본권을 보장해야 한다.

(2) 통일연방국가의 공유적 권한

제1단계 연합형 연방제에서는 연방정부와 남북한 지역정부가 공동으로 권한을 법률상 가지고 있지만 원칙적으로 유럽연합과 유럽연합회원국의 권한배분처럼 공유적 권한은 원칙적으로 연방정부의 권한이고 예외적으로 연방정부가 나서지 아니할 때 남북한지역정부가 개입하는 형태가 되어야 할 것이다.[44]

첫째, 농업 및 어업 둘째, 환경보호. 셋째, 시베리아나 만주를 통과하는 필수적인 TKR(한반도횡단철도). 넷째, 우주항공분야 등 기술개발. 다섯째, 기타(민

---

42) EU연합과 한-EU FTA를 맺었는데 이는 EU연합회원국 28개국에 똑같은 효력을 미친다.
43) 구소련 당시 UN에 소련과 우크라이나, 백러시아 등이 각각 UN에 가입한 바 있다.
44) 유럽연합과 유럽연합회원국과의 권한행사에서 유럽연합은 공유적권한을 현재 원칙적으로 유럽연합 권한이지만 현실적으로는 유럽연합이 공유적 권한을 행사할 때는 보충적 원칙과 비례의 원칙이 적용되어 제한을 받고 있다.

족공동발전에 필요한 사항) 등이다. 여섯째, 한반도종합개발기본계획수립[45]

(3) 통일연방정부의 조정 · 지원 · 보충권한

유럽연합에서는 유럽연합의 조정 · 지원 · 보충권한을 원칙적으로 유럽연합회원국에 부여하고 있다. 그러나 유럽연합 회원국들이 권한 행사를 하지 아니할 때 예외적으로 유럽연합과 유럽연합 시민을 보호하기 위하여 조정 · 지원 · 보충 권한을 행사할 수 있도록 법적으로 명시하고 있다. 유럽연합처럼 아래의 통일연방정부의 조정 · 지원 · 보충권한을 남북한 지역정부의 고유적 권한으로 제1단계 연합형 연방제에서는 명시해야 할 필요가 있다.

첫째, 남북한 주민의 건강보호 및 증진 둘째, 산업 셋째, 문화창달 넷째, 국내외 여행 다섯째, 일반교육, 직업교육 여섯째, 남북한 주민 보호 일곱째, 외국과의 행정협력 등이다.

2) 남북한 지역정부의 권한

연방국가에 이전되지 아니하는 외교권, 군사권 등 모든 권한을 남북한 지역정부가 가진다. 결과적으로 제1단계 통일연방정부는 국가연합에 가까운 형태이나 민족통합과 한반도의 평화와 안정 나아가 후유증 없는 평화통일을 제도화시키는 데 이바지할 수 있는 사항에 대해서만 권한을 가지는 단계라 할 수 있을 것이다.

---

45) 한반도종합개발기본계획수립을 남북한이 공동으로 하자는 견해가 있다(이상준 외 2인,『북한 국토개발을 위한 남북협력 100대 과제와 추진방향』, 서울: 국토연구원, 2012, 참조). 이는 한반도의 효율적 개발을 위해서 비현실적이라 판단한다. 그래서 연합형 연방국가가 기본계획을 수립하고 이를 구체화시키는 관리계획은 남북한 지역정부가 담당하는 것이 합리적일 것이다.

2. 제2단계 - 연방제에서 권한배분

권한부여의 원칙은 권한배분의 원칙과 보충성의 원칙, 비례의 원칙으로 나누어 볼 수 있다. 그리고 권한배분의 원칙과 보충성의 원칙 및 비례의 원칙을 공유적 권한과 일부 조정·지원·보충권한을 연방국가의 배타적 권한으로 확장하여, 제1단계 연합형 연방제의 통일연방국가의 권한과 그동안 이질성의 극복으로 남북한 정부가 합의한 것과 제2단계 연방제에서 필요로 한 권한들을 통일연방국가의 권한으로 확대시켜야 할 것이다.

1) 연방국가의 권한

첫째, 비무장지대의 관리권

제1단계 연합형 연방제에서 연방정부가 비무장지대 관리권을 가져야 한다고 주장했는데 제2단계 연방제에서도 제2단계 연방제 전반부까지는 필요하다[46]고 판단되어 비무장지대 관리권은 연방정부의 권한이어야 한다.

둘째, UN사와 북한간에 합의하지 못한 서해지역의 관리권

제1단계 연합형 연방제에서 연방정부가 UN사와 북한간의 합의하지 못한 서해지대 관리권을 가져야 한다고 주장했는데 제2단계 연방제에서도 제2단계 연방제 전반부까지는 필요하다고 판단되어 서해지대 관리권은 연방정부의 권한이어야 한다.

셋째, 동티모르 평화유지군, 레바논 평화유지군 등 국제평화활동 파견

제2단계 연방제에서도 통일연방정부 이름으로 파견한다면 한민족에 대

---

[46] 과거 통일신라가 삼국을 통일한 이후 신라계, 백제계, 고구려계가 있었듯 남북한 지역의식이 살아 있을 확률이 높기 때문에 한반도의 안정차원에서 필요하다고 사료된다.

한 자긍심이 증대되고 또한 한반도 평화통일 완성에 국제적 환경개선을 조성하는 데 긍정적인 영향을 미칠 것이다.

넷째, 남북한 체육대회 개최권 및 아시안게임, 세계선수권대회, 올림픽 공동참가권

제2단계 연방제에서도 제2단계 연방제 전반부까지는 필요하다고 판단되어 남북한 체육대회 개최권 및 아시안게임, 세계선수권대회, 올림픽 공동참가권은 연방정부의 권한이어야 한다.

다섯째, 비무장지대를 중심으로 건설될 것으로 보이는 연방수도, 생태관광도시, 국제평화공원, 평화도시 건설과 관리에 대한 입법권, 행정권, 사법권 등 일체의 통치권 행사

제2단계 연방제에서도 제2단계 연방제 전반부까지는 필요하다[47]고 판단되어 비무장지대를 중심으로 건설될 것으로 보이는 연방수도, 생태관광도시, 평화도시 건설과 관리에 대한 입법권, 행정권, 사법권 등 일체의 통치권은 연방정부의 권한이어야 한다.

여섯째, 남한 국민이 북한에서 행한 민·형사상 문제와 북한 국민이 남한에서 행한 민·형사상 문제 및 남한 국민과 북한 국민이 행한 민·형사상 문제

형법을 적용하는 데 있어서 시간적 적용범위, 장소적 적용범위, 인적 적용범위 등으로 분류해 볼 수 있다. 시간적 적용범위란 형법이 어느 때를 표준으로 하여 적용되는가 즉, 어느 때 행한 범죄에 대하여 형법이 적용되는가의 문제를 형법의 시간적 적용범위라고 한다. 장소적 적용범위란 어떤 장소에서 발생한 범죄에 대해서 형법이 적용되는가의 문제를 말한다. 인적

---

47) 남북한 지역의식이 남아 있을 확률이 많기 때문이다.

적용범위란 형법이 어떤 사람에게 적용되는가의 문제를 말한다.[48] 이 말은 아무에게 연방형법을 적용할 수 없다는 이야기와 같다. 그래서 본서는 제1 단계 연합형 연방제에서는 통일연방국가가 관할하고 있는 비무장지대나 서해평화협력특별지대(가칭)에서 일어난 모든 형사상 문제는 연방법률에 입각하여 조사하고 조사된 결과를 통하여 연방법원에서 재판을 받는다. 그리고 개성공업지구나 금강산관광지구 등 휴전선 인접지역에서 일어난 남북한 주민과의 충돌 및 남한주민과 북한당국과의 문제 발생시에 연방법률에 입각한 조사와 재판을 거치면 충돌될 수 있는 문제가 평화적으로 해결될 수 있을 것이라 주장한 바 있다. 제2단계 연방제에서는 제1단계에서 주장한 사건 이외에 북한주민이 남한에 내려와 남한주민과 충돌시 또는 남한주민이 북한에 올라가 북한주민과 충돌시, 남한주민들이 북한에 올라가 남한주민들끼리 또는 북한주민들이 남한에 내려와 북한주민들끼리 충돌시 또는 남한주민이 북한에 올라가 북한당국과 충돌시, 북한주민이 남한에 내려와 남한당국과 충돌시 등 남한법이나 북한법을 적용하기가 곤란한 문제점들이 인적 물적 교류협력이 증대될수록 수없이 발생되리라 예상한다. 그러한 경우 연방헌법과 연방법률에 따라 형사상 문제를 해결하고 해결된 형사상 문제를 근거로 민사상 문제를 해결한다면 남북한 주민들과 남북한 당국간 다툼이 순리적으로 해결되어 한반도의 평화통일에 훨씬 이전보다 기여하리라 본다. 그래서 제2단계에서는 연방법원의 연방지방법원이 필요하리라 본다.

일곱째, 실질적인 군사권과 외교권 행사

제1단계 연합형 연방제에서는 거의 형식적인 군사권과 외교권만 통일연방국가에 있었지만 이제는 한반도의 안보를 실질적으로 지키는 주체가 통

---

48) 이재상, 『형법총론』 (서울: 박영사, 2004), pp.31-45 참조.

일연방국가이어야 한다고 생각하며, 남북한 군대는 미국 각 주에서 보유하고 있는 민병대식으로 변화되어야 한다. 그리고 안보와 외교는 동전의 앞면과 뒷면의 관계이기 때문에 외교권의 실질적 행사도 연방정부이어야 한다. 더불어 아직도 남북한이 보유하고 있는 외교권을 행사할 때와 새로운 조약 등 한반도의 운명에 영향을 주는 일체의 조약에 대해서는 통일연방국가의 외교담당자의 승인을 받는 것이 한반도의 완전한 평화통일의 정착을 위하여 필요하다.

여덟째, 기본권보장

제2단계 연방제에서는 사회적 기본권을 제외한 남북한 전역에서 자유권적 기본권이 보장되어야 할 것이다.

아홉째, 기타

제1단계 연합형 연방제에서 통일연방국가가 가졌던 공유적 권한 중에서 연방예산이 허락한다면 원칙적으로 연방정부가 권한을 행사하여야 된다고 본다.

2) 남북한 지역정부의 권한

첫째, 예외적으로 연방국가에 이양되지 않는 외교권과 군사권
둘째, 남한지역에서 남한주민들끼리 발생한 민·형사상 문제와 북한지역에서 북한주민들끼리 발생한 민·형사상 문제에 대한 해결권
셋째, 남한 국민이 남한지역에서 남한 국민에게 민·형사상 문제를 행하고 북한으로 도주한 경우 범죄인도요구권과 북한 국민이 북한지역에서 북한 국민에게 민·형사상 문제를 행하고 남한으로 도주한 경우 범죄인도요구권

넷째, 남북한 국민에게 사회보장권

아직 통일연방정부는 예산 및 정치적 상황을 고려해 보면 남북한 주민의 사회적 기본권 즉, 사회보장권을 통일연방정부가 담당하기에는 남북한 체제 차이가 있기 때문에 사회보장권은 원칙적으로 남북한 지역정부가 가지는 것이 합리적이라 판단한다.

3. 제3단계 - 세부화된 연방제에서 권한배분

연방국가의 구성회원국을 남북한 2개국으로 유지해도 무방하다고 생각한다. 그러나 연방국가의 권한을 강화하고 지역정부로 하여금 지역의 특성에 맞는 다양성을 추구하고 역동성있게 지역환경에 대응하기 위해서 제3단계 세부화된 연방에서는 연방구성국가를 남북한에서 남한은 서울, 경기도, 충청도, 전라도, 경상도, 제주도, 6개의 지역정부와 북한은 평양, 평안도, 황해도, 함경도, 자강도, 양강도, 6개의 지역정부로 나누고, 공동으로 강원도1, 연방수도1, 총 연방구성국가를 14개국으로 구성하자고 본서에서 주장하고 싶다.[49]

1) 연방국가의 권한

첫째, 동티모르 평화유지군, 레바논 평화유지군 등 국제평화활동 파견
제3단계 세부화된 연방제에서도 국제적 인권문제과 재난문제에 통일연방정부 이름으로 파견한다면 한민족에 대한 자긍심이 증대되고 또한 한반

---

49) 학자에 따라서는 8개 지역정부로 나누는 학자가 있고 13개 다연방공화국으로 나누는 학자가 있다.

도 평화통일의 최종적 완성을 위하여 국제적 환경개선에 긍정적인 영향을
미칠 것이다.

**둘째, 연방국가(14개 지역정부)의 체육대회 개최권 및 아시안게임, 세계
선수권대회, 올림픽 공동참가권**

통일연방정부가 14개 지역정부 체육대회와 아시안게임, 세계선수권대회,
올림픽 등을 통일연방정부 이름으로 참가한다면 그동안 누적된 차이점을
극복하고 한반도에 평화와 안정 그리고 후유증 없는 평화통일을 공고히 완
성시키는 환경조성에 크게 기여하리라 확신하는 바이다.

**셋째, 14개 지역정부의 국민이 거주하고 있는 지역정부이외에서 행한 민·
형사상 문제와 서로 거주하고 있는 지역이 다른 국민들 간에 발생한 민·형사
상 문제**

제3단계 세부화된 연방제에서는 남북한 지역정부가 통일연방국가의 권
한을 강화시키고 각 지역의 특성에 맞게 다양성을 수용하기 위해 14개 지
역정부로 나뉘어지는 단계이다. 그렇기 때문에 연방정부의 권한은 14개 지
역정부의 국민이 거주하고 있는 지역정부이외에서 행한 민·형사상 문제와
서로 거주하고 있는 지역이 다른 국민들간에 발생한 민·형사상 문제 등을
해결하는 권한을 가져야 한다.

넷째, 실질적인 군사권과 외교권 행사

제1단계 연합형 연방제에서는 거의 형식적인 군사권과 외교권만 통일연
방국가에 있었지만 제2단계 연방제에서는 한반도의 안보를 실질적으로 지
키는 주체가 통일연방국가이어야 한다고 생각한다. 그래서 남북한 군대는
미국 각 주에서 보유하고 있는 민병대식으로 변화되어야 한다. 그리고 아
직도 남북한은 각각의 외교권을 보유하고 있지만 새로운 조약 등 한반도의

운명에 영향을 주는 일체의 조약에 대해서는 통일연방국가의 승인을 받는 것이 한반도의 완전한 평화통일의 정착을 위하여 필요하다고 제2단계 연방제에서 주장하였다.

그리고 제3단계 세부화된 연방제에서는 남북한 지역정부가 14개 지역정부로 나누어지기 때문에 실질적인 군사권과 외교권에 대한 권한이 2단계 연방제보다는 강화되어야 한다.

다섯째, 통일연방국가의 권한 중 조정·보충·지원 권한을 배타적 권한과 공유적 권한으로 강화시킬 필요가 있다. 제2단계 연방제까지 사회적 기본권을 남북한 지역정부에 맡겼으나, 제3단계 세부화된 연방제에서는 통일독일처럼 14개 지역정부가 감당하지 못한 사회적 기본권 부분에 대해 연방정부가 적극적으로 지원·조정해야 한다[50]고 본다.

2) 14개 지역정부의 권한

첫째, 연방정부의 위임사무는 연방행정정부의 지방행정청이 없는 경우에는 14개 지역정부에 위임하여 처리하는 것이 경제적 효율성을 높일 수 있다.

둘째, 지역정부의 고유사무는 연방정부에 이관되지 않는 사무에 해당되는데, 이것은 14개 지역정부의 권한에 속한다.

셋째, 같은 지역정부에서 같은 지역주민들끼리 일어난 모든 민·형사 문제 해결권

넷째, 같은 지역정부에서 같은 지역주민들끼리 형사상 문제를 일으키고 다른 지역정부로 도주한 경우 범죄인도청구권

---

50) 대표적으로 예를 들면 본서에서 일관되게 주장하고 있는 사회적 기본권이 될 것으로 예상한다.

제5절 **결론**

한반도에서 통일신라가 삼국을 통일한 이후 통일국가로 1,300여 년을 이어져 내려 왔다. 북한은 통일신라의 통일을 부인하고 첫 통일국가로 고려를 내세우고 있지만 그래도 1,000년 이상을 통일국가로 지속했다.[51] 불행히 일제 36년 암흑기를 거쳐 1945년 해방을 맞이했지만 1948년 서울을 중심으로 한 대한민국과 평양을 중심으로 한 조선민주주의인민공화국이 각각 건국되어 정치적 분단을 초래하였다. 그리하여 양 축은 1950년 한국전쟁으로 분단을 해소하려 하였지만 오히려 민족가슴에 상처를 남기고 수백만 명의 사상자와 1,000만 이산가족을 남기고 3중분단인 민족분단을 심화시켰다. 이후 한반도 평화와 안정 및 분단해소를 위해 7·4남북공동성명, 91년 남북기본합의서, 92년 비핵화공동선언, 6·15공동선언, 10·4정상선언을 통해 갈등해소와 통일을 논의하였다. 그러나 이명박 정부 때 발생한 2008년 박왕자 사건, 2010년 천안함폭침, 연평도포격사건으로 남북대화는 중단되고 6자회담마저 정지된 상태에 있다. 그러나 새로 들어선 박근혜정부와 김정은정권은 아직까지는 이견이 있지만 남북관계 회복 및 6자회담 재개를 위해 노력

---

51) 북한에서는 신라에 의한 삼국통일을 부인하고 통일신라를 후기신라로 표현하고 있다. 사회과학출판사, 『조선통사 (상)』, (평양: 평양종합인쇄공장, 1981), pp.135-149 참조.

하고 있다. 6자회담이 진행되면 북한 비핵화와 더불어 9·10공동성명 제4항
에서 명시한 한반도 평화체제 구축을 위한 별도의 포럼이 개최될 것이다.
남북분단의 원인이 민족내부와 국제관계가 얽혀 일어났듯 통일 또한 민족
내부 역량과 동북아 세력의 협조를 얻어야 달성될 수 있다고 본다. 그래서
본서는 단계적 연방제 통일방안을 남북한 현존 통일방안의 대안적 통일방
안으로 제시하였다. 6자회담 개최시 한반도 평화체제 구축과정을 우리가
철저히 대비하면 한반도 평화와 안정 및 통일의 실마리를 그 곳에서 찾을
수 있다고 확신한다. 본서는 통일의 단계를 편의상 3단계로 구분하여 권한
배분을 점진적 단계적으로 지역국가에서 연방국가로 이전하는 형식을 취
하였다. 제1단계 연합형 연방제에서 연방국가의 배타적 권한으로 비무장지
대의 관리권, UN사와 북한간의 합의하지 못한 서해바다의 관리권, 개성공
업지구 및 금강산관광지구 등 휴전선 인접지역에 대한 민·형사 문제에 대
한 일부 관리권, 동티모르 평화유지군, 레바논 평화유지군 등 한민족을 대
표한 국제파견, 민족의 공동이익에 관한 외교권 및 남북한 지역정부의 새
로운 국제조약에 대한 협의권, 남북한 체육대회 개최권 및 아시안게임, 세
계선수권대회, 올림픽대회 공동참가권 등을 들었다. 공유적 권한으로 첫째,
농업 및 어업, 둘째, 환경보호 셋째, 시베리아나 만주를 통과하는 필수적인
TKR(한반도횡단철도), 넷째, 우주항공분야 등 기술개발, 다섯째, 기타(민족
공동발전에 필요한 사항) 등을 들었다. 조정·지원·보충권한으로 첫째, 남
북한 주민의 건강보호 및 증진, 둘째, 산업, 셋째, 문화창달, 넷째, 국내외
여행 다섯째, 일반교육, 직업교육, 여섯째, 남북한 주민 보호, 일곱째, 외국
과의 행정협력 등을 들었다. 그리고 남북한 지역정부의 권한으로는 연방국
가에 이전되지 아니하는 외교권, 군사권 등 모든 권한을 남북한 지역정부
가 가진다고 주장했다. 결과적으로 제1단계 통일연방정부는 국가연합에 가
까운 형태이나 민족통합과 한반도의 평화와 안정 나아가 후유증 없는 평화
통일을 제도화시키는 데 이바지할 수 있는 사항에 대해서만 권한을 가지는

단계라 할 수 있을 것이라고 판단했다. 그리고 제2단계 연방제에서 연방국가 권한은 첫째, 제1단계 연합형 연방제에서 통일연방국가가 가졌던 모든 권한, 둘째, 남한 국민이 북한에서 행한 민·형사상 문제와 북한 국민이 남한에서 행한 민·형사상 문제 및 남한 국민과 북한 국민이 행한 민·형사상 문제, 셋째, 실질적인 군사권과 외교권 행사 등을 들었다. 그러나 남북한 지역정부는 첫째, 예외적으로 연방국가에 이양되지 않는 외교권과 군사권, 둘째, 남한 국민이 남한지역에서 남한 국민에게 민·형사상 문제를 행하고 북한으로 도주한 경우 범죄인도요구권과 북한 국민이 북한지역에서 북한 국민에게 민·형사상 문제를 행하고 남한으로 도주한 경우 범죄인도요구권, 셋째, 남북한 국민에게 사회적 기본권 등의 권한을 가져야 한다고 주장했다. 그리고 제3단계 세부화된 연방국가에서는 연방국가의 권한은 첫째, 제2단계 연방제에서 연방국가가 가졌던 모든 권한, 둘째, 통일연방국가의 권한 중 조정·보충·지원 권한을 강화시킬 필요가 있다고 판단하여, 이제까지 사회적 기본권을 남북한 지역정부에 맡겼으나 14개 지역정부가 감당하지 못한 부분에 대해서는 연방정부가 적극적으로 지원, 조정해야 한다고 주장했다. 그리고 14개 지역정부 권한으로는 첫째, 연방정부의 위임사무, 둘째 지역정부의 고유사무 등이라고 판단했다.

또한 기본권보장으로 제1단계 연합형 연방제에서는 원칙적으로 제한지역에서 자유권적 기본권을 보장하나 예외적으로 비무장지대 내에 건설될 연방수도, 생태관광도시, 환경도시 등에 한해서는 연방정부가 자유권적 기본권, 정치적 기본권, 청구권적 기본권, 사회적 기본권을 보장해야 한다고 주장했다. 그리고 제2단계 연방제에서 남북한 전역에서 자유권적 기본권 보장, 제3단계 세부화된 연방제에서 연방국가의 조정, 지원권한을 확대하여 사회적 기본권을 보장하는 방식으로 연방국가의 기본권 보장의 확대를 주장하였다.[52] 그리고 본서는 남북한이 공존·공영하는 평화통일이 되어야 후유증이 없는 통일이 될 수 있고 국가형태는 단일국가보다는 연방국가이어야 다양성을 수용할 수 있다고 주장하고 싶다. 본서가 단기적으로는 한반도 평화와 안정에 기여하고 장기적으로 후유증 없는 통일에 대비하기 위한 연구물이다. 본서에서 주장하고 있는 6자회담시 한반도 평화체제 구축 논의과정을 잘 이용하고 우리 민족내부에서 철저하고 현실적인 통일방안을 가지고 접근한다면 한반도 및 동북아평화를 동시에 달성할 수 있다고 판단한다. 그리고 통일된 한반도는 동북아시대를 넘어 유라시아시대에 중심국가로 발돋움할 수 있을 것이라 주장하고 싶다. 즉 이제는 해양시대를 넘어 다가오는 대륙시대를 철저히 준비하는 데 본서가 작으나마 이런 목표 달성에 도움이 되었으면 한다. 그리고 이제는 연방국가의 필요성을 논할 단계를 넘은 구체적인 각론에 해당하는 연구물이 나와야 할 시점이다.

---

52) 최양근, 위의 논문, pp.301-306; 최양근, 위의 책, pp.379-385 참조.

제8장

연방수도 입지선정 및 건설
에 대한 연구

[이 글의 요지]

본서는 한반도 내외 진행되고 있는 남북고위급 접촉 등 대화와 한반도 비핵화와 한반도 및 동북아 평화체제를 위한 6자회담 등 대화의 노력이 언젠가는 결실을 맺을 것이라는 긍정적 시각으로 연구한 연구물이다. 그리고 무력통일·흡수통일은 배제하고, 평화통일에 입각해서 남북한이 공존공영하는 가운데 통일을 달성해야 남북이 서로 윈-윈 할 수 있다는 전제를 깔고 연구한 논문이다. 즉, 국가위에 국가를 건설하자는 연방제 통일을 가정한 연구이다. 확정적 연방통일이 아닌, 점진적 단계적 통일을 의미하는 단계적 연방통일이다. 편의상 제1단계 연합형 연방제, 제2단계 연방제, 제3단계 세부화된 연방제로 구분하고 있다. 일단 연합형 연방국가를 건설하는데 있어 "연방수도 입지선정 및 건설이라는 연구"는 중요한 핵심사항이라 판단한다.

그래서 수도입지 선정요인을 정치적 합리성, 경제적 합리성, 국토균형발전 합리성, 안보적 합리성, 풍수지리적 합리성, 역사적 합리성 등으로 수도입지의 판단기준으로 삼았다. 더불어 수도형태를 일극집중형, 다극분산형, 절충형으로 구분하고 수도건설형태로 신도시형, 신시가지형으로 분류하였다. 외국사례로 독일, 베트남, 예멘, 브라질, 미국, 오스트레일리아, 유럽연합의 수도입지 선정 요인을 분석하였다.

분석결과 첫째, 정치적 합리성 둘째, 국토균형 합리성, 셋째 역사적 합리성을 선정요인으로 삼았음을 알았다. 수도형태 및 수도건설형태는 각 나라에 따라 달랐다. 통일연방수도 후보지로 서울, 평양, 서울-개성벨트, 개성, 파주교하, 철원, 강화군 양사면과 황해북도 개풍군 또는 강화군 교동면(교동도)과 황해남도 연안군 선정하여 분석하였다. 그래서 분석한 결과 철원 및 강화군과 북한 개풍군, 진안군을 제외한 지역은 남한에 의한 북한을 무력통일, 흡수통일을 달성한 경우 또는 북한에 의한 남한을 무력통일, 흡수통일을 이룩한 경우가 아니면 제일 중요한 정치적 합리성을 확보할 수 없어 통일연방국가의 수도로 부적합하다는 결론을 얻었다.

그리고 수도형태로 일극집중형 보다 다극분산형으로 건설하는 것이 정치적 합리성과 국토균형발전 합리성을 확보할 수 있다는 것을 알았다. 결론적으로 제1단계 연합형 연방국가 수도를 강화군에 행정부, 황해북도 개풍군 또는 황해남도 연안군에 입법부, 철원에 사법부와 3군사관학교 등을 유치하면 정치적 합리성, 국토균형발전 합리성, 역사적 합리성을 확보할 수 있다고 판단했다. 또한 수도형태를 다극분산형, 수도건설 형태는 신도시형으로 건설하자고 주장했다. 더불어 수도건설 주체는 남북한 정부와 연방국가가 공동으로 수도건설위원회를 조직하여 건설하자고 제안했다. 예산확보는 유럽연합(EU)처럼 관세, 부가가치세, 1인당 국민총소득액(GNI)의 일정한 비율에 의한 남북한 부담금, 국채 등으로 건설비용을 확보하는 것이 합리적이라 판단했다. 또한 통합의 정도가 높아지는 제2단계 연방제, 제3단계 세부화된 연방제에서는 안보적 합리성을 높혀야 할 단계이므로 다극분산형을 유지하되, 철원에 안보와 관련된 기관과 시설을 더 유치하는 것이 합리적이라 주장했다.

[참고] 이 글은 『평화학연구』(제15권 5호, 2014)에 발표한 연구물을 토대로 개서한 글임.

제1절 **서론**

현재 한반도 상황은 남북분단으로 대결과 대립의 역사가 약 70여년을 이어오고 있다. 3중분단 상태라 할 수 있다. 1945년 해방과 더불어 북한은 소련군이 진주하고 남한은 미군이 진주함으로 남북이 서로 자유왕래가 제한되는 상황이 초래되었다. 이를 1중분단인 지역분단이라 명할 수 있다. 그리고 1948년 남한은 개인주의를 원칙으로 하고 예외적으로 집단주의를 채택한 대한민국이 수립되었고 북한은 집단주의를 원칙으로 예외적으로 개인주의를 채택하는 조선민주주의인민공화국이 수립되어 서울을 중심으로 움직이는 정치세력과 평양을 중심으로 움직이는 정치세력이 형성됨으로 2중분단인 정치적 분단을 초래하였다. 1950년 한국전쟁이 발발함으로 인하여 남북한 간 사상자가 남한 130만, 북한 약 400여만 명, 남북한 총 500~600만이 발생하고 1,000만 이산가족이 초래되어 죽고 죽이는 가운데 1953년 7월 27일 정전협정을 통해 약 3년의 한국전쟁을 마쳤지만 민족의 가슴에는 상호간 증오와 미움, 복수심 등의 후유증을 남겼다. 이를 제3중분단인 민족분단이라 명할 수 있을 것이다.[1]

---

1) 최양근, "단계적 연방국가론에 입각한 통일헌법 연구", 동국대학교 대학원 북한학과 박사학위논문, 2011, pp.1~2 참조.

한국선쟁 이후 남북 전쟁은 중단되어 있지만 폭 4㎞, 길이 248㎞라는 비무장지대를 사이에 두고 약 61년간을 대치상태에 있다. 그러나 미움과 복수심이 있지만 남북의 대결상태를 끝내고 통일을 이루려는 노력도 한편에서는 계속 지속되고 있다. 그래서 1972년 7·4남북공동성명, 1991년 남북기본합의서 채택, 2000년 6·15공동선언, 2007년 10·4남북정상선언 등을 채택하여 한반도의 평화와 안정 및 평화통일을 이루려는 노력도 지속하고 있다. 그러므로 우리민족의 소망인 평화통일도 언젠가는 달성될 것이다.

본서는 베트남이나 예멘에서 보여준 무력통일, 동서독 통일사례인 흡수통일을 배제하고자 한다. 이유는 남북한 현 상황과 동북아 정세상 현실적으로 불가능할 뿐만 아니라 우리가 감내하기에는 너무나 큰 후유증을 초래할 수 있기 때문이다.[2] 그래서 단계적, 점진적 통일이고 남북한 공존공영하는 가운데 통일을 생각하는 평화통일에 입각한 연구물이다. 즉, 국가위에 국가를 상정한 단계적 연방제에 입각하고자 한다.

그리고 국제적으로 2005년 9.19공동성명을 통해 한반도 비핵화와 한반도 평화체제 및 동북아 평화체제 구축 등을 합의하였다.[3] 그리하여 이를 실현시키고자 6자회담이 지속되고 있다. 지금은 중단되었지만 한미, 북미, 한중, 북중, 한러, 북러, 한일, 북일 양자회담이나 한미일 다자회담을 통해 중단된 6자회담을 개최하고자 노력하고 있다. 만약 6자회담이 순조롭게 개최되고

---

2) 서독이 1972년의 기본조약 이후 통일이 될 때까지 각종 명목으로 동독에 지원한 총자금규모는 약 600억 달러로서 연평균 32억 달러에 달한다. 우리의 경우 지난 13년간(95~2007) 정부차원에서 13억 5,000만 달러, 민간차원에서 6억 4,000만 달러로 총 20억 달러 상당의 식량, 비료, 의약품 등을 북한에 지원했다. 연평균 1억 5,000만 달러 규모로서 서독의 경우에 비하면 1/21에 불과하며 이는 국민 1인당 연 3~4달러에 불과한 액수일 뿐이다. 이를 두고 일부 반북, 보수세력은 '퍼주기' 라고 주장하며 정부를 공격해 왔던 것이다(임동원,『피스메이커-남북관계와 북핵문제 20년』, 서울: (주)중앙북스, 2008, pp.730~732 참조). 이와 같이 흡수통일은 남한이 감당할 수 없는 통일방법이고 무력통일 역시 상상할 수 없는 후유증을 남길 것이다.
3) 9·19공동성명 제4항 참조.

한반도 평화포럼이 개최되어 정전협정이 평화협정으로 전환되는 상황이 발생한다면 정전위원회가 관리하고 있는 비무장지대 관리권의 주체문제가 현안으로 떠오를 것이다. 이때 남북한 또는 남북한 공동, 연합형 연방국가 등이 관리의 주체로 대두될 것이다.

본서는 이 때를 대비하여 정전협정이 평화협정으로 전환되는 시기에 맞추어 민족의 소원인 통일의 문을 여는 데 이바지하고자 한다. 세부적으로 기술하면 통일논의 활성화에 기여하고, 평화통일 대비 및 민족비전 확대, 평화통일 연구 기초자료로 활용되는데 목적이 있다. 만약 논문에서 주장하고자 하는 남북이 공존하는 가운데 국가위에 국가를 수립하는 단계적, 점진적 연방국가로 통일의 로드맵이 설정되게 되면 통일연방수도 입지선정 및 건설, 연방정부와 지역정부 권한배분, 연방정부 예산 확보 등에 대한 연구물이 필요할 것이다. 이를 대비하고자 하는 목적이 있다.

통일국가 수도입지 선정 및 건설에 관한 선행연구를 살펴 보면 김낙중은 통일독립청년 고려공동체안을 통해 1956년에 연방수도를 비무장지대를 중심으로 건설할 것을 주장하였다.[4] 최창조는 통일수도를 경기도 파주시 교하면의 한강연안과 김포 및 강화일대 해안을 따라 대상의 거대도시를 건설하자라고 주장하였다.[5] 김영섭 등은 지상학적으로 볼 때 인간심장에 해당하는 철원평야(철원분지)를 중심으로 하여 심장의 심실벽으로서 두꺼운 근육에 해당하는 장대한 산들로 사방이 둘러싸여 타원형의 산간분지를 이루고 있는 철원분지가 바로 심장이기 때문에 조국통일을 위한 통일수도 부지로는 천혜요지라고 주장하였다.[6]

---

4) 김낙중,『민족통일을 위한 설계』(서울: 고려서당, 1988) 참조.
5) 최창조,『땅의 논리, 인간의 논리』(서울: 민보사, 1992), p.248 참조.
6) 김영섭 외,『통일수도의 지상』(전남: 남궁문화사, 1992), pp.16~17 참조.

또 다른 연구물로 서울특별시가 의뢰한 정책보고서가 있다. 구체적인 내용을 살펴보면 서울-개성 수도벨트는 가장 바람직한 대안이 될 수 있다고 주장하는 이론이다. 현재의 수도 서울을 그대로 유지하되, 북한의 재개발 목적과 수도서울의 과밀성 해소를 위하여 개성에 행정부의 일부를 이전하는 것이다. 개성은 서울에 인접해 있으며 서울의 이점을 그대로 살리면서 서울에서 가까운 거리에 있는 개성에 행정부의 일부를 이전함으로써 서울-개성 수도벨트화 할 수 있다7)고 주장하고 있다. 위 선행연구들은 김낙중 연구이외에는 한계(단점)로 통일국가 형태에 대한 언급이 없고 단일국가 통일을 염두에 두고 연구한 연구물이라 판단한다. 그리고 김낙중 연구를 포함한 선행연구들이 수도건설을 어떻게 할 것인가에 대한 구체적인 언급이 부족하다. 그러기에 후속 연구물이 필요하다고 판단하며 통일국가 형태로 단계적 연방제를 가정한 본서는 남북한 상황과 동북아 상황을 종합적으로 고려해 볼 때 더더욱 필요한 연구라 주장하고 싶다.8)

본서의 연구방법으로 북한학, 정치학, 국제정치학, 군사학, 경제학, 도시공학, 역사학 등 융합 학문적 접근(학제간 연구, Interdisciplinary approach) 할 것이다. 본서는 제1장 서론, 제2장 수도입지 선정요인과 수도형태 및 건설형태, 제3장 외국 사례, 제4장 한반도 통일연방국가 입지선정 및 수도형태, 제5장 연방수도 건설 시 고려변수, 제6장 결론으로 기술하고자 한다.

---

7) 서울특별시, 『수도이전의 타당성 분석』(서울: 서울특별시, 2004), pp.222~223 참조.
8) 2014년 10월 20일 열린 통일준비위원회 공개세미나에서 1국가 2지역정부에 입각한 남북통일시 경제성장에 대한 예측보고서가 발표되었다. 내용을 살펴보면 통준위 김병연 경제분과 전문위원(서울대 교수)은 통일한국의 1인당 GDP는 2015년 1만7천452달러(남한 2만5천896달러, 북한 753달러)에서 2030년 3만2천760달러(남한 4만6천671달러, 북한 5천589달러), 2040년 4만8천927달러(남한 6만3천547달러, 북한 2만715달러) 2045년 6만달러(남한 7만2천371달러, 북한 3만6천374달러)로 급증할 것으로 전망했다. 그리고 2050년 통일한국의 1인당 GDP 추정치로 7만3천747달러(남한 8만2천421달러, 북한 5만7천396달러)를, 연간 성장률로 4.51%(남한 2.63%, 북한 9.55%)를 제시했다. 『연합뉴스』, 2014.10.20. 참조.

제2절 수도입지 선정요인과 형태

수도입지 선정을 결정하는 네 중요한 변수로 상징성, 상상성, 기능성, 중심성, 환경성, 이전비용 대비 효과 등을 고려해야 한다고 주장하는 연구물이 있다.[9] 그러나 본서에서는 입지선정 요인으로 정치적 합리성, 경제적 합리성, 국토균형발전 합리성, 안보적 합리성, 풍수지리적 합리성, 역사적 합리성을 통해 분석하고자 한다. 그리고 수도형태로 일극집중형, 다극분산형, 절충형을 들 수 있으며, 수도건설 형태로 신도시형, 신시가지형을 통해 수도형태 및 수도건설 형태를 분석하고자 한다.

1. 입지선정 요인

1) 정치적 합리성

신설국가의 수도를 결정하거나 기존 국가의 수도를 이전 시 반드시 고려되어야 할 사항은 국민들과 정치단체, 사회단체, 이익단체 등의 수용 가능성이라 생각한다. 이를 정치적 합리성이라 정의하고 싶다. 이를 남북한 상

---

9) 서울특별시(2004), p.211 참조.

황을 고려해 볼 때 남북한 국민들과 남북한 정치세력 등의 수용 가능성이
가장 중요한 수도입지 선정요인이라 판단한다.

2) 경제적 합리성

비용에 비해 편익이 많은 것을 경제적 합리성이라 할 수 있다. 또한 개발
이 용이해야 한다. 즉, 표고, 경사도, 재해발생빈도, 토지이용상태 등을 종합
적으로 분석하여 물리적으로 개발이 가능한 지역을 선정하기 위한 기준[10]
을 경제적 합리성이라 할 수 있다.

3) 국토균형발전 합리성

수도입지의 중요한 요건의 하나는 지리적 중심성이다. 나라의 각 지역에
서 지리적으로 쉽게 접근이 되는 나라 전체의 중심적 위치에 있어야 한다.
한 곳에 치우쳐 있으면 수도의 기능성이 떨어질 수 있기 때문이다.[11] 본서
에서는 이를 국토균형발전 합리성이라 명하고 싶다.

4) 안보적 합리성

우리나라의 고대국가인 고구려, 백제, 신라, 중세국가인 고려, 봉건국가
인 조선뿐만 아니라[12] 중국 고대국가 및 봉건국가들도 수도를 결정하는 데
안보를 중요시하였다.[13] 즉, 외부 침략으로부터 방어하기 쉬운 곳을 선택

하여 수도를 건설하였다. 21세기 정보화시대에서도 우리나라나 서구, 아프리카 등 세계 여러 국가들이 수도를 이전하거나 새로운 수도를 건설하는데 중요한 판단요소로 작용하고 있다. 이를 안보적 합리성이라 부르고 싶다.

5) 풍수지리적 합리성

풍수지리는 신라말에 한반도에 들어 왔다. 그러나 수도입지 선정을 결정하는 변수로 이용한 사례는 철원에 도읍을 둔 궁예의 태봉국이었다. 이어서 고려 왕건 역시 개성을 도읍으로 결정하는데 풍수지리적 변수를 고려하여 결정하였다. 그리고 조선왕조의 수도를 한양을 결정하는데도 풍수지리적 관점도 하나의 변수로 작용하였다. 최창조는 풍수지리적으로 크게 장풍국과 득수국으로 구분하여 신라 경주와 고려 개성은 배를 통해 접근할 수 없는 장풍국으로 분류하였고, 백제의 부여, 공주, 조선의 한양을 배를 통해 접근할 수 있는 득수국으로 분류하였다. 더불어 수도 주위가 산으로 둘러싸여 있는 산지룡, 수도 주위가 평야지대인 평지룡으로 분류하여 이제는 시대가 바뀌어 산지룡에서 평지룡의 땅에 도읍을 결정해도 좋다라고 주장하면서 파주 교하를 통일수도로 합하다고 주장했다.[14] 이를 풍수지리적 합리성이라 정의하고자 한다.

6) 역사적 합리성

중국의 역사를 보면 수도가 먼 고대국가인 서주, 한나라, 당나라는 서안을 중심으로 수도를 삼았고 송나라는 변경, 명나라는 초기 남경을 수도로

---

13) 존 킹 페어뱅크 멀 골드만, 김형종·신성곤 옮김, 『신중국사-수정증보판』(서울: 까치글방, 2006), pp.21~532 참조.
14) 최창조(1992), pp.238~248 참조.

심았지만 성조 이후 북경을 수도로 삼았다. 또한 북위, 원나라, 청나라는 북경을 수도로 삼았다. 이와 같이 중국을 살펴 보면 서안, 남경, 북경을 수도로 왕조가 교체되어도 역사성과 상징성 때문에 3곳을 주로 수도로 삼았다고 본다.[15] 이를 역사적 합리성이라 명하고 싶다. 이와 같은 현상은 중국뿐만 아니라 세계 여러 국가에서 나타나고 있다.

2. 수도 형태

수도형태를 크게 분류해 보면 일극집중형, 다극분산형, 절충형으로 분류해 볼 수 있겠다. 이를 자세히 설명하면 아래와 같다.[16]

1) 일극집중형

일극집중형은 One-shot 접근방식을 의미한다. 일반적으로 주요 수도기능을 동시에 함께 이전하는 천도 이전방식이다. 예를 들어 수도권에 소재한 청와대, 행정부처, 국회 등을 충청권의 한 지역에 모두 옮기는 방식이다. 장점으로는 기관간의 업무연계가 편리하고, 지방이전에 따른 충격이 감소되며, 이전대상기관의 반발 및 사기저하에 대한 대책을 강구할 수 있다는 점이다. 그러나 단점으로는 지역의 균형발전을 위한 효과가 또 다른 중심지의 형성에 따라 감소될 가능성이 높다는 점이다.

---

15) 김영진 역편, 『중국오천년사』(서울: 대광서림, 1972), pp.1~545 참조.
16) 권용우 "신행정수도 건설의 필요성과 효과", 국토연구원 등 공동세미나, 『행정수도 이전의 필요성과 과제에 관한 세미나』(2003.7.18. 서울 논현동 건설회관 회의실), pp.16~18 참조.

2) 다극분산형

다극분산형은 공공기관의 속성과 각 지역의 특성에 맞추어 전국에 공공기관을 분산 배치하는 방식이다. 그리고 장점은 지역균형발전의 효과를 극대화 할 수 있다는 점이다. 그러나 단점으로는 행정의 연계성이 취약해지면서 비용이 많이 들어 실현가능성이 크지 않다는 점이다.

3) 절충형

집단입지를 필요로 하는 기관들은 한 지역에 집중시키고 비교적 독립성이 강하거나 특정지역과의 연계가 높은 기관은 개별적으로 분산시키는 접근이다. 예를 들면 프랑스 파리와 영국 런던의 경우가 이에 해당한다.[17]

3. 수도 건설 형태

수도입지 선정이 끝나고 수도 형태가 결정이 되더라도 수도건설을 신도시형으로 건설할 지 신시가지형으로 건설할 지에 대한 숙제가 남는다. 이를 자세히 살펴보면 아래와 같다.[18]

1) 신도시형

기존의 주변 환경에 영향을 받지 않은 새로운 공간에 실험적 도시를 건

---

17) 권용우(2003), pp. 18~19 참조.
18) 이동준, "국가 정책 사업 사례 분석을 통한 도시 발전 전략-행정 수도 이전 과정을 중심으로", 목원대학교 대학원 석사학위논문, 2005년, pp.9~10 참조.

실하는 것이다. 장점으로는 뒤떨어진 지역을 계획적으로 개발할 수 있다. 그러나 단점으로 첫째, 많은 비용과 시간이 든다는 점, 둘째 역사적 기반 없이 계획적으로 건설한 도시는 매력이 떨어진다는 단점이 있다. 신도시형 사례로 미국 워싱턴은 물론 브라질의 브라질리아, 오스트레일리아의 캔버라, 터키의 앙카라 등 행정수도를 이전한 대부분의 나라에서 채택한 방식이다.

2) 신시가지형

신도시형의 단점을 보완하기 위해 기존 도시에 새로운 시가지를 조성하는 방식이다. 그리하여 수도 건설의 비용을 감소할 수 있다. 즉, 기존 도시의 기반시설을 사용하면 비용을 대폭적으로 줄일 수 있고, 기존 도시의 역사성을 활용할 수 있다는 장점이 있다. 예를 들면 세종시 건설을 신도시형으로 추진하였으나 초창기 대전에 정부3청사를 두자는 의견이 있었는데 만약 그리하였다면 이를 신시가지 형태의 수도 건설이라 할 수 있을 것이다. 그리고 독일 베를린이 있다.

제3절 **외국 사례**

1. 독일

1) 수도 입지선정 및 건설

통일독일 의회는 1991년 본에서 베를린으로 연방수도의 이전을 결정하였다. 이러한 결정의 이면에는 인구 35만 안팎의 전원적 대학도시 본에 수도를 두는 한 독일은 패전국으로서의 역사적 멍에를 계속 질 수밖에 없다는 생각이 깔려 있었다. 1940년대 이미 인구 450만 명에 육박했던 유럽의 최대도시 베를린으로의 천도는 '정상국가' 독일의 등장을 알리는 서곡이었다. 하지만 베를린은 두 번에 걸친 세계대전에서의 패배로 베를린은 잿더미가 되고 분할의 운명을 맞았다. 전후 새로 건설된 연방공화국에서 베를린은 수도의 위상마저 상실하고 냉전체제 하에서 서유럽의 동쪽에 자리 잡은 변경도시로 전락하였다. 그러나 베를린은 독일의 재통합으로 통일독일의 수도가 됨으로써, 국가발전의 상징이자 시험대가 되고 있다. 베를린은 우선 내부적으로 스스로의 분단 상황을 다양한 차원에서 극복하는 작업을 선행해야할 상황에 놓이게 되었다. 일차적으로 수도 베를린은 오랜 분단 상황 속에서 분리된 두 개의 베를린이 과거의 대립과 갈등을 극복하고 더불어 살아가는 길을 찾아야 하는 과제를 안고 있다. 나아가 과거의 분단이 단순히 지리적, 물리적 차원에 머물지 않고 정치, 사회, 문화, 심리 등 모든 측면에 미친 것이었던 만큼, 분단된 동서독의 통합도 물리적, 물질적 차원에서만이 아닌 정신적 차원에까지 심화시키지 않으면 안된다. 따라서 베를린은 독일 민족의 내적 통일과 공존을 위한 실험실이자 동서통합의 상징적 무대가 되고 있는 것이다. 이런 맥락에서 독일은 베를린에서, 그리고 베를린에 의해 통일을 완성한다는 구호가 등장하고 있다. 물론 베를린 천도의 함의는 이에 그치지 않는다. 동서 베를린의 통합은 동서독의 통합을 위한 모델에 그치지 않고, 동서유럽의 통합에도 중요한 가교역할을 할 가능성을 열어 놓고 있다. 동서베를린의 통합으로 350만 명의 대도시가 탄생했다는 것은 이미 인구측면에서 거대도시의 등장을 예고하는 것뿐만 아니라, 동서유럽 간에 최대의 메트로폴리스로서 부상할 수 있는 잠재여건을 보여주는 것이다. 독일은 베를린을 축으로 하여 유럽의 통합과 재편에 주역이 될 수 있는 것이다.

기회에는 항상 위험이 따르기 마련이다. 새로운 메트로폴리스로서 웅비하려는 베를린에는 지금도 수 천억 마르크가 소요되는 건설공사가 곳곳에서 진행되고 있다. 재건을 위한 대형공사 자체가 당장 시민들에게 큰 불편을 줄 뿐만 아니라, 도시가 커지고 개방되면서 생활환경의 후퇴, 동유럽 불법 난민들의 유입, 주택난의 심화와 토지시장의 혼란, 산업 프롤레타리아의 양산과 계층 간 대립의 심화, 정치적 급진주의의 부상 등 부정적인 측면도 증폭되고 있다. 더욱이 베를린은 유럽의 새로운 중심도시로 자리잡기 위해 전통적인 제조업 중심의 산업도시에서 현대적인 서비스 중심의 문화도시로 변신하지 않으면 안 된다. 이 일은 당연히 오랜 시간과 지난한 노력, 그리고 막대한 비용을 요구하고 있다. 19)

---

19) 안영진, 박영한 공저, "독일의 수도이전: 베를린 천도과정과 그 함의", 한국지역지리학회지 제7권 제4호(2001) pp.33~47 참조.

2) 평가

독일은 제2차 세계대전의 패망으로 외부에 의한 동서독의 분열사태를 맞았다. 그래서 1990년 독일 통일과 더불어 수도 이전 문제가 정당들과 사회단체 및 국민들 사이에 본격적으로 논의가 되었던 것이다. 수도입지 선정 면에서 본다면 본에서 베를린 이전은 분단되기 전 독일로의 환원이기에 환도적인 의미가 있다. 즉, 역사적 합리성을 가지고 이전을 하였고 동서독 국민들과 정치세력은 이를 수용함으로써 정치적 합리성을 확보하였으며 본에서 베를린으로의 이전은 비용에 비해 효과가 매우 커 경제적 합리성 또한 갖추었다. 그리고 발전이 덜 된 동독지역의 발전을 견인하는 의미에서 국토균형발전 합리성 또한 가지고 있었다. 이렇게 여러 합리성을 가질 수 있는 배경은 서독이 동독을 흡수통일했기 때문에 나타난 현상이라 판단한다. 그리고 서독 국민들의 반발을 무마하기 위해 수도형태로 다극분산형을 선택하여 본에 11개 부처를 남기는 것도 국민들의 동의를 이끌어내는 데 큰 도움이 되었다. 수도건설 형태는 신시가지형을 선택하였다.

2. 베트남

1) 수도 입지선정 및 건설

영토는 해방되었지만 베트남은 아직 통일된 국가를 설립하지 못했다. 1975년 4월 30일, 사이 곤 해방과 함께 5월 초까지 남부는 남베트남 임시혁명정부의 지배하에 들어갔다. 해방 초, 남부는 남베트남임시혁명정부 소속 군민대표와 자치관리위원회에 의하여 관리되었으나 곧바로 북부에서 파견된 정치, 경제, 군사전문가들로 구성된 혁명인민위원회의 관리 하에 놓이게 되었다. 사이 곤에는 1976년 1월 21일에 혁명인민위원회가 설립되었다. 때문에 통일베트남은 외형상 두 개의 정부가 존재하는 형태가 되었다.[20]

통일된 국가수립을 위하여 베트남공산당은 1975년 9월 중앙당집행위원회 제24차 회의를 소집하여 "조국통일은 전인민의 가장 절실한 소원이고 베트남 혁명발전과 베트남 민족사의 객관적인 규율이다"고 강조하고, 이에 따라 "통일된 국가수립이 시급하다"고 주장하였다. 같은 해 11월 5-6일, 남베트남 민족해방전선, 전민족연맹중앙위원, 베트남 민주민족, 남베트남 임시혁명정부, 그리고 각계의 애국민주인사 위원회 등은 사이 곤에서 확대회의를 갖고 통일국가수립에 대한 의결에 일치를 보았다. 그리하여 1975년 11월 15-21일, 남북의 각각 25명씩으로 구성된 국가통일정치협상회의가 사이 곤에서 개최되었다. 회의에서는 "베트남 혁명은 새로운 단계에 들어섰으며, 이제는 사회주의 토대 위에 있는 통일된 국가 수립이 필요하다. 바로 이것이야말로 완전한 통일이다. 이를 위해서는 총선거가 시급히 치러져야 하며, 통일된 베트남 국가의 새로운 헌법을 제정해야 한다"라고 강조했다.

그리고 1976년 4월 25일, 총선거가 실시되었다. 이는 1946년 1월 6일에 실시되었던 첫 번째 총선거에 이어 베트남 역사에서 두 번째로 갖는 총선거로 제6대 국회가 탄생되었다. 총유권자의 98.8%인 약 2,300만 명이 투표에 참여하여 492명의 국회의원을 선출했다. 국회는 그 해 6월말부터 7월초까지 첫 번째 회의를 소집하여 새로운 단계에서 베트남 혁명의 주 임무를 "통일국가 설립과 사회주의 건설에 있다"고 표명하였다. 회의에서는 국호를 '베트남사회주의공화국'으로 국가를 '전국가'로, 수도를 '하노이[21]'로, 사이 곤시를 '호

---

20) 1975년 베트남 상황은 남베트남의 베트공과 북베트남은 베트남 공산당으로 이미 1개당으로 통합되었지만, 국가는 남베트남에 혁명인민위원회라는 임시정부를 두어 일시적으로 2국가상태였다. 그러나 1976년 1국가로 통합되었다.
21) 하노이는 베트남의 수도로 송코이강 우안에 위치하며, 6세기경부터 통킹 삼각주의 중심도시이다. 이조·진조·여조 등 역대 왕조가 이곳에 왕도를 정했다. 원조는 안남의 후예를 왕도로 삼았으나 프랑스 통치 시대에는 하노이에 총독부를 두

찌밍 시'로 결정하였다. 국회는 주석으로 똔 득 탕을, 응우옌 르엉 방과 응우엔 흐우 토를 부주석으로, 쯔엉 찡을 국회의장으로, 판 반 동을 수상으로 각각 임명하였다. 그리고 통일베트남은 국가조직의 기본법으로 베트남사회주의공화국이 제정한 1960년의 헌법을 그대로 사용하기로 하였다.[22]

2) 평가

통일베트남의 하노이로의 수도입지 선정은 이조, 쩐조, 후레조 등 1,000여년의 베트남 수도였다는 역사적 합리성과 비용에 비해 효과가 크다는 경제적 합리성, 북베트남에 의한 남베트남의 무력통일이었기에 반대세력이 없다는 특징, 즉, 정치적 합리성과 안보적 합리성을 확보하였다. 그러나 하노이는 북부에 위치하고 있기에 국토균형발전 합리성이 응우옌 왕조의 수도였던 후예에 비해 떨어지는 약점이 있다.

3. 예멘

1) 수도 입지선정 및 건설

예멘은 1000여 년 이상 독립국가로 존재하였다. 그러나 제2오스만터어키 제국에 의하여 1849년에 북예멘이 식민지가 된 이후 60여년 후 1918년 북예멘은 오스만터어키로부터 독립하였고, 남예멘은 1838년 영국에 의해 아덴이 점령된 이후 130여년을 영국 식민 통치를 받았다. 그러나 독립투쟁의 노력으로 1967년 영국으로부터 남예멘도 독립을 성취하였다. 이후 남예멘과

어 행정의 중심으로 삼았다. (글로벌 세계 대백과사전 세계지리 편 참조)
22) 송정남, 『베트남의 역사』(서울: 부산대학교 출판부, 1992), pp.619~621 참조.

북예멘은 공동의 역사를 배경으로 통합을 시도하였다. 그러나 남예멘의 사회주의체제와 북예멘의 자본주의 체제 대립으로 전면전이 아닌 국지전23)을 남북예멘은 여러 차례 분쟁을 거쳤다. 그러나 주변 이슬람국가들의 분쟁 노력으로 국지전 분쟁 이후에 남북예멘의 수뇌부는 대화를 지속적으로 멈추지 않고 분쟁의 해결과 통일에 대해 논의하였다. 조정을 담당한 국가들은 이라크, 이집트, 사우디아라비아, 오만 등 이슬람 주변국가이었다. 이와 같은 통일 대화의 노력의 결실로 1990년 5월 22일 역사적인 아덴 회동과 예멘 통일 실현을 선포하게 이르렀다. 그리하여 통일예멘의 수도를 포함한 정치질서, 경제질서, 사회질서, 문화질서 등에 대한 합의가 이루어져 통일을 달성하였다.24)

　수도는 북예멘의 수도였던 사나로 결정하고 남예멘의 수도였던 아덴을 분소(부수도)로 설정하여 수도 기능이 사나를 중심으로 하고 분소 기능을 아덴이 담당하게 되어 아덴에서 사나로 옮기는 공무원들이 있었고 일부는 사나에서 아덴으로 옮기는 공무원들이 있었다.25) 그러나 국방부를 중심으로 한 통합의 실패하여 내전이 일어나 수많은 사상자를 발생하였다. 결국

---

23) 1972년과 1979년 남북예멘은 군사적 충돌이 있었다. 한국전쟁처럼 전면적이 아닌 국지전이었다.
24) 알리 압둘-까위 알-가파리, 박인숙 역,『예멘 통일-현실과 미래』(서울: 법제처, 1999), pp.11~347 참조.
25) 압둘 아지즈 압둘 가니북 예멘 총리와 야신 싸이드 니으만 남예멘 총리가 회동하여 단일국가 선포를 위한 과도기를 위한 집행절차들에 관해 협의하고 다음 사항에 대한 토론이 이루어졌다. 첫째, 디나르와 리얄은 전국에서 통용되는 화폐로 간주된다. 둘째, 통일국가의 재정 균형을 위하여 재무무 장관을 임명한다. 셋째, 항공사와 통신사의 통합에 합의, 넷째, 공무원과 일반직 근로자의 봉급과 아덴에서 사나로 전근과 반대로 사나에서 아덴으로의 전근문제와 급료문제와 아덴에 종합청사의 분소를 여는 문제와 문서의 이송문에 등에 대한 논의가 이루어짐. 다섯째, 사나에서 아덴으로 아덴에서 사나로 전근하는 공무원들의 숙소에 대한 문제가 논의되었다. 이 회동은 각 부처의 통합에 따른 요구 사항들에 대한 문제 등이 논의된 전환점이었다. (알리 압둘-까위 알-가파리, 박인숙 역(1999),1990년 5월 1-4일 사나 남북공동총리 회동, pp. 152~ 153 참조)

북예멘의 승리로 예멘은 무력통일을 하였고 분소 기능을 한 아덴은 분소 기능이 폐지되고 완전하게 수도 기능을 사나로 확립되었다.

2) 평가

예멘은 아라비아반도 남단에 위치하고 있으며 홍해를 끼고 있는 지리적으로 아라비아와 아프리카 지역에서 중요한 요충지이다. 그리고 예멘은 독립국가로 1,000년 이상을 존재하였다. 그러나 북예멘이 제2 오스만투르크 제국에 남예멘은 영국에 식민지가 된 후 북예멘은 1918년, 남예멘은 1967년에 각각 독립하였다. 그러나 식민지 이전 독립국가 때 예멘의 정치적 중심지는 사나였다. 예멘이 초기에 평화통일을 합의한 이후 사나로 통일예멘 수도를 결정하고 분소로 남예멘의 아덴을 선택하였다. 이는 입지선정 요인 중 정치적 합리성과 역사적 합리성, 국토균형발전 합리성, 경제적 합리성을 고려한 결정이었다. 그러나 국방부의 통합과정에서 내전이 발생하였는데 이는 안보적 합리성을 덜 고려한 결과였다고 본다. 수도 형태로는 초기 예멘은 다극분산형을 선택하였으나 내전 이후 북예멘의 승리로 사나에 일극집중형으로 수도형태를 선택하였다.

4. 브라질

1) 수도 입지선정 및 건설

브라질은 내륙지역의 경제성장과 국토의 균형발전을 위하여 리우데자네이루에서 브라질리아로 수도기능을 이전하였다. 수도의 건설은 1956년 쿠비체크 대통령의 집권으로 강력하게 추진되어 1960년에 입법 · 사법 · 행정부가 브라질리아에서 업무를 시작하게 된다. 수도기능의 이전은 1891년 제정헌법상 새로운 수도의 건설 규정, 1953년 신연방수도입지위원회의 설치, 1956년 신수도건설청의 설립, 1957년 현상설계안 확정으로 진행되었으며, 핵심부처를 먼저 이전하고 관련 부처는 단계적으로 이전하는 방식으로 추진되었다.

브라질리아의 인구는 2003년 현재 약 37만 명이며 8개의 위성도시를 포함하는 연방구의 인구는 200만 명을 초과한다. 이러한 대도시권의 형성은 내륙의 성장거점을 마련하였다는 점에서 당초의 목적을 달성하였지만, 도시가 자생적인 기반을 형성하지 못하고 있으며, 건설비용에 관한 합리적 예측과 조달방안 없이 추진하여 경제적 압박의 원인이 되었다는 지적을 받고 있다. 또한 자동차 위주의 교통계획으로 보행이 불편한 도시, 엘리트 위주로 건설된 도시, 기념비적인 건축물의 설계로 무미건조한 도시, 세기의 실패작이라는 비판을 받기도 한다.[26]

2) 평가

브라질은 포르투갈로부터 독립한 이후 리오데자네이루가 수도로 결정되었지만 브라질 입장에서 대서양에 치우쳐 있기에 유럽 접근이 용이했지만 브라질의 국토균형발전 저해요인이었다. 그래서 브라질은 수많은 논쟁과 긴 기간의 준비를 거쳐 브라질리아로 수도 이전을 선택하였다. 브라질리아의 입지선정은 국토균형발전의 합리성을 확보하는 시각 하에 국민들의 수용가능성을 확보한 정치적 합리성을 토대로 하고 있다. 수도형태로는 일극집중형을 선택하였으며 수도 건설형태로는 신도시형을 선택하였다.

---

26) 김도형(2005), pp.17~19 참조.

5. 미국

1) 수도 입지선정 및 건설

워싱턴 DC는 기존의 조그마한 시가지 알렉산드리아와 조지타운을 포함하는 사방 10마일(약 256㎢)의 정방형 형태로 구획된 지역으로서 나지막한 구릉지가 펼쳐진 포토맥강과 애너코스티아강이 합류하는 지점에 위치하고 있다. 이곳은 포토맥강의 그레이트 폭포의 바로 아래지역으로서 선박이 항해할 수 있는 포토맥강 상류의 가장 끝 부분이었으며, 당시 13개 주의 중앙이 되는 위치였다.

수도의 위치를 이곳으로 한 것은 의회가 오랜 논의 끝에 결정한 것이었다. 당시 북부 사람들은 펜실베니아주 이북에, 남부 사람들은 남쪽에 수도를 유치하기를 원하였는데 수도를 남쪽에 입지하기로 한 것은 정치적인 결정에 따른 것이었다. 영국 식민지 시절 안고 있었던 채무를 갚도록 연방정부가 북부지역에 자금을 지원하는 것에 대해 남부사람들이 지지하는 것을 조건으로 북부사람은 수도를 남쪽에 건설하는 것에 동의하는 정치적 타협에 의하여 이루어졌기 때문이다.

1790년 의회는 10평방마일을 초과하지 않는 범위 내에서 수도의 구체적인 위치와 경계선을 결정하는 최종 권한을 조지 워싱턴 초대 대통령에게 부여하였다. 그리고 워싱턴은 1791년 1월에 이 지역을 수도의 입지로 지정하고 일반에게 선포하였다. 곧 이어 워싱턴은 독립전쟁 당시 대영제국을 대항하여 싸웠던 프랑스인으로서 예술가이면서 공학자인 피에르 랑팡에게 연방수도 건설을 위한 부지를 물색하고 도시를 설계하도록 요청하였다. 랑팡은 새로 출범하는 연방국가의 수도건설이 지니는 중요성을 인식하고 부지를 선정할 때 민주국가의 상징성을 나타낼 수 있는 적절한 장소를 탐색하기 시작하였다. 그리고 연방수도 입지와 관련하여 발생되는 주정부간 갈

등을 해소하고 국민통합을 이루기 위하여 지리적으로도 특정지역에 치우치지 않고 가급적 중앙에 위치한 지역을 물색하였다.

1791년 5월 9일, 랑팡은 수도 부지를 물색하기 위하여 조지타운에 도착하여 조사에 착수하였다. 조사결과, Jenkins Hill의 동쪽까지 펼쳐진 높은 평지가 제퍼슨과 워싱턴이 관심을 갖던 Tiber Creek의 북부지역보다 도시건설에 유리할 것으로 판단하였으며, 포토맥과 애너코스티아강 사이의 낮은 구릉지대인 Jenkins Hill이 최적의 연방수도 부지라고 결정하였다. 이 결정이 오늘날 메릴랜드주 일부와 알렉산드리아를 포함한 버지니아주 일부로 이루어진 10 평방마일 크기의 정방형 부지를 수도건설부지로 선정하여 연방특별지구가 된 배경이 되었다.[27]

2) 평가

미국은 1776년 영국으로부터 13개주가 독립 이후 국가연합형태로 10여년을 유지하였다. 그러나 아펠레치아 산맥 서쪽 인디안의 공격과 북쪽의 캐나다에 주둔한 영국 군대의 공격과 내부적으로 농민들의 반란으로 인한 혼란을 효과적으로 방지하고자 연방을 구성하였다. 그리하여 연방수도 입지선정 문제가 현안으로 대두되었던 것이다. 연방수도 입지선정 문제로 남부지역과 북부지역이 대립하였다. 그러나 남부와 북부지역이 정치적 타협으로 당시 13개주 중간지역인 워싱턴으로 연방수도를 결정하게 되었는데 이는 국토균형발전 합리성과 정치적 합리성이 고려된 결정이었던 것이다. 수도형태로는 일극집중형을 선택하였고 수도건설 형태는 신도시형을 선택하여 현재까지 워싱턴이 연방수도로 이어지고 있다.

---

27) 신동진, "미국 워싱턴 DC의 건설", 『도시문제』 제39권 제423호(2004), pp.123~136 참조.

6. 오스트레일리아

1) 수도 입지선정 및 건설

호주는 1901년 1월 1일 6개의 주로 이루어진 연방국가로 새롭게 출발하였으나 상징적인 의미가 있는 국가의 수도를 어디로 선정할 것인가 하는 것이 가장 큰 문제로 대두되었다. 새로 준비된 연방헌법에서 연방정부의 수도는 기존 도시가 아닌 새로운 지역에 신도시를 건설하는 방식으로 이루어져야 한다는 사항만을 명시하고 있을 뿐 구체적인 위치는 결정하지 않은 상태였다. 따라서 입지선정 과정에서 많은 논란을 야기하였다. 특히 경쟁관계에 있던 시드니를 중심으로 한 뉴사우스웨일스주와 멜버른을 중심으로 한 빅토리아주는 서로 수도를 자신의 주에 유치하기 위해 치열하게 경합하였다. 시드니는 1788년 최초의 백인정착지로 만들어진 이후 호주의 중심지로서 역할을 수행하여 왔으나, 19세기 후반부터 멜버른에서 금광이 발견되면서 급성장하게 되자 시드니는 중심도시로서의 지위를 위협받게 되었다. 19세기 후반까지 두 도시의 경쟁관계는 치열하였으며, 양쪽 주지사는 다른 주에 있는 도시를 연방수도로서 인정하려 하지 않았다.

1899년 1월 주지사 회의에서 수도는 뉴사우스웨일스주에 건설하도록 하되 새로운 수도가 완성될 때까지 빅토리아주의 멜버른을 임시수도로 하는 방향으로 최종적인 정치적 타협이 이루어졌다. 또한 연방정부는 최종적인 해결책으로써 입지선정을 의회에 위임하게 되었다. 의회의 토론과정을 거쳐 4가지 기본적인 입지기준이 선정되었으며 오랜 시행착오를 거쳐 1908년 1월 구체적인 입지를 명시한 정부소재지법안이 의회를 통과함으로써 910 sq. mi에 이르는 현재의 캔버라 지역이 연방수도지역으로 선정되었다.

1957년 10월 국가수도개발위원회법이 통과되고 총리인 로버트 멘지스가 윌리엄 홀포드로부터 자문을 얻어 국가수도개발위원회를 발족하면서 캔버라 건설사업을 활기를 띠기 시작하였다. 홀포드는 1958년 그리핀의 기하학적 계획안을 검토한 후, 경관효과를 중시하여 의회건물을 그리핀호수 주변에 배치하는 계획안을 작성하였다. 1964년 공공건축물을 배치하였으며 레크리에이션 시설로 활용될 수 있는 그리핀호수가 완성되었다. 1961년부터 1965년까지 도심주변에 있던 상업·업무지역의 대부분이 사무실, 상가, 은행, 극장, 법원 등의 용도로 채워졌다.

1962년 캔버라도심으로부터 남쪽으로 12㎞거리에 최초의 위성도시인 우덴 그리고 이와 인접한 지역에 60,000명의 인구를 수용하기 위한 웨스톤 크릭이 건설되기 시작하였으며 1964년부터 주민이주가 시작되었다. 우덴과 웨스턴크릭은 현재 독자적인 도심을 가지고 있으며 정부행정, 소매 및 서비스에 종사하는 인력규모가 약 8,000명에 달한다.

1966년에는 북쪽지역에 벨콘넨이 개발되기 시작하였다. 또한 1973년에는 우덴-웨스톤 크릭의 남쪽지역에 약 100,000명의 인구를 수용할 수 있는 3번째 위성도시인 투거라농이 개발되기 시작하였고 1975년에는 캔버라의 북쪽에 있는 궁가린이 4번째 신도시로 건설되기 시작하였다. 궁가린은 현재까지 미첼공업단지만이 개발되었으나 85,000명의 인구를 수용할 계획이다.

1988년에는 유럽인의 오스트레일리아 이주 2백주년을 기념하여 의회건물이 개장하였다. 캔버라의 현재모습을 결정한 것은 그리핀이 아니라 국가수도개발위원회라고 할 수 있다. 현재 캔버라호수남쪽에는 연방정부의 의회와 각종 관공서가 입지해 있고 그 주변지역에는 주택지가 형성되어 있다. 호수북쪽에는 교육지구, 시청사지구가 형성되어 있으며 배후지역에는 공업지역과 주택지역이 형성되어 있다.[28]

---

28) 이왕건 "외국의 수도 건설사례와 시사점", 국토연구원 등 공동세미나, 『행정수도 이전의 필요성과 과제에 관한 세미나』(2003.7.18. 서울 논현동 건설회관 회의실), pp.34~37 참조.

2) 평가

호주는 영국식민지로부터 독립된 이후 멜버른을 임시 수도로 하였다. 그러나 멜버른은 남단에 위치하여 국토균형발전에 저해 요인으로 작용하였다. 그리하여 국토균형발전 합리성을 높이기 위하여 현 캔버라 지역으로 수도 이전을 단행하였고, 이는 오랜 논쟁 끝에 다수의 국민들과 각 주 및 각 정치단체들의 수용하에 즉, 정치적 합리성을 확보하는 가운데 수도를 이전하였던 것이다.

7. 유럽연합(벨기에 브뤼셀)

1) 수도 입지선정 및 건설

유럽연합은 행정부에 해당하는 유럽연합집행위원회 등은 벨기에 수도인 브뤼셀에 있고, 사법부에 해당되는 유럽연합사법재판소는 룩셈부르크에 있으며, 입법부에 해당하는 유럽연합의회 및 유럽연합인권재판소는 프랑스의 스트라스부르에 있다. 자세한 사항을 서술하면 아래와 같다.

벨기에의 브뤼셀은 서유럽의 정 중앙에 위치해 있을 뿐 아니라 철도와 도로 그리고 항만에서 모두 접근성이 용이하며 또 중요 환승지를 차지하고 있는 지리적 위치 덕분에 유럽연합의 본부를 유치하게 되었다. 이 뿐만 아니라 북대서양기구를 비롯한 많은 국제, 유럽 기구의 본거지가 브뤼셀에 집합해 있다.[29] 그래서 브뤼셀은 벨기에의 수도임과 동시에 유럽연합의 수

---

29) 통합유럽연구회, 『도시로 보는 유럽통합사-영원의 도시 로마에서 EU의 수도 브뤼셀까지』, 2013, p.249 참조.

도라 볼 수 있다. 그리고 유럽연합인권재판소 및 유럽연합의회는 스트라스부르에 있는데 현재 프랑스 북동부, 알자스 주에 위치한 도시이며, 프랑스 영토지만, 세 가지 언어로 도시명이 표기된다. 프랑스어로 'Strasbourg', 알자스어로 'Strossburi', 독일어로 'Straβ burg'인데, 이것만으로도 스트라스부르가 역사적으로 갈등 지역이었고, 지역이나 민족 정체성이 복잡하게 얽혀 있는 장소였음을 미루어 짐작할 수 있다. 특히 민족주의와 제국주의 시대라는 유럽 근대사의 소용돌이 속에서 프랑스와 독일은 번갈아가면서 스트라스부르를 점하였다. 알자스어를 쓰는 지역주민은 두 국가의 점유에 따라 때로는 프랑스인으로 때로는 독일인으로 살아가야 했고, 2차 세계대전이 끝나서야 스트라스부르는 프랑스의 영토로 귀속되었다. 세 가지 언어로 표기되는 도시명은 이러한 역사가 고스란히 반영된 것이다.[30]

그리고 사법부에 해당하는 유럽사법재판소는 룩셈부르크에 있으며 유럽중앙은행은 독일의 프랑크푸르트에 있다. 이처럼 유럽연합은 정치적 합리성과 국토균형성 합리성을 높이기 위한 유럽연합 기구들을 여러 나라에 분산 배치한 것을 원칙으로 삼고 있다.

2) 평가

유럽연합은 국가는 아니지만 그러나 순수한 의미의 국가연합도 아니다. 즉, 고도의 국가성을 띤 국가연합이라 할 수 있을 것이다. 그리고 유럽연합은 정치적으로 민주적 기본질서, 경제적으로 사회적 시장경제질서를 선택하는 점에서 공통점이 있지만, 역사와 문화와 말이 다른 즉, 민족이 다른 국가끼리의 통합이다.

---

30) 통합유럽연구회(2013), p.283 참조.

그래서 유럽연합은 통합성을 높이기 위해 유럽연합의 각 기구들은 수도 형태로 일극집중형을 선택하지 않고 다극분산형을 선택하였으며 수도건설 형태로 신시가지형을 선택하고 있다.

상세히 서술하면 유럽연합의 행정부에 해당하는 유럽연합집행위원회는 벨기에 브뤼셀에 있고, 유럽연합의회 및 유럽연합인권재판소는 프랑스의 스트라스부르에 있다. 사법부에 해당하는 유럽연합사법재판소는 룩셈부르크에 있다. 그리고 유럽중앙은행은 독일의 프랑크푸르트에 있다. 이는 유럽의 평화와 안정을 달성하기 위한 유럽연합의 목적에 합하기 위해 유럽연합 각 기구들이 한 나라에 있지 아니하고 각 나라에 분산되어 있다. 이것은 유럽연합을 유지하기 위한 정치적 합리성과 국토균형발전 합리성을 확보하기 위한 수단이라 본다.

8. 한반도에 주는 시사점

한반도는 서론에서 언급한 바와 같이 3중 분단 상태에 있다. 말과 문자와 역사가 동일한 상태에서 1,000년 이상을 같이 해 온 단일민족이다. 그러나 남한은 정치적으로 자유민주주의 기본질서와 경제적으로 사회적 시장경제 질서를 선택하고 사회문화적으로는 개인주의를 선택한 국가형태이다. 그리고 북한은 정치적으로 사회주의민주주의를 선택하고 경제적으로 사회주의 계획경제질서를 선택하였으며 사회문화적으로 집단주의를 선택하여 약 70여 년 각자 다른 길을 가고 있다. 그러나 이제는 남한도 청년실업, 비정규직 문제, 빈익빈부익부 갈등해소 등 현안문제가 해양시대 발전으로는 한계에 봉착되어 있다. 즉, 새로운 출구인 대륙시대를 열어야 할 시점에 와 있다고 본다. 북한 역시 주변 사회주의 국가들의 붕괴로 경제적으로 고립되고 외교적으로 고립되는 상황에 이르렀다. 주민들의 생활 향상을 위해서는 내부적으로는 개혁을 할 수 밖에 없고 외부적으로는 개방을 해야 하는 단계이다. 즉, 남한의 기술과 자본, 북한의 지하자원 및 노동력이 만나 시너지 효과를 남북이 필요한 시점이다. 그리고 통일형태로 무력통일, 흡수통일, 평화통일이 있지만 후유증을 최소화할 수 있는 평화통일을 필히 달성해야 할 시점이다. 즉, 남북이 공존·공영하는 가운데 국가 위에 국가를 세우는 단계적 연방제 통일로 가야 한다. 통일연방국가 수도입지 선정 및 건설은 그래서 매우 중요한 과제이다. 위에서 각 국가들의 사례를 살펴보았는데 각 국가들은 수도입지 선정 또는 이전을 결정하는 데 모든 국가들은 정치적 합리성을 필수적으로 확보하였다. 그러나 다른 변수들은 나라에 따라 다르게 나타났다. 남북한의 통일도 남북한 주민들과 남북한 당국이 수용 가능한 지역을 수도로 선정해야 한다는 시사점을 각국 사례 분석을 통해 얻었다. 즉 제일 중요한 수도입지 선정의 요인은 정치적 합리성이다는 사실이다. 두 번째로 중요한 사실은 국토균형발전의 합리성이라는 사실과 세 번째로 중요한 사실은 역사적 합리성이라는 사실을 각 국은 고려하고 있다. 이는 한반도 통일에 주는 시사점이 크다고 본다.

제4절 **통일연방수도 입지선정 및 건설형태**

　남북한은 서론에서 주장한 바와 같이 3중분단 상태에 있다. 그래서 동서
독의 흡수통일 사례나 베트남, 예멘의 무력통일 사례는 한반도 통일에 맞
지 않다. 본서는 남북한이 공존공영하는 가운데 국가위에 국가를 세웠던
미국, 스위스, 캐나다, 호주 등 연방국가 통일을 상정하고 있다. 연방국가
통일도 3중분단 상태이기에 단계적, 점진적으로 지역정부에서 연방정부로
권한을 이전하는 단계적 연방제 통일방안에 입각하고 있다.[31]

　이를 단계적으로 지역정부의 권한에서 통일연방국가의 권한으로 이전시
켜야 한다는 입장이다.[32] 그래서 통일연방국가의 권한을 행사하는 연방수
도는 단계적으로 확장할 수 있고 또는 이전할 필요가 있을 때에는 수도 이
전이 필요하다는 입장에서 수도입지 선정 및 건설에 대해 다루고자 한다.

1. 서울 또는 평양

　서울은 통일수도 입지선정 요인으로 분석해 보면 이전 대비 효과가 크다

---

31) 최양근, 『단계적 연방통일헌법 연구-한민족의 미래와 비전』(서울: 선인, 2011),
　　pp.197~216; pp.311~375 참조.
32) 최양근, "통일연방국가 연구-단계적 연방국가와 지역정부 권한배분을 중심으로",
　　숭실대 법학논총 제31집(2014.1), pp.249~258; 최양근, 『한반도 통일국가 연구-동
　　북아를 넘어 유라시아로』(서울: 선인, 2014), pp.365~399 참조.

는 점에서 경제적 합리성이 크다. 그리고 한반도의 정중앙에 위치해 있기에 국토균형발전 합리성도 크다. 또한 조선 왕조 500년 도읍지이기에 역사적 상징성을 나타내는 역사적 합리성 또한 크다. 그러나 남북한 분단 상태가 해소되지 않는 정치적 상황이기에 남북한 당국의 정치적 합의를 이루어낼 수 없다. 북한이 붕괴되거나 흡수되지 않고는 서울을 입지선정의 대상으로 보기에는 불가능하다고 판단한다.

평양 역시 이전 비용 대비 효과가 크게 나타나는 경제적 합리성과 안보적 합리성 그리고 고구려 수도라는 역사적 합리성을 가지고 있지만 서울과 마찬가지로 정치적 합리성이 부족하여 통일연방수도로는 부적합하다고 판단한다. 즉, 북한이 남한을 무력통일하거나 북한이 남한을 흡수통일을 하지 않고는 평양은 통일수도로 적합하지 않다.

2. 서울-개성벨트

남북한 통일을 위해서는 수도의 일부 기능이 북측 지역에 입지하는 것이 북한 지역의 현안 문제에 민감하게 반응하고 적극적으로 정책을 추진할 수 있으며, 사회심리적으로 북한 주민을 포용할 수 있다. 남북한 통일이 중요한 과제이기 때문에 현재의 수도 서울을 통일 후 수도로 정하고 일부 수도기능을 이전하는 방식이 바람직한 대안이 될 수 있다[33]라고 주장하는 분들이 있다. 위와 같은 주장은 남한에 의해서 북한을 흡수통일 또는 무력통일할 때 가능한 방안이라 판단한다. 즉, 남북한과 동북아 정치지형 상 살펴볼 때 정치적 합리성이 결여된 견해라 생각한다.

---

33) 서울특별시(2004), p.222 참조.

3. 개성

개성은 고려의 옛 도읍지로서 우리나라에서 일찍이 경제, 문화가 발전된 지역에 속한다. 고려시대에 고려자기 생산을 비롯한 일련의 수공업과 그와 관련된 대외무역이 가장 발전하였고, 조선시대에도 수공업과 상업이 발전되어 주요 사업 중심지로 되어 있다. 6·25전쟁 이전에는 남한의 관할 하에 있었던 전통도 있다. 지리적 특징으로는 북쪽은 천마산, 그 남쪽에는 진산인 송악산이 있고, 동남쪽에 용수산, 서남쪽에 진봉산이 있으면서 산세가 아름답고 남쪽에 임진강, 한강이 흘러 평야가 이루어져 예부터 풍수지리상 길지로 알려져 있었다. 그래서 고려의 도읍인 송도가 자리하였다.

개성은 인천공항 및 김포공항이 인접해 있고, 한강과 서해바다를 끼고 있어서 육로 및 해로의 측면에서 교통의 요지이며, 한반도의 중앙에 위치하고 있는 이점이 있다. 그러나 단독으로 수도를 유치하기보다는 서울과 더불어 수도벨트를 형성하기에 적합한 지역이다. 개성은 이미 남북한 합작의 공업단지를 건설하고 있기 때문에 남북한 통합의 이미지가 매우 크게 부각된 곳이다. 또한 개성공단에는 배후 도시와 관광단지 그리고 많은 공적 건물들을 지어 남북한 최초의 평화공동체 도시로서 교류 협력의 거점 역할을 하게 될 것이다.[34] 개성은 입지선정 요인 중 경제적 합리성, 국토균형발전 합리성, 풍수지리적 합리성, 역사적 합리성을 두루 갖추었지만 북한지역에 있기에 제1단계 연합형 연방제 국가에서는 남한 국민들의 수용가능성과 남한 정부의 수용가능성이 낮다고 본다. 즉, 정치적 합리성이 낮다고 생각한다. 제일 중요한 정치적 합리성이 낮아 실현가능성이 희박하다고 판단한다. 개성으로 통일수도가 되려면 북한주도의 통일이 되어야 할 것으로 판단한다.

---

34) 서울특별시(2004), p.221 참조.

4. 파주 교하

선행연구에서 이미 밝혔듯 최 창조는 산지룡, 평강룡, 평지룡으로 분류[35] 하고 풍수지리적 합리성을 내세워 21세기는 산지룡에서 평지룡의 지대로 수도입지 선정을 해도 무방하다고 주장하였다. 그래서 통일수도를 경기도 파주시 교하면의 한강연안을 중심으로 김포 및 강화일대 해안을 따라 대상 의 거대도시를 건설하자라고 주장하였다.[36] 파주 교하는 국토균형발전 합 리성과 풍수지리적 합리성을 확보할 수 있지만 역사적 합리성, 경제적 합 리성에서는 좋은 점수를 얻을 수 없고 가장 중요한 남북한 수용가능성과 남북한 주민들의 수용가능성을 나타내는 정치적 합리성면에서는 서울과 평양이 안고 있는 똑같은 문제가 발생한다. 그래서 파주 교하를 중심으로 한 수도입지 선정은 현실 타당성이 부족하다고 판단한다.

5. 철원

철원은 궁예가 송학을 근거로 후고구려를 건국한 후 904년에 국호를 마 진으로 고치고 이듬해 도읍을 철원으로 옮겼으며 911년에 국호를 바꾼 이후 태봉국의 수도로 있었다. 현재 비무장지대가 관통하고 있는 지역에 내성이 7.7㎞ 외성이 12.7㎞ 성곽을 만들어 918년 고려 왕건에 의한 쿠데타가 일어나 기 전까지 태봉국의 수도였다. 그리고 지리적으로 살펴보면 한반도의 중앙에 위치하고 있으며 경원선과 국도 3호선이 지나가는 지역에 위치해 있다.

---

35) 산지룡은 수도주위가 산으로 둘러싸인 지역을 말한다. 그리고 평강룡은 수도주 위가 산과 평야로 둘러싸인 지역을 말하며 평지룡은 수도주위가 평야로 둘러싸 인 지역을 말한다고 최 창조는 정의하였다.
36) 최창조(1992), pp.238~248 참조.

철원군의 서쪽에는 경기도 연천군이 있으며 동쪽에는 강원도 화천군이 있고 북쪽으로는 북한의 철원군과 평강군이 위치해 있다. 그래서 남한의 수도권과 북한의 평양권, 원산권 등 한반도 중앙지대의 삼각 발전축상의 연결지역으로 국토균형발전 및 효율적 활용 및 발전의 잠재력이 높은 지역이다. 또한 주변에는 봉래산, 금성산, 금학산, 대성산, 오성산 등 높은 산을 가지고 있기에 국가안보상 중요한 시설을 배치하여 안보상 합리성 높일 수 있는 장점이 있는 지역이다. 그러나 단점으로는 바다와 강이 철원을 관통하지 않는다는 점이다.[37] 풍수지리적으로 배로 접근할 수 없는 장풍국에 해당하며 산지룡에 해당한다고 볼 수 있다. 그리고 비무장지대를 순차적으로 제거하면서 통일국가를 이루어야 할 한반도 정치지형 상 북한도 비무장지대에 있는 궁예터 발굴과 비무장지대를 이용할 수 있어 통일수도 건설에 찬성할 확률이 높다고 본다.

즉, 남북한 주민과 남북한 정치세력의 수용가능성이 높다고 본다.

6. 강화군(양사면, 교동면)와 북한(개풍군, 연안군)

강화군은 국토공간상 한반도의 중앙부 서단에 위치하고 있으며, 지역상으로는 수도 서울을 기점으로 북쪽의 북한과 접하고, 대한민국에서 다섯 번째 큰 섬으로 강화대교 및 초지대교를 통하여 내륙과 연결된다. 강화 본도는 한강, 임진강, 예성강 하류를 경계로 북한의 연백군과 개풍군이 인접하여 있으며, 동쪽은 염하를 사이에 두고, 김포시와 서쪽은 서해바다, 그리고 남쪽은 대규모 해안의 갯벌을 지나 옹진군의 여러 섬들과 인천국제공항이 자리하고 있다. 그리고 동서길이가 16㎞, 남북길이가 27㎞이고 몽고의

---

37) 강원도,『철원 평화시 건설 기본구상 연구』(강원도, 2006), pp.31~45 참조.

침략 시기에 약 40여 년 고려의 수도였다. 그리고 아직도 강화도의 북단의 양사면과 교동도(교동면)는 민통선지대로 북한과 대치해 있는 지역이다. 그리고 강화군 양사면 건너편은 황해북도 개성시 개풍군이 자리하고 있으며 강화군 교동면 건너편에는 황해남도 연안군이 자리하고 있다.[38] 남북 간에 다리를 건설하면 약 2.7km에서 약 3km가 된다.[39] 강화군 양서면과 황해북도 개풍군 또는 강화군 교동면(교동도)와 황해남도 연안군에 분산하여 통일연방수도를 건설하면 남북한 간 수용가능성 및 남북한 국민들의 수용가능성도 높다고 본다. 즉, 정치적 합리성이 확보될 수 있다는 것이다. 그리고 이들 지역은 국토의 중앙에 있기 때문에 국토균형발전의 합리성도 추구할 수 있으며 최창조 교수가 말한 장풍국이 아닌 득수국에 해당되고 산지룡이 아닌 평지룡에 해당되어 풍수지리적 합리성도 높다. 또한 강화군 11개 면 중 8개 면이 있는 강화도는 약 40여 년 고려의 수도로 있었기에 역사적 상징성이 높다. 즉, 역사적 합리성도 높다고 본다. 위 사항은 연방수도 입지선정에 장점이라 할 수 있겠다. 그러나 안보적 합리성은 해안에 위치해 있기에 낮다고 보며 새로운 수도를 건설하는 데 신도시형으로 건설해야 하고 남북한 연결할 다리를 건설하여야 하기 때문에 경제적 합리성이 낮은 점이 단점이라 할 수 있다. 그러나 한반도 제3중 분단 상황에서 평화통일을 고려해 볼 때 제1단계 연합형 연방국가의 수도로 합당하다고 생각되고, 비무장지대를 유지하는 가운데 비무장지대를 개발해야 할 단계에서 살펴 볼 때 합리적인 수도입지가 아닌가 생각한다.

---

38) 강화군, 『제53회 인천광역시 강화기본통계』(강화군, 2013), pp.36~53 참조.
39) 현지답사하기 위해 강화군청을 방문했을 때 강화군 기본계획을 수립 담당자에게 수립된 기본계획을 보면서 직접 설명을 들었다.

제5절 연방수도 건설 시 고려변수

1. 조직과 건설주체

외국사례에서 보면 미국의 워싱턴, 독일의 베를린, 브라질의 브라질리아, 호주의 캔버라 등의 수도 건설주체는 연방국가가 단독으로 건설주체가 되어 수도를 건설하였다. 그러나 초기 통일예멘, 유럽연합의 벨기에 브뤼셀 등은 관련 국가들의 공동위원회가 구성되어 수도입지 선정 및 건설을 주도하였다. 한반도 상황에서 개발주체를 살펴 볼 때 첫째, 남한 단독 개발, 둘째, 북한 단독개발, 셋째, 남북한 공동개발, 넷째, 통일연방국가 단독개발, 다섯째, 남북한과 통일연방국가 공동위원회 구성을 통한 개발로 분류할 수 있겠다. 여섯째, 남북한 및 통일연방국가(연합형 연방국가)와 한반도 주변 4강(미·중·러·일)의 콘소시엄 구성을 통한 공동개발도 하나의 방법이 될 수 있다. 이 중에서 다섯째 방법이 실현가능성과 당위성이 높은 방법은 남북한 정부와 통일연합형 연방국가가 공동으로 입지선정과 더불어 선정된 지역을 개발하는 것이 자금 조달 및 한반도의 평화와 안정을 유지하는 가운데 단계적 연방국가의 통일이 이루어질 수 있는 가장 타당한 방법이라고 판단한다.

334 한반도형 남북연합과 단계적 연방국가 건설

2. 예산

외국사례에서 살펴보면 수도건설 주체가 단독예산으로 건설비 등 필요한 자금을 부담하였다. 이 중에서 한반도 통일에 가장 유사한 예산 확보방안은 유럽연합 세입방법이라 할 수 있다. 유럽연합은 자체 재원확보를 크게 네 가지로 보고 있다. 자세히 살펴보면 아래와 같다. 첫 번째가 농산물 및 설탕에 부과되는 관세수입이며, 두 번째가 기타 물품에 부과되는 관세수입이다. 이 두 가지를 전통적 자체재원이라 한다. 세 번째로는 부가가치세 수입인데 모든 회원국 GNP의 50%를 부가가치세 과세대상 상한선으로 하고 과세대상에 최고 0.5%의 범위 내에서 일률적인 부가가치세율을 적용하고 있다. 소위 '제4 재원'이라 하는 네 번째 재원은 1998년부터 도입된 제도로서 회원국 국민총소득에 일정 백분율을 일률적으로 적용하게 된다. 이 국민총소득(GNI) 재원은 다른 재원의 규모를 추정한 후 부족분을 보충한다는 성격이기 때문에 '추가 재원'이라고 불리기도 한다. 부가가치세재원이나 GNI 재원은 각 회원국이 부담하는 것이라서 이들을 회원국의 재정분담이라 할 수 있다. 각 회원국의 분담 규모는 총자체재원의 구성 내용에 따라 달라지며, 분담 비중이 큰 회원국에게는 자연히 큰 부담이 지워지는 것이기 때문에 각 회원국들은 분담 비중을 최소화하기 위하여 노력하게 된다.[40] 남북한 상황을 고려해 볼 때 연합형 연방국가의 수도 건설비용은 유럽연합처럼 하나, 농산물 설탕 관세, 둘, 기타물품 관세, 셋, 부가가치세, 넷, 남북한 국민총소득(GNI)의 일정배분율을 일률적으로 적용하여 부담금, 다섯, 차관, 여섯, 국채발행 등을 통해 수도건설 비용을 확보할 수 있을 것이다.

---

40) 박노호, "EU 회원국 간 경제적 이해관계 상충의 원인 및 사례 분석", 『유럽연구』 제28권 2회(2010), p.106 참조.

3. 연방수도의 유치 기관

본서에서 한반도통일은 국가형태로 단일국가가 아닌 연방국가이어야 한다고 주장하였다. 그리고 연방국가도 확정적 연방이 아닌 단계적, 점진적 연방제로 통일을 달성해야 단기적으로 한반도 평화와 안정을 증진시키고 중·장기적으로 후유증이 최소화된 민족통합을 성취할 수 있다고 주장하고 싶다. 그리하여만 북한을 넘어 만주, 몽고, 중앙아시아로, 연해주와 시베리아를 거쳐 유럽으로 진출하여 대륙시대를 열 수 있다. 지금의 해양시대 70년과 더불어 잃어버린 대륙시대를 열어 두 축으로 통일한반도 발전을 구상히는 것이 한민족의 미래와 비전을 높일 수 있다고 주장하고 싶다.

제1단계 연합형 연방국가는 주목표가 비무장지대를 관리하면서 개발해야하는 단계라고 본다. 그렇지만 미약하지만 EU연합처럼 행정부에 해당하는 유럽연합집행위원회, 의회에 해당하는 유럽연합의회, 사법부에 해당하는 유럽연합인권재판소, 유럽연합사법재판소 등은 필수기관이라 생각한다.[41] 그리고 남북한의 동질성 회복에 필요로 한 남북한공동경기장과 비무장지대를 중심으로 개발해야 할 국제평화도시, 국제생태공원, 10·4남북정상선언에서 합의한 서해평화협력지대[42] 등을 관리할 수 있는 기구들도 연방수도 유치기관에 필수적 기관이라 생각한다. 또한 제2단계 연방제 국가에서 외교권과 국방권을 연방국가가 행사하여야 한다고 생각하기에 연합형 연방국가에서는 인원은 적더라도 육군사관학교, 공군사관학교, 해군사관학교 등 3군 사관학교를 남북한 동수의 교수와 남북한 동수의 학생으로 비무장지대에 설치하여 운영할 필요[43]가 있다. 그리고 남북한 7,400만과 해외동포 600만을 합한 약 8,000만 한민족을 하나로 만드는 교류협력센터, 비무장지대에서 출토된 역사·문화 유적관리기관 등이 필요할 것이다.

---

41) 유럽연합의 리스본 조약 참조.
42) 2007년 10·4남북정상선언 제3항 참조.
43) 이유나, 『통일의 선각자 문익환의 삶과 분단극복론』(서울: 선인, 2014), p.246 참조.

제6절 결론

한반도는 1945년 제1중 분단인 지역분단과 1948년 제2중 분단인 정치적 분단, 1950년 한국전쟁으로 남북 상호간 갈등과 증오, 복수심을 동반한 민족분단인 제3중 분단 상태에 있다. 그러나 남북은 분단을 해소하기 위해 비무장지대를 중심으로 대결과 대립을 하고 있지만 한편으로는 화해와 협력, 통일을 위해 노력해 오고 있다. 1972년 7·4남북공동성명, 1991년 남북기본합의서 채택, 2000년 6·15공동선언, 2007년 10·4남북정상선언 등에 대한 합의가 대표적인 사례라 본다. 현재도 남북은 대결과 대립을 하는 한편 고위급 접촉을 계속 해 나가고 있다. 남한은 약 70여 년 섬 아닌 섬이 되어 해양세력으로 성장하였지만 청년실업, 비정규직 문제, 부의 불평등 등 현안으로 인해 베트남 특수나 중동 특수처럼 새로운 출구를 열어야 할 시점에 와 있다. 북한도 국제 사회주의 경제질서가 붕괴되어 경제적으로 외교적으로 고립된 상태에 있다.

그리하여 내부적으로 개혁과 외부적으로 개방을 추구하여 인민생활을 향상시켜야 할 시점이다. 즉, 남한은 북한의 노동력과 지하자원이 필요하고, 북한은 남한의 기술과 자본이 필요한 시점에 있다. 즉, 남북한이 서로가 서로를 필요로 하고 있다는 점이다. 다시 말하면 단기적으로는 한반도의 평화와 안정, 중·장기적으로는 후유증이 최소화된 평화통일이 남북한 모

두에게 필요한 시점이다. 이것을 현명하게 풀어야 하는 것이 민족의 과제
이며 숙제라 볼 수 있다.

본서에서 통일의 형태로 무력통일, 흡수통일을 배제하고 평화통일을 전
제하고 연구를 하였다. 이는 남한에 의한 북한의 무력통일이나 흡수통일을
배제한다는 것이고, 또한 북한에 의한 남한의 무력통일이나 흡수통일을 배
제한다는 것이다. 즉, 남북이 평화공존하는 가운데 통일을 이루자는 것이
다. 국가 위에 국가를 건설하자는 것이다. 즉, 단계적 연방제 통일로 가자
는 것이다.

단계적 연방제 통일로 가는데 있어 통일연방국가의 수도입지 선정 및 건
설에 관한 연구는 중요한 것이라 본다. 위에서 외국 사례들을 분석한 가운
데 각 국들은 수도입지 선정에서 첫째로 정치적 합리성을 기준으로 삼았고
둘째로 국토균형발전의 합리성, 셋째로 역사적 합리성을 수도입지 선정요
인으로 고려되었음을 알 수 있었다. 수도형태로는 일극집중형은 통일의 형
태로 무력통일일 때 가능한 수도형태였고, 무력을 동반하지 않는 흡수통일
또는 평화통일일 때는 다극분산형이었다.

그리고 수도건설 형태로는 일극집중형일 때는 신도시형을 선택한 경우
가 많고 다극분산형일 때는 신시가지형을 선택한 경우가 많았다. 한반도
통일연방국가 수도입지 선정 시 고려해야 할 변수로 첫째, 남북한 수용가
능성이 높은 정치적 합리성과 둘째 국토균형발전의 합리성, 셋째 역사적
합리성을 고려하여 통일연방수도를 설정하면 성공적인 통일을 이룩할 수
있을 것이다.

그래서 본서에서 고려했던 연방수도 가능지로 서울 또는 평양, 서울-개
성벨트, 개성, 파주 교하, 철원, 강화군(양산면, 교동면)와 황해북도 개풍군
및 황해남도 연안군을 통일연방수도 입지선정의 대상으로 살펴보았다. 살
펴 본 결과, 남북한 한 쪽이 한 쪽을 무력통일을 성공할 때에는 서울, 평양,
개성이 대상이 될 수 있다는 가능성을 보았다. 그리고 흡수통일일 때는 서

울-개성 벨트도 가능성이 있다는 점을 발견하였다. 그러나 본서는 남북한 현실을 고려해 볼 때 그리고 동북아 정세를 고려해 볼 때 남북한 어느 한 쪽이 한 쪽을 무력통일, 흡수통일을 할 수 있는 상태가 아님을 전제하고 있다. 그래서 나머지 입지 선정대상에서 남는 지역은 철원과 강화도 양산면과 황해북도 개풍군 또는 강화군 교동면과 황해남도 연안군이 수도입지 선정 후보군이다.

본서에서는 입지선정 요인 중 정치적 합리성과 국토균형발전의 합리성, 그리고 역사적 합리성이 높은 강화군 양산면과 황해북도 개풍군 또는 강화군 교동면(교동도)와 황해남도 연안군, 그리고 궁예의 태봉국 수도였던 철원 평야가 수도입지 선정요인의 합리성이 높다고 본다. 그리고 수도 건설 형태로는 일극집중형보다 다극분산형을 주장하고 싶다. 더불어 수도 건설 형태로는 신도시형과 신시가지형 중에 신도시형을 추구하는 것이 비무장지대를 한반도 발전의 동력으로 전환시킬 수 있다고 판단한다.

수도건설 재정 확보방안으로 유럽연합의 세입방법인 첫째, 농산물 설탕에 대한 관세, 둘째 기타품목에 대한 관세, 셋째 부가가치세, 넷째 국민총소득(GNI)에 대한 일정한 비율에 의한 남북부담금, 다섯째 국채 발행 등으로 건설비용을 확보하는 것이 타당하다고 본다.

그리고 강화군에 행정부, 북한지역인 황해북도 개풍군 또는 황해남도 연안군에 입법부를 유치하고, 철원지역에 사법부와 3군 사관학교를 유치하는 것이 정치적 합리성과 국토균형발전의 합리성, 역사적 합리성을 확보할 수 있다고 본다. 그래서 단기적으로 한반도 평화와 안정을 달성하고 장기적으로 후유증이 최소화하는 제1단계 연합형 연방국가를 달성하는데 도움을 줄 수 있는 수도입지 선택이라고 주장하고 싶다.

끝으로 본서에서 주장하는 단계적 연방제 통일 중 통합의 정도가 더 높은 통일국가인 제2단계 연방제, 제3단계 세부화된 연방제에서는 안보적 합리성을 높일 필요가 있다고 생각한다. 그러기에 다극분산형을 유지하되, 철원에 안보 관련 기관 및 시설을 더 유치하면 정치적 합리성, 국토균형 합리성, 안보적 합리성을 높이는 가운데 통일국가를 완성시킬 수 있는 수도입지 선정 및 건설 방법이라 생각한다.

부록

○ 제4차 6자회담 공동성명 (9·19공동성명)
○ 9·19공동성명 이행을 위한 초기조치 (2·13합의)
○ 대북 지원부담의 분담에 관한 합의 의사록
○ 7·4남북공동성명
○ 남북 사이의 화해와 불가침 및 교류·협력에 관한 합의서 (남북기본합의서)
○ 남북교류·협력 부속합의서
○ 남북불가침 부속합의서
○ 남북 화해 부속합의서
○ 한반도의 비핵화에 관한 공동선언
○ 남북공동선언 (6·15공동선언)
○ 남북관계 발전과 평화번영을 위한 선언 (10·4남북정상선언)
○ 「남북관계 발전과 평화번영을 위한 선언」 이행에 관한 제1차 남북총리회담 합의서

제4차 6자회담 공동성명 (9·19공동성명)

(2005.9.19, 베이징)

제4차 6자회담이 베이징에서 중화인민공화국, 조선민주주의인민공화국, 일본, 대한민국, 러시아연방, 미합중국이 참석한 가운데 2005년 7월 26일부터 8월 7일까지 그리고 9월 13일부터 19일까지 개최되었다

우다웨이 중화인민공화국 외교부 부부장, 김계관 조선민주주의인민공화국 외무성 부상, 사사에 켄이치로 일본 외무성 아시아대양주 국장, 송민순 대한민국 외교통상부 차관보, 알렉세예프 러시아연방 외무부 차관, 그리고 크리스토퍼 힐 미합중국 국무부 동아태 차관보가 각 대표단의 수석대표로 동 회담에 참석하였다.

우다웨이 부부장은 동 회담의 의장을 맡았다.

한반도와 동북아시아 전반의 평화와 안정이라는 대의를 위해, 6자는 상호 존중과 평등의 정신하에, 지난 3회에 걸친 회담에서 이루어진 공동의 이해를 기반으로, 한반도의 비핵화에 대해 진지하면서도 실질적인 회담을 가졌으며, 이러한 맥락에서 다음과 같이 합의하였다.

1. 6자는 6자회담의 목표가 한반도의 검증가능한 비핵화를 평화적인 방법으로 달성하는 것임을 만장일치로 재확인하였다.

조선민주주의인민공화국은 모든 핵무기와 현존하는 핵계획을 포기할 것과, 조속한 시일 내에 핵확산금지조약(NPT)과 국제원자력기구(IAEA)의 안전조치에 복귀할 것을 공약하였다.

미합중국은 한반도에 핵무기를 갖고 있지 않으며, 핵무기 또는 재래식 무기로 조선민주주의인민공화국을 공격 또는 침공할 의사가 없다는 것을 확인하였다.

대한민국은 자국 영토 내에 핵무기가 존재하지 않는다는 것을 확인하면서, 1992년도 「한반도의 비핵화에 관한 남·북 공동선언」에 따라, 핵무기를 접수 또는 배비하지 않겠다는 공약을 재확인하였다.

1992년도 「한반도의 비핵화에 관한 남·북 공동선언」은 준수, 이행되어야 한다.

조선민주주의인민공화국은 핵에너지의 평화적 이용에 관한 권리를 가지고 있다고 밝혔다. 여타 당사국들은 이에 대한 존중을 표명하였고, 적절한 시기에 조선민주주의인민공화국에 대한 경수로 제공 문제에 대해 논의하는데 동의하였다.

2. 6자는 상호 관계에 있어 국제연합헌장의 목적과 원칙 및 국제관계에서 인정된 규범을 준수할 것을 약속하였다.

조선민주주의인민공화국과 미합중국은 상호 주권을 존중하고, 평화적으로 공존하며, 각자의 정책에 따라 관계정상화를 위한 조치를 취할 것을 약속하였다.

조선민주주의인민공화국과 일본은 평양선언에 따라, 불행했던 과거와 현안사항의 해결을 기초로 하여 관계정상화를 위한 조치를 취할 것을 약속하였다.

3. 6자는 에너지, 교역 및 투자 분야에서의 경제협력을 양자 및 다자적으로 증진시킬 것을 약속하였다.

중화인민공화국, 일본, 대한민국, 러시아연방 및 미합중국은 조선민주주의인민공화국에 대해 에너지 지원을 제공할 용의를 표명하였다.

대한민국은 조선민주주의인민공화국에 대한 2백만 킬로와트의 전력공급에 관한 2005.7.12자 제안을 재확인하였다.

4. 6자는 동북아시아의 항구적인 평화와 안정을 위해 공동 노력할 것을 공약하였다.

직접 관련 당사국들은 적절한 별도 포럼에서 한반도의 항구적 평화체제에 관한 협상을 가질 것이다.

6자는 동북아시아에서의 안보협력 증진을 위한 방안과 수단을 모색하기로 합의하였다.

5. 6자는 '공약 대 공약', '행동 대 행동' 원칙에 입각하여 단계적 방식으로 상기 합의의 이행을 위해 상호조율된 조치를 취할 것을 합의하였다.

6. 6자는 제5차 6자회담을 11월초 북경에서 협의를 통해 결정되는 일자에 개최하기로 합의하였다.

(비공식 번역)

9·19공동성명 이행을 위한 초기조치 (2·13합의)

(2007. 2. 13)

제5차 6자회담 3단계회의가 베이징에서 중화인민공화국, 조선민주주의인민공화국, 일본, 대한민국, 러시아연방, 미합중국이 참석한 가운데, 2007년 2월 8일부터 13일까지 개최되었다.

우다웨이 중화인민공화국 외교부 부부장, 김계관 조선민주주의인민공화국 외무성 부상, 사사에 켄이치로 일본 외무성 아시아대양주 국장, 천영우 대한민국 외교통상부 한반도평화교섭본부장, 알렉산더 로슈코프 러시아 외무부 차관, 그리고 크리스토퍼 힐 미합중국 국무부 동아태 차관보가 각 대표단의 수석대표로 동 회담에 참석하였다.

우다웨이 부부장은 동 회담의 의장을 맡았다.

Ⅰ. 참가국들은 2005년 9월 19일 공동성명의 이행을 위해 초기단계에서 각국이 취해야 할 조치에 관하여 진지하고 생산적인 협의를 하였다. 참가국들은 한반도 비핵화를 조기에 평화적으로 달성하기 위한 공동의 목표와 의지를 재확인하였으며, 공동성명상의 공약을 성실히 이행할 것이라는 점을 재확인하였다. 참가국들은 '행동 대 행동'의 원칙에 따라 단계적으로 공동성명을 이행하기 위해 상호 조율된 조치를 취하기로 합의하였다.

Ⅱ. 참가국들은 초기단계에 다음과 같은 조치를 병렬적으로 취하기로 합의하였다.

1. 조선민주주의인민공화국은 궁극적인 포기를 목적으로 재처리 시설을 포함한 영변 핵시설을 폐쇄·봉인하고 IAEA와의 합의에 따라 모든 필요한 감시 및 검증활동을 수행하기 위해 IAEA 요원을 복귀토록 초청한다.

2. 조선민주주의인민공화국은 9·19공동성명에 따라 포기하도록 되어있는, 사용 후 연료봉으로부터 추출된 플루토늄을 포함한 공동성명에 명기된 모든 핵프로그램의 목록을 여타 참가국들과 협의한다.

3. 조선민주주의인민공화국과 미합중국은 양자 간 현안을 해결하고 전면적 외교관계로 나아가기 위한 양자대화를 개시한다. 미합중국은 조선민주주의인민공화국을 테러지원국 지정으로부터 해제하기 위한 과정을 개시하고, 조선민주주의인민공화국에 대한 대적성국 교역법 적용을 종료시키기 위한 과정을 진전시켜 나간다.

4. 조선민주주의인민공화국과 일본은 불행한 과거와 미결 관심사안의 해결을 기반으로, 평양선언에 따라 양국관계 정상화를 취해 나가는 것을 목표로 양자대화를 개시한다.

5. 참가국들은 2005년 9월 19일 공동성명의 1조와 3조를 상기하면서, 조선민주주의인민공화국에 대한 경제·에너지·인도적 지원에 협력하기로 합의하였다. 이와 관련, 참가국들은 초기단계에서 조선민주주의인민공화국에 긴급 에너지 지원을 제공하기로 합의하였다. 중유 5만 톤 상당의 긴급 에너지 지원의 최초 운송은 60일 이내에 개시된다. 참가국들은 상기 초기 조치들이 향후 60일 이내에 이행되며, 이러한 목표를 향하여 상호 조율된 조치를 취한다는데 합의하였다.

Ⅲ. 참가국들은 초기조치를 이행하고 공동성명의 완전한 이행을 목표로 다음과 같은 실무그룹(W/G)을 설치하는데 합의하였다.

1. 한반도 비핵화
2. 미·북 관계정상화
3. 일·북 관계정상화
4. 경제 및 에너지 협력
5. 동북아 평화·안보 체제

실무그룹들은 각자의 분야에서 9·19공동성명의 이행을 위한 구체적 계획을 협의하고 수립한다. 실무그룹들은 각각의 작업진전에 관해 6자회담 수석대표 회의에 보고한다. 원칙적으로 한 실무그룹의 진전은 다른 실무그룹의 진전에 영향을 주지 않는다. 5개 실무그룹에서 만들어진 계획은 상호 조율된 방식으로 전체적으로 이행될 것이다.

참가국들은 모든 실무그룹 회의를 향후 30일 이내에 개최하는데 합의하였다.

Ⅳ. 초기조치 기간 및 조선민주주의인민공화국의 모든 핵프로그램에 대한 완전한 신고와 흑연감속로 및 재처리 시설을 포함하는 모든 현존하는 핵시설의 불능화를 포함하는 다음단계 기간 중, 조선민주주의인민공화국에 최초 선적분인 중유 5만 톤 상당의 지원을 포함한 중유 100만 톤 상당의 경제·에너지·인도적 지원이 제공된다.

상기 지원에 대한 세부 사항은 경제 및 에너지 협력 실무그룹의 협의적 절한 평가를 통해 결정된다.

Ⅴ. 초기조치가 이행되는 대로 6자는 9·19공동성명의 이행을 확인하고 동북아 안보협력 증진방안 모색을 위한 장관급 회담을 신속하게 개최한다.

Ⅵ. 참가국들은 상호신뢰를 증진시키기 위한 긍정적인 조치를 취하고 동

북아시아에서의 지속적인 평화와 안정을 위한 공동노력을 할 것을 재확인
하였다. 직접 관련 당사국들은 적절한 별도 포럼에서 한반도의 항구적 평
화체제에 관한 협상을 갖는다.

Ⅶ. 참가국들은 실무그룹의 보고를 청취하고 다음단계 행동에 관한 협의
를 위해 제6차 6자회담을 2007년 3월 19일에 개최하기로 합의하였다.

대북 지원부담의 분담에 관한 합의 의사록

미합중국, 중화인민공화국, 러시아연방, 대한민국은 각국 정부의 결정에
따라, Ⅱ조 5항 및 Ⅳ조에 규정된 조선민주주의인민공화국에 대한 지원부
담을 평등과 형평의 원칙에 기초하여 분담할 것에 합의하고, 일본이 자국
의 우려사항이 다루어지는 대로 동일한 원칙에 따라 참여하기를 기대하며,
또 이 과정에서 국제사회의 참여를 환영한다.

7·4남북공동성명

최근 평양과 서울에서 남북관계를 개선하며 갈라진 조국을 통일하는 문제를 협의하기 위한 회담이 있었다.

서울의 이후락 중앙정보부장이 1972년 5월 2일부터 5월 5일까지 평양을 방문하여 평양의 김영주 조직지도부장과 회담을 진행하였으며, 김영주 부장을 대신한 박성철 제2부수상이 1972년 5월 29일부터 6월 1일까지 서울을 방문하여 이후락 부장과 회담을 진행하였다.

이 회담들에서 쌍방은 조국의 평화적 통일을 하루빨리 가져와야 한다는 공통된 염원을 안고 허심탄회하게 의견을 교환하였으며 서로의 이해를 증진시키는데서 큰 성과를 거두었다.

이 과정에서 쌍방은 오랫동안 서로 만나보지 못한 결과로 생긴 남북 사이의 오해와 불신을 풀고 긴장의 고조를 완화시키며 나아가서 조국통일을 촉진시키기 위하여 다음과 같은 문제들에 완전한 견해의 일치를 보았다.

1. 쌍방은 다음과 같은 조국통일원칙들에 합의를 보았다.

첫째, 통일은 외세에 의존하거나 외세의 간섭을 받음이 없이 자주적으로 해결하여야 한다.

둘째, 통일은 서로 상대방을 반대하는 무력행사에 의거하지 않고 평화적 방법으로 실현하여야 한다.

셋째, 사상과 이념·제도의 차이를 초월하여 우선 하나의 민족으로서 민족적 대단결을 도모하여야 한다.

2. 쌍방은 남북 사이의 긴장상태를 완화하고 신뢰의 분위기를 조성하기 위하여 서로 상대방을 중상 비방하지 않으며 크고 작은 것을 막론하고 무

장도발을 하지 않으며 불의의 군사적 충돌사건을 방지하기 위한 적극적인 조치를 취하기로 합의하였다.

3. 쌍방은 끊어졌던 민족적 연계를 회복하며 서로의 이해를 증진시키고 자주적 평화통일을 촉진시키기 위하여 남북 사이에 다방면적인 제반교류를 실시하기로 합의하였다.

4. 쌍방은 지금 온 민족의 거대한 기대 속에 진행되고 있는 남북적십자회담이 하루빨리 성사되도록 적극 협조하는데 합의하였다.

5. 쌍방은 돌발적 군사사고를 방지하고 남북 사이에 제기되는 문제들을 직접, 신속 정확히 처리하기 위하여 서울과 평양 사이에 상설 직통전화를 놓기로 합의하였다.

6. 쌍방은 이러한 합의사항을 추진시킴과 함께 남북 사이의 제반문제를 개선 해결하며 또 합의된 조국통일원칙에 기초하여 나라의 통일문제를 해결할 목적으로 이후락 부장과 김영주 부장을 공동위원장으로 하는 남북조절위원회를 구성·운영하기로 합의하였다.

7. 쌍방은 이상의 합의사항이 조국통일을 일일천추로 갈망하는 온 겨레의 한결같은 염원에 부합된다고 확신하면서 이 합의사항을 성실히 이행할 것을 온 민족 앞에 엄숙히 약속한다.

서로 상부의 뜻을 받들어

이 후 락   김 영 주

1972년 7월 4일

남북 사이의 화해와 불가침 및 교류·협력에 관한 합의서 (남북기본합의서)

남과 북은

분단된 조국의 평화적 통일을 염원하는 온 겨레의 뜻에 따라

7·4남북공동성명에서 천명된 조국통일 3대원칙을 재확인하고

정치군사적 대결상태를 해소하여 민족적 화해를 이룩하고

무력에 의한 침략과 충돌을 막고 긴장완화와 평화를 보장하며

다각적인 교류·협력을 실현하여 민족공동의 이익과 번영을 도모하며

쌍방사이의 관계가 나라와 나라사이의 관계가 아닌 통일을 지향하는 과정에서 잠정적으로 형성되는 특수관계라는 것을 인정하고

평화통일을 성취하기 위한 공동의 노력을 경주할 것을 다짐하면서

다음과 같이 합의하였다.

제1장 남북화해

제1조 남과 북은 서로 상대방의 체제를 인정하고 존중한다.

제2조 남과 북은 상대방의 내부문제에 간섭하지 아니한다.

제3조 남과 북은 상대방에 대한 비방·중상을 하지 아니한다.

제4조 남과 북은 상대방을 파괴·전복하려는 일체 행위를 하지 아니한다.

제5조 남과 북은 현 정전상태를 남북 사이의 공고한 평화상태로 전환시키기 위하여 공동으로 노력하며 이러한 평화상태가 이룩될 때까지 현 군사정전협정을 준수한다.

제6조 남과 북은 국제무대에서 대결과 경쟁을 중지하고 서로 협력하며
　　　민족의 존엄과 이익을 위하여 공동으로 노력한다.
제7조 남과 북은 서로의 긴밀한 연락과 협의를 위하여 이 합의서 발효
　　　후 3개월 안에 판문점에 남북연락사무소를 설치·운영한다.
제8조 남과 북은 이 합의서 발효 후 1개월 안에 본회담 테두리 안에서 남
　　　북정치분과위원회를 구성하여 남북화해에 관한 합의의 이행과 준
　　　수를 위한 구체적 대책을 협의한다.

제2장 남북불가침

제9조 남과 북은 상대방에 대하여 무력을 사용하지 않으며 상대방을 무
　　　력으로 침략하지 아니한다.
제10조 남과 북은 의견대립과 분쟁문제들을 대화와 협상을 통하여 평화
　　　적으로 해결한다.
제11조 남과 북의 불가침 경계선과 구역은 1953년 7월 27일자 군사정전
　　　에 관한 협정에 규정된 군사분계선과 지금까지 쌍방이 관할하여
　　　온 구역으로 한다.
제12조 남과 북은 불가침의 이행과 보장을 위하여 이 합의서 발효 후 3개
　　　월 안에 남북군사공동위원회를 구성·운영한다. 남북군사공동위
　　　원회에서는 대규모 부대이동과 군사연습의 통보 및 통제문제, 비
　　　무장지대의 평화적 이용문제, 군인사교류 및 정보교환 문제, 대량
　　　살상무기와 공격능력의 제거를 비롯한 단계적 군축실현문제, 검
　　　증문제 등 군사적 신뢰조성과 군축을 실현하기 위한 문제를 협
　　　의·추진한다.
제13조 남과 북은 우발적인 무력충돌과 그 확대를 방지하기 위하여 쌍방
　　　군사당국자 사이에 직통전화를 설치·운영한다.

제14조 남과 북은 이 합의서 발효 후 1개월 안에 본회담 테두리 안에서 남북군사분과위원회를 구성하여 불가침에 관한 합의의 이행과 준수 및 군사적 대결상태를 해소하기 위한 구체적 대책을 협의한다.

제3장 남북교류·협력

제15조 남과 북은 민족경제의 통일적이며 균형적인 발전과 민족 전체의 복리향상을 도모하기 위하여 자원의 공동개발, 민족내부교류로서의 물자교류, 합작투자 등 경제교류와 협력을 실시한다.

제16조 남과 북은 과학·기술, 교육, 문학·예술, 보건, 체육, 환경과 신문, 라디오, 텔레비전 및 출판물을 비롯한 출판·보도 등 여러 분야에서 교류와 협력을 실시한다.

제17조 남과 북은 민족구성원들의 자유로운 왕래와 접촉을 실현한다.

제18조 남과 북은 흩어진 가족·친척들의 자유로운 서신거래와 왕래와 상봉 및 방문을 실시하고 자유의사에 의한 재결합을 실현하며, 기타 인도적으로 해결할 문제에 대한 대책을 강구한다.

제19조 남과 북은 끊어진 철도와 도로를 연결하고 해로, 항로를 개설한다.

제20조 남과 북은 우편과 전기통신교류에 필요한 시설을 설치·연결하며, 우편·전기통신 교류의 비밀을 보장한다.

제21조 남과 북은 국제무대에서 경제와 문화 등 여러 분야에서 서로 협력하며 대외에 공동으로 진출한다.

제22조 남과 북은 경제와 문화 등 각 분야의 교류와 협력을 실현하기 위한 합의의 이행을 위하여 이 합의서 발효 후 3개월 안에 남북경제교류·협력공동위원회를 비롯한 부문별 공동위원회들을 구성·

운영한다.

제23조 남과 북은 이 합의서 발효 후 1개월 안에 본회담 테두리 안에서 남북교류·협력분과위원회를 구성하여 남북교류·협력에 관한 합의의 이행과 준수를 위한 구체적 대책을 협의한다.

제4장 수정 및 발효

제24조 이 합의서는 쌍방의 합의에 의하여 수정 보충할 수 있다.

제25조 이 합의서는 남과 북이 각기 발효에 필요한 절차를 거쳐 그 문본을 서로 교환한 날부터 효력을 발생한다.

1991년 12월 13일

남북고위급회담   북남고위급회담
남측대표단 수석대표   북측대표단   단 장

대 한 민 국   조선민주주의인민공화국
국무총리 정원식   정무원 총리   연형묵

남북교류·협력 부속합의서 (전문)

남과 북은 "남북 사이의 화해와 불가침 및 교류 · 협력에 관한 합의서"의 "제3장 남북 교류 · 협력"의 이행과 준수를 위한 구체적 대책을 협의한데 따라 다음과 같이 합의하였다.

제1장 경제교류·협력

제1조 남과 북은 민족경제의 통일적이며 균형적인 발전과 민족전체의 복리향상을 도모하기 위하여 자원의 공동개발, 민족내부교류로서의 물자교류, 합작투자 등 경제 교류와 협력을 실현한다.

① 남과 북은 물자교류와 석탄, 광물, 수산자원 등 자원의 공동개발과 공업, 농업, 건설, 금융, 관광 등 각 분야에서의 경제협력사업을 실시한다.

② 남과 북은 자원의 공동개발, 합영 · 합작 투자 등 경제협력사업의 대상과 형식, 물자 교류의 품목과 규모를 경제교류 · 협력공동위원회에서 협의하여 정한다.

③ 남과 북은 자원의 공동개발, 합영 · 합작투자 등 경제협력사업의 규모, 물자교류의 품목별 수량과 거래조건을 비롯한 기타 실무적 문제들을 쌍방 교류 · 협력 당사자들 사이에 토의하여 정한다.

④ 남과 북 사이의 경제협력과 물자교류의 당사자는 법인으로 등록된 상사, 회사, 기업체 및 경제기관이 되며 경우에 따라 개인도 될 수 있다.

⑤ 남과 북은 교류·협력 당사자 간에 직접 계약을 체결하고 필요한 절차를 거쳐 경제협력 사업과 물자교류를 실시하도록 한다.

⑥ 교류물자의 가격은 국제시장가격을 고려하여 물자교류 당사자 간에 협의하여 정한다.

⑦ 남과 북 사이의 물자교류는 상호성과 유무상통의 원칙에서 실현한다.

⑧ 남과 북 사이의 물자교류에 대한 대금결제는 청산결제방식을 원칙으로 하며, 필요한 경우 쌍방의 합의에 따라 다른 결제방식으로 할 수 있다.

⑨ 남과 북은 청산결제은행 지정, 결제통화 선정 등 대금결제와 자본의 이동과 관련하여 필요한 사항은 쌍방이 합의하여 정한다.

⑩ 남과 북은 물자교류에 대하여 관세를 부과하지 않으며, 남북 사이의 경제관계를 민족내부 관계로 발전시키기 위한 조치를 협의·추진한다.

⑪ 남과 북은 경제교류와 협력을 원활히 추진하기 위하여 공업규격을 비롯한 각종 자료를 서로 교환하며 교류·협력 당사자가 준수하여야 할 자기 측의 해당 법규를 상대측에 통보한다.

⑫ 남과 북은 경제교류와 협력을 원활히 추진하기 위하여 필요한 투자보장, 이중과세 방지, 분쟁조정절차 등에 대해서는 쌍방이 합의하여 정한다.

⑬ 남과 북은 자기 측 지역에서 경제교류와 협력에 참가하는 상대측 인원들의 자유로운 경제활동과 편의를 보장한다.

제2조 남과 북은 과학·기술, 환경분야에서 교류와 협력을 실현한다.

① 남과 북은 과학·기술, 환경분야에서 정보자료의 교환, 해당 기관과 단체, 인원들 사이의 공동연구 및 조사, 산업부문의 기술협력과 기술자, 전문가들의 교류를 실현하며 환경보호대책을 공동으로 세운다.

② 남과 북은 쌍방이 합의하여 정한데 따라 특허권, 상표권 등 상대측
  과학·기술상의 권리를 보호하기 위한 조치를 취한다.

제3조 남과 북은 끊어진 철도와 도로를 연결하고 해로, 항로를 개설한다.

① 남과 북은 우선 인천항, 부산항, 포항항과 남포항, 원산항, 청진항
  사이의 해로를 개설한다.

② 남과 북은 남북 사이의 교류·협력 규모가 커지고 군사적 대결상
  태가 해소되는 데 따라 해로를 추가로 개설하고, 경의선 철도와
  문산-개성 사이의 도로를 비롯한 육로를 연결하며 김포공항과
  순안비행장 사이의 항로를 개설한다.

③ 남과 북은 교통로가 개설되기 이전에 진행되는 인원왕래와 물자교
  류를 위하여 필요한 경우 쌍방이 합의하여 임시교통로를 개설할
  수 있다.

④ 남과 북은 육로, 해로, 항로의 개설과 운영의 원활한 보장을 위하
  여 필요한 정보 교환 및 기술 협력을 실시한다.

⑤ 남북 사이의 교류물자는 쌍방이 합의하여 개설한 육로, 해로, 항로
  를 통하여 직접 수송하도록 한다.

⑥ 남과 북은 자기 측 지역에 들어온 상대측 교통수단에 불의의 사고
  가 발생할 경우 긴급구제조치를 취한다.

⑦ 남과 북은 교통로 개설 및 운영과 관련한 해당 국제협약들을 존중
  한다.

⑧ 남과 북은 남북 사이에 운행되는 교통수단과 승무원들의 출입절
  차, 교통수단 운행 방법, 통과지점 선정 등 교통로 개설과 운영에
  서 제기되는 기타 실무적 문제들을 경제교류·협력공동위원회에
  서 토의하여 정한다.

제4조 남과 북은 우편과 전기통신교류에 필요한 시설을 설치·연결하며,
  우편과 전기통신교류의 비밀을 보장한다.

① 남과 북은 빠른 시일 안에 판문점을 통하여 우편과 전기통신을 교환, 연결하도록 하며 우편과 전기통신교류에 필요한 정보교환 및 기술협력을 실시한다.

② 남과 북은 우편과 전기통신교류에서 공적 사업과 인도적 사업을 우선 보장하며 점차 그 이용범위를 확대하여 운영하도록 한다.

③ 남과 북은 우편과 전기통신교류의 비밀을 보장하며 어떠한 경우에도 이를 정치·군사적 목적에 이용하지 않는다.

④ 남과 북은 우편 및 전기통신교류와 관련한 해당 국제협약들을 존중한다.

⑤ 남과 북 사이에 교류되는 우편 및 전기통신의 종류와 요금, 우편물의 수집, 전달 방법 등 기타 실무적 문제들은 경제교류·협력공동위원회에서 협의하여 정한다.

제5조 남과 북은 국제경제의 여러 분야에서 서로 협력하며 대외에 공동으로 진출한다.

① 남과 북은 경제분야의 여러 국제행사와 국제기구들에서 서로 협력한다.

② 남과 북은 경제분야에서 대외에 공동으로 진출하기 위한 대책을 협의·추진한다.

제6조 남과 북은 경제분야의 교류와 협력을 지원·보장한다.

제7조 남과 북은 경제분야의 교류와 협력을 실현하는데 필요한 기구설치 문제와 기타 실무적 문제들을 경제교류·협력공동위원회에서 협의하여 정한다.

제8조 이 합의서 "제1장 경제교류·협력" 부문의 이행 및 이와 관련한 세부사항의 협의·실천은 남북경제교류·협력공동위원회에서 한다.

제2장 사회문화교류·협력

제9조 남과 북은 교육, 문학·예술, 보건, 체육과 신문, 라디오, 텔레비전 및 출판물을 비롯한 출판·보도 등 여러 분야에서 교류와 협력을 실시한다.

① 남과 북은 교육, 문학·예술, 보건, 체육, 출판·보도 등 여러 분야에서 이룩한 성과와 경험 및 연구·출판·보도와 목록 등 정보자료를 상호 교환한다.

② 남과 북은 교육, 문학·예술, 보건, 체육, 출판·보도 등 여러 분야에서 기술협력을 비롯한 다각적인 협력을 실시한다.

③ 남과 북은 교육, 문학·예술, 보건, 체육, 출판·보도 등 여러 분야에서 국토종단행진, 대표단 파견, 초청·참관 등 기관과 단체, 인원들 사이의 접촉과 교류를 실시한다.

④ 남과 북은 교육, 문학·예술, 보건, 체육, 출판·보도 등 여러 분야에서 연구, 조사, 편찬사업, 행사를 공동으로 실시하며 예술작품, 문화유물, 도서출판물의 교환 전시회를 진행한다.

⑤ 남과 북은 쌍방이 합의하여 정한데 따라 상대측의 각종 저작물에 대한 권리를 보호하기 위한 조치를 취한다.

제10조 남과 북은 민족구성원들의 자유로운 왕래와 접촉을 실현한다.

① 남과 북은 모든 민족구성원들이 자기 의사에 따라 자유롭게 상대측 지역을 왕래하도록 하기 위한 조치를 공동으로 취한다.

② 민족구성원들의 왕래는 남북 사이에 개설된 육로, 해로, 항로를 편리한대로 이용하도록 하며, 경우에 따라 국제항로도 이용할 수 있다.

③ 남과 북은 민족구성원들이 방문지역에서 자유로운 활동을 하도

록 하며, 신변안전 및 무사귀환을 보장한다.

④ 남과 북은 민족구성원들이 상대측의 법과 질서를 위반함이 없이 왕래하고 접촉하도록 하기 위한 조치를 취한다.

⑤ 남과 북을 왕래하는 인원들은 필요한 증명서를 소지하여야 하며, 쌍방이 합의한 범위 내에서 물품을 휴대할 수 있다.

⑥ 남과 북은 자기 측 지역에 들어온 상대측 인원에 대하여 왕래와 방문목적 수행에 필요한 편의를 제공한다.

⑦ 남과 북은 자기 측 지역에 들어온 상대측 왕래자에게 불의의 사고가 발생할 경우 긴급구제조치를 취한다.

⑧ 남과 북은 민족구성원들의 자유로운 왕래와 접촉을 실현하는데 필요한 절차와 실무적 문제들을 사회문화교류 · 협력공동위원회에서 협의하여 정한다.

제11조 남과 북은 사회문화분야의 국제무대에서 서로 협력하며 대외에 공동으로 진출한다.

① 남과 북은 사회문화분야의 여러 국제행사와 국제기구들에서 서로 협력한다.

② 남과 북은 사회문화분야에서 대외에 공동으로 진출하기 위한 대책을 협의 · 추진한다.

제12조 남과 북은 사회문화분야의 교류와 협력을 지원 · 보장한다.

제13조 남과 북은 사회문화분야의 교류와 협력을 실현하는데 필요한 기구설치문제와 기타 실무적 문제들을 사회문화교류 · 협력공동위원회에서 협의하여 정한다.

제14조 이 합의서 "제2장 사회문화교류 · 협력" 부문의 이행 및 이와 관련한 세부사항의 협의 · 실천은 남북사회문화교류 · 협력공동위원회에서 한다.

제3장 인도적 문제의 해결

제15조 남과 북은 흩어진 가족·친척들의 자유로운 서신거래와 왕래와
상봉 및 방문을 실시하고 자유의사에 의한 재결합을 실현하며, 기타 인도
적으로 해결할 문제에 대한 대책을 강구한다.

  ① 흩어진 가족·친척들의 범위는 쌍방 적십자 단체들 사이에 토의
    하여 정하도록 한다.

  ② 남과 북은 흩어진 가족·친척들의 자유왕래와 방문을 쌍방이 합
    의하여 정한 왕래 절차에 따라 실현한다.

  ③ 남과 북은 흩어진 가족·친척들의 상봉 면회소 설치문제를 쌍방
    적십자단체들이 협의·해결하도록 한다.

  ④ 남과 북은 흩어진 가족·친척들의 자유의사에 의한 재결합을 실
    현하기 위한 대책을 협의·추진한다.

  ⑤ 남과 북은 인도주의 정신과 동포애에 입각하여 상대측 지역에 자
    연재해 등 재난이 발생할 경우 서로 도우며, 흩어진 가족·친척들
    가운데 사망자의 유품처리, 유골이전 등을 위한 편의를 제공한다.

제16조 남과 북은 이미 진행하여 오던 쌍방 적십자단체들의 회담을 빠른
    시일 안에 다시 열도록 적극 협력한다.

제17조 남과 북은 흩어진 가족·친척들의 불행과 고통을 덜어주기 위한
    적십자단체들의 합의를 존중하며 그것이 순조롭게 실현되도록
    지원·보장한다.

제18조 이 합의서 "제3장 인도적 문제의 해결" 부문의 이행 및 이와 관련
    한 세부사항의 협의·실천은 쌍방 적십자단체들이 한다.

제4장 수정·발효

제19조 이 합의서는 쌍방의 합의에 의하여 수정 · 보충할 수 있다.

제20조 이 합의서는 쌍방이 서명하여 교환한 날부터 효력을 발생한다.

1992년 9월 17일

남북고위급회담 남측대표단 수석대표 대한민국 국무총리 정원식

북남고위급회담 북측대표단 단장 조선민주주의인민공화국 정무원 총리 연형묵

남북불가침 부속합의서 (전문)

남과 북은 "남북 사이의 화해와 불가침 및 교류·협력에 관한 합의서"의 "제2장 남북 불가침"의 이행과 준수 및 군사적 대결상태를 해소하기 위한 구체적 대책을 협의한데 따라 다음과 같이 합의하였다.

제1장 무력불사용

제1조 남과 북은 군사분계선일대를 포함하여 자기 측 관할구역 밖에 있는 상대방의 인원과 물자, 차량, 선박, 함정, 비행기 등에 대하여 총격, 포격, 폭격, 습격, 파괴를 비롯한 모든 형태의 무력사용행위를 금지하며 상대방에 대하여 피해를 주는 일체 무력도발행위를 하지 않는다.

제2조 남과 북은 무력으로 상대방의 관할구역을 침입 또는 공격하거나 그의 일부, 또는 전부를 일시라도 점령하는 행위를 하지 않는다. 남과 북은 어떠한 수단과 방법으로도 상대방 관할구역에 정규무력이나 비정규 무력을 침입시키지 않는다.

제3조 남과 북은 쌍방의 합의에 따라 남북 사이에 오가는 상대방의 인원과 물자, 수송 수단들을 공격, 모의공격하거나 그 진로를 방해하는 일체 적대행위를 하지 않는다. 이밖에 남과 북은 북측이 제기한 군사분계선 일대에 무력을 증강하지 않는 문제, 상대방에 대한 정찰활동을 하지 않는 문제, 상대방의 영해·영공을 봉쇄하지 않는 문제와 남측이 제기한 서울지역과 평양지역의 안전보장문제를 남북군사공동위원회에서 계속 협의한다.

제2장 분쟁의 평화적 해결 및 우발적 무력충돌 방지

제4조 남과 북은 상대방의 계획적이라고 인정되는 무력침공 징후를 발견
하였을 경우 즉시 상대측에 경고하고 해명을 요구할 수 있으며 그
것이 무력충돌로 확대되지 않도록 필요한 사전대책을 세운다. 남
과 북은 쌍방의 오해나 오인, 실수 또는 불가피한 사고로 인하여
우발적 무력 충돌이나 우발적 침범 가능성을 발견하였을 경우 쌍
방이 합의한 신호규정에 따라 상대측에 즉시 통보하며 이를 방지
하기 위한 사전대책을 세운다.

제5조 남과 북은 어느 일방의 무력집단이나 개별적인 인원과 차량, 선박,
함정, 비행기 등이 자연재해나 항로미실과 같은 불가피한 사정으
로 상대측 관할구역을 침범하였을 경우 침범측은 상대측에 그 사
유와 적대의사가 없음을 즉시 알리고 상대측의 지시에 따라야 하
며 상대측은 그를 긴급 확인한 후 그의 대피를 보장하고 빠른 시
일 안에 돌려보내기 위한 조치를 취한다. 돌려보내는 기간은 1개
월 이내로 하며 그 이상 걸릴 수도 있다.

제6조 남과 북 사이에 우발적인 침범이나 우발적인 무력충돌과 같은 분
쟁문제가 발생 하였을 경우 쌍방의 군사당국자는 즉각 자기 측 무
장집단의 적대행위를 중지시키고 군사 직통전화를 비롯한 빠른 수
단과 방법으로 상대측 군사당국자에게 즉시 통보한다.

제7조 남과 북은 군사분야의 모든 의견대립과 분쟁문제들을 쌍방 군사당
국자가 합의하는 기구를 통하여 협의 해결한다.

제8조 남과 북은 어느 일방이 불가침의 이행과 준수를 위한 이 합의서를
위반하는 경우 공동조사를 하여야 하며 위반사건에 대한 책임을
규명하고 재발방지대책을 강구한다.

제3장 불가침 경계선 및 구역

제9조 남과 북의 지상불가침 경계선과 구역은 군사정전에 관한 협정에
　　　규정한 군사분 계선과 지금까지 쌍방이 관할하여온 구역으로 한
　　　다.
제10조 남과 북의 해상불가침 경계선은 앞으로 계속 협의한다. 해상불가
　　　침구역은 해상불가침경계선이 확정될 때까지 쌍방이 지금까지
　　　관할하여온 구역으로 한다.
제11조 남과 북의 공중불가침 경계선과 구역은 지상 및 해상불가침 경계
　　　선과 관할구역의 상공으로 한다.

제4장 군사직통전화의 설치·운영

제12조 남과 북은 우발적 무력충돌과 확대를 방지하기 위하여 남측 국방
　　　부장관과 북측 인민무력부장 사이에 군사직통전화를 설치·운영
　　　한다.
제13조 군사직통전화의 운영은 쌍방이 합의하는 통신수단으로 문서통신
　　　을 하는 방법 또는 전화문을 교환하는 방법으로 하며 필요한 경
　　　우 쌍방 군사당국자들이 직접 통화할 수 있다.
제14조 군사직통전화의 설치·운영과 관련하여 제기되는 기술실무적 문
　　　제들은 이 합의서가 발효된 후 빠른 시일 안에 남북 각기 5명으
　　　로 구성되는 통신실무자 접촉에서 협의 해결한다.
제15조 남과 북은 이 합의서 발효 후 50일 이내에 군사직통전화를 개통
　　　한다.

제5장 협의·이행기구

제16조 남북군사공동위원회는 남북합의서 제12조와 "남북군사공동위원
　　　 회 구성·운영에 관한 합의서" 제2조에 따른 임무와 기능을 수행
　　　 한다.
제17조 남북군사분과위원회는 불가침의 이행과 준수 및 군사적 대결상
　　　 태를 해소하기 위하여 더 필요하다고 서로 합의하는 문제들에 대
　　　 하여 협의하고 구체적인 대책을 세운다.

제6장 수정 및 발효

제18조 이 합의서는 쌍방의 합의에 따라 수정 보충할 수 있다.
제19조 이 합의서는 쌍방이 서명하여 교환한 날부터 효력을 발생한다.

1992년 9월 17일

남북고위급회담 남측대표단 수석대표 대한민국 국무총리 정원식
북남고위급회담 북측대표단 단장 조선민주주의인민공화국 정무원 총리 연형묵

남북 화해 부속합의서 (전문)

남과 북은 "남북 사이의 화해와 불가침 및 교류·협력에 관한 합의서"의 "제1장 남북화해"의 이행과 준수를 위한 구체적 대책을 협의한데 따라 다음과 같이 합의하였다.

제1장 체제(제도) 인정·존중

제1조 남과 북은 상대방의 정치, 경제, 사회, 문화, 체제(제도)를 인정하고 존중한다.

제2조 남과 북은 상대방의 정치, 경제, 사회, 문화, 체제(제도)를 소개하는 자유를 보장한다.

제3조 남과 북은 상대방 당국의 권한과 권능을 인정·존중한다.

제4조 남과 북은 "남북 사이의 화해와 불가침 및 교류·협력에 관한 합의서"에 저촉되는 법률적, 제도적 장치의 개정 또는 폐기 문제를 법률실무협의회에서 협의·해결한다.

제2장 내부문제 불간섭

제5조 남과 북은 상대방의 법질서와 당국의 시책에 대하여 간섭하지 아니한다.

제6조 남과 북은 상대방의 대외관계에 대해 간섭하는 행위를 하지 아니한다.

제7조 남과 북은 "남북 사이의 화해와 불가침 및 교류·협력에 관한 합의
　　　서"에 저촉되는 문제에 대하여서는 상대방에 그 시정을 요구할 수
　　　있다.

제3장 비방·중상 중지

제8조 남과 북은 언론·삐라 및 그 밖의 다른 수단·방법을 통하여 상대
　　　방을 비방·중상하지 아니한다.

제9조 남과 북은 상대방의 특정인에 대한 지명공격을 하지 아니한다.

제10조 남과 북은 상대방 당국을 비방·중상하지 아니한다.

제11조 남과 북은 상대방에 대한 사실을 왜곡하지 않으며 허위사실을 조
　　　작·유포하지 아니한다.

제12조 남과 북은 사실에 대한 객관적 보도를 비방·중상의 대상으로 하
　　　지 아니한다.

제13조 남과 북은 군사분계선지역에서 방송과 시각매개물(게시물)을 비
　　　롯한 그 밖의 모든 수단을 통하여 상대방을 비방·중상하지 아니
　　　한다.

제14조 남과 북은 군중집회와 군중행사에서 상대방을 비방·중상하지 아
　　　니한다.

제4장 파괴·전복 행위 금지

제15조 남과 북은 상대방에 대한 테러, 포섭, 납치, 살상을 비롯한 직접
　　　또는 간접, 폭력 또는 비폭력 수단에 의한 모든 형태의 파괴·전
　　　복 행위를 하지 아니한다.

제16조 남과 북은 상대방에 대한 파괴·전복을 목적으로 하는 선전선동 행위를 하지 아니한다.

제17조 남과 북은 자기 측 지역과 상대측 지역 및 해외에서 상대방의 체제와 법질서에 대한 파괴·전복을 목적으로 하는 테러 단체나 조직을 결성 또는 지원·비호하지 아니한다.

제5장 정전상태의 평화상태에로의 전환

제18조 남과 북은 현 정전상태를 남북 사이의 공고한 평화상태로 전환시키기 위하여 "남북 사이의 화해와 불가침 및 교류·협력에 관한 합의서"와 "한반도의 비핵화에 관한 공동선언"을 성실히 이행·준수한다.

제19조 남과 북은 현 정전상태를 남북 사이의 공고한 평화상태로 전환시키기 위하여 적절한 대책을 강구한다.

제20조 남과 북은 남북 사이의 공고한 평화상태가 이룩될 때까지 현 군사정전협정을 성실히 준수한다.

제6장 국제무대에서의 협력

제21조 남과 북은 국제기구나 국제회의 등 국제무대에서 상호 비방·중상을 하지 않으며 민족의 존엄을 지키기 위하여 긴밀하게 협조한다.

제22조 남과 북은 국제무대에서 상대방의 이익을 존중하며 민족의 이익과 관련되는 문제들에 대하여 긴밀히 협의하고 필요한 협조조치를 강구한다.

제23조 남과 북은 민족공동의 이익을 도모하기 위하여 재외공관(대표부)이 함께 있는 지역에서 쌍방 공관(대표부) 사이에 필요한 협의를 진행한다.

제24조 남과 북은 해외동포들의 민족적 권리와 이익을 옹호하고 보호하며 그들 사이의 화해와 단합이 이룩되도록 노력한다.

제25조 남과 북은 "남북 사이의 화해와 불가침 및 교류·협력에 관한 합의서"의 "제1장 남북화해"에 관한 합의사항의 이행을 위하여 "남북화해공동위원회"를 구성·운영한다. "남북화해공동위원회" 구성·운영에 관한 합의서는 따로 작성한다.

제26조 남과 북은 "남북화해공동위원회" 안에 법률실무협의회와 비방·중상중지실무협의회를 두며 그밖에 쌍방이 합의하는 필요한 수의 실무협의회를 둔다. 실무협의회 구성·운영에 관한 합의서는 "남북화해공동위원회"에서 별도로 작성한다.

제7장 수정 및 발효

제27조 이 부속합의서는 쌍방의 합의에 따라 수정·보충할 수 있다.

제28조 이 부속합의서는 쌍방이 서명하여 교환한 날부터 효력을 발생한다.

부기 : 북측이 제기한 "남과 북은 국제기구들에서 하나의 의석, 하나의 명칭으로 가입하기 위하여 노력한다."

"남과 북은 국제회의를 비롯한 정치행사들에 전민족을 대표하여 유일 대표단으로 참가하기 위하여 노력한다."

"남과 북은 국제무대에서 제3국이 상대방의 이익을 침해하는 일체의 행위에 가담하거나 협력하지 않는다." "남과 북은 다른 나라들과 맺은 조약과 협정들 가운데서 민족의 단합과 이익에 배치되는 것을 개정 또는 폐기하는 문제를 법률실무협의회에서 협의 해결한다."는 조항들은 합의에 이르지 못했으므로 남북정치분과위원회에서 앞으로 계속 토의한다.

1992년 9월 17일

남북고위급회담 남측대표단 수석대표 대한민국 국무총리 정원식
북남고위급회담 북측대표단 단장 조선민주주의인민공화국 정무원 총리 연형묵

한반도의 비핵화에 관한 공동선언

남과 북은 한반도를 비핵화함으로써 핵전쟁위험을 제거하고 우리나라의 평화와 평화통일에 유리한 조건과 환경을 조성하며 아시아와 세계의 평화와 안전에 이바지하기 위하여 다음과 같이 선언한다.

1. 남과 북은 핵무기의 시험, 제조, 생사, 접수, 부유, 저장, 배비, 사용을 하지 아니한다.
2. 남과 북은 핵에너지를 오직 평화적 목적에만 이용한다.
3. 남과 북은 핵재처리시설과 우라늄 농축시설을 보유하지 아니한다.
4. 남과 북은 한반도의 비핵화를 검증하기 위하여 상대측이 선정하고 쌍방이 합의하는 대상들에 대하여 남북핵통제공동위원회가 규정하는 절차와 방법으로 사찰을 실시한다.
5. 남과 북은 이 공동선언의 이행을 위하여 공동선언이 발효된 후 1개월 안에 남북핵통제공동위원회를 구성·운영한다.
6. 이 공동선언은 남과 북이 각기 발효에 필요한 절차를 거쳐 그 문본을 교환한 날부터 효력을 발생한다.

1992년 1월 20일

남북고위급회담	북남고위급회담
남측대표단 수석대표	북측대표단 단장
대 한 민 국	조선민주주의인민공화국
국무총리 정원식	정무원 총리 연형묵

남북공동선언 (6·15공동선언)

조국의 평화적 통일을 염원하는 온 겨레의 숭고한 뜻에 따라 대한민국 김대중 대통령과 조선민주주의인민공화국 김정일 국방위원장은 2000년 6월 13일부터 6월 15일까지 평양에서 역사적인 상봉을 하였으며 정상회담을 가졌다.

남북 정상들은 분단 역사상 처음으로 열린 이번 상봉과 회담이 서로 이해를 증진시키고 남북관계를 발전시키며 평화통일을 실현하는 데 중대한 의의를 가진다고 평가하고 다음과 같이 선언한다.

1. 남과 북은 나라의 통일문제를 그 주인인 우리 민족끼리 서로 힘을 합쳐 자주적으로 해결해 나가기로 하였다.
2. 남과 북은 나라의 통일을 위한 남측의 연합제안과 북측의 낮은 단계의 연방제안이 서로 공통성이 있다고 인정하고 앞으로 이 방향에서 통일을 지향시켜 나가기로 하였다.
3. 남과 북은 올해 8·15에 즈음하여 흩어진 가족, 친척 방문단을 교환하며 비전향장기수 문제를 해결하는 등 인도적 문제를 조속히 풀어 나가기로 하였다.
4. 남과 북은 경제협력을 통하여 민족경제를 균형적으로 발전시키고 사회, 문화, 체육, 보건, 환경 등 제반 분야의 협력과 교류를 활성화하여 서로의 신뢰를 다져 나가기로 하였다.
5. 남과 북은 이상과 같은 합의사항을 조속히 실천에 옮기기 위하여 빠른 시일 안에 당국 사이의 대화를 개최하기로 하였다.

　김대중 대통령은 김정일 국방위원장이 서울을 방문하도록 정중히 초청
하였으며 김정일 국방위원장은 앞으로 적절한 시기에 서울을 방문하기로
하였다.

2000년 6월 15일

대　한　민　국	조선민주주의인민공화국
대　　통　　령	국　방　위　원　장
김　　대　　중	김　　정　　일

남북관계 발전과 평화번영을 위한 선언
(10·4남북정상선언)

대한민국 노무현 대통령과 조선민주주의인민공화국 김정일 국방위원장 사이의 합의에 따라 노무현 대통령이 2007년 10월 2일부터 4일까지 평양을 방문하였다.

방문기간 중 역사적인 상봉과 회담들이 있었다.

상봉과 회담에서는 6·15공동선언의 정신을 재확인하고 남북관계발전과 한반도 평화, 민족공동의 번영과 통일을 실현하는데 따른 제반 문제들을 허심탄회하게 협의하였다.

쌍방은 우리민족끼리 뜻과 힘을 합치면 민족번영의 시대, 자주통일의 새 시대를 열어 나갈 수 있다는 확신을 표명하면서 6·15공동선언에 기초하여 남북관계를 확대·발전시켜 나가기 위하여 다음과 같이 선언한다.

1. 남과 북은 6·15공동선언을 고수하고 적극 구현해 나간다.

남과 북은 우리민족끼리 정신에 따라 통일문제를 자주적으로 해결해 나가며 민족의 존엄과 이익을 중시하고 모든 것을 이에 지향시켜 나가기로 하였다.

남과 북은 6·15공동선언을 변함없이 이행해 나가려는 의지를 반영하여 6월 15일을 기념하는 방안을 강구하기로 하였다.

2. 남과 북은 사상과 제도의 차이를 초월하여 남북관계를 상호존중과 신뢰 관계로 확고히 전환시켜 나가기로 하였다.

남과 북은 내부문제에 간섭하지 않으며 남북관계 문제들을 화해와 협력, 통일에 부합되게 해결해 나가기로 하였다.

남과 북은 남북관계를 통일 지향적으로 발전시켜 나가기 위하여 각기 법률적·제도적 장치들을 정비해 나가기로 하였다.

남과 북은 남북관계 확대와 발전을 위한 문제들을 민족의 염원에 맞게 해결하기 위해 양측 의회 등 각 분야의 대화와 접촉을 적극 추진해 나가기로 하였다.

3. 남과 북은 군사적 적대관계를 종식시키고 한반도에서 긴장완화와 평화를 보장하기 위해 긴밀히 협력하기로 하였다.

남과 북은 서로 적대시하지 않고 군사적 긴장을 완화하며 분쟁문제들을 대화와 협상을 통하여 해결하기로 하였다.

남과 북은 한반도에서 어떤 전쟁도 반대하며 불가침의무를 확고히 준수하기로 하였다.

남과 북은 서해에서의 우발적 충돌방지를 위해 공동어로수역을 지정하고 이 수역을 평화수역으로 만들기 위한 방안과 각종 협력사업에 대한 군사적 보장조치 문제 등 군사적 신뢰구축조치를 협의하기 위하여 남측 국방부 장관과 북측 인민무력부 부장 간 회담을 금년 11월 중에 평양에서 개최하기로 하였다.

4. 남과 북은 현 정전체제를 종식시키고 항구적인 평화체제를 구축해 나가야 한다는데 인식을 같이하고 직접 관련된 3자 또는 4자 정상들이 한반도지역에서 만나 종전을 선언하는 문제를 추진하기 위해 협력해 나가기로 하였다.

남과 북은 한반도 핵문제 해결을 위해 6자회담 「9·19공동성명」과 「2·13합의」가 순조롭게 이행되도록 공동으로 노력하기로 하였다.

5. 남과 북은 민족경제의 균형적 발전과 공동의 번영을 위해 경제협력사업을 공리공영과 유무상통의 원칙에서 적극 활성화하고 지속적으로 확대 발전시켜 나가기로 하였다.

남과 북은 경제협력을 위한 투자를 장려하고 기반시설 확충과 자원개발을 적극 추진하며 민족내부협력사업의 특수성에 맞게 각종 우대조건과 특혜를 우선적으로 부여하기로 하였다.

남과 북은 해주지역과 주변해역을 포괄하는 「서해평화협력특별지대」를 설치하고 공동어로구역과 평화수역 설정, 경제특구건설과 해주항 활용, 민간선박의 해주직항로 통과, 한강하구 공동이용 등을 적극 추진해 나가기로 하였다.

남과 북은 개성공업지구 1단계 건설을 빠른 시일 안에 완공하고 2단계 개발에 착수하며 문산-봉동 간 철도화물수송을 시작하고, 통행·통신·통관 문제를 비롯한 제반 제도적 보장조치들을 조속히 완비해 나가기로 하였다.

남과 북은 개성-신의주 철도와 개성-평양 고속도로를 공동으로 이용하기 위해 개보수 문제를 협의·추진해 가기로 하였다.

남과 북은 안변과 남포에 조선협력단지를 건설하며 농업, 보건의료, 환경보호 등 여러 분야에서의 협력사업을 진행해 나가기로 하였다.

남과 북은 남북 경제협력사업의 원활한 추진을 위해 현재의 「남북경제협력추진위원회」를 부총리급 「남북경제협력공동위원회」로 격상하기로 하였다.

6. 남과 북은 민족의 유구한 역사와 우수한 문화를 빛내기 위해 역사, 언어, 교육, 과학기술, 문화예술, 체육 등 사회문화 분야의 교류와 협력을 발전시켜 나가기로 하였다.

남과 북은 백두산관광을 실시하며 이를 위해 백두산-서울 직항로를 개설하기로 하였다.

남과 북은 2008년 북경 올림픽경기대회에 남북응원단이 경의선 열차를 처음으로 이용하여 참가하기로 하였다.

7. 남과 북은 인도주의 협력사업을 적극 추진해 나가기로 하였다.

남과 북은 흩어진 가족과 친척들의 상봉을 확대하며 영상 편지 교환사업을 추진하기로 하였다.

이를 위해 금강산면회소가 완공되는데 따라 쌍방 대표를 상주시키고 흩어진 가족과 친척의 상봉을 상시적으로 진행하기로 하였다.

남과 북은 자연재해를 비롯하여 재난이 발생하는 경우 동포애와 인도주의, 상부상조의 원칙에 따라 적극 협력해 나가기로 하였다.

8. 남과 북은 국제무대에서 민족의 이익과 해외 동포들의 권리와 이익을 위한 협력을 강화해 나가기로 하였다

남과 북은 이 선언의 이행을 위하여 남북총리회담을 개최하기로 하고, 제 1차회의를 금년 11월 중 서울에서 갖기로 하였다.

남과 북은 남북관계 발전을 위해 정상들이 수시로 만나 현안 문제들을 협의하기로 하였다.

2007년 10월 4일

평 양

대 한 민 국	조선민주주의인민공화국
대 통 령	국 방 위 원 장
노 무 현	김 정 일

「남북관계 발전과 평화번영을 위한 선언」 이행에 관한 제1차 남북총리회담 합의서

2007년 10월 평양에서 진행된 역사적인 남북정상회담에서 채택된 「남북관계 발전과 평화번영을 위한 선언」에 따라 그 이행을 위한 제1차 남북총리회담이 11월 14일부터 16일까지 서울에서 진행되었다.

남과 북은 「남북관계 발전과 평화번영을 위한 선언」이 남북관계를 보다 높은 단계로 발전시키며 한반도 평화와 민족공동의 번영과 통일을 실현하기 위한 새로운 국면을 열어나가는데서 중대한 의의를 가진다는데 인식을 같이하고 이를 성실히 이행하기 위해 다음과 같이 합의하였다.

제1조 남과 북은 6·15공동선언의 우리민족끼리 정신에 따라 남북관계를 상호 존중과 신뢰의 관계로 확고히 전환시키며 통일지향적으로 발전시켜 나가기 위한 조치들을 적극 취해나가기로 하였다.

① 남과 북은 매년 6월 15일을 화해와 평화번영, 통일의 시대를 열어나가는 민족공동의 기념일로 하기 위해 각기 내부절차를 거쳐 필요한 조치를 취하기로 하였다.

② 남과 북은 내년 6·15공동선언 발표 8주년 기념 남북공동행사를 당국과 민간의 참가하에 서울에서 진행하기로 하였다.

③ 남과 북은 남북관계를 통일지향적으로 발전시켜 나가기 위하여 각기 법률·제도적 장치들을 정비해 나가는 문제 등을 협의해 나가기로 하였다.

④ 남과 북은 양측 의회를 비롯한 각 분야의 대화와 접촉을 활성화해 나가며 쌍방 당국은 남북국회회담을 적극 지원하기로 하였다.

제2조 남과 북은 서해지역의 평화와 공동의 이익을 위하여 「서해평화협
　　력특별지대」를 설치하기로 하였다.

① 남과 북은 서해상에서 공동어로 및 민간선박의 운항과 해상수송을
　보장하기 위하여 서해상의 일정한 수역을 평화수역으로 지정하고
　관리해 나가기로 하였다.

② 남과 북은 평화수역과 공동어로구역의 대상지역과 범위를 호혜의
　정신에 따라 별도로 협의하여 확정하고 2008년 상반기 안으로 공동
　어로사업에 착수하기로 하였다.

③ 남과 북은 공동어로구역의 효율적 운영과 수산분야에서의 협력문
　제를 12월 중 「서해평화협력특별지대추진위원회」 산하의 분과위원
　회를 통해 협의 해결하기로 하였다.

④ 남과 북은 해주지역에 「경제협력특별구역」(「해주경제특구」)을 건
　설하고 개성공단과의 연계를 통해 점차 발전시켜 나가기로 하였다.

⑤ 남과 북은 「해주경제특구」 건설에 따른 해상물동량의 원활한 처리
　를 위해 해주항을 민족공동의 이익에 부합되게 활용하기로 하였다.

⑥ 남과 북은 「해주경제특구」와 해주항 개발을 위한 실무접촉과 현지
　조사를 금년 중에 실시하며 2008년 안으로 구체적인 사업계획을 협
　의 확정하기로 하였다.

⑦ 남과 북은 한강하구에서 2008년 안으로 골재채취사업에 착수하기로
　하고 빠른 시일 안에 실무접촉과 현지공동조사를 실시하기로 하였
　다.

⑧ 남과 북은 민간선박의 해주직항로 이용과 관련한 항로대 설정, 통
　항절차 등의 문제를 12월 중에 「남북경제협력공동위원회」 산하의
　「남북 조선 및 해운협력분과위원회」를 개최하여 협의 해결하기로
　하였다.

⑨ 남과 북은 「해주경제특구」 건설에 따라 이 지역에 대한 출입, 체류,

통신, 통관, 검역, 자금유동 등 법률·제도적 장치를 마련하는 문제를 협의해 나가기로 하였다.

⑩ 남과 북은 장관급을 위원장으로 하는 「서해평화협력특별지대추진위원회」를 구성하기로 하고 「서해평화협력특별지대추진위원회 구성·운영에 관한 합의서」를 채택하였다.

⑪ 남과 북은 「서해평화협력특별지대추진위원회」 제1차 회의를 12월 중 개성에서 개최하기로 하였다.

제3조 남과 북은 민족경제의 균형적 발전과 공동번영을 위한 경제협력을 적극 추진하기로 하였다.

1) 도로 및 철도분야 협력

① 남과 북은 경의선 도로와 철도의 공동이용과 물류유통의 활성화를 위해 2008년부터 개성-평양 고속도로와 개성-신의주 철도 개보수에 착수하기로 하고, 이를 위한 현지조사를 금년 중에 실시하기로 하였다.

② 남과 북은 개성-평양 고속도로 개보수를 위한 실무접촉을 11월 28일부터 29일까지, 개성-신의주 철도 개보수를 위한 실무접촉을 11월 20일부터 21일까지 개성에서 진행하기로 하였다.

③ 남과 북은 2008년 베이징올림픽경기대회 남북 응원단의 경의선 열차 이용을 위한 철길보수를 진행하기로 하였다.

④ 남과 북은 개성-평양 고속도로, 개성-신의주 철도의 개보수와 공동이용에 필요한 설계, 설비, 자재, 인력 등을 적기에 보장하기로 하였다.

⑤ 남과 북은 「남북경제협력공동위원회」 산하에 「남북도로협력분과위원회」와 「남북철도협력분과위원회」를 구성하기로 하였다.

2) 조선협력단지 건설

① 남과 북은 안변지역에 선박블록공장 건설을 2008년 상반기 안에 착수하며 단계적으로 선박건조능력을 확대하기로 하였다.

② 남과 북은 남포의 영남배수리공장에 대한 설비현대화와 기술협력사업, 선박블록공장 건설 등을 가까운 시일 안에 적극 추진하기로 하였다.

③ 남과 북은 안변과 남포지역에 대한 제2차 현지조사를 12월 중에 실시하기로 하였다.

④ 남과 북은 조선협력단지 건설에 따라 안변과 남포지역에 대한 출입, 체류, 통신, 통관, 검역, 자금유통 등 법률·제도적 장치를 마련하는 문제를 협의 해결하기로 하였다.

⑤ 남과 북은 「남북경제협력공동위원회」 산하에 「남북 조선 및 해운협력분과위원회」를 구성·운영하며 제1차 회의를 12월 중에 부산에서 개최하여 조선협력단지 건설과 운영을 위한 구체적인 협의를 진행하기로 하였다.

3) 개성공단 건설

① 남과 북은 개성공단 활성화를 위해 1단계 건설을 빠른 시일 안에 완공하고 2단계 개발에 필요한 측량·지질조사를 금년 12월 중에 진행하며 2008년 안에 2단계 건설에 착수하기로 하였다.

② 남과 북은 개성공단 1단계 사업의 활성화를 위해 필요한 근로인력을 적기에 보장하고 근로자들의 숙소건설 등에 협력해 나가기로 하였다.

③ 남과 북은 개성공단 근로자들의 출퇴근을 위한 도로 건설 및 열차 운행 문제를 협의 추진해 나가기로 하였다.

④ 남과 북은 금년 12월 11일부터 문산-봉동 간 철도화물 수송을 시

작하며, 이를 위한 판문역 임시 컨테이너 야적장과 화물작업장 건설, 신호·통신·전력체계 및 철도연결구간 마감공사를 조속히 추진하기로 하였다.

⑤ 남과 북은 문산-봉동 간 화물열차운행을 위해 11월 20일부터 21일까지 개성에서 남북철도실무접촉을 개최하고 「남북 사이의 열차운행에 관한 기본합의서의 부속서」를 채택하며, 「남북철도운영공동위원회」 제1차 회의를 12월 초에 개성에서 진행하기로 하였다.

⑥ 남과 북은 남측 인원들과 차량들이 07시부터 22시까지 개성공단에 편리하게 출입할 수 있도록 금년 내에 통행절차를 개선하고, 2008년부터 인터넷, 유·무선전화 서비스를 시작하기 위한 1만회선 능력의 통신센터를 금년 내에 착공하며, 통관사업의 신속성과 과학성을 보장하기 위한 물자하차장 건설 등을 추진하는 문제를 협의해 나가기로 하였다.

⑦ 남과 북은 개성공단 건설을 적극 추진하며, 통행·통신·통관 문제와 관련한 합의사항을 이행하기 위해 개성공단건설 실무접촉을 12월 초에 개성에서 진행하기로 하였다.

⑧ 남과 북은 「남북경제협력공동위원회」 산하에 「개성공단협력분과위원회」를 구성·운영하기로 하였다.

4) 자원개발, 농업, 보건의료 등 분야별 협력

① 남과 북은 이미 합의한 단천지구광산 투자 등 지하자원개발협력과 관련하여 제3차 현지조사를 12월 중에 진행하며 2008년 상반기 안으로 구체적인 사업계획을 협의 확정하기로 하였다.

② 남과 북은 이미 합의한 농업분야의 협력사업들을 구체적으로 이행하며 종자생산 및 가공시설, 유전자원 저장고건설 등을 금년 중에 착수하기로 하였다.

③ 남과 북은 병원, 의료기구, 제약공장 현대화 및 건설, 원료지원 등을 추진하고 전염병 통제와 한의학 발전을 위해 적극 협력하기로 하였다.

④ 남과 북은 쌍방이 관심하는 수역에서의 수산물생산과 가공, 유통 등을 위해 서로 협력하기로 하였다.

⑤ 남과 북은 산림녹화 및 병해충방제, 환경오염방지를 위한 협력사업을 추진하기로 하였다.

⑥ 남과 북은 지하자원개발, 농업, 보건의료, 수산, 환경보호 분야의 협력을 위해 「남북경제협력공동위원회」 산하에 분과위원회들을 구성·운영하기로 하였다.

5) 「남북경제협력공동위원회」 구성·운영

① 남과 북은 경제협력사업의 원활한 추진을 위해 남북총리회담 산하에 부총리급을 위원장으로 하는 「남북경제협력공동위원회」를 구성하기로 하고 「남북경제협력공동위원회 구성·운영에 관한 합의서」를 채택하였다.

② 남과 북은 「남북경제협력공동위원회」 제1차 회의를 12월 4일부터 6일까지 서울에서 개최하기로 하였다.

제4조 남과 북은 역사, 언어, 교육, 문화예술, 과학기술, 체육 등 사회문화분야의 교류와 협력을 발전시키기 위한 조치를 취하기로 하였다.

① 남과 북은 장관급을 위원장으로 하는 「남북사회문화협력추진위원회」를 구성하기로 하고 역사유적과 사료발굴 및 보존, 「겨레말큰사전」 공동편찬, 교육기자재와 학교시설 현대화, 공동문화행사, 과학기술인력양성, 과학기술협력센터 건설, 기상정보교환 및 관측장비지원, 2008년 베이징올림픽경기대회 공동응원을 비롯한 사회문화

협력사업들을 협의 추진하기로 히였다.

② 남과 북은 백두산과 개성관광사업이 원만히 진행될 수 있도록 적극 협력하며 서울－백두산 직항로 개설을 위한 실무접촉을 12월 초에 개성에서 진행하기로 하였다.

③ 남과 북은 2008년 베이징올림픽경기대회에 남북응원단이 경의선 열차를 이용하여 참가하는 문제와 관련한 실무접촉을 12월 중에 진행하기로 하였다.

④ 남과 북은 「남북사회문화협력추진위원회」를 2008년 상반기 중에 개최하고, 기상정보교환과 관측장비지원 등 기상협력을 위한 실무접촉을 금년 12월 중에 진행하기로 하였다.

제5조 남과 북은 민족의 화해와 단합을 도모하는 견지에서 인도주의분야의 협력사업을 적극 추진하기로 하였다.

① 남과 북은 12월 7일 금강산면회소의 쌍방 사무소 준공식을 진행하며 2008년 새해를 맞으며 흩어진 가족과 친척들의 영상편지를 시범적으로 교환하기로 하였다.

② 남과 북은 11월 28일부터 30일까지 금강산에서 제9차 남북적십자회담을 개최하고 흩어진 가족과 친척들의 상봉확대 및 상시상봉, 쌍방 대표들의 금강산면회소 상주, 전쟁시기와 그 이후 소식을 알 수 없게 된 사람들의 문제 등을 협의하기로 하였다.

제6조 남과 북은 자연재해가 발생하는 경우 상호 통보 및 피해확대 방지를 위한 조치를 신속히 취하며 동포애와 상부상조의 원칙에서 피해복구 등에 적극 협력하기로 하였다.

제7조 남과 북은 남북총리회담을 6개월에 1회 진행하며, 제2차 회담을
2008년 상반기에 평양에서 개최하기로 하였다.

제8조 수정 및 발효
　① 이 합의서는 쌍방의 합의에 의해 수정·보충할 수 있다.
　② 이 합의서는 남과 북이 각기 발효에 필요한 절차를 거쳐 문본을 교
　　환한 날부터 효력을 발생한다.

2007년 11월 16일

남 북 총 리 회 담	북 남 총 리 회 담
남 측 수 석 대 표	북 측　　　단 장
대　　한　　민　　국	조선민주주의인민공화국
국　　무　　총　　리	내　각　총　리
한　　　덕　　　수	김　　　영　　　일

참고문헌

1. 한국문헌

가. 단행본

강만길 외. 『광주민중항쟁사료전집』. 서울: 풀빛, 한국현대사사료연구소 편, 1990.

강성윤 외, 『북한정치의 이해』, 서울: 을유문화사, 2002.

강인덕·송종환 외 공저, 『남북회담: 7·4에서 6·15까지』, 서울: 극동문제연구소, 2004.

강현철, 『통일헌법 연구』, 서울: 한국학술정보(주), 2006.

강원도, 『철원 평화시 건설 기본구상 연구』, 강원도, 2006.

강화군, 『제53회 인천광역시 강화기본통계』, 강화군, 2013.

광주시청, 『광주시청 보상자료: 5차보상까지』, 2005년 5월 13일.

김광운, 『북한 정치사 연구 I』, 서울: 선인, 2003.

김낙중, 『민족통일을 위한 설계』, 서울: 고려서당, 1988.

김동춘, 『전쟁과 사회』, 서울: 돌베개, 2000.

_____, 『전쟁정치: 한국정치의 메커니즘과 국가폭력』, 서울: 길, 2013.

김부식, 『삼국사기』, 안국준, 『한양 풍수와 경복궁의 모든 것』, 서울: 태웅출판사, 2012.

김연철·박순성 편, 『북한 경제 계획 연구』, 서울: 후마니타스, 2002.

김영섭 외, 『통일수도의 지상』, 전남: 남궁문화사, 1992.

김영진 역편, 『중국오천년사』, 서울: 대광서림, 1972.

고유환 엮음, 『로동신문을 통해 본 북한변화』, 서울: 도서출판 선인, 2006.

공용득, 『북한연방제연구』, 서울: 청목출판사, 2004.

국토통일원, 『분단국가 통합이론 연구』, 서울: 국토통일원, 1986.

_____,『분단국 통합사례연구』, 1986.

_____,『국가연합 사례연구』, 서울: 국토통일원, 1986.

권영성,『헌법학원론』, 서울: 법문사, 1999.

_____,『헌법학원론』, 서울: 법문사, 2010.

_____,『헌법학개론』, 서울: 법문사, 2011.

나간채 · 강경아,『광주항쟁의 이해』, 광주: 광주광역시, 2002.

남궁승태,『헌법요론』, 서울: 육서당, 법정고시사, 1997.

박도태,『연방제통일론』, 서울: 정경숙, 1988.

박명규 · 정은미.『21세기 글로벌시대의 새로운 통일론의 모색: 연성복합통
　　　일론』, 서울: 서울대학교 통일평화연구소, 2009.

박순성,『북한경제와 한반도 통일』, 서울: 도서출판 풀빛, 2003.

법무부,『독일과 미국의 연방제』, 서울: 법무부, 2000.

(사)5 · 18민주유공자유족회, 5 · 18민주화운동부상자회, 5 · 18구속부상자회,
　　　(재)5 · 18기념재단,『5 · 18관련 통계』, 2005.

사회과학출판사,『조선통사 (상)』, 평양: 평양종합인쇄공장, 1981.

서동만,『북조선사회주의 체제성립사: 1945-1961』, 서울: 선인, 2005.

서울특별시,『수도이전의 타당성 분석』, 서울: 서울특별시, 2004.

손병해,『경제통합의 이해』, 서울: 법문사, 2002.

송정남,『베트남의 역사』, 서울: 부산대학교 출판부, 1992.

신지호,『북한의 개혁 개방』, 서울: 하늘아카데미, 2003.

심익섭 · 신현기 외,『북한 정부론』, 서울: 도서출판 백산자료원, 2003.

아태평화재단,『김대중의 3단계 통일론-남북연합을 중심으로』, 서울: 아태평
　　　화출판사, 1995.

알리 압둘-까위 알-가파리, 박인숙 역,『예멘 통일-현실과 미래』, 법제처, 1999.

양호민,『남북연방론』, 서울: 국토통일원, 1986.

유지호,『예멘의 남북통일-평화통일의 매혹과 위험성』, 서울: 서문당, 1997.

이상준외 2인,『북한 국토개발을 위한 남북협력 100대 과제와 추진방향』,
　　　서울: 국토연구원, 2012.

이서행,『남북한의 통일정책과 통일방안 비교』, 서울: 통일부 통일교육원, 2006.

이유나,『통일의 선각자 문익환의 삶과 분단극복론』, 서울: 선인, 2014.

이장희·장명봉 외,『북한법 50년, 그 동향과 전망』, 서울: 도서출판 아사연,
    1999.
이재상,『형법총론』, 서울: 박영사, 2004.
이주영,『미국사』, 서울: 대한교과서주식회사, 2005.
임동원,『피스메이커-남북관계와 북핵문제 20년』, (주)중앙북스, 2008.
_____,『피스메이커』, 서울: 중앙북스, 2008.
장명봉,『국가연합사례연구』, 서울: 국토통일원, 1986.
장명봉 편,『최신 북한법령집』, 서울: 북한법연구회, 2006.
장준익,『북한 핵·미사일 전쟁: 최악의 핵전쟁 시나리오』, 서울: 서문당, 1999.
정용욱,『존 하지와 미군 점령통치 3년』, 서울: 도서출판 백산자료원, 2002.
중앙일보 특별취재반,『조선민주주의인민공화국』상·하, 서울: 중앙일보사,
    1994.
조민·박형중 외,『통일대계 탐색연구』, 서울: 통일연구원. 2009.
조재길,『평화가 먼저다』, 서울: 한울, 1923.
최양근,『단계적 연방통일헌법 연구: 한민족 미래와 비전』, 서울: 선인, 2011.
_____,『한반도 통일연방국가 연구: 동북아를 넘어 유라시아로』, 서울: 선인,
    2014.
최창조,『땅의 논리, 인간의 논리』, 서울: 민보사, 1992.
통합유럽연구회,『도시로 보는 유럽통합사-영원의 도시 로마에서 EU의 수도
    브뤼셀까지』, 2013.
한석희 편집,『중국정치와 외교』, 연세대학교, 2006.

나. 논문
강성윤, "6·15남북공동선언 제2항의 함의",『북한연구학회학보』제8권 제2호,
    2004.
고유환, "6·15남북공동선언의 이행과 과제: 남측시각".
권용우, "신행정수도 건설의 필요성과 효과", 국토연구원 등 공동세미나,『행
    정수도 이전의 필요성과 과제에 관한 세미나』, 2003.
김도형, "행정수도 이전정책의 전개와 발전과제", 한국외국어대학교 정책과
    학대학원 석사학위논문, 2005.

김용구, "서방측의 통합이론과 공산측의 합삭전략과의 비교를 통한 대비책", 서울: 국토통일원, 1986.

나간채, "인권운동의 측면에서의 본 5·18항쟁", 『지역사회연구』 12권 1호, 한국지역사회학회, 2004.

박노호, "EU 회원국 간 경제적 이해관계 상충의 원인 및 사례 분석", 『유럽연구』 제28권 2회, 2010.

박인수, "EU헌법의 주요내용과 특징", 『유럽헌법연구』 I, 대구: 영남대학교 출판부, 2008.

박정원, "남북한 통일헌법에 관한 연구-통일헌법의 기본질서와 내용을 중심으로", 국민대학교 법학과 박사학위논문, 1996.

박상림, "한민족의 전통사상과 통일: 홍익화백제론에 관한 연구", 건국대학교 대학원 정치외교학과 박사학위논문, 2008.

배국열, "개성공단 가동중지로 본 법제도 보완방안 고찰-분쟁해결제도를 중심으로", 『북한학연구』 제9권 제1호, 2013.

서 승, "세계인권운동사에서 본 5·18", 『5·18민중항쟁사』, 광주: 광주광역시 사료편찬위원회, 2001.

신동진, "미국 워싱턴 DC의 건설", 『도시문제』 제39권 제423호, 2004.

안병욱, 5·18의 의의와 역사적 평가", 『5·18민중항쟁사』, 광주: 광주광역시 사료편찬위원회. 2002.

_____, "5·18 민족사적 인식을 넘어 세계사의 지평으로", 『5·18은 끝났는가』, 학술단체협의회 편. 1999.

안영진·박영한 공저, "독일의 수도이전: 베를린 천도과정과 그 함의", 한국지역지리학회지 제7권 제4호, 2001.

오수열, "5·18 정신의 구현과 평화적 민족통일", 『통일전략』 3권 2호, 서울: 한국통일전략학회, 2003.

우제승, "통합이론의 비교연구와 한국통일접근방법", 『남북연방론』, 서울: 국토통일원, 1986.

윤재걸, "그 비극의 10일간", 『신동아』 5월호, 서울: 동아일보사, 1985.

윤정석, "기능적 접근과 분단국 통일문제", 『분단국가 통합이론 연구』, 서울: 국토통일원, 1986.

이동준, "국가 정책 사업 사례 분석을 통한 도시 발전 전략-행정 수도 이전 과정을 중심으로", 목원대학교 대학원 석사학위논문, 2005.

이상식, "5 · 18민중항쟁의 역사적 배경", 『5 · 18민중항쟁의 이해』, 광주: 광주 광역시, 2002.

이왕건, "외국의 수도 건설사례와 시사점", 국토연구원 등 공동세미나, 『행 정수도 이전의 필요성과 과제에 관한 세미나』, 서울 논현동 건설회관 회의실, 2003.

이장희, "통일로드맵 3단계(남북연합)의 법적기초인 통일헌장초안에 대한 통 준위의 정책과제와 역할", 『통일로드맵과 통일준비위원회의 단계적 역할과 정책과제』, 서울: 제57회 아사연 학술시민포럼, 2014.

전학선, "유럽연합의 국가성여부와 법직 싱격", 『유럽헌법연구』I, 대구: 영 남대학교출판부, 2008.

최양근, "통일준비위원회의 역할과 과제" 『통일로드맵과 통일준비위원회의 단계적 역할과 정책과제』, 제57회 아사연학술시민포럼, 국가인권위원 회 8층 배움터, 2014.

_____, "남 · 북한헌법의 비교분석과 통일헌법에 대한 연구", 연세대학교 행 정대학원 석사학위 논문, 2006.

_____, "단계적 연방국가론에 입각한 통일헌법 연구", 동국대학교 박사학위 논문, 2011.

_____, "5 · 18정신 민주 인권과 평화를 넘어 통일로", 『5 · 18민주시민강사 교육자료집』, 5 · 18기념재단, 프란치스코 교육회관, 2014.

_____, "북한정권수립 과정시 헌법과 고려민주연방제통일방안 상관성 연 구", 『평화학연구』제12권 제3호, 2011.

_____, "통일로드맵 4단계(통일헌법)와 [통준위]의 역할과 정책과제", 『통일 로드맵과 통일준비위원회의 단계적 역할과 정책과제』, 서울: 제57회 아사연 학술시민포럼, 2014, pp. 61~88.

_____, "남북연합과 통일", 『평화사상과 글로벌 디아스포라』, 2015 추계공동 학술대회, 전남대학교, 2015.

_____, "통일연방국가 연구-단계적 연방국가와 지역정부 권한배분을 중심으 로", 숭실대 법학논총 제31집; 최양근, 『한반도 통일국가 연구』, 서울:

선인, 2014.
홍원식, "통일헌법 이념에 관한 연구-백범(김구) 사상을 중심으로", 국민대학
교 대학원 법학과 박사학위 논문, 2004.

다. 기타
1953년 정전협정
1972년 7·4남북공동성명
1991년 남북기본합의서
2000년 6·15공동선언
2007년 10·4남북정상선언
2015년 8·15합의서
2005년 9·19공동성명
2007년 2·13합의서
『경기일보』
『세계일보』
『연합뉴스』
『주간중앙』
『이데일리』
『이투데이』
『한겨레』
『KNS뉴스통신』

2. 북한문헌

가. 단행본
강철부 편집, 『사회주의적 민주주의』, 평양: 사회과학출판사, 1987.
김일성, 『김일성저작집』 제35권, 평양: 조선로동당출판사, 1987.

_____, 『김일성저작집』 제35권, 평양: 조선로동당출판사, 1987.

_____, 『련방제조국통일방안에 대하여』, 평양: 조선로동당출판사, 1996.

_____, 『김일성 저작집』 제35권, 평양: 조선로동당출판사, 1979.

_____, 『김일성 저작선집』 제1권, 평양: 조선로동당출판사, 1967.

김정일, 『김정일선집』, 평양: 조선로동당출판사, 1996.

김한길, 『조선현대력사』, 평양: 사회과학출판사, 1983년

_____, 『현대조선력사』, 평양: 사회과학출판사, 1984.

김화종, 김덕유, 『사람중심의 철학』, 평양: 사회과학출판사, 1992.

김희일, 『김일성주석과 반일민족해방투쟁사』, 평양: 평양출판사, 주체95(2006).

박득준·김적봉 편집, 『조선통사(하)』, 평양: 사회과학출판사, 1987.

반계문, 『사회주의헌법 해설집』, 평양: 사회과학출판사, 1973.

북한사회과학원철학연구소, 『철학사전』, 서울: 도서출판 힘, 1988.

사회과학출판사, 『조선통사』 상, 평양: 평양종합인쇄공장, 1981.

_____, 『조선말사전』 제1권, 평양: 평양인쇄공장, 1992.

사회과학법학연구소, 『법학사전』, 평양: 사회과학출판사, 1971.

_____, 『사회주의법에 관한 혁명의 위대한 수령 김일성동지의 리론』, 평양: 사회과학출판사, 1971.

_____, 『사회주의법에 관한 혁명의 위대한 수령 김일성동지의 리론』, 평양: 평양종합인쇄공장, 1971.

사회과학역사연구소, 『조선전사』 제23권-제24권, 평양: 과학백과사전출판사, 1981.

심병철, 『조국통일문제 100문 100답』, 평양: 평양출판사, 주체92(2003).

심형일, 『주체의 사회주의헌법 리론』, 평양: 사회과학출판사, 1991.

_____, 『주체의 법리론』, 평양: 사회과학출판사, 1987.

_____, 『경애하는 수령 김일성 동지는 사회주의헌법에 관한 독창적인 리론의 창시자이다』, 평양: 사회과학출판사, 1973.

조선로동당 중앙위원회 당력사연구소, 『조선로동당력사』, 평양: 조선로동당출판사, 주체 93(2004).

『조선투자법안내』, 평양, 2007.

철학연구소, 『사회주의 강성대국 건설사상』, 평양: 사회과학출판사, 2000.

한창모 편집, 『자립경제리론』, 평양: 사회과학출판사, 1984.

나. 기타
『북한임시헌법』(1948.4.29)
『1948년 북한헌법』
『1972년 북한헌법』
『1992년 북한헌법』
『1998년 북한헌법』
『2009년 북한헌법』
『민주조선』

3. 해외문헌

가. 단행본
BELA BALASSA J.D. ph.D, THE THEORY OF ECONOMY INTEGRATION, HOMEWOOD, ILLINOIS, RICHARD D. IRWIN, INC, 1961.
DANIEL J. ELAZAR, *Exploring Federalism*, Alabama: The University of Alabama Press, 2006.
Derek W. Urwin, 번역 노명환, 『유럽통합사』, 서울: 대한교과서주식회사, 1994.
Middleron, Harry J. *The Compact History of the Korea War*, New York: Hawthorn Books, 1965.
Oberdorfer, Don, *The Two Korea: A Contemporary History*, Basic Books, 2001.
실비우 브루칸 지음, 이선희 옮김, 『기로에 선 사회주의』, 서울: 푸른산, 1990.
와다 하루끼 지음, 고세현 옮김, 『역사로써의 사회주의』, 서울: 창작과 비평사, 1996.
이매뉴얼 월러스틴 지음, 이광근 옮김, 『월러스틴의 세계체제 분석』, 서울: 당대, 2005.
존 베일리스 · 스티브 스미스 편저, 하영선 외 옮김, 『세계정치론』, 서울: 을 유문화사, 2005.

Hayes, Peter, *Pacific Powderkeg: American Nuclear Dilemmas in Korea*, Massachusetts: Lexington Books, 1991.

HOMEWOOD, ILLINOIS, RICHARD D. IRWIN, INC. 1961.

Jeff Haynes, 장성호 역, 『위기의 제3세계 정치론』, 서울: 학문사, 2003.

Jost Delbrück, "Demilitarization," in R. Bernhardt(ed.), Encyclopedia of Public International Law, Installment 3 Amsterdam: North-Holland, 1982.

존 킹 페어뱅크 · 멀 골드만 지음, 김형종 · 신성곤 옮김, 『신중국사-수정증보판』, 서울: 까치글방, 2006.

W. E. Butler, 이윤영 옮김, 『소비에트법』, 서울: 재단법인 대륙연구소, 1990.

나. 해외 논문

Albright, David, "How much plutonium does North Korea have? *Bulletin of the Atomic Scientists*, 1994 9/10.

_____, "Challenges pesed by North Korea's Weapon Grade Uranium and Weapon Grade Plutonium: Current and Projected Stocks:?" *ISIS Report*, 2012.10.2.

Norris, Robert S., William M. Arkin and William Burr, "Where They Were?" *Bulletin of the Atomic Scientist* Nov/Dec, 1999.

H. J. Sandkuhler, "인간의 존엄성과 근대국가의 정당화, 그리고 광주민중항쟁의 보편적 의의, 『5 · 18 제19주년 기념 학술강연회 발표문』, 1999.

다. 기타

리스본조약
미국연합규약

찾아보기

최양근

- 광주고등학교 졸업
- 전남대학교 법과대학 행정학과(행정학 학사)
- 연세대학교 행정대학원 북한·동아시아 전공 (정치학 석사)
- 동국대학교 일반대학원 북한학과(북한학 박사)
- (전) 통일부 통일정책실 근무
- (전) 사단법인 5·18구속부상자회 서울·경인지부 회장
- (전) 5·18민중항쟁 서울기념사업회 회장
- (현) 「민주화운동명예회복에 관한 법률」에 의한 민주유공자

- (현) 5·18기념재단 후원회 정회원
- (현) 사단법인 한국평화연구학회 이사
- (현) 사단법인 한국헌법학회 정회원
- (현) 사단법인 북한학연구학회 정회원
- (현) 사단법인 한국정치학회 정회원
- (전) 조선대학교 정치외교학부 초빙강사
- (전) 서울대학교 법학전문대학원 법학연구소 연구원
- (현) 통일부 통일교육위원
- (현) 동국대학교 대학원 외래강사
- (현) 숭실대학교 법학연구소 책임연구원

※ 주요 논문 및 저서

- 『5월 광주를 넘어 6월 항쟁까지』(공저, 자인, 2006).
- 『2008년 남북법제연구보고서』(공저, 법제처, 2008).
- 『단계적 연방제통일헌법 연구-한민족 미래와 비전』(선인, 2011).
- 『한반도 통일연방국가 연구-동북아를 넘어 유라시아로』(선인, 2014).
- 「단계적 연방국가론에 입각한 통일헌법 연구」(동국대학교 박사학위논문, 2010).
- 「북한정권수립과정시 헌법과 고려민주연방제 통일방안 상관성 연구」(『평화학연구』 제12권 3호, 2011).
- 「반민주평화론과 북한 개혁·개방 촉진에 대한 연구」(『평화학연구』 제13권 1호, 2012).
- 「통일연방국가 연구-단계적 연방국가와 지역정부 권한배분을 중심으로」(『숭실대학교 법학 논총』 제31집, 2014).
- 「통일연방국가 연구-연방수도 입지선정 및 건설을 중심으로」(『평화학연구』 제15권 5호, 2014).
- 「5·18정신과 6·15공동선언 제2항 구체화를 위한 내용과 방향: 단계적 연방제 통일방안을 중심으로」, 『통일문제연구』 제27권 2호(통권 제64호), 2015.
- 「한반도형 남북규약의 내용과 방향: 필요 조직과 각 조직 운영 및 재정확보방안을 중심으로」 (『평화학연구』 제17권 1호, 2016) 등 다수